[Wissen für die Praxis]

Weiterführend empfehlen wir:

Grundlagen der Waffen- und Munitionstechnik
ISBN 978-3-8029-6024-6

Kompetent und rechtssicher handeln: Einführung in den Bevölkerungsschutz
ISBN 978-3-8029-5772-7

Wertschätzung. Führung. Wandel
ISBN 978-3-8029-6224-0

E-Mail: WALHALLA@WALHALLA.de
https://www.WALHALLA.de

Walhalla Fachverlag · Haus an der Eisernen Brücke · 93042 Regensburg
Telefon 0941 5684-0 · Telefax 0941 5684-111

WALHALLA

Gerrit Hohmann

Digitale Verteidigung

Wie Künstliche Intelligenz die Sicherheit und Verteidigung verändert

Bibliografische Information der Deutschen Nationalbibliothek
Die Deutsche Nationalbibliothek verzeichnet diese Publikation in der Deutschen Nationalbibliografie; detaillierte bibliografische Daten sind im Internet über www.dnb.de abrufbar.

Zitiervorschlag:
Hohmann, Digitale Verteidigung
Walhalla Fachverlag, Regensburg 2026

Walhalla
Mediengruppe

WALHALLA – eine Marke der Walhalla Mediengruppe

1. Auflage
Januar 2026

Kontakt bei Fragen zur Produktsicherheit:
Walhalla u. Praetoria Verlag GmbH & Co. KG, Haus an der Eisernen Brücke, 93042 Regensburg, E-Mail: produktsicherheit@walhalla.de, Telefon: 0941 5684-0

Produktion: Walhalla Mediengruppe, Regensburg
Umschlaggestaltung: grubergraphik, Augsburg
Printed in Germany
ISBN 978-3-8029-6413-8

Zur Walhalla Mediengruppe gehören die Marken WALHALLA, Deichmann+Fuchs, metropolitan und Annual Multimedia Award.

Schnellübersicht

Abkürzungsverzeichnis

Abkürzung	Ausgeschriebene Variante / Bedeutung
ABMS	Advanced Battle Management System
ACE	Air Combat Evolution
ACT	Allied Command Transformation (dt.: Alliiertes Transformations-Kommando)
AGI	Artificial General Intelligence (dt.: allgemeine Künstliche Intelligenz)
AI	Artificial Intelligence (dt.: Künstliche Intelligenz)
AICA	Autonomous Intelligent Cyber Defense Agent (dt.: autonome intelligente Cyber-Verteidigungsagenten)
AMIAD	Agence ministérielle de l'IA de Défense
APT	Advanced Persistent Threats (dt.: fortgeschrittene, andauernde Bedrohung)
AR	Augmented Reality (dt.: erweiterte Realität)
ASI	Artificial Superintelligence (dt.: Künstliche Superintelligenz)
BAAINBw	Bundesamt für Ausrüstung, Informationstechnik und Nutzung der Bundeswehr
BBC	British Broadcasting Corporation
BBK	Bundesamt für Bevölkerungsschutz und Katastrophenhilfe
BDSG	Bundesdatenschutzgesetz
BfV	Bundesamt für Verfassungsschutz
BKA	Bundeskriminalamt
BMI	Bundesministerium des Innern
BMVg	Bundesministerium der Verteidigung
BND	Bundesnachrichtendienst
BRICS	informeller Zusammenschluss von Schwellenländern (Brasilien, Russland, Indien, China, Südafrika)
BSI	Bundesamt für Sicherheit in der Informationstechnik
BVerfG	Bundesverfassungsgericht
BWI	IT-Partner der Bundeswehr
CAS	Crime Anticipation System
CCA	Collaborative Combat Aircraft (dt.: kollaborative Kampfflugsysteme)
CCDCOE	Cooperative Cyber Defence Centre of Excellence
CCTV	Closed-Circuit Television (geschlossene Videoüberwachung)

Abkürzung	Ausgeschriebene Variante / Bedeutung
CCW	Convention on Certain Conventional Weapons (UN-Waffenkonvention)
CER	Critical Entities Resilience Directive (Richtlinie der EU zur Stärkung der Resilienz kritischer Einrichtungen)
CIR	Cyber- und Informationsraum
CNIL	Commission nationale de l'informatique et des libertés (französische Datenschutzbehörde)
CNN	Convolutional Neural Network
COE	Centre of Excellence
DARPA	Defense Advanced Research Projects Agency (Forschungsagentur des US-Verteidigungsministeriums)
DAS	Domain Awareness System
DDoS	Distributed Denial-of-Service (dt.: verteilte Verweigerung des Dienstes; spezieller Hackerangriff)
DEAD	Destruction of Enemy Air Defense (dt.: Zerstörung der feindlichen Luftabwehr)
DFKI	Deutsches Forschungszentrum für Künstliche Intelligenz
DIANA	Defence Innovation Accelerator for the North Atlantic
DL	Deep Learning
DND	Department of National Defence (Kanada)
DoD	Department of Defense (US-Verteidigungsministerium)
DSA	Digital Services Act
DSGVO	Datenschutz-Grundverordnung
DSTL	Defence Science and Technology Laboratory
dt.	deutsch
EDPB	European Data Protection Board (dt.: Europäischer Datenschutzausschuss)
EDPS	European Data Protection Supervisor (dt.: Europäischer Datenschutzbeauftragter)
EDRi	European Digital Rights
EIT	European Institute of Innovation and Technology
ELS	ethische, legale und soziale Aspekte
EU	Europäische Union
FATE	Fairness, Accountability, Transparency, Ethics (dt.: Fairness, Verantwortlichkeit, Transparenz, Ethik)

Abkürzung	Ausgeschriebene Variante / Bedeutung
FBI	Federal Bureau of Investigation
FC/ASW	Future Cruise/Anti-Ship Weapon
FCAS	Future Combat Air System
FIRESTORM	Fires Synchronization to Optimize Responses in Multi-Domain Operations
FPV	First-Person-View
FRIA	Fundamental Rights Impact Assessment (dt.: Grundrechtsfolgenabschätzung)
FSB	Föderaler Sicherheitsdienst Russlands
GCHQ	Government Communications Headquarters (dt.: Regierungskommunikationszentrale)
GES	Gesichtserkennungssystem
GG	Grundgesetz
GGE	Group of Governmental Experts (dt.: Regierungsexpertengruppe)
GOFAI	Good Old-Fashioned Artificial Intelligence
GPAI	General Purpose AI (dt.: KI für allgemeine Zwecke)
GPT	Generative Pre-trained Transformer
GRU	Russischer Geheimdienst
GTAZ	Gemeinsames Terrorismusabwehrzentrum
GÜZ	Gefechtsübungszentrum des Heeres
HMM	Hidden Markov Model
HMT	Human-Machine-Teaming (Konzept, bei dem menschliches Wissen mit maschinellen Fähigkeiten kombiniert wird)
ICT	Institute for Creative Technologies
IED	Improvised Explosive Device (dt.: improvisierte Spreng- oder Brandvorrichtung)
ISD	Intrusion Detection System
IGF	Internet Governance Forum
IHL	International Humanitarian Law (dt.: humanitäres Völkerrecht)
IKRK	Internationales Komitee vom Roten Kreuz
IPS	Intrusion Prevention System
IS	Islamischer Staat
ISKP	Islamischer Staat Khorasan Province
JADC2	Joint All-Domain Command and Control
JAIC	Joint Artificial Intelligence Center
KdoCIR	Kommando Cyber- und Informationsraum
KI	Künstliche Intelligenz

Abkürzung	Ausgeschriebene Variante / Bedeutung
KI-VO	KI-Verordnung der EU
KNN	Künstliche neuronale Netze
KRITIS	Kritische Infrastrukturen
KRITIS-DachG	KRITIS-Dachgesetz
LAWS	Lethal Autonomous Weapons Systems
LfM NRW	Landesanstalt für Medien NRW
LKA	Landeskriminalamt
LSTM	Long Short-Term Memory
MAD	Militärischer Abschirmdienst
MIT	Massachusetts Institute of Technology
MITA	Military Internet of Things für taktische Aufklärung
ML	Maschinelles Lernen
NATO	North Atlantic Treaty Organization
NDAS	National Data Analytics Solution
NGI	Next Generation Identification
NGO	Non-Governmental Organization (dt.: Nichtregierungsorganisation)
NIS2-Richtlinie	Network and Information Security 2
NIS2UmsuCG	NIS2-Umsetzungs- und Cybersicherheitsstärkungsgesetz
NIST	National Institute of Standards and Technology
NLP	Natural Language Processing
NORAD	North American Aerospace Defense Command (Militärkommando der USA und Kanada für die Luft- und Raumfahrtwarnung und -kontrolle)
NYPD	New York Police Department
OECD	Organisation for Economic Co-operation and Development (dt.: Organisation für wirtschaftliche Zusammenarbeit und Entwicklung)
OK	Organisierte Kriminalität
OLG	Oberlandesgericht
OSINT	Open Source Intelligence (Gewinnung und Nutzung von Informationen aus öffentlich zugänglichen Quellen)
PEGASUS	Persistent German Airborne Surveillance System
PTBS	posttraumatische Belastungsstörung
RCV	Robotic Combat Vehicle
RL	Reinforcement Learning
RLHF	Reinforcement Learning from Human Feedback

Abkürzung	Ausgeschriebene Variante / Bedeutung
RNN	Recurrent Neural Network
ROE	Rules of Engagement (dt.: Einsatzregeln)
RTM	Risk Terrain Modeling
SCADA	Supervisory Control and Data Acquisition (dt.: Überwachung, Steuerung und Datenerfassung)
SEAD	Suppression of Enemy Air Defence (dt.: Unterdrückung der feindlichen Luftabwehr)
SICS	Système d'information du combat Scorpion
SMASH	Feuerleitsystem für Handfeuerwaffen
SOC	Security Operations Center
StratCom	Strategic Communication (dt.: strategische Kommunikation)
SSL	Strategic Subject List
SVM	Support Vector Machines
THW	Technisches Hilfswerk
UAV	Unmanned Aerial Vehicle (dt.: unbemanntes Luftfahrzeug)
UEBA	User and Entity Behavior Analytics
UGV	Unmanned Ground Vehicle (dt.: unbemanntes Bodenfahrzeug)
UNECE	United Nations Economic Commission for Europe (dt.: Wirtschaftskommission für Europa der Vereinten Nationen)
UNO	United Nations Organization (dt.: Vereinte Nationen)
VN	Vereinte Nationen
VR	Virtual Reality
ZITiS	Zentrale Stelle für Informationstechnik im Sicherheitsbereich
ZMI	Zentralstelle für strafbare Inhalte im Internet beim BKA

Einleitung

1

1.1 Warum dieses Buch? Eine persönliche Motivation

1 Im Jahr 2017 war ich Manager für Produkt-PR bei Jaguar Land Rover. Zu diesem Zeitpunkt berichteten Medien häufig über vollautonome Fahrzeuge, Elektroantriebe und KI-gestützte Fahrsysteme – so, als stünden diese unmittelbar vor der Tür. Diese Aufbruchstimmung beflügelte viele Projekte, warf jedoch auch kritische Fragen auf: Was passiert mit traditionellen Arbeitsplätzen, wenn Autos keine Fahrer mehr benötigen? Wer haftet im Fall eines Unfalls? Und wie lassen sich die enormen Datenmengen kontrollieren, die ein autonomes Fahrzeug erzeugt?

Diese Spannungen zwischen visionären Ideen und konkreter Verantwortung haben mich seither begleitet und schließlich zur Idee dieses Buchs geführt. Künstliche Intelligenz (KI) ist weit mehr als ein kurzlebiger Trend. Sie verändert nahezu alle Lebens- und Arbeitsbereiche – vom Verkehr über die Medizin bis hin zur Verteidigung – und Sicherheitspolitik, wie der Angriff der Ukraine mit KI-gestützten Drohnen auf die russischen Flughäfen im Juni 2025 vermutlich gezeigt hat. Mein Ziel ist es, Sie in diese faszinierende, häufig aber unterschätzte Welt der KI mitzunehmen und zu zeigen, dass technologische Euphorie nur im Verbund mit gesellschaftlichen und sicherheitspolitischen Aspekten betrachtet werden sollte.

1.2 Willkommen in der faszinierenden Welt der KI

Vielleicht haben Sie heute schon mit einem Sprachassistenten geplaudert, der Ihren Lieblingssong gespielt hat, noch bevor der erste Kaffee fertig war. Oder Sie lesen diese Zeilen gerade auf einem Smartphone, das mithilfe von KI bereits Ihre Termine sortiert, Ihre E-Mails priorisiert oder Ihnen von allein die beste Route zum nächsten Termin vorschlägt. Und nicht zuletzt sind Chatbots wie ChatGPT inzwischen in zahlreichen Büros und Homeoffices Alltag geworden und verblüffen uns mit ihrer erstaunlich menschlichen Ausdrucksweise.

So praktisch und komfortabel diese Anwendungen auch sind – sie bringen subtile Risiken mit sich. KI-Systeme übernehmen zunehmend Entscheidungen, die bisher menschliche Erfahrung und Intuition erforderten. Aktuelle sicherheitspolitische Herausforderungen verdeutlichen dies etwa im Umgang mit Deepfakevideos und KI-generierter Desinformation, die im Kontext des russischen

Angriffskriegs gegen die Ukraine zu einer ernsthaften Bedrohung demokratischer Gesellschaften geworden sind. Genau hier setzt dieses Buch an: Es geht nicht um die bloße Begeisterung für digitale Innovationen, sondern um eine kritische und realistische Betrachtung der Risiken, die entstehen, wenn wir immer mehr Verantwortung an Algorithmen abgeben.

Gerade im Bereich der Verteidigungs- und Sicherheitspolitik stehen große Herausforderungen bevor. Für die Bundeswehr kann KI einen erheblichen Fortschritt bedeuten – etwa durch präzisere Auswertung komplexer Lagebilder, effizientere Wartungsprozesse von Militärfahrzeugen oder intelligente Frühwarnsysteme, die Bedrohungen schneller erkennen und neutralisieren. Solche Chancen bringen jedoch gleichzeitig neue und schwerwiegende Risiken mit sich, etwa das Entstehen unkontrollierbarer autonomer Waffensysteme oder die Gefahr hoch entwickelter KI-basierter Cyberangriffe, die kritische Infrastrukturen (KRITIS) innerhalb von Sekunden lahmlegen könnten.

Gerade weil das technologische Potenzial so verführerisch ist, darf die Begeisterung für Innovationen nicht den Blick auf ethische, rechtliche und sicherheitspolitische Grenzen verstellen. Nur wenn wir diese Grenzen bewusst definieren und konsequent wahren, lässt sich Künstliche Intelligenz verantwortungsvoll einsetzen – zum Wohl der Gesellschaft und ihrer Sicherheit.

Künstliche Intelligenz hat sich längst in unseren Alltag eingeschlichen – oft so unauffällig, dass wir kaum bemerken, wie tief sie unsere Abläufe durchdringt. Das Smartphone entsperrt sich per Gesichtserkennung, Streamingdienste schlagen uns Filme vor und Navigationsapps warnen vor Staus, die wir noch nicht einmal sehen können. Im Beruf helfen Datenmodelle bei der Fehlersuche, planen Personal oder prognostizieren Wartungsintervalle.

Genau diese „Unsichtbarkeit" kann trügerisch sein. Häufig wissen wir nicht, welche Daten gesammelt werden, wie die Algorithmen arbeiten oder wer sie in Auftrag gibt. In sicherheitsrelevanten Bereichen kann mangelnde Transparenz gefährlich sein: Fehlerhafte KI-Prognosen oder Manipulationen könnten im Extremfall Leben kosten. Wer in Streitkräften oder Sicherheitsbehörden Verantwortung trägt, muss deshalb die Potenziale ebenso verstehen wie die Grenzen KI-gestützter Technologien.

Ein Beispiel aus dem Sommer 2025 verdeutlicht diese Risiken: Im Rahmen des russischen Angriffskriegs gegen die Ukraine wurden Deepfakevideos eingesetzt, um Desinformation zu verbreiten und das Vertrauen in staatliche Institutionen zu untergraben. So kursierten manipulierte Videos, in denen ukrainische Offiziere angeblich zum Aufgeben aufriefen oder politische Führungspersonen kompromittierende Aussagen machten. Diese Täuschungen wurden gezielt eingesetzt, um Verwirrung zu stiften und die Moral der Bevölkerung sowie der Streitkräfte zu schwächen.

Solche Vorfälle zeigen, wie KI-basierte Technologien nicht nur zur Effizienzsteigerung, sondern auch als Werkzeuge der Informationskriegsführung genutzt werden können. Sie unterstreichen die Notwendigkeit, ethische und rechtliche Rahmenbedingungen zu schaffen, um den verantwortungsvollen Einsatz von KI sicherzustellen.

Manche Menschen träumen von einer KI, die uns ein Zeitalter ungeahnter Möglichkeiten eröffnet. Andere wiederum fürchten eine übermächtige „Superintelligenz", die unsere Kontrolle übersteigt. Die Wirklichkeit liegt meist zwischen diesen beiden Polen: KI beschleunigt schon heute Arbeitsprozesse enorm und verringert Fehlerquoten, zugleich stellt sie uns jedoch vor tiefgreifende gesellschaftliche, ethische und sicherheitspolitische Herausforderungen.

Dieses Buch möchte weder Ängste schüren noch unrealistische Versprechen geben. Vielmehr analysiert es anhand konkreter Praxisbeispiele, wo KI aktuell echten Mehrwert schafft, wo sie auf Grenzen stößt und wie diese Entwicklungen insbesondere aus Sicht deutscher Sicherheits- und Verteidigungsinteressen einzuordnen sind. Denn nur wer Risiken frühzeitig erkennt, transparent benennt und strategisch handelt, der kann langfristig von KI profitieren – ohne dabei zu hohe gesellschaftliche oder sicherheitspolitische Kosten in Kauf zu nehmen.

Wir stehen vor einem tiefgreifenden Strukturwandel: Während IT-Fachkräfte hervorragende Chancen haben, werden andere Berufsfelder durch Automatisierung verändert oder verdrängt. Besonders betroffen sind Tätigkeiten mit standardisierbaren, repetitiven Abläufen wie etwa in der Buchhaltung, im Kundenservice oder in der Datenverarbeitung. Gleichzeitig entstehen neue Anforderungen an Arbeitskräfte, die sich stärker auf kreative, strategische und soziale Fähigkeiten konzentrieren müssen.

Auch die Bundeswehr sucht vermehrt Menschen mit Fähigkeiten in der Datenauswertung, KI-Entwicklung oder Cybersicherheit. Der Cyber- und Informationsraum der Bundeswehr spielt dabei eine zentrale Rolle, indem er Daten auf verschiedenen Ebenen aufklärt, von strategischer bis taktischer Aufklärung. Aber was bedeutet das für diejenigen, deren Routineaufgaben künftig von Algorithmen übernommen werden? Wie können wir Soldatinnen, Soldaten und zivile Mitarbeitende qualifizieren, damit sie im zunehmend digitalisierten Umfeld ihre Stärken einbringen?

Ein Beispiel verdeutlicht die Bedeutung ethischer Standards im Umgang mit KI: Mit dem Inkrafttreten der KI-Verordnung der EU 2024 müssen Unternehmen strenge Vorschriften für den ethischen Einsatz von KI einhalten. Dazu gehören Risikobewertungen, Transparenzpflichten und die Anpassung an Compliance-Standards. Unternehmen, die in der EU tätig sind, müssen ihre KI-Governance dokumentieren, um Sanktionen zu vermeiden.

Auch Wertefragen rücken in den Fokus: Darf KI beim Personaleinsatz oder gar bei Einsatzzielen entscheiden? Und wie vermeiden wir eine schleichende Bevormundung, wenn Algorithmen selbst alltägliche Empfehlungen liefern? Wer die technologische Entwicklung aktiv mitgestalten will, der muss sich diesen Fragen stellen – ob als Institution oder als Einzelperson.

Trotz aller Bedenken bleibt das Potenzial der Künstlichen Intelligenz enorm. Im zivilen und militärischen Kontext kann KI dabei helfen, menschliche Fehler zu minimieren, Prozesse deutlich zu beschleunigen und Ressourcen effizienter zu nutzen. Selbst humanitäre Einsätze profitieren zunehmend von KI-Systemen, die Risiken frühzeitig erkennen, bevor sie eskalieren – etwa bei Katastrophenhilfe oder Logistikplanung.

Die Software des US-Unternehmens Palantir Technologies ist ein Paradebeispiel. Während die Bundeswehr derzeit keine Lösungen von Palantir einsetzt, vertrauen deutsche Polizeibehörden wie jene in Hessen, Nordrhein-Westfalen und Bayern auf Palantirs Plattformen, um komplexe Datenbestände in Echtzeit auszuwerten und kriminelle Netzwerke besser zu erkennen. Auch die NATO nutzt seit April 2025 Palantirs KI-gestütztes „Maven Smart System", um Gefechtsfelder in Echtzeit zu analysieren und militärische Entscheidungen gezielt zu unterstützen.

Doch hier wird auch deutlich, welche Risiken mit derartigen Systemen verbunden sein können. Obwohl KI-basierte Lösungen Prozesse verbessern und Effizienz steigern, bergen sie Gefahren wie die Abhängigkeit von undurchsichtigen Algorithmen oder potenzielle Fehlentscheidungen aufgrund unklarer Datenverarbeitung. Gerade im sicherheitsrelevanten Bereich muss daher klar definiert sein, welche Entscheidungen immer in menschlicher Hand bleiben müssen.

Um sicherzustellen, dass aus Chancen keine unkontrollierbaren Risiken entstehen, sind klare regulatorische und ethische Rahmenbedingungen erforderlich. Eine entscheidende Rolle spielt dabei die EU-Verordnung für Künstliche Intelligenz, die seit Sommer 2025 verbindliche Standards für Transparenz, Datenverantwortung und den menschlichen Anteil am Entscheidungsprozess vorgibt.

Denn letztlich bleibt die entscheidende Kernfrage: Welche Bereiche sollten wir niemals komplett an Algorithmen delegieren, um Verantwortung, Kontrolle und Sicherheit dauerhaft zu gewährleisten?

1.3 Eine Einladung zum Mitdenken

Dieses Buch bietet nicht nur Einblicke in die technischen Grundlagen Künstlicher Intelligenz, sondern beleuchtet auch ihre gesellschaftlichen und sicherheitspolitischen Auswirkungen. KI ist weder Allheilmittel noch Schreckgespenst, sondern vielmehr ein mächtiges Werkzeug, dessen Einsatz Umsicht und Verantwortung verlangt.

Gerade für die Bundeswehr und ihre Angehörigen kann ein fundiertes Verständnis von KI entscheidend sein – von ethischen Überlegungen bis hin zu konkreten Einsatzplanungen. Ich lade Sie ein, sich auf diese Reise einzulassen. Sie werden erkennen, welche Fragen wir uns als Gesellschaft stellen müssen und wie wir sicherstellen können, dass KI weder unsere Kontrolle noch unsere demokratischen Prinzipien gefährdet.

Die folgenden Kapitel spannen einen Bogen von den Grundlagen der KI über konkrete Anwendungen in der inneren und äußeren Sicherheit bis hin zu realistischen Zukunftsszenarien. Ziel dieses Buchs ist es, Orientierung in einer Welt zu geben, in der Künstliche Intelligenz immer mehr zu einem prägenden Faktor unseres Lebens und Handelns wird.

Ich wünsche Ihnen eine anregende Lektüre und danke Ihnen für Ihr Interesse und Engagement! Möge dieses Buch dazu beitragen, KI als strategisches Instrument zu verstehen – stets begleitet von dem Bewusstsein, dass wir alle Verantwortung für den klugen und ethisch vertretbaren Umgang mit dieser Technologie tragen.[1]

Gerrit Hohmann

1 Hinweis zur Aktualität: Die Inhalte dieses Buchs spiegeln den Stand der Informationen zum Zeitpunkt des Redaktionsschlusses wider. Aufgrund der fortlaufenden Entwicklungen in den behandelten Themenfeldern kann es vorkommen, dass sich einzelne Sachverhalte seither geändert haben

Grundlagen der Künstlichen Intelligenz

2.1 Übersicht

Künstliche Intelligenz zählt zu den prägendsten Technologien unserer Zeit und verändert zahlreiche gesellschaftliche, wirtschaftliche sowie sicherheitspolitische Bereiche nachhaltig. Ihre Bedeutung wächst stetig, besonders im Kontext der nationalen Sicherheit und Verteidigungspolitik.

Dieses Kapitel führt fundiert in die grundlegenden Konzepte der KI ein, zeichnet deren historische Entwicklung nach und beschreibt wichtige aktuelle Trends. Dabei liegt der Fokus auf Anwendungen, die im sicherheitspolitischen Umfeld besonders relevant sind. Ziel ist es, Soldatinnen und Soldaten der Bundeswehr sowie Fachkräften in Sicherheitsbehörden ein tiefgehendes Verständnis dieser Technologie und ihrer konkreten Auswirkungen zu vermitteln.

2.2 Definition und zentrale Begriffe

Definition von KI

Es gibt keine einheitliche, allumfassende Definition von „Künstlicher Intelligenz“. Im allgemeinen technologischen Verständnis bezeichnet KI computergestützte Systeme, die Aufgaben ausführen, die üblicherweise menschliche Intelligenz erfordern, wie Problemlösen, Sprachverstehen oder Lernen. Ein oft zitiertes Verständnis ist das von KI-Pionier John McCarthy: „Künstliche Intelligenz ist die Wissenschaft und Ingenieurskunst, intelligente Maschinen zu bauen.“[2]

Zentral ist dabei der Aspekt, dass KI-Systeme auf ihre Umgebung reagieren und aus Erfahrungen lernen können, anstatt strikt durch fest kodierte Regeln zu operieren. Ein System gilt als „intelligent“, wenn es die vier Kernfähigkeiten „Wahrnehmen“, „Verstehen“, „Handeln“ und „Lernen“ aufweist. „Wahrnehmen“ bedeutet, Eingaben aus der Umwelt aufzunehmen (etwa Sensorinformationen). „Verstehen“ bezieht sich auf die Verarbeitung und Interpretation dieser Eingaben. „Handeln“ umfasst geeignete Ausgaben oder Aktionen. „Lernen“ bedeutet, das System durch Erfahrungen zu verbessern. Durch die Fähigkeit zu lernen kann eine KI ihre Entscheidungsprozesse anpassen und flexibler reagieren als ein System, das ausschließlich auf starr programmierten Regeln basiert.

---

2 McCarthy, J. (2007): What is Artificial Intelligence? Stanford University.

Abgrenzung zu Algorithmus und Automatisierung

Wichtig ist die Unterscheidung von KI gegenüber Begriffen wie „Algorithmus" und „Automatisierung". Ein Algorithmus ist nichts anderes als eine klare Handlungsvorschrift – also eine endliche Folge von Anweisungen, um ein Problem zu lösen oder eine Berechnung durchzuführen. Algorithmen bilden die Grundlage jeder Software, somit auch von KI-Systemen. Sie verwenden also Algorithmen, gehen jedoch über einfache vordefinierte Abläufe hinaus. Automatisierung wiederum bezeichnet das Ausführen vorab festgelegter Prozesse durch Maschinen ohne oder mit nur minimaler menschlicher Einwirkung. Ein automatisiertes System folgt starren, von Menschen programmierten Regeln und reagiert i. d. R. nicht adaptiv auf neue Situationen. Beispielsweise kann ein automatisiertes Überwachungssystem so eingestellt sein, dass es bei Überschreiten eines gewissen Schwellenwerts automatisch Alarm schlägt – es handelt sich um einen festen, vorher festgelegten Ablauf („Wenn X, dann tue Y!"). KI-Systeme hingegen zeigen eine gewisse Flexibilität: Sie können Muster in Daten erkennen und ihr Verhalten an veränderte Bedingungen anpassen. Während Automatisierung oft für repetitive, klar umrissene Aufgaben verwendet wird (etwa das Aussortieren fehlerhafter Produkte am Fließband anhand fester Kriterien), spricht man von KI, wenn das System selbstständig Schlüsse zieht oder Entscheidungen trifft, die nicht explizit einprogrammiert wurden. **Es gilt:** KI simuliert menschenähnliches „Denken" und Lernen, während Automatisierung starre Abläufe ausführt. Dennoch sind die Übergänge fließend – viele moderne Anwendungen kombinieren beides. So kann eine Drohne automatisiert einer vorgegebenen Route folgen, während eine KI-Komponente an Bord zugleich die Umgebung analysiert und selbstständig auf unbekannte Hindernisse reagiert.

Maschinelles Lernen als Teilgebiet

Oftmals werden KI und Maschinelles Lernen (ML) fast synonym verwendet, doch ist ML genau genommen ein Teilgebiet der KI. KI umfasst sämtliche Ansätze, Maschinen „intelligent" zu machen – dazu zählen neben ML auch regelbasierte Systeme, Wissensdatenbanken, logikbasierte Algorithmen usw. Maschinelles Lernen ist jener Bereich, in dem Programme selbstständig aus Daten lernen, anstatt für jede Aufgabe explizit programmiert zu werden. ML-Algorithmen erkennen Muster oder Zusammenhänge in Daten und generalisieren diese in Form von Modellen.

Wichtig: Eine KI kann (muss aber nicht) auf ML beruhen. So könnte man einen Schachcomputer rein regelbasiert bauen (ohne Lernen), was dann zwar KI-Funktionalität (das Schachspielen) bietet, aber kein maschinelles Lernen nutzt. In der Praxis haben sich ML-Methoden jedoch als äußerst erfolgreich erwiesen und dominieren heutzutage die meisten KI-Anwendungen. Modernen KI-Systemen – insbesondere solchen der schwachen KI (siehe unten) – liegt daher häufig ein ML-Modell zugrunde, das durch Training auf Daten gewonnen wurde.

Schwache vs. starke KI

In der Diskussion um KI fällt oft die Unterscheidung zwischen schwacher (narrow/weak) KI und starker (general) KI. Diese Begriffe beschreiben den Umfang der Fähigkeiten eines KI-Systems:

- **Schwache KI** bezeichnet Systeme, die auf spezifische Anwendungsbereiche fokussiert sind. Eine schwache KI kann eine klar definierte Aufgabe mit hoher Kompetenz bearbeiten, ist aber nicht fähig, ihr Wissen beliebig auf andere Gebiete zu übertragen. Beispiele sind Sprachassistenten wie Siri oder Alexa, die sehr gut in Sprachverarbeitung sind, aber keine mathematischen Beweise führen können; oder ein KI-basiertes Assistenzsystem, das Fahrzeuge autonom einparkt, jedoch keine Fähigkeit zur Bilderkennung außerhalb des Parkszenarios besitzt. Solche Systeme imitieren keine echten „Denkprozesse“, sie nutzen erlernte Muster, um innerhalb enger Grenzen Probleme zu lösen. Die überwältigende Mehrheit der heute eingesetzten KI-Anwendungen fällt in diese Kategorie – von Suchmaschinen über Navigationssysteme bis hin zu industriellen Qualitätsprüfungsalgorithmen.
- **Starke KI** hingegen bezeichnet ein bisher hypothetisches System, das generelle kognitive Fähigkeiten wie ein Mensch besitzen würde. Eine starke KI könnte in unterschiedlichen Domänen denken, Schlüsse ziehen, kreativ neue Lösungswege entwickeln und sogar Bewusstsein oder ein Verständnis von sich selbst haben, das dem menschlichen vergleichbar ist. Solch eine KI wäre in der Lage, eigenständig neue Fragestellungen zu formulieren, das nötige Wissen zu erwerben und Probleme in unbekannten Bereichen zu lösen. Science-Fiction liefert bekannte Beispiele: Der Computer HAL 9000 aus „2001: Odyssee im Weltraum“ oder die Skynet-KI in „Terminator“ stehen ikonisch für die Idee

einer starken KI. In der Realität ist starke KI jedoch (noch) nicht erreicht – sie bleibt eine Zukunftsvision und ein Forschungsziel. Experten sind sich einig, dass derzeit alle real existierenden KI-Systeme schwach sind. Selbst fortschrittlichste Modelle wie ChatGPT verfügen zwar über beeindruckende Fähigkeiten in ihrem trainierten Rahmen, können aber kein echtes allgemeines Verständnis oder Bewusstsein vorweisen.

KI im sicherheitspolitischen Kontext

Für militärische und sicherheitsrelevante Anwendungen ist KI bereits heute von erheblicher Relevanz – und ihre Bedeutung steigt weiter. Weltweit haben Streitkräfte begonnen, KI für ihre Zwecke nutzbar zu machen, und die Bundeswehr bildet dabei keine Ausnahme.

Schwache KI zeigt hier ihr Potenzial in klar umrissenen Aufgabenfeldern: Logistik und vorausschauende Wartung (Predictive Maintenance) sind Bereiche, in denen ML-Modelle genutzt werden, um Wartungsbedarfe von Fahrzeugen oder Fluggeräten frühzeitig zu erkennen und Lieferketten effizienter zu steuern. In der militärischen Aufklärung kommen KI-gestützte Systeme zum Einsatz, um etwa große Datenmengen von Überwachungssensoren, Radar- oder Satellitenbildern auszuwerten – schneller und akkurater, als es manuell möglich wäre. Hierbei kann KI helfen, beispielsweise um automatisch Fahrzeuge oder Aktivitäten in Videostreams von Drohnen zu erkennen. Auch im Bereich „Einsatzunterstützung und -führung" werden KI-Technologien erprobt, um Lagebilder zu verdichten und Führungskräften bessere Entscheidungsgrundlagen zu liefern. In der Cyberabwehr schließlich nutzt man KI, um Anomalien im Netzwerkverkehr oder Schadsoftware schneller zu identifizieren und so Cyberangriffe abzuwehren. Die NATO-Partner investieren ebenfalls in KI, um militärische Entscheidungsprozesse zu beschleunigen und zu optimieren. Schon beim ersten Kriegseinsatz der Bundeswehr 1999 (Kosovo) kamen teilautonome Systeme zum Einsatz und seither wächst der Anteil hochautomatisierter bzw. KI-basierter Systeme stetig.

Gleichzeitig stellen sich ethische und rechtliche Fragen besonders dringlich, wenn KI im sicherheitspolitischen Kontext eingesetzt wird. Ein sensibler Bereich ist die zunehmende Autonomie von Waffensystemen – bis hin zu Systemen, die potenziell ohne menschliche Kontrolle Ziele auswählen und bekämpfen könnten. Auf dieses Thema wird später noch eingegangen, doch an dieser Stelle sei festgehalten: Im sicherheitspolitischen Diskurs gelten verlässliche Kontrolle, Transparenz und Verantwortung als Schlüsselforderungen beim KI-Einsatz. So muss sichergestellt werden, dass trotz Automatisierung ein Mensch „im Loop" bleibt, wo es um Leben und Tod geht, und dass Entscheidungsprozesse nachvollziehbar bleiben.

Diese Herausforderungen unterstreichen, warum ein tiefgehendes Verständnis der KI-Technologie für Angehörige der Bundeswehr, der Polizei und anderer Sicherheitsbehörden essenziell ist – nur wer die Grundlagen kennt, kann Nutzen und Risiken in seinem Fachbereich richtig einschätzen.

2.3 Maschinelles Lernen (ML)

Nachdem KI im Allgemeinen umrissen wurde, wenden wir uns nun dem Maschinellen Lernen als zentralem Konzept moderner KI zu. Maschinelles Lernen ermöglicht es Computersystemen, eigene Erfahrungswerte aus Daten zu ziehen, anstatt für jedes Problem hart programmiert zu sein. Ein oft genanntes formales Kriterium liefert der Informatiker Tom M. Mitchell: Ein Programm lernt aus Erfahrung E, bezogen auf Aufgaben T und Leistungsmaß P, wenn sich seine Leistung bei T, gemessen durch P, mit zunehmender Erfahrung E verbessert.[3] **In einfachen Worten:** Ein ML-System wird durch Beispiele besser in dem, was es tun soll.

Maschinelles Lernen beruht darauf, Muster in Daten zu erkennen und ein Modell abzuleiten, das auch aus neuen, ungesehenen Daten sinnvolle Ergebnisse liefert. Zu Beginn steht ein Trainingsprozess: Das System wird mit historischen Daten oder Beispieldaten konfrontiert und passt dabei intern Parameter an, um die gewünschten Ausgaben zu erzeugen. Dieser Lernprozess unterscheidet ML grundlegend von klassischer Programmierung. Bei Letzterer definiert der Entwickler explizit die Regeln („Wenn A und B, dann tue C!"). Beim ML hingegen findet der Algorithmus die Regeln selbst, indem er viele Datenpunkte analysiert. Das Ergebnis des Lernens ist ein ML-Modell, das man sich als eine komplexe mathematische Funktion vorstellen kann, die Eingabedaten auf Vorhersagen oder Entscheidungen abbildet.

---

[3] Mitchell, T. M. (1997). Machine Learning. New York: McGraw-Hill.

Kategorien des ML

Es haben sich im Wesentlichen drei Lernparadigmen herausgebildet, in die ML-Algorithmen eingeordnet werden: überwachtes Lernen, unüberwachtes Lernen und verstärkendes Lernen. Diese Kategorien unterscheiden sich darin, welche Art von Feedback oder Anleitung das System beim Lernen erhält:

- *Überwachtes Lernen (Supervised Learning):* Diese wohl häufigste ML-Art funktioniert mit vorgegebenen Beispielen und bekannten richtigen Ergebnissen. Man nutzt Datensätze, bei denen Eingaben und die zugehörigen gewünschten Ausgaben (Labels) bekannt sind. Der Algorithmus versucht, eine Abbildung von den Eingaben auf die korrekten Ausgaben zu finden. Man kann sich das wie das Lernen mit einem Lehrer vorstellen: Für jedes Beispiel sagt der Lehrer, was die richtige Antwort wäre. Dadurch kann der Algorithmus seine internen Parameter so lange anpassen, bis er die bekannten Fälle richtig löst. Überwachtes Lernen eignet sich u. a. für Klassifikation (Zuordnung zu Kategorien) und Regression (Vorhersage kontinuierlicher Werte). Eine Anwendung aus dem Alltag ist die Spamfilterung in E-Mails: Man trainiert ein Modell mit vielen E-Mails, die als „Spam" oder „Nichtspam" markiert sind. Das Modell lernt Wörter oder Muster, die typisch für Spam sind, und kann neue E-Mails entsprechend einordnen. Im militärischen Kontext könnte überwachtes Lernen eingesetzt werden, um die Wahrscheinlichkeit eines Bauteilausfalls auf Basis von umfangreichen historischen Wartungsdaten vorherzusagen oder um Radarechos automatisch in „Bedrohung" vs. „Nichtbedrohung" zu klassifizieren. Wichtig beim überwachten Lernen ist, dass qualitativ hochwertige, gelabelte Daten benötigt werden – diese manuell zu erstellen (etwa Millionen Bilder von Panzern und zivilen Fahrzeugen korrekt zu labeln) ist aufwendig, aber entscheidend für die Modellgüte.
- *Unüberwachtes Lernen (Unsupervised Learning):* Hier lernt der Algorithmus ohne Vorgabe von richtigen Antworten. Die Daten sind nicht etikettiert (unlabeled), das heißt, es gibt keine direkte Anweisung: „Dieses Beispiel gehört in Kategorie X." Stattdessen versucht das System, selbstständig Strukturen oder Muster in den Daten zu entdecken. Typische Aufgaben für unüberwachtes Lernen sind Clustering (Daten in Gruppen mit ähnlichen Eigenschaften einteilen) und Dimensionsreduktion (Merkmale in Daten auf

die wichtigsten reduzieren). Ein Anwendungsgebiet ist die Kundensegmentierung: Eine unüberwachte ML-Methode kann etwa Millionen von Kundendaten analysieren und feststellen, dass es Cluster gibt – z. B. „preisbewusste Familien", „technikaffine junge Erwachsene" etc. – ohne dass jemand diese Gruppen vorher definiert hat. Im Sicherheitskontext könnte unüberwachtes Lernen eingesetzt werden, um in großen Mengen von Netzwerkdaten auffällige Muster (mögliche Cyberangriffe) zu erkennen oder in Aufklärungsbildern unerwartete Objekte auszumachen, auf die man gezielt schauen sollte. Da kein „Lehrer" die richtige Antwort vorgibt, ist das Ergebnis unüberwachter Verfahren manchmal schwieriger zu interpretieren – die gewonnenen Muster müssen oft im Nachgang von Experten bewertet werden.

- *Verstärkendes Lernen (Reinforcement Learning):* Dieses Paradigma ist inspiriert vom Lernprozess durch Trial-and-Error und Feedback. Ein sogenannter „Agent" interagiert mit einer Umgebung und erhält für seine Aktionen Belohnungen oder Bestrafungen (eine Art Feedbacksignal). Ziel des Agenten ist es, seine kumulative Belohnung zu maximieren. Es gibt also kein fest vorgegebenes „Richtig/Falsch" pro Schritt, sondern nur einen längerfristigen Erfolgsmesswert. Verstärkungslernen eignet sich besonders für Entscheidungsprobleme, in denen eine Folge von Handlungen optimiert werden soll. Klassische Beispiele sind Spiele: Ein Schachprogramm kann Züge ausprobieren und am Ende des Spiels (+1 für Sieg, 0 für Unentschieden, -1 für Niederlage) dieses Ergebnis als Feedback nutzen, um gute Zugfolgen zu verstärken. Berühmt wurde dieser Ansatz durch AlphaGo, das durch Verstärkungslernen (kombiniert mit Deep Learning) lernte, das komplexe Spiel „Go" besser als jeder Mensch zu spielen – mehr dazu in der historischen Entwicklung. In der Robotik wird verstärkendes Lernen eingesetzt, damit Roboter durch Ausprobieren Fähigkeiten erlangen (etwa selbstbalancierendes Gehen). Im militärischen Bereich könnte man Reinforcement Learning (RL) u. a. nutzen, um Drohnenschwärme zu steuern, die sich dynamisch auf Bedrohungen einstellen, oder um in Simulationen taktische Entscheidungen zu optimieren. Verstärkungslernen erfordert i. d. R. viele Durchläufe, damit der Agent die Konsequenzen seiner Aktionen hinreichend erfährt. Dank heutiger Rechenleistung und Simulationstechniken (ein KI-Agent kann millionenfach gegen sich selbst spielen, um zu lernen) ist dies aber in manchen Bereichen praktikabel geworden.

Beispiele für ML-Anwendungen

Maschinelles Lernen durchdringt bereits unseren Alltag und auch spezielle Bereiche von Militär und Sicherheit.

Einige Beispiele aus dem zivilen Bereich:

- Empfehlungsalgorithmen von Netflix oder YouTube lernen aus unserem Nutzungsverhalten, welche Filme oder Videos uns gefallen könnten.
- Kreditkartenunternehmen nutzen ML zur Betrugserkennung, indem Transaktionsmuster analysiert werden.
- Smartphones verwenden ML für Spracherkennung (z. B. Diktierfunktionen) und Gesichtserkennung beim Entsperren.

In der Industrie optimieren ML-Systeme Fertigungsprozesse und sagen Wartungsbedarfe voraus. Im militärischen Kontext gibt es Pilotprojekte, in denen ML etwa zur Mustererkennung in Aufklärungsbildern dient – z. B. automatisches Erkennen von Fahrzeugen, Schiffen oder potenziellen Zielen auf Drohnenvideos. Die US-Streitkräfte initiierten u. a. das Projekt „Maven", um mittels KI Videoaufnahmen von unbemannten Luftfahrzeugen (UAVs) effizient auszuwerten. In der Cybersicherheit helfen ML-Modelle dabei, ungewöhnliche Netzwerkaktivitäten (mögliche Hacks) in Echtzeit zu detektieren. Auch für Trainingssimulationen werden ML-Agenten eingesetzt, die in virtuellen Gefechtsübungen als intelligente Gegner agieren können. Diese konkreten Anwendungen zeigen, dass ML überall dort nützlich ist, wo aus großen Datenmengen oder komplexen Situationen automatisiert Erkenntnisse gewonnen werden sollen.

Fähigkeiten und Grenzen von ML

Maschinelles Lernen hat beeindruckende Fähigkeiten, bringt aber auch klare Grenzen mit sich, die verstanden werden müssen:

- *Fähigkeiten:* ML-Systeme können Muster in riesigen Datenmengen erkennen, die für Menschen nicht offensichtlich wären. Sie arbeiten in eng definierten Aufgaben meist schneller und oft genauer als menschliche Experten (etwa beim Durchsuchen von Millionen Funksprüchen nach verdächtigen Signalen). ML kann außerdem aus Erfahrungen kontinuierlich dazulernen: Je mehr Daten eingespeist werden, desto besser wird das System. So hat ein ML-System zur Zielerkennung die Chance, seine Trefferquote zu steigern, je mehr Einsatzdaten es sammelt. Darüber hinaus sind ML-Modelle anpassbar: Einmal trainiert lassen sie sich oft auf neue, aber ähnliche Aufgaben umstellen (z. B. kann ein Sprachmodell, das auf Englisch trainiert wurde, mit etwas Feinschliff auch Deutsch lernen). All dies verschafft bei richtiger Nutzung einen technologischen Vorsprung, etwa wenn Bedrohungen früher erkannt oder Entscheidungen fundierter getroffen werden können.

- *Grenzen:* Trotz dieser Leistungsfähigkeit bleibt ML spezialisiert – ein Modell, das Gesichter erkennt, kann nicht plötzlich Landkarten analysieren, ohne neu trainiert zu werden. Es fehlt die Transferfähigkeit, die Menschen haben. Zudem sind ML-Modelle oft schwer zu durchschauen (Stichwort „Blackbox"): Insbesondere komplexe neuronale Netze liefern Ergebnisse, deren innere Entscheidungsgrundlage für Entwickler nicht trivial erklärbar ist. Dies ist problematisch, wenn Nachvollziehbarkeit gefordert wird (z. B. warum klassifiziert der Algorithmus eine Person als verdächtig?). Ein weiteres Limit ist die Datenabhängigkeit: ML ist nur so gut wie die Daten. Fehlerhafte, verzerrte oder zu wenige Trainingsdaten führen zu unzuverlässigem Verhalten. Beispielsweise könnten Bias in Datensätzen (etwa, wenn überwiegend Daten einer bestimmten Bevölkerungsgruppe genutzt werden) zu diskriminierenden Ergebnissen führen – ein bekanntes Problem im polizeilichen Kontext, wo KI-gestützte Prognosesysteme mitunter bestimmte Viertel überproportional als „Gefahrenzonen" markieren, weil historische Daten verzerrt sind. Schließlich können ML-Systeme versagen, wenn sich die Umstände ändern: Ein Modell, das im Labor trainiert wurde, kann in der Realität unerwarteten Situationen ausgesetzt sein (im Militär etwa neuen Tarnmustern, die es noch nie gesehen hat) und dann drastisch an Genauigkeit verlieren. Daher müssen solche Systeme stets sorgfältig validiert und oft auch mit menschlicher Aufsicht kombiniert werden.

Für Anwender in der Bundeswehr und Sicherheitsbehörden ist es entscheidend, sowohl die Fähigkeiten als auch die Grenzen von ML zu kennen. Nur so lässt sich etwa einschätzen, ob ein KI-gestütztes Analysetool tatsächlich zuverlässige Ergebnisse liefert und wo Vorsicht geboten ist. Hier zeigt sich eine Kernbotschaft: Maschinelles Lernen bietet enorme Chancen zur Effizienzsteigerung und Entscheidungsunterstützung, aber es benötigt Fachwissen und kritisches Urteilsvermögen, um seine Ergebnisse richtig zu interpretieren und verantwortungsvoll einzusetzen.

2.4 Deep Learning (DL)

Ein besonders erfolgreicher Zweig des maschinellen Lernens ist das Deep Learning, zu Deutsch: „tiefgehendes Lernen". Der Begriff steht für Methoden, die künstliche neuronale Netze mit vielen Schichten („deep" = tief, weil viele Schichten hintereinander) verwenden, um komplexe Muster zu lernen. Deep Learning hat in den letzten Jahren bahnbrechende Ergebnisse in Bereichen wie der Bilderkennung, Sprachverarbeitung und Entscheidungsunterstützung erzielt – auch mit direkten Auswirkungen auf militärische Anwendungen.

Künstliche neuronale Netze: Aufbau und Funktionsweise

Künstliche neuronale Netze (KNN) sind grob inspiriert vom menschlichen Gehirn. Sie bestehen aus vielen einfachen Recheneinheiten, den künstlichen Neuronen, die in Schichten (Layern) angeordnet sind. Jedes Neuron empfängt Eingabewerte (ähnlich wie Dendriten eines biologischen Neurons Signale erhalten) und berechnet daraus eine Ausgabe, die an Neuronen der nächsten Schicht weitergegeben wird. Die Verbindungen zwischen Neuronen haben Gewichtungen, die im Lernprozess angepasst werden. Ein einfaches neuronales Netz – auch Perzeptron genannt – kann man sich als eine Art Klassifikator vorstellen, der verschiedene Eingaben (z. B. Pixel eines Bildes) auf eine Ausgabe (z. B. „Freund" vs. „Feind") abbildet, basierend auf gelernten Gewichten.

Beim Deep Learning spricht man von Netzen mit vielen Zwischenschichten zwischen Eingabe und Ausgabe. Während ein einfaches Netz vielleicht nur eine versteckte Schicht (Hidden Layer) hat, können Deep-Learning-Netze Dutzende oder gar Hunderte Schichten umfassen. Jede Schicht lernt dabei unterschiedliche Abstraktionsebenen: In einem Bildverarbeitungsnetz könnten frühe Schichten Kanten und einfache Formen erkennen, mittlere Schichten daraus schon komplexere Muster (z. B. Räder, Augen) zusammensetzen und späte Schichten daraus Objekte (z. B. ein Fahrzeug oder ein Gesicht) erkennen. Diese Hierarchie des Lernens macht Deep Learning so leistungsfähig – das Netz lernt automatisch repräsentative Merkmale aus den rohen Daten, ohne dass Ingenieure sie explizit vorgeben müssen.

Trainiert werden neuronale Netze durch einen Prozess namens „Backpropagation" (Rückwärtsweiterleitung der Fehler) in Kombination mit Gradientenabstieg (Gradient Descent). **Kurz gesagt:** Das Netz macht anfangs zufällige Vorhersagen, man berechnet den Fehler (Differenz zwischen Vorhersage und Sollwert) und propagiert diesen Fehler rückwärts durchs Netz, um die Gewichte schrittweise anzupassen. Mit vielen Iterationen und genügend Daten lernt das Netz so, die Fehler zu minimieren – das Modell „konvergiert" zu einer Lösung. Deep Learning erfordert dafür häufig sehr viel Rechenleistung, insbesondere bei Netzen mit Millionen von Parametern. Erst die Verfügbarkeit von Grafikkarten und spezialisierter Hardware in den 2010er-Jahren machte es möglich, wirklich tiefe Netze in vertretbarer Zeit zu trainieren – was den Durchbruch dieser Technologie befeuerte.

Arten neuronaler Netze: CNNs und RNNs

Im Lauf der Zeit wurden verschiedene Architekturen für neuronale Netze entwickelt, die auf bestimmte Datentypen spezialisiert sind. Zwei der wichtigsten Bauformen, die auch in sicherheitspolitisch relevanten Anwendungen stark genutzt werden, sind Convolutional Neural Networks (CNNs) und Recurrent Neural Networks (RNNs):

- *Convolutional Neural Networks (Faltungsnetze, CNNs):* CNNs sind eine spezielle Netzarchitektur, die insbesondere für Bild- und Videoverarbeitung entwickelt wurde. Ihre zentrale Eigenschaft ist die sogenannte „Faltungsschicht" (Convolution Layer). Anstatt wie ein vollverbundenes Netz jedes Pixel mit jedem Neuron zu verknüpfen, nutzen CNNs kleine Filter, die über das Bild „gleiten" und lokale Muster erkennen (z. B. Kanten, Texturen). Durch diese Faltung (mathematisch eine Faltungsmatrix) können sie sehr effizient Bildmerkmale extrahieren. CNNs ahmen gewissermaßen die Arbeitsweise des visuellen Cortex im Gehirn nach, der auch auf lokale rezeptive Felder reagiert. Sie haben sich als äußerst leistungsstark für Aufgaben wie Objektklassifikation, Objekterkennung (z. B. in welchem Ausschnitt des Bilds befindet sich ein

Panzer) und Mustererkennung in räumlichen Daten erwiesen. In der Praxis kommen CNNs überall zum Einsatz, wo Bilder automatisiert analysiert werden: vom autonomen Fahren (Erkennen von Straßenschildern und Fußgängern) bis hin zur medizinischen Diagnostik (Erkennen von Tumoren auf MRT-Aufnahmen). Im Militär und bei Geheimdiensten sind CNN-basierte Systeme heute unverzichtbar, um z. B. Satellitenaufklärung zu beschleunigen – ein CNN kann innerhalb von Sekunden ein Satellitenfoto nach auffälligen Veränderungen durchsuchen (etwa neue Infrastruktur, getarnte Fahrzeuge etc.). Auch für Zielerfassungssysteme in modernen Waffensystemen können CNNs genutzt werden, etwa um in der Optik eines Kampfflugzeugs feindliche Fluggeräte automatisch zu identifizieren und zu markieren. Ein aktuelles Beispiel ist die Entwicklung von KI-gestützten Auswertungsverfahren für Drohnenbilder: Hier helfen CNNs, relevante Objekte aus dem Videofeed hervorzuheben, sodass der Operator sich auf das Wesentliche konzentrieren kann. Durch die Fähigkeit der CNNs, robust gegenüber Bildrauschen oder variierenden Perspektiven zu sein, übertreffen sie in vielen Erkennungsaufgaben klassische Bildverarbeitungsmethoden deutlich.

- *Recurrent Neural Networks (rekurrente Netze, RNNs):* RNNs sind Netze, die speziell für sequenzielle Daten entwickelt wurden – also Daten, bei denen die Reihenfolge eine Rolle spielt, etwa Zeitreihen, Sprache oder Sensorabfolgen. Das charakteristische Merkmal von RNNs ist, dass sie Rückkopplungsschleifen besitzen. Das heißt, ein RNN-Neuron erhält nicht nur Eingaben von der aktuellen Zeiteinheit, sondern auch Informationen aus früheren Zeitschritten (sein eigenes vorheriges Aktivierungsmuster oder das von vorherigen Neuronen). Dadurch können RNNs Kontext über die Zeit behalten. **Einfach gesagt:** Ein RNN „erinnert" sich an vorherige Inputs, während es neue verarbeitet. Das ist essenziell, um z. B. bei einem gesprochenen Satz die ersten Wörter im Gedächtnis zu behalten, wenn das letzte Wort gedeutet wird. Anwendungen von RNNs finden sich in der Sprach- und Textverarbeitung – etwa bei maschineller Übersetzung (hier muss das Modell den zuvor verarbeiteten Satzteil im Gedächtnis halten, um den nächsten richtig zu übersetzen) oder bei der Spracherkennung (wo der Kontext entscheidet, ob ein Wort richtig erkannt wird). Zwei besondere Formen, die LSTMs (Long Short-Term Memory) und GRUs (Gated Recurrent Units), haben Mechanismen eingebaut, um längerfristige Abhängigkeiten noch besser zu lernen und das Problem des Vergessens zu mildern. In sicherheitsrelevanten Bereichen können RNNs beispielsweise eingesetzt werden, um Muster in Kommunikationssequenzen zu erkennen (z. B. die typische Abfolge von Nachrichtenverkehr vor einem Cyberangriff) oder um Sensordatenströme von Überwachungssystemen zu analysieren (etwa sequenzielle Anomalien in Netzwerkzugriffen erkennen). Auch bei Prognosen sind RNNs nützlich: Man denke an die Analyse von sozialen Medien und Nachrichten im Zeitverlauf, um Frühindikatoren für Krisen zu erkennen – ein RNN kann Trends oder plötzliche Ausschläge in solch zeitlich geordneten Daten lernen und Alarm schlagen. Allerdings haben klassische RNNs inzwischen Konkurrenz durch neue Architekturen wie die „Transformer"-Modelle bekommen, die in aktuellen Sprach-KIs (wie GPT-4/5) dominieren. Diese werden hier nur am Rand erwähnt, aber es sei gesagt: Transformer-Netze haben die Stärken von CNN (Parallelisierbarkeit) und RNN (Sequenzbezug) in gewisser Weise vereint und erlauben so noch effizienteres Training auf sehr großen Datensätzen, was den jüngsten Fortschritt in der KI (insbesondere bei generativen Sprachmodellen) ermöglicht hat.

Anwendungen von Deep Learning

Deep Learning hat sich in vielen Anwendungsfeldern als Gamechanger erwiesen. Einige Bereiche illustrieren das:

- *Bilderkennung:* Tiefe neuronale Netze erzielen heute in der Objekterkennung teils übermenschliche Genauigkeiten. In der zivilen Welt bedeutet das, dass z. B. Fotoapps Gesichter oder Objekte automatisch taggen können oder dass man via Smartphonekamera Pflanzen und Tierarten bestimmen kann. Für die militärische Aufklärung heißt es, dass ein KI-System stundenlanges Videomaterial von Überwachungsdrohnen in einem Bruchteil der Zeit sichten und verdächtige Aktivitäten erkennen kann. Objekterkennung durch CNNs wird getestet, um u. a. in Echtzeit auf dem Gefechtsfeld Gegner von Freund zu unterscheiden oder um aus der Flut an Satellitenbildern automatisiert Änderungen – etwa Truppenaufmärsche oder neue Bautätigkeiten – herauszufiltern. Ein KI-gestütztes System könnte alle paar Stunden aktuelle Satellitenbilder eines Einsatzgebiets analysieren und dem Stab nur diejenigen vorlegen, auf denen sich etwas signifikant verändert hat, was enorm zeit- und personalaufwendige Routinearbeit spart.

- *Sprachverarbeitung:* Deep Learning ermöglicht heute Systeme, die in natürlicher Sprache mit Menschen kommunizieren können. Sprachassistenten, automatische Übersetzer und Chatbots basieren auf tiefen Netzen (wie Transformern). Für die Sicherheit kann das bedeuten: automatische Übersetzung fremdsprachiger Funksprüche in Echtzeit, Auswertung von aufgezeichneten Gesprächen oder Verhören auf Schlüsselwörter oder auch die Erzeugung von natürlich klingender Sprache für Trainingssimulationen (etwa computergenerierte Zivilisten in einer Übung, die auf Anweisungen reagieren). Allerdings bergen dieselben Technologien auch Risiken, z. B. Deepfakes, die mit generativen Netzen erstellt werden – also manipulierte Bild-, Audio- oder Videoaufnahmen. Solche Fälschungen stellen eine neue Herausforderung für die Sicherheit dar, weil sie zur Desinformation oder Täuschung eingesetzt werden können.

- *Entscheidungsunterstützung:* Deep-Learning-Systeme können gewaltige Datenmengen und vielfältige Faktoren einbeziehen, um dem Menschen Vorschläge oder Analysen zu liefern. IBMs „Watson" ist so ein Beispiel dafür. Das Programm gewann 2011 im Quiz „Jeopardy!" gegen menschliche Champions und wurde anschließend in der Medizin zur Diagnoseunterstützung eingesetzt. Watson analysierte unstrukturierte Informationen (Bücher, Artikel, Datenbanken) und beantwortete komplexe Fragen in natürlicher Sprache. Übertragen auf den militärischen Bereich könnte ein vergleichbares System dazu dienen, Einsatzberichte, Geheimdienstinformationen, Wetterdaten und weitere Quellen zu durchforsten und Kommandeuren in einer Lagekonferenz mögliche Handlungsoptionen samt Erfolgswahrscheinlichkeiten aufzuzeigen. Deep Learning kann hier Muster wie Korrelationen in Big Data finden, die auf traditionelle Weise übersehen würden. In Gefechtssituationen ließe sich denken, dass KI-Module Handlungsempfehlungen prüfen, Simulationen durchspielen (z. B. „Wenn wir Route A nehmen statt Route B, was ist voraussichtlich sicherer?") und so zu fundierteren Entscheidungen beitragen. **Wichtig bleibt aber:** Die Verantwortung liegt beim Menschen; KI kann unterstützen, aber nicht die komplexe Abwägung von militärischen Führungsentscheidungen komplett übernehmen – dazu sind Ethik, Intuition und strategisches Denken erforderlich, wo Maschinen (noch) nicht mithalten können.

Militärische Relevanz von Deep Learning

Speziell im militärischen Bereich hat Deep Learning in den letzten Jahren für gewaltige Fortschritte gesorgt. Objekterkennungssysteme auf Basis von CNNs bringen, wie schon erwähnt, das Konzept des „gläsernen Gefechtsfelds" näher – eine nahezu lückenlose, automatisierte Überwachung der Gefechtszone, bei der Algorithmen jede Bewegung protokollieren. Unbemannte Fahrzeuge (UAVs, UGVs) können dank Deep Learning mehr Autonomie erlangen, indem sie ihre Sensoren nutzen, um Hindernisse und Ziele zu identifizieren. In der Luftüberwachung etwa könnte eine KI-gesteuerte Drohne eigenständig nach bestimmten Signaturen (z. B. Tellerminen oder IEDs (Improvised Explosive Device; dt.: improvisierte Spreng- oder Brandvorrichtung) am Straßenrand) Ausschau halten. Bilderkennungs-KIs in UAVs werden schon erprobt, um Sprengfallen und Minen aufzuspüren. Eine andere Anwendung sind Schwärme: Hier kommen oft neuronale Netze zum Einsatz, um Drohnenschwärmen rudimentäre Kollisionsvermeidung und Formationsverhalten beizubringen, teils in Kombination mit RL, damit die Schwärme selbstständig koordinierte Suchmuster fliegen können.

Ein militärischer Sektor, der enorm vom Deep Learning profitiert, ist die elektronische Kampfführung und Signalverarbeitung. Neuronale Netze können in Funkspektren oder Radarechos Muster entdecken, die etwa auf versteckte feindliche Kommunikation hinweisen. Hierzu werden große Mengen von Beispieldaten (Aufzeichnungen von Funksignalen in Gefechtsübungen, Radarreflexionen bekannter Objekte etc.) genutzt, um das Netz zu trainieren. **Das Ergebnis:** eine KI, die im Einsatz live den Datenstrom analysiert und Alarm geben könnte, wenn ein neues feindliches Radar aktiv wird oder wenn sich bekannte Signaturen (etwa die Frequenzmuster eines Drohnencontrollers) zeigen.

Deep Learning hat als modernste ML-Technologie viele sicherheitspolitisch relevante Anwendungen ermöglicht: vom Erkennen bis hin zum Entscheiden. Dennoch muss man sich bewusst sein, dass solche Systeme komplex und datenhungrig sind. Ihr Einsatz erfordert umfangreiche Tests und oft eine Absicherung durch menschliche Kontrolleure, insbesondere wenn es um Leben und Tod geht. Der nächste Abschnitt blickt nun zurück auf die historische Entwicklung der KI – wie es dazu kam, dass wir heute über solche mächtigen Werkzeuge verfügen – und welche Meilensteine auf dem Weg erreicht (und welche Rückschläge erlitten) wurden.

2.5 Historische Entwicklung der KI

Die Idee von Maschinen, die „denken" können, beschäftigt die Menschheit schon lange – man findet frühe Visionen von künstlichen Menschen oder mechanischen Denkern in Mythologie und Literatur. Als wissenschaftliche Disziplin hat die Künstliche Intelligenz jedoch ihren Ursprung im 20. Jahrhundert, eng verknüpft mit der Entwicklung der Computer. In diesem Abschnitt werden die die Entwicklung der KI von den Anfängen in den 1950ern bis heute nachgezeichnet und wichtige Meilensteine beleuchtet. Dabei wird auch deutlich, wie sehr die Bedeutung der KI für Militär und Sicherheit im Wandel begriffen ist: von ersten Experimenten in Schach und Logik bis hin zu einem zentralen Technologiefaktor moderner Streitkräfte.

Ursprünge und symbolische KI (1950er–1960er)

Als Geburtsstunde der KI wird oft das Jahr 1956 genannt. In diesem Jahr fand am Dartmouth College (USA) ein Workshop statt, bei dem der Begriff „Artificial Intelligence" geprägt wurde. Forscher wie John McCarthy, Marvin Minsky, Allen Newell und Herbert Simon formulierten dort das Ziel, Maschinen Intelligenz zu verleihen – man war erstaunlich optimistisch, was schnelle Fortschritte anging. Bereits 1950 hatte der britische Mathematiker Alan Turing ein Kriterium vorgeschlagen, um festzustellen, ob eine Maschine intelligent handelt: den später sogenannten „Turing-Test". Dabei versucht ein menschlicher Befrager in einer schriftlichen Kommunikation herauszufinden, ob sein Gegenüber ein Mensch oder eine Maschine ist – gelingt es der Maschine, den Befrager zu täuschen, würde man ihr Intelligenz zusprechen. Turings Idee, veröffentlicht in seinem berühmten Aufsatz „Computing Machinery and Intelligence", war visionär und legte gedanklich den Grundstein für die KI-Forschung.[4]

In den späten 1950ern und 1960ern dominierte die sogenannte „symbolische KI" (oder auch Good Old-Fashioned AI – GOFAI). Man

[4] Turing, A. M. (1950). Computing Machinery and Intelligence. Mind, 59(236), 433–460.

versuchte, menschliches Wissen und logisches Denken in formalen Regeln und Symbolen abzubilden. Frühentwicklungen waren u. a. „Logic Theorist" (1956), ein Programm von Allen Newell und Herbert Simon, das eigenständig mathematische Theoreme beweisen konnte – es gilt als eines der ersten KI-Programme überhaupt. Auch einfache Sprachdialogsysteme entstanden: Berühmt ist „ELIZA", entwickelt 1964–1966 am Massachusetts Institute of Technology (MIT) von Joseph Weizenbaum. ELIZA war ein Chatbot, der die Rolle eines Psychotherapeuten simulierte und mit verblüffend einfachen Mustervorlagen Konversationsfähigkeit vortäuschte. Obwohl ELIZA kein echtes „Verständnis" hatte, fanden manche Nutzer die Interaktionen so überzeugend, dass sie begannen, der Maschine Gefühle zuzuschreiben – dieses Phänomen wird als ELIZA-Effekt bekannt. ELIZA war damit ein früher Hinweis darauf, wie Menschen auf scheinbar intelligente Maschinen reagieren.

Parallel gab es erste Gehversuche mit neuronalen Netzen: Schon 1958 entwarf Frank Rosenblatt den Perzeptron-Algorithmus – ein einfaches neuronales Netz, das zweidimensionale Muster erkennen konnte. Anfangs herrschte großer Enthusiasmus, man glaubte, Maschinen würden bald übersetzen, denken und lernen wie Menschen. Die US-Regierung (insbesondere das Militär und Forschungsorganisationen wie DARPA) förderte KI-Projekte großzügig – teils mit dem Hintergedanken, strategische Vorteile in Zeiten des Kalten Krieges zu erlangen, etwa durch automatische Planungssysteme oder autonome Fahrzeuge.

Erste Erfolge und darauffolgende Ernüchterung (1970er–1980er)

Trotz vielversprechender Prototypen stieß die KI-Forschung bald auf harte Grenzen. Früh in den 1970ern zeichnete sich ab, dass viele Versprechen nicht gehalten werden konnten. Symbolische KI-Systeme erwiesen sich als sehr fragil: Außerhalb eng definierter Spielwiesen versagten sie oft. So war ein Programm vielleicht gut darin, Algebraaufgaben zu lösen, konnte aber keine realen Physikprobleme bewältigen. Sprachverarbeitung kam kaum über einfache Chatbots hinaus. Hinzu kam die begrenzte Rechenleistung der Computer jener Zeit – viele Ideen waren der Hardware einfach voraus.

Einen bekannten Dämpfer erhielt der Bereich der neuronalen Netze durch das Buch „Perceptrons" (1969) von Marvin Minsky und Seymour Papert. Darin zeigten die Autoren mathematische Grenzen des

Perzeptrons auf und äußerten sich skeptisch, was dessen Erweiterbarkeit anging. Diese Kritik führte dazu, dass Forschungsmittel für neuronale Netze nahezu versiegten – ein Fehler aus heutiger Sicht, aber damals plausibel, da niemand den Trick der „mehreren Schichten mit Backpropagation" kannte. 1973 veröffentlichte der britische Forscher James Lighthill einen Bericht für die Regierung (den sogenannten „Lighthill-Report"), der den Fortschritt der KI-Forschung sehr nüchtern beurteilte und weitere staatliche Förderungen infrage stellte. Als Reaktion strichen etwa das britische Parlament und auch die US-DARPA massiv Mittel zusammen. Diese Phase wird als „Erster KI-Winter" bezeichnet: Von Anfang der 1970er bis ca. Anfang der 1980er gab es einen starken Rückgang an Interesse und Investitionen in KI. Die Erwartungen waren zuvor überzogen hoch gewesen – nun folgte die Ernüchterung und eine Fokussierung auf „bodenständigere" Informatikbereiche.

Doch die KI-Forschung schlief nicht komplett. In den späten 1970ern erlebte ein Teilbereich einen Aufschwung: die Expertensysteme. **Das Konzept:** Man fängt Expertenwissen eines bestimmten Fachgebiets als Regelbasis in einem Computersystem ein, sodass es als virtueller Experte fungieren kann. Eines der ersten war MYCIN (Anfang 1970er, Stanford University), das Ärzten bei der Diagnose von Blutinfektionen helfen sollte. Es enthielt Regeln wie „Wenn der Erreger gram-positiv und stäbchenförmig ist, dann..." und konnte so Empfehlungen für Antibiotika geben. Überraschenderweise war MYCIN in Tests so gut wie menschliche Spezialisten in seinem engen Gebiet. Das weckte kommerzielle Interessen. In den 1980ern investierten viele Unternehmen in Expertensysteme (z. B. XCON bei Digital Equipment Corp., das half, komplexe Computerkonfigurationen für Kunden zu erstellen). Diese erste KI-Welle im Businessbereich führte zu erneuter Euphorie – man sprach sogar vom „Fünften Generation Computer"-Projekt in Japan, das KI-Integration in Computersysteme vorantreiben sollte.

Aber auch dieser Hype flaute Ende der 1980er ab: Die Grenzen der Expertensysteme wurden deutlich. Sie waren extrem aufwendig in der Erstellung – jede Regel musste manuell codiert werden – und reagierten rigide auf Situationen außerhalb ihres Wissens. Zudem waren sie rechenaufwendig (speziell die Lisp-Maschinen, auf denen sie oft liefen, waren teuer) und schwer zu pflegen, wenn das Wissen wuchs. 1987 brach der Markt für Lisp-Maschinen zusammen; viele KI-Start-ups gingen bankrott. Dies markiert den „Zweiten KI-

Winter" (ca. 1987–1993), in dem erneut Ernüchterung einsetzte und KI zum Unwort bei Investoren wurde.

Aufschwung durch maschinelles Lernen und Big Data (1990er–2000er)

In den 1990ern begann sich die Landschaft schrittweise zu ändern. Drei Entwicklungen bereiteten den Boden für ein KI-Revival: leistungsfähigere Hardware, das Aufkommen des Internets mit riesigen Datenmengen und Fortschritte in den statistischen Lernverfahren. Statt auf starres Expertenwissen setzten Forscher nun vermehrt auf das zuvor vernachlässigte maschinelle Lernen (insbesondere in Form von Statistik und Wahrscheinlichkeitsmodellen). Algorithmen wie Decision Trees (Entscheidungsbäume), neuronale Netze (wiederentdeckt, diesmal mit versteckten Schichten und Backpropagation, was Mitte der 1980er theoretisch etabliert wurde), Support Vector Machines (SVM) und Hidden Markov Models (HMM, besonders für Sprache) zeigten, dass Computer aus Beispielen lernen und Unsicherheiten modellieren konnten.

Ein entscheidender Moment, der KI wieder ins Rampenlicht rückte, war 1997 der Erfolg von IBMs „Deep Blue". Dieser speziell gebaute Schachsupercomputer besiegte den amtierenden Schachweltmeister Garri Kasparow – ein Ereignis, das weltweit Aufsehen erregte. Obwohl Deep Blue kein Lernsystem im engeren Sinn war (es nutzte vor allem Brute-Force-Suche und von Menschen entwickelte Schachstrategien), galt der „Sieg der Maschine" als Meilenstein. Für viele war bewiesen: Computerintelligenz kann sogar den klügsten Menschen in einer Denksportart schlagen. Militärisch hatte das zwar keine direkte Anwendung, aber es inspirierte sowohl Befürworter als auch Kritiker: Könnten Maschinen eines Tages auch strategische Entscheidungen besser treffen als Generäle? Einige sahen im Schacherfolg auch eine Metapher für zukünftige Kriegsführung mit KI.

In den späten 1990ern und 2000ern prägte vor allem das Internet die KI-Entwicklung. Plötzlich standen gewaltige Mengen an Daten zur Verfügung – Texte, Bilder, Klickverhalten –, mit denen Lernalgorithmen „gefüttert" werden konnten. Unternehmen wie Google nutzten ML-Algorithmen (PageRank, ein auf Graphentheorie basierender Algorithmus, oder spätere Lernverfahren), um Websuche und Onlinewerbung zu revolutionieren. Die akademische KI-Forschung wandte sich immer mehr praktischen Herausforderungen zu: Spracherkennungssysteme wurden bis 2010 so gut, dass erste digitale Assistenten aufkamen; Übersetzungsprogramme wie „Googles Translate" erreichten brauchbare Qualität durch statistische Lernverfahren, die millionenfach zweisprachige Dokumente auswerteten.

Meilensteine: von Watson über selbst fahrende Autos bis hin zu AlphaGo und ChatGPT (2010er–heute)

Das aktuelle goldene KI-Zeitalter lässt sich etwa ab 2010 verorten. 2011 gewann IBMs Watson in der Quizshow „Jeopardy!" gegen die besten menschlichen Quizchampions. Watson kombinierte verschiedene KI-Techniken – Natural Language Processing, Wissensdatenbanken, maschinelles Lernen –, um komplizierte Fragen in Sekundenbruchteilen zu verstehen und zu beantworten. Dieser Sieg war spektakulär, weil er demonstrierte, dass KI nicht nur Schach oder Go spielen kann, sondern auch mit der Nuanciertheit menschlicher Sprache umgehen und in einem breiten Wissensgebiet performen kann. Watsons Erfolg wurde als Beleg für die Reife von KI im Bereich unstrukturierter Datenanalyse gewertet.

Ebenfalls in den 2010ern kamen selbst fahrende Autos aus dem Experimentierstadium heraus – dank Deep Learning. Das Unternehmen Waymo (Google) und später Tesla und andere zeigten Prototypen, die auf öffentlichen Straßen fahren konnten. Hier flossen Bildkennung (Erkennung von Fahrspuren, Schildern, Fußgängern), Lidar-Datenfusion und Entscheidungs-KI zusammen. Für das Militär sind autonome Fahrzeuge hochinteressant: Konvois könnten ohne Fahrer operieren, Aufklärungsfahrzeuge selbstständig patrouillieren. Tatsächlich hatte die DARPA bereits 2004/2005 den „Grand Challenge"-Wettbewerb durchgeführt, der autonome Fahrzeuge durch die Wüste navigieren ließ – ein wichtiger Impulsgeber für die spätere zivile Entwicklung.

Ein weiterer Meilenstein war „AlphaGo", entwickelt von Google DeepMind. AlphaGo besiegte 2016 den südkoreanischen Go-Meister Lee Sedol in einer Serie von Partien mit 4:1 – ein Ergebnis, das weltweit für Aufsehen sorgte.[5] Das Spiel Go galt lange als ultimative Herausforderung für KI, da seine Kombinationsmöglichkeiten astronomisch höher sind als beim Schach und Intuition sowie Mus-

---

5 Silver, D., Huang, A., Maddison, C. J., et al. (2016). Mastering the game of Go with deep neural networks and tree search. Nature, 529(7587), 484–489.

tererkennung gefragt sind, wo Brute-Force-Ansätze nicht greifen. AlphaGo erreichte den Sieg durch eine Kombination von Deep Learning (CNNs zur Stellungsbewertung) und Reinforcement Learning (unzählige Trainingsspiele gegen sich selbst). Dieser Triumph markierte für viele Experten eine neue Ära: KI zeigte kreative Züge, die menschliche Spieler erstaunten, und bewies, dass Maschinen in hochkomplexen Situationen strategisch handeln können. Militärisch gedacht könnte Ähnliches auf taktische Simulationen übertragen werden – wie etwa KI-Systeme, die in virtuellen Gefechtsübungen lernen, Strategien zu entwickeln, die menschliche Offiziere überraschen. AlphaGos Erfolg trug auch dazu bei, Regierungen wachzurütteln: Insbesondere China investierte danach massiv in KI-Forschung, nicht zuletzt wegen der strategischen Implikationen solcher Technologien.

Die späten 2010er und frühen 2020er wurden von generativer KI geprägt. KIs können nicht nur analysieren, sondern auch selbst Inhalte erzeugen: Bilder, Texte, sogar Videos. Ein Meilenstein für die breite Öffentlichkeit war die Veröffentlichung von ChatGPT im November 2022. ChatGPT, basierend auf der GPT-3.5-Architektur von OpenAI, ist ein Sprachmodell, das in natürlicher Sprache Fragen beantwortet, Anleitungen gibt, Programmcodes schreibt und vieles mehr – so flüssig und umfassend, dass es die Welt staunen ließ. Innerhalb weniger Tage erreichte ChatGPT Millionen Nutzer und wurde als Durchbruch der KI-Entwicklung bezeichnet. Selbst IT-Expertinnen und -Experten waren von der Leistungsvielfalt dieses Systems überrascht. ChatGPT demonstriert das Potenzial von tiefen neuronalen Netzen (insbesondere Transformer-Modellen mit 175 Milliarden Parametern), riesigen Trainingsdaten und Reinforcement Learning from Human Feedback (RLHF), um ein Modell zu schaffen, das in gewissem Rahmen menschenähnliche Dialoge führen kann. Sicherheitspolitisch relevant ist diese Entwicklung in zweierlei Hinsicht: Zum einen eröffnen solche Modelle neue Hilfsmöglichkeiten – etwa bei der automatischen Auswertung von Einsatzberichten („KI, fasse alle Lageberichte der letzten 24 Stunden zusammen"), beim Training (Simulationsgegner, die realistisch kommunizieren) oder im Cyberbereich (automatisiertes Analysieren von Code auf Schwachstellen). Zum anderen bringt sie aber auch Herausforderungen – Stichwort „Desinformation": Wenn KI so überzeugend Texte generieren kann, steigt die Gefahr von automatisierten Fake News oder täuschend echten Phishing-E-Mails. Die Technologie ist also ambivalent: ein mächtiges Werkzeug, das in den richtigen Händen nützt und in den falschen schadet.

Im März 2023 folgte mit GPT-4 ein noch leistungsfähigeres Modell, das in vielen anspruchsvollen Tests – von juristischen Staatsexamina bis hin zu medizinischen Prüfungen – Ergebnisse auf menschlichem Niveau erzielte. GPT-4 verfügt über noch größere Modelle und verbesserte Algorithmen und wurde in zahlreiche Anwendungen integriert, was die Fähigkeiten generativer KI weiter vorantreibt. Im August 2025 setzte OpenAI mit GPT-5 den nächsten Meilenstein: ein einheitliches System, das automatisch erkennt, wann eine schnelle Antwort genügt und wann es in einen vertieften „Thinking"-Modus wechseln sollte. GPT-5 ist seither der neue Standard in ChatGPT und zeigt besonders deutliche Zugewinne beim belastbaren Schlussfolgern, bei Codingaufgaben und in der multimodalen Verarbeitung. Die rasante Entwicklung dieser KI-Modelle alarmierte Politik und Öffentlichkeit gleichermaßen und befeuerte neue Diskussionen über die Kontrolle und Verantwortung im Umgang mit KI.

Bedeutung für Streitkräfte im Wandel

In den Anfangstagen der KI waren militärische Anwendungen eher Vision als Wirklichkeit. Während des Kalten Krieges flossen zwar Fördergelder in KI-Projekte (teilweise getrieben von der Hoffnung, Planungs- oder Übersetzungssysteme für Geheimdienste zu erhalten), doch waren greifbare Ergebnisse rar. Schachcomputer oder Expertensysteme waren interessant, aber per se noch keine Gamechanger für das Militär. Dies hat sich inzwischen geändert: Mit der Reife von maschinellem Lernen und insbesondere Deep Learning hat KI Eingang in konkrete Wehrtechnologie gefunden. Die Streitkräfte moderner Nationen – allen voran die USA, aber auch Russland, China, Israel und europäische Länder – haben KI als Schlüsseltechnologie identifiziert. Heute gibt es in Militär und Rüstung kaum ein Gebiet, in dem nicht zumindest erforscht wird, wie KI Mehrwert liefern kann: von der Logistik bis hin zur Aufklärung, von der Cyberverteidigung bis hin zu halb- und vollautonomen Systemen. KI wird als kraftmultiplizierender Faktor gesehen, der möglicherweise ähnlich kriegsentscheidend sein könnte wie einst die Einführung der Luftwaffe oder der Satellitenaufklärung.

Deutschland und die Bundeswehr stehen hier vor der Aufgabe, Schritt zu halten, aber auch eigene Akzente zu setzen. Die Bun-

2

deswehr hat in den letzten Jahren KI-Testprojekte in allen Teilstreitkräften gestartet (z. B. Analysen in der Bilderkennung für die Luftwaffe, Prognosemodelle für Ersatzteilbedarfe im Heer, Cyber-KI im Kommando Cyber- und Informationsraum – CIR). Trotzdem tun sich – wie eine Publikation des Reservistenverbands 2021 anmerkte – „die deutschen Streitkräfte […] schwer mit militärischer KI"[6] und es hapert teils an den Grundlagen wie der Digitalisierung der Systeme. Das zeigt, dass KI-Technologie zwar global rasant voranschreitet, ihre Implementierung in die Strukturen des Militärs aber nicht trivial ist. **Dennoch ist klar:** Die Rolle von KI in der Verteidigung wird weiter zunehmen. In Zukunft könnten Fähigkeiten, die auf KI beruhen, so selbstverständlich zu Ausrüstung und Doktrin gehören wie heute Aufklärungssensoren oder Funkgeräte. Beispielsweise wird diskutiert, ob autonome Waffensysteme die dritte Revolution der Kriegsführung (nach Schießpulver und Nuklearwaffen) darstellen könnten. Auch wenn vollautonome tödliche Systeme politisch und ethisch kontrovers sind, zeigt die Diskussion darum dennoch, welch disruptive Wirkung KI im Militär entfalten kann.

Rückblick

Rückblickend hatten wir also Phasen von Euphorie und Ernüchterung. Doch der aktuelle Stand deutet darauf hin, dass KI gekommen ist, um zu bleiben. Die rasante Abfolge von Meilensteinen in den letzten Jahren – ob in Spielen, Sprache oder Robotik – nährt die Einschätzung, dass wir uns in einem anhaltenden „KI-Frühling" befinden. Natürlich sind weitere Rückschläge nie ausgeschlossen (überspannte Erwartungen könnten erneut zu einem KI-Winter führen, sollten z. B. Durchbrüche in wirklichem Verstehen oder starke KI ausbleiben). Aber angesichts der breiten Einsatzmöglichkeiten und der Investitionen globaler Techunternehmen und Regierungen scheint KI als Feld heute so robust wie nie zuvor. Gerade in sicherheitskritischen Domänen hat man erkannt, dass es kein Zurück hinter diese Technologie gibt – vielmehr gilt es, sie zu verstehen, mitzugestalten und kontrolliert einzusetzen.

---

6 Müller, B. (2021). Künstliche Intelligenz in der Bundeswehr. Magazin Loyal (Reservistenverband), 08. 11. 2021.

2.6 Warum dieses Wissen für Bundeswehr, Polizei und sicherheitsnahe Berufe relevant ist

Weshalb sollten Soldatinnen und Soldaten, Polizeikräfte oder Entscheider im Sicherheitsbereich sich mit KI-Grundlagen auskennen? Die kurze Antwort lautet: Weil KI die Sicherheitswelt bereits jetzt beeinflusst und dies in Zukunft noch weit stärker tun wird. Ein fundiertes Verständnis ist der Schlüssel, um technologischen Vorsprung zu gewinnen, Anwendungen richtig bewerten zu können und einen verantwortungsvollen Umgang zu gewährleisten.

Technologischer Vorsprung durch Verständnis

Militärische und polizeiliche Führungskräfte betonen immer wieder, dass technologische Souveränität ein entscheidender Faktor für die Handlungsfähigkeit ist. KI wird von vielen Seiten als Gamechanger angesehen – wer sie beherrscht, könnte taktische und strategische Vorteile erzielen. So erklärte eine Studie der Konrad-Adenauer-Stiftung 2023, dass KI ihren Weg ins militärische Denken bereits gefunden hat und langfristig etabliert wird; ihr Einsatz biete „mannigfaltige Möglichkeiten für die Streitkräfte“ und könne eine wirksame Antwort auf neue sicherheitspolitische Herausforderungen sein.[7] Damit EU und NATO auf dem Gefechtsfeld der Zukunft verteidigungsfähig bleiben, müssen Politik und Industrie neue KI-Technologien fördern. **Dies zeigt:** Auch auf höchster Ebene ist das Bewusstsein da, dass ohne KI-Kompetenz eine Fähigkeitslücke gegenüber potenziellen Gegnern droht. Für Angehörige der Bundeswehr und Sicherheitsbehörden bedeutet das, dass Know-how zu KI zunehmend so wichtig wird wie klassisches Know-how zu Waffensystemen. Wer die Grundlagen versteht, kann in Beschaffungsprojekten die richtigen Fragen stellen, in Übungen KI-Tools zielführend einsetzen und im Einsatz die Stärken (aber auch Schwächen) KI-basierter Ausrüstung kennen. Es geht nicht darum, dass jeder Soldat zum KI-Ingenieur wird, aber ein Grundverständnis – was kann KI, was nicht, wie funktioniert sie grob – wird Teil der allgemeinen Bildung werden (vergleichbar mit Grundwissen in IT oder Funktechnik).

---

[7] Konrad-Adenauer-Stiftung e. V. (2023). Bundeswehr der Zukunft: KI in den Streitkräften der Welt. Report der Konrad-Adenauer-Stiftung, 06. 07. 2023.

Außerdem befindet sich die Welt bereits in einer Art Wettlauf um KI: Die USA investieren jährlich Milliarden in militärische KI-Forschung, China hat sogar einen staatlichen Masterplan verkündet, bis 2030 führend in KI zu sein – auch mit klarem Fokus auf der Verteidigung. Dieser Wettlauf bedeutet, dass auch westliche Streitkräfte sich weiterentwickeln müssen. Aktuelle Konflikte wie der russische Angriffskrieg seit 2020 gegen die Ukraine liefern bereits ein reales Beispiel für KI im Krieg: Beide Seiten setzen KI ein, um etwa riesige Mengen an Aufklärungsbildern und Sensordaten automatisch auszuwerten und so feindliche Einheiten schneller zu lokalisieren. Dies verdeutlicht, dass KI bereits heute Einfluss auf die Kriegsführung nimmt – ein Trend, der sich in künftigen Konflikten fortsetzen dürfte. Für Deutschland kann ein tieferes Verständnis von KI auch eine Chance sein, eine Vorreiterrolle durch verantwortbare Nutzung von KI einzunehmen – beispielsweise im Verbund mit europäischen Partnern ethische Standards zu setzen und dennoch technologisch mitzuhalten. Grundwissen bei den Anwendern schafft dabei Akzeptanz und Vertrauen in neue Systeme, was deren Einführung erleichtert.

Bewertung von KI-Anwendungen im sicherheitskritischen Umfeld

Die Kenntnis der KI-Grundlagen versetzt Sicherheitsprofis in die Lage, konkret einzuschätzen, wann und wie KI sinnvoll genutzt werden kann – und wann nicht. Gerade weil KI oft mit einem Hype behaftet ist, ist kritisches Urteilsvermögen gefragt: Es werden viele Lösungen am Markt angeboten, die angeblich mittels KI „alles" lösen können. Nur wer die Begriffe und Techniken versteht, kann beurteilen, ob eine Software zur Gesichtserkennung in einer polizeilichen Fahndungssituation tatsächlich reif und zuverlässig ist oder ob sie zu viele Falschtreffer liefert und besser (noch) nicht eingesetzt wird.

Sicherheitsbehörden stehen vor der Aufgabe, Risiko und Nutzen von KI-Tools abzuwägen. Ein ML-System zur Predictive Policing (vorausschauende Verbrechensprävention) mag statistisch erhöhte Risiken in bestimmten Stadtvierteln prognostizieren – aber versteht der Entscheidungsfinder die Datenbasis dahinter? Weiß er um mögliche Verzerrungen (Bias) und dass ein solches System vergangene Muster nur fortschreibt? Nur mit Hintergrundwissen lässt sich so ein Tool richtig interpretieren. Ebenso in der Bundeswehr: Wenn ein KI-System bei der Aufklärung 90 % Trefferquote hat, dann heißt das auch 10 % Fehlalarme. Ein Offizier mit KI-Verständnis wird solch eine Angabe anders bewerten (und ggf. zusätzliche Informationen einholen) als jemand, der blind auf „90 % = sehr gut" vertraut. Andersherum könnte ein KI-System in einem Nischenbereich (z. B. Auswertung von Funkspektren) erstaunliche Muster finden – aber ein ungeschulter Beobachter verwirft es womöglich, weil er es für „zu abstrus" hält. Kompetenz in KI bedeutet hier, die Stärken zu erkennen (z. B. Mustererkennung in Big Data, die kein Mensch schaffen kann) und Schwächen einzugrenzen (z. B. Bedarf an Qualitätssicherung, Grenzen der Generalisierbarkeit).

Dazu gehört auch, die Ergebnisse von KI zu hinterfragen. Gerade weil ML-Modelle als Blackbox wirken können, müssen Anwender das Recht und die Fähigkeit haben, Erklärungen einzufordern: Warum schlägt das System diese Maßnahme vor? Auf welchen Daten basiert das? Könnte ein Feind die KI täuschen (Stichwort „Adversarial Examples", wo etwa bewusst manipulierte Bilder das Netz in die Irre führen)? Nur mit Grundverständnis kann man solche Fragen überhaupt formulieren und mit Entwicklern auf Augenhöhe diskutieren.

Kritische Reflexion und verantwortungsvoller Umgang

Schließlich geht es um die ethische und rechtliche Einbettung von KI im sicherheitsrelevanten Bereich. KI eröffnet neue Fähigkeiten, doch sie wirft auch neue Dilemmata auf. Wer die Grundlagen kennt, der wird eher in der Lage sein, die eigene Rolle und Verantwortung zu reflektieren. Wenn beispielsweise künftig autonome Systeme teilweise ohne direkte Befehle agieren, wie stellt man dann sicher, dass menschliche Kontrolle ausreichend bleibt? Das Konzept der „Meaningful Human Control" (hinreichende menschliche Kontrolle) bei autonomen Waffensystemen erfordert, dass Militärs genau verstehen, was die KI tut und wo die Grenzen gezogen werden müssen. Wenn Soldaten KI-Assistenzsystemen vertrauen, dann müssen sie wissen, dass die letzte Entscheidung weiterhin bei ihnen liegt und sie die Konsequenzen tragen. Ein Polizist, der eine automatisierte Gesichtserkennung nutzt, muss sich darüber bewusst sein, dass ein Fehlalarm einen Unschuldigen ins Visier nehmen könnte; sein geschultes Auge und sein Urteil sind weiterhin unverzichtbar. Mit KI-Know-how ist er weniger geneigt, das System unkritisch als „Orakel" zu sehen, sondern behandelt es als weiteres Werkzeug, das es zu validieren gilt.

Verantwortungsvoller Umgang heißt auch, Datenschutz und Grundrechte im Blick zu behalten. Gerade Polizei und Verfassungsschutz bewegen sich mit KI-Anwendungen auf schmalem Grat – Überwachungstechnologien könnten theoretisch sehr viel, doch rechtsstaatliche Prinzipien setzen Grenzen. Ein informierter Anwender kann besser beurteilen, ob ein KI-System datenschutzkonform konfiguriert werden kann (z. B. durch den Einsatz von Anonymisierungstechniken) oder ob es gewisse Bias aufweist, die bestimmte Bevölkerungsgruppen benachteiligen (etwa Gesichtserkennung, die bei manchen ethnischen Gruppen schlechter funktioniert – ein bekanntes Problem früherer Systeme). Dieses Bewusstsein wird umso wichtiger, als regulatorische Rahmen entstehen: Die KI-Verordnung der EU etwa klassifiziert bestimmte KI-Einsatzgebiete (wie biometrische Identifizierung durch Behörden) als Hochrisiko und stellt hohe Anforderungen an Transparenz und menschliche Aufsicht. Sicherheitsbehörden müssen sich darauf einstellen, dass sie KI nur unter Einhaltung strenger Auflagen nutzen dürfen. Mitarbeiter mit Grundwissen können dazu beitragen, diese Auflagen praktisch umzusetzen und zugleich Innovation nicht abzuwürgen.

Ein weiteres Feld der Reflexion ist die psychologische Wirkung von KI: Truppen und Mitarbeitende müssen darauf vorbereitet werden, mit KI-Systemen zusammenzuarbeiten. Wie reagiert etwa ein erfahrener Offizier, wenn ein Computer anders entscheidet als seine Intuition? Um Akzeptanz für KI-Hilfe aufzubauen, bedarf es Schulung und Verständnis. Ebenso muss man aufpassen, dass man sich nicht zu sehr auf KI verlässt (Automation Bias). Die Innere Führung der Bundeswehr diskutiert bereits, wie Verantwortung delegiert oder geteilt wird, wenn KI im Spiel ist. Hier kann Ausbildung in KI-Grundlagen die nötige Mündigkeit fördern, um Maschinen nicht als unfehlbare Autoritäten anzusehen, sondern als Partner, deren Output man kenntnisreich prüft.

Zusammenfassend kann gesagt werden: Die Vermittlung der Grundlagen der Künstlichen Intelligenz – von Definitionen über Methoden bis hin zur Geschichte – ist kein Selbstzweck. Sie soll Angehörigen von Bundeswehr, Polizei und anderen sicherheitsrelevanten Bereichen das Rüstzeug geben, KI-Technologie kompetent und verantwortungsvoll zu nutzen. Technischer Vorsprung entsteht nur, wenn man Neues aufgreift und versteht. KI-Anwendungen entfalten ihren Nutzen nur, wenn ihre Ergebnisse richtig bewertet und in den Gesamtkontext eingeordnet werden. Und die Einhaltung unserer

Werte und Gesetze beim KI-Einsatz ist nur möglich, wenn die Menschen, die KI einsetzen, ausreichend geschult und sensibilisiert sind.

Künstliche Intelligenz bietet enormes Potenzial, birgt aber auch erhebliche Herausforderungen – insbesondere im sicherheitspolitischen Bereich. Während maschinelles Lernen und neuronale Netze bereits real nutzbare Ergebnisse liefern (die schwache KI also längst im Alltag angekommen ist), bleibt die Vision einer starken KI noch Zukunftsmusik. Die Rolle von KI in Verteidigung und Sicherheit wird zweifellos weiterwachsen, doch müssen ethische und regulatorische Leitplanken klar definiert sein und ständig mit der technologischen Entwicklung Schritt halten. Entscheidend wird sein, die Chancen von KI zu nutzen, ohne dabei zentrale gesellschaftliche und sicherheitsrelevante Werte zu gefährden. Dieses Kapitel hat die Grundlagen gelegt – das Verständnis dieser Grundlagen ist der erste Schritt, um KI in der Sicherheitspolitik bewusst zu gestalten, statt sie nur zu erleiden. Mit Wissen, kritischem Denken und verantwortungsvollem Handeln können Bundeswehr, Polizei und Co. die KI-Revolution mitprägen und im Sinn von Frieden und Sicherheit einsetzen.

Rechtliche Rahmenbedingungen national

3.1 Die KI-Verordnung der EU (AI Act) – Inkrafttreten und Geltungsbereich

Mit der Verordnung (EU) 2024/1689 – dem europäischen AI Act – hat die EU erstmals ein umfassendes Regelwerk für Künstliche Intelligenz geschaffen. Nach mehrjährigen Verhandlungen trat die KI-Verordnung der EU (KI-VO) zum 01. 08. 2024 in Kraft und gilt unmittelbar in allen Mitgliedstaaten. Sie ist also verbindliches Recht, vergleichbar mit der Datenschutz-Grundverordnung (DSGVO) im Datenschutz.

Das Gesetz folgt einem risikobasierten Ansatz: Je höher das Risiko einer KI-Anwendung ist, desto strenger sind die Regeln. Gleichzeitig soll Innovation nicht abgewürgt werden – die EU-Kommissionsvizepräsidentin Věra Jourová betonte 2023, man werde „nur dort eingreifen, wo es nötig ist, damit KI aufblühen kann".

Der AI Act gilt nur in zivilen Bereichen, nicht für Systeme, die ausschließlich militärischen oder nationalen Sicherheitszwecken dienen. Damit sind rein militärische KI-Entwicklungen vom EU-KI-Gesetz ausgenommen – ein politisch gewollter Spielraum für Verteidigung und Nachrichtendienste. Allerdings greifen die Regeln für Dual-Use-Technologien, die auch zivil genutzt werden, sowie natürlich für KI-Einsätze von Polizei oder anderen Behörden im Binnenmarkt.

Obwohl die KI-VO formal bereits in Kraft ist, werden viele Pflichten erst nach bestimmten Übergangsfristen wirksam. Artikel 113 gestattet eine gestaffelte Anwendung: Einige Verbote traten sechs Monate nach Inkrafttreten in Kraft – konkret müssen seit dem 02. 02. 2025 verbotene Hochrisiko-KI-Praktiken eingestellt sein. Die meisten übrigen Vorschriften (vor allem für Hochrisiko-KI-Systeme) gelten 24 Monate nach Inkrafttreten, also ab dem 02. 08. 2026.

Bestimmte Teile greifen früher: So gelten Governance-Regeln und Pflichten für KI-Grundmodelle bereits zwölf Monate nach Inkrafttreten (ab 02. 08. 2025). Diese gestufte Umsetzung soll Entwicklern und Behörden Zeit geben, sich auf die neuen Anforderungen einzustellen. Die Mitgliedstaaten müssen zudem nationale Aufsichtsbehörden benennen und Sanktionen festlegen – bis August 2025 mussten u. a. zentrale Anlaufstellen und Marktüberwachungsbehörden gemeldet sein. Auch sind sie verpflichtet, bis zum Anwendungsstart wirksame Straf- und Bußgeldvorschriften zu erlassen.

Risikoklassen: von Minimal- bis Hochrisiko

Herzstück der KI-Verordnung ist die Kategorisierung von KI-Systemen in vier Risikostufen mit abgestuften Folgen. Dadurch sollen strenge Pflichten nur dort greifen, wo tatsächlich erhebliche Gefahren drohen. Risiko definiert die Verordnung als Kombination aus Eintrittswahrscheinlichkeit und Schwere eines potenziellen Schadens, insbesondere in Bezug auf Gesundheit, Sicherheit oder Grundrechte. Die Kategorien lauten:

- *Minimales oder kein Risiko:* Hierunter fallen die meisten KI-Anwendungen, die als unbedenklich gelten. Beispiele sind KI in Videospielen, als Spamfilter oder in Routenplanern. Solche Systeme dürfen frei entwickelt und genutzt werden. Keine spezifischen Vorgaben gelten – Entwickler können freiwillige Verhaltenskodizes nutzen, sind aber rechtlich nicht verpflichtet. Die EU setzt hier bewusst auf Innovationsoffenheit für triviale oder nützliche KI.

- *Begrenztes (Limited) Risiko:* Diese mittlere Kategorie umfasst zulässige KI-Systeme, die jedoch Transparenzpflichten erfüllen müssen. Dazu zählen etwa Chatbots und generative KI für Texte, Bilder, Audio oder Video. Nutzer sollen erkennen können, dass sie es mit einer Maschine oder KI-generierten Inhalten zu tun haben. Konkret verlangt Artikel 50 der KI-VO, dass ein KI-Chatbot sich als solcher zu erkennen gibt und nicht als Mensch ausgibt. Ebenso müssen KI-generierte Inhalte – insbesondere realitätsnahe Deepfakes – klar gekennzeichnet sein, außer sie dienen offensichtlich kreativen Zwecken. So dürfte ein KI-generiertes Video im politischen Kontext nicht ohne Hinweis als echt ausgegeben werden. Diese Kennzeichnungspflicht zielt darauf ab, Täuschung und Desinformation einzudämmen. Zudem müssen Systeme wie emotionserkennende KI (soweit zulässig, siehe unten) auf Anfrage offenlegen, dass sie eingesetzt werden. Insgesamt sollen Begrenzte-Risiko-KIs an Transparenz gewinnen, um Vertrauen zu schaffen, ohne sie unnötig zu reglementieren.

- *Unannehmbares Risiko (verboten):* KI-Systeme, deren Risiken als inakzeptabel eingestuft werden, sind in der EU verboten. Diese stellen eine klare Gefahr für Sicherheit, Freiheitsrechte oder die menschliche Würde dar. Artikel 5 nennt die verbotenen KI-Praktiken. Dazu gehören vereinfacht: KI zur manipulativen Verhaltenssteuerung, zur Ausnutzung menschlicher Schwächen, zum Social Scoring durch Behörden und bestimmte Formen der biometrischen Massenüberwachung. Auf diese Verbote und Ausnahmen gehen wir im nächsten Punkt detailliert ein. **Wichtig:** Solche Systeme dürfen weder in Verkehr gebracht noch genutzt werden – die rote Linie ist gezogen, um Grundwerte zu schützen.

Diese Risikostufen sorgen dafür, dass strengste Regeln nur „den richtigen" KI-Bereichen auferlegt werden. Triviale Anwendungen bleiben frei, während bei hochriskanter KI umfassende Sicherungen eingebaut werden müssen. Gerade im sicherheitsrelevanten Bereich – also bei Polizeibehörden sowie bei zivil nutzbaren Dual-Use-Systemen im militärischen Umfeld – ist diese Differenzierung zentral: Überwachungs-KI oder autonome Entscheidungsalgorithmen fallen meist in hohe oder verbotene Risiken, während eine harmlose Logistik-KI mit Doppelverwendung eher im minimalen Risiko liegt. Die Kategorisierung bestimmt also, was rechtlich erlaubt ist – und in welchem Rahmen Polizei und ggf. militärische Dual-Use-Anwendungen KI einsetzen dürfen.

Verbotene KI-Praktiken (unannehmbares Risiko)

Die KI-Verordnung definiert einige KI-Anwendungen, die so gefährlich oder grundrechtswidrig sind, dass ihr Einsatz EU-weit untersagt ist. Diese Verbote setzen der KI-Entwicklung klare Grenzen. Verstöße können mit drastischen Bußgeldern sanktioniert werden. Konkret verbietet Artikel 5 Abs. 1 folgende Praktiken:

- *Manipulative KI-Systeme:* Verboten ist KI, die durch unterschwellige oder betrügerische Methoden Menschen zu Verhalten verleitet, das ihnen schadet. **Beispiel:** ein sprachgesteuertes Spielzeug, das Kinder zu gefährlichen Handlungen animiert, oder ein Dialogsystem, das Nutzer unbewusst beeinflusst (etwa mittels subliminaler Reize oder Dark Patterns). Hier wird die Willensfreiheit geschützt – KI soll nicht zum unsichtbaren Puppenspieler des Menschen werden.

- *Ausnutzung von Verwundbarkeiten:* KI darf nicht gezielt die besonderen Schwächen schutzbedürftiger Gruppen ausnutzen. Damit sind etwa Kinder, Menschen mit Behinderungen oder psychischen Erkrankungen oder ältere Menschen gemeint. Ein KI-System, das die Leichtgläubigkeit von Kindern für kommerzielle Zwecke missbraucht, wäre unzulässig. Dieses Verbot überschneidet sich mit dem vorherigen, fokussiert aber auf die spezifische Schutzbedürftigkeit bestimmter Gruppen.

- *Social Scoring durch Behörden:* Sozialbewertungssysteme nach chinesischem Vorbild sind verboten. Kein EU-Bürger darf von staatlichen Stellen eine KI-gestützte „Gesamtbewertung" seines Verhaltens bekommen, die ihm Vor- oder Nachteile bringt, insbesondere wenn dabei kontextfremde Daten verwendet werden. **Ziel:** Ein „Citizen Score" wie im China der Gegenwart soll in Europa undenkbar bleiben. Beispielsweise dürfte eine KI nicht Bürger anhand ihrer Social-Media-Aktivitäten ranken, um über Zugang zu Jobs oder Wohnungen zu entscheiden – das wäre Social Scoring und ist untersagt.

- *Biometrische Massenüberwachung in Echtzeit:* Der AI Act verbietet den weiten Einsatz von KI zur echtzeitfähigen biometrischen Identifizierung im öffentlichen Raum durch Strafverfolgungsbehörden. Praktisch geht es um automatische Gesichtserkennung via Überwachungskameras an öffentlichen Plätzen. Livegesichtsscans zur Identifikation beliebiger Passanten sind tabu. Allerdings existiert eine enge Ausnahme: In Fällen schwerster Kriminalität (z. B. zur Terrorabwehr oder bei der Suche nach vermissten Kindern) dürfen Polizei oder Geheimdienste solche Systeme temporär einsetzen – wenn eine richterliche Genehmigung vorliegt und die Maßnahme räumlich/zeitlich begrenzt ist. Diese Ausnahmen müssen sehr restriktiv gehandhabt werden. Der Routineeinsatz von Livegesichtserkennung auf Bahnhöfen oder in Innenstädten bleibt also verboten. Ebenfalls erfasst vom Verbot ist die Praxis, massenhaft aus dem Internet Gesichtsbilder zu sammeln, um Datenbanken zur Gesichtserkennung aufzubauen. Ein prominentes **Beispiel:** Das US-Unternehmen Clearview AI kratzte Milliarden Fotos aus Social Media ab, um eine Gesichtsdatenbank für Polizeien zu erstellen – solche ungezielten Scraping-Methoden sind nun illegal. Clearview AI wurde in EU-Ländern bereits mit Millionenstrafen belegt und darf seine Biometriedatenbank hier nicht verwenden.

Zusätzlich formuliert die Verordnung einige partielle Verbote – also Beschränkungen von KI-Anwendungen mit differenzierten Bedingungen:

- *Predictive Policing (vorausschauende Polizeiarbeit):* Der personenbezogene Einsatz von KI zur Vorhersage künftiger Straftaten ist weitgehend untersagt. Verboten ist KI, die auf Basis von Profilen oder Persönlichkeitsmerkmalen einzelner Menschen deren künftiges Verhalten als Straftäter prognostiziert. Ein System, das jemandem aufgrund von Wohnort, Finanzstatus oder früherem Verhalten einen „Kriminalitätsscore" zuweist, ist unzulässig – solches Profiling verstößt gegen die Unschuldsvermutung und birgt Diskriminierungsgefahr. Erlaubt bleibt hingegen prädiktive Analyse, die ausschließlich objektive, tatbezogene Faktoren nutzt. **Beispiel:** Eine KI, die auf realen Einbruchsdaten Brennpunktstadtviertel und wahrscheinliche Tatzeiten ermittelt, ohne Personenprofile heranzuziehen, darf eingesetzt werden. Nicht zulässig wäre dagegen ein Algorithmus, der bestimmten Bürgern aufgrund statistischer Merkmale eine Wahrscheinlichkeit zum Straffälligwerden andichtet. Dieses partielle Verbot spiegelt aktuelle Bedenken wider: So hat das deutsche Bundesverfassungsgericht 2023 Teile der hessischen und Hamburger Polizeigesetze gekippt, die eine automatisierte Datenanalyse (basierend auf Palantir-Software) erlaubten. Die Karlsruher Richter bemängelten insbesondere, dass die Regeln eine breite Einbeziehung Unbeteiligter zuließen – ohne hinreichende Schwellen für einen konkreten Verdacht. Dieser Fall verdeutlicht die Risiken von KI-gestütztem Data-Mining im Polizeibereich – und der AI Act zieht hier klare Schranken.

- *Biometrische Kategorisierung sensibler Merkmale:* KI-Systeme, die aus biometrischen Daten (etwa Gesichts- oder Stimmprofilen) sensitive persönliche Eigenschaften ableiten wollen – wie Ethnie, politische Einstellung, Religion, Gewerkschaftszugehörigkeit, Sexualität – sind untersagt. Die EU betrachtet solche Anwendungen als wissenschaftlich zweifelhaft und potenziell diskriminierend. Ein berüchtigter Fall war die behauptete „Sexualitätserkennung" aus Gesichtern – solche Pseudowissenschaft wird nun verboten. **Ausnahme:** Strafverfolgungsbehörden sind hiervon ausgenommen. Das heißt, Polizei oder Geheimdienst dürften theoretisch in Ermittlungen biometrische Daten kategorisieren (z. B. um eine Person als bestimmten Ethnietyp einzuordnen), sofern anderes Recht das erlaubt. Dieser strittige Ausnahmetatbestand kam auf Drängen einiger Mitgliedstaaten zustande.
- *Emotionserkennung in bestimmten Bereichen:* KI, die anhand biometrischer Daten menschliche Emotionen oder mentale Zustände erkennen soll, ist in sensiblen Kontexten verboten. So

darf etwa im Bildungsbereich keine KI eingesetzt werden, die Gesichter von Schülern scannt, um Aufmerksamkeits- oder Gefühlslevel zu bewerten – das würde in die Persönlichkeitsrechte eingreifen. Ebenso am Arbeitsplatz: Ein Arbeitgeber darf keine KI nutzen, die kontinuierlich die Stimmung oder das Stresslevel von Mitarbeitern analysiert, um Leistungsdisziplin zu erzwingen. Die KI-Verordnung erlaubt jedoch begrenzte Ausnahmen, wenn sie für medizinische oder sicherheitstechnische Zwecke bestimmt sind. So könnten in der Luftfahrt oder beim Fahrpersonal KI-Kameras eingesetzt werden, um Anzeichen von Ermüdung oder Ohnmacht zu erkennen, um Unfälle zu vermeiden. Auch im Gesundheitsbereich (Therapie, Pflege) könnte Emotionserkennung begrenzt sinnvoll und zulässig sein. Außerhalb solcher Sonderfälle sind Emotionsscanner jedoch tabu – insbesondere eine Massenüberwachung nach Gefühlszuständen soll es nicht geben.

Die Verordnung erläutert auch, was nicht verboten ist: Die rückwirkende biometrische Identifizierung (also nachträgliche Auswertung von Videoaufnahmen zur Gesichtserkennung) bleibt – im Gegensatz zur Liveüberwachung – erlaubt. Hier reicht laut Gesetz bereits der begründete Verdacht einer Straftat, um z. B. im Nachhinein mittels KI Täter auf CCTV-Aufnahmen (Closed-Circuit Television; dt.: geschlossene Videoüberwachung) aufzuspüren. Diese moderate Anforderung wurde von Bürgerrechtlern kritisiert, bedeutet aber in der Praxis: Polizeibehörden dürfen weiterhin Tools wie Gesichtserkennungsdatenbanken (z. B. Clearview AI, sofern datenschutzkonform beschafft) einsetzen, nachdem ein Verbrechen begangen wurde, um Verdächtige zu ermitteln. Liveüberwachung aller Bürger in Echtzeit bleibt untersagt, aber die forensische Nutzung von KI ist gestattet.

Die EU zieht demnach mit diesen Verbotstatbeständen deutliche Grenzen, um Missbrauchspotenziale von KI einzudämmen. Manipulation der Nutzer, ungerechte Diskriminierung und allgegenwärtige Überwachung gelten als Grenzen. Dennoch existieren eng definierte Ausnahmen, vor allem zugunsten der Strafverfolgung und Sicherheit – ein Balanceakt zwischen Grundrechtsschutz und öffentlichem Interesse. Kritiker monieren mögliche Schlupflöcher: So sind nationale Sicherheitsanwendungen komplett von der Verordnung ausgenommen, was Geheimdienste und Militär de facto von den Verbotsregeln freistellt. Diese Ausnahme wurde auf Druck einiger Mitgliedstaaten (auch Deutschland) verankert. Ferner verbietet die

EU zwar den Einsatz gewisser KI im Binnenmarkt, aber nicht ausdrücklich deren Export ins Ausland – was ethisch inkonsequent anmutet. Trotzdem markieren die Verbote einen Meilenstein: Erstmals werden technologisch mögliche, aber gesellschaftlich unerwünschte KI-Anwendungen proaktiv untersagt. Gerade für die Bundeswehr und Sicherheitsbehörden bedeutet das: Bestimmte KI-Lösungen – etwa autonome Spähsoftware, die Soldaten zu Handlungen manipuliert, oder Social Scoring von Bürgern – sind von vornherein vom Tisch. Andere heikle Tools (wie Gesichtserkennung) sind nur unter strengsten Bedingungen denkbar.

Hochrisiko-KI-Systeme: Anforderungen und Pflichten

Für KI-Systeme mit hohem Risiko stellt die Verordnung ein umfassendes Compliance-Regime auf. Anders als verbotene Praktiken dürfen Hochrisiko-KIs eingesetzt werden – aber nur bei Einhaltung strenger Auflagen (Kapitel III der KI-VO). Die zentralen Pflichten für Anbieter (Hersteller, Inverkehrbringer) und teils auch Betreiber (die KI nutzen) von Hochrisiko-KIs lassen sich so zusammenfassen:

- *Risikomanagement:* Anbieter müssen ein kontinuierliches Risikomanagementsystem implementieren (Art. 9). Bereits bei der Entwicklung sind die möglichen Risiken des KI-Systems zu identifizieren, zu analysieren und zu minimieren. Mögliche Schadensszenarien – wie Fehlentscheidungen oder Biasauswirkungen – sollen antizipiert und begrenzt werden. Dieses Risikomanagement ist laufend zu betreiben: Über den gesamten Lebenszyklus der KI müssen neue Risiken beobachtet und bei Bedarf durch Updates oder organisatorische Maßnahmen adressiert werden.
- *Hohe Datenqualität:* Daten sind das Futter der KI – entsprechend fordert Artikel 10, dass Trainings-, Validierungs- und Testdaten angemessen und verzerrungsarm sein müssen. Konkret sollen Daten relevant, korrekt und repräsentativ für den vorgesehenen Zweck sein. Insbesondere ist Bias entgegenzuwirken: Die Datenbasis sollte nicht systematisch bestimmte Gruppen benachteiligen (z. B. nur Gesichter hellhäutiger Personen bei Gesichtserkennung). Gegebenenfalls müssen Daten bereinigt, ergänzt oder statistisch ausgeglichen werden, um Diskriminierung vorzubeugen. Außerdem verlangt der AI Act eine Daten-Governance: Das bedeutet Prozesse, um die Herkunft der Daten zu dokumentieren, ihre Qualität laufend zu prüfen und Zugriffe zu kontrollie-

ren. Für sicherheitsrelevante KI (z. B. beim Militär oder bei der Polizei) heißt das: Keine Blindflüge mit irgendwelchen Daten – es muss Nachweise geben, dass die KI auf verlässlichem, rechtmäßig erhobenem Datenmaterial trainiert wurde.

- *Technische Dokumentation:* Vor Markteinführung ist eine ausführliche Dokumentation des KI-Systems zu erstellen (Art. 11). Diese gleicht einem technischen Handbuch und dient Behörden als Grundlage zur Konformitätsbewertung. Darin enthalten sein müssen u. a. eine Beschreibung des Modells (Algorithmustyp, Architektur), des vorgesehenen Zwecks, der Leistungsmerkmale (Genauigkeit, Fehlerraten), der verwendeten Datensätze und aller getroffenen Maßnahmen zur Risiko- und Regelkonformität. Auch Gebrauchsanleitungen und Warnhinweise gehören dazu. Diese Doku ist über Jahre (mindestens zehn Jahre nach Inverkehrbringen) aufzubewahren und bei Änderungen zu aktualisieren. In sicherheitsbehördlichen Kontexten (etwa Bundeswehrbeschaffung) bedeutet dies: Hersteller müssen offenlegen, wie ihre KI funktioniert. Ein Blackboxsystem einzukaufen, dessen innere Logik niemand erklären kann, wäre mit den Pflichten kaum vereinbar.

- *Protokollierung (Logging):* Hochrisiko-KIs müssen relevante Ereignisse und Parameter während ihres Betriebs automatisiert aufzeichnen (Art. 12). Diese Logs sollen eine Nachvollziehbarkeit der Entscheidungen ermöglichen. Konkret sind z. B. Eingabedaten, Ausgabeergebnisse und Zeitstempel zu speichern. So kann im Nachhinein analysiert werden, warum die KI eine bestimmte Entscheidung getroffen hat – essenziell, falls es zu Fehlern oder Schäden kommt. **Beispiel:** Wenn eine KI-gestützte Waffensystemdrohne ein Ziel ausgewählt hat, müssten die Daten (Sensordaten, Zielerkennungsparameter) protokolliert sein, um später evaluieren zu können, wie es zur Auswahl kam.

- *Transparenz und Nutzerinformation:* Anbieter müssen die Nutzer der Hochrisiko-KI – das heißt typischerweise die Organisationen oder Personen, die das System betreiben – umfassend informieren (Art. 13). Es muss klar angegeben werden, dass es sich um ein KI-System handelt, wofür es gedacht ist, welche Leistung es erbringt (etwa Erkennungsgenauigkeit, Fehlerrate) und welche Einschränkungen bestehen. Auch Risiken bei falscher Anwendung sind zu kommunizieren. Bedienungsanleitungen, Installationsvoraussetzungen und Sicherheitshinweise gehören zu dieser Informationspflicht. Zudem soll – soweit technisch möglich – eine Erklärbarkeit der KI-Ergebnisse ermöglicht werden. Nutzer sollen die Entscheidungsgrundlagen der KI zumindest in groben Zügen verstehen können. In sicherheitskritischen Bereichen (Polizei, Militär) ist diese Transparenz doppelt wichtig: Einsatzkräfte müssen die Stärken und Schwächen „ihres" KI-Tools kennen. Beispielsweise sollte klar sein, unter welchen Bedingungen eine Gesichtserkennungs-KI unzuverlässig wird (schlechte Beleuchtung, bestimmte demografische Gruppen etc.), damit Polizisten Ergebnisse richtig einordnen können.

- *Menschliche Aufsicht (Human Oversight):* Kein Hochrisikosystem darf völlig ohne menschliche Kontrolle wichtige Entscheidungen treffen. Artikel 14 schreibt vor, dass Vorkehrungen zur menschlichen Überwachung getroffen werden. **Das heißt:** Im Design des Systems müssen Möglichkeiten vorgesehen sein, wie ein Mensch die Kontrolle behält oder eingreifen kann. Oft spricht man vom Prinzip „Human in the Loop". Konkret könnte das bedeuten: Die KI gibt nur Empfehlungen, ein Mensch muss sie abnicken (z. B. KI schlägt einen Bewerber vor, der Personaler entscheidet). Oder es gibt Notabschaltungen, falls die KI offensichtlich falsch reagiert. Die menschlichen Anwender sind entsprechend zu schulen, damit sie die KI verstehen und notfalls übersteuern können. Gerade im militärischen Kontext wird dieser Punkt diskutiert: Vollautonome Waffensysteme ohne menschlichen Eingriff sind aus Sicht vieler unzulässig – „Meaningful Human Control" gilt als ethischer Mindeststandard. Die KI-Verordnung stützt diese Sicht, indem sie bei Hochrisiko-KI die menschliche Letztverantwortung einfordert.
- *Robustheit, Sicherheit, Genauigkeit:* Hochrisiko-KIs müssen sicher und zuverlässig funktionieren, auch unter widrigen Bedingungen (Art. 15). Sie sollen dem Stand der Technik entsprechen, robust gegen Manipulation, Fehler und Angriffe sein und insgesamt genaue Ergebnisse liefern. Dazu zählen Maßnahmen der IT-Sicherheit (Schutz vor Hacking, Datenlecks) und die Gewährleistung, dass kleine Eingabeveränderungen nicht zu grotesken Fehlentscheidungen führen. Auch müssen ggf. Redundanzen oder Fail-Safes vorhanden sein, damit ein Ausfall der KI nicht sofort Katastrophen verursacht. Im Grunde sind hier Qualitätsstandards wie in der Luftfahrt oder Medizintechnik auf

KI übertragen. Für sicherheitskritische KI – etwa ein autonomes Fahrzeug – heißt das: umfangreiche Testläufe, Simulation aller möglichen Fehlerszenarien und regelmäßige Updates zur Sicherheitsverbesserung.

Bevor ein Hochrisiko-KI-System überhaupt in Europa in Verkehr gebracht oder in Betrieb genommen wird, muss der Anbieter in einer Konformitätsbewertung nachweisen, dass all diese Anforderungen erfüllt sind (Art. 16 ff.). Dieses Verfahren ähnelt dem CE-Zertifizierungsprozess für Maschinen: Je nach Risiko kann der Hersteller teils eine Eigenerklärung abgeben, oft ist aber eine unabhängige notifizierte Stelle (Zertifizierungsstelle) einzuschalten. Speziell bei sicherheitskritischen Anwendungen (etwa Medizin, Transport) dürfte eine externe Prüfung vorgeschrieben sein. Ist die KI konform, erhält sie das CE-Kennzeichen und darf auf dem Markt angeboten werden. Außerdem müssen Hochrisiko-KIs zentral registriert werden: Die EU-Kommission betreibt eine Datenbank für Hochrisiko-KIs (Art. 71), in die jedes zugelassene System eingetragen wird. Dieses öffentlich einsehbare Register erhöht Transparenz und ermöglicht Aufsicht durch Behörden und Zivilgesellschaft. Man wird dort u. a. recherchieren können, welche KI-Systeme für die Strafverfolgung in den Mitgliedstaaten zugelassen wurden.

Auch nach dem Inverkehrbringen bestehen die Pflichten fort: Anbieter müssen ein kontinuierliches Post-Market-Monitoring etablieren. Artikel 72 verpflichtet diese ausdrücklich, ein Monitoringsystem einzurichten, das im laufenden Betrieb auftretende schwerwiegende Vorfälle und Fehlfunktionen systematisch erfasst, auswertet und dokumentiert. Diese Erkenntnisse sind den zuständigen Aufsichtsbehörden zu melden – vergleichbar mit den Meldepflichten bei Medizinprodukten. Betreiber von Hochrisiko-KI-Systemen (etwa eine Polizeibehörde, die ein solches System nutzt) tragen ebenfalls Verantwortung: Artikel 26 verpflichtet sie, die Systeme nur bestimmungsgemäß einzusetzen, die mitgelieferten Instruktionen zu beachten und den Anbieter sowie ggf. die zuständigen Behörden unverzüglich über schwerwiegende Vorfälle zu informieren.

Zeigt ein KI-System plötzlich unvertretbare Risiken oder erfüllt es die Anforderungen der KI-Verordnung nicht mehr, können die Marktüberwachungsbehörden nach den einschlägigen Vorschriften geeignete Maßnahmen ergreifen – etwa den Betrieb aussetzen,

Korrekturmaßnahmen anordnen oder im Extremfall das Inverkehrbringen untersagen.

Insgesamt errichtet die KI-VO für Hochrisiko-KIs ein rigides Qualitäts- und Sicherheitsnetz – vergleichbar den Regularien für Arzneimittel, Fahrzeuge oder Maschinen. Das soll Vertrauen schaffen, erfordert aber auch erheblichen Aufwand. Anbieter müssen Fachwissen in Recht und Zertifizierung aufbauen; viele werden spezialisierte Compliance-Experten einstellen oder konsultieren. Ein neuer Markt für KI-Gutachter, Prüfinstitute und Zertifizierungsdienste dürfte entstehen, ähnlich wie es bei TÜV-Prüfungen oder Datenschutzaudits der Fall ist. Aus der Perspektive der Bundeswehr und anderer Behörden bedeutet dies: KI-Systeme, die sie beschaffen, werden künftig häufiger zertifizierte Produkte mit CE-Kennzeichnung sein (sofern es nicht rein militärische Eigenentwicklungen sind). Die strengen Vorgaben könnten einerseits die Auswahl einschränken (nicht jedes coole KI-Tool aus dem Start-up-Sektor wird alle Kriterien erfüllen), andererseits aber für mehr Verlässlichkeit und Haftungssicherheit sorgen. Für sensible Anwendungen (z. B. KI, die über Wartung von Fluggerät entscheidet oder Gefahrenmeldungen auswertet) ist das ein willkommenes Sicherheitsnetz.

Transparenzpflichten für begrenzte Risiko-KI

Neben den Hochrisikosystemen mit Vollregulierung kennt die KI-Verordnung auch Anforderungen an die mittlere Kategorie der begrenzten Risiko-KI (Kapitel IV der KI-VO). Hier steht – wie erwähnt – vor allem die Transparenz im Vordergrund, um Nutzer auf KI-Eigenheiten aufmerksam zu machen. Diese Pflichten betreffen insbesondere weitverbreitete Anwendungen wie Chatbots oder generative Medien-KI. Folgende Transparenzpflichten schreibt die Verordnung vor:

- *Kennzeichnung von KI-Interaktionen:* Wenn ein KI-System dafür konzipiert ist, mit Menschen zu interagieren (klassisches **Beispiel:** Chatbots im Kundenservice, virtuelle Assistenten wie Alexa oder auch Social-Media-Bots), dann muss es offenlegen, dass es eine KI ist. Die Verordnung verlangt, dass der Benutzer informiert wird, dass kein menschliches Gegenüber agiert. Etwa durch einen Hinweis im Chatfenster („Ich bin ein KI-basierter Assistent"). Ziel davon ist es zu verhindern, dass Menschen glauben, real mit einer Person zu sprechen, während sie in Wahrheit mit einer

Maschine interagieren – diese Transparenz bewahrt Vertrauen und Entscheidungsfreiheit.

- *Kennzeichnung generativer KI-Inhalte („Deepfakes"):* Erzeugt eine KI synthetische Inhalte, die von realen kaum zu unterscheiden sind, müssen diese als KI-Generat gekennzeichnet werden. Das betrifft u. a. künstlich erzeugte Bilder, Videos oder Audios, die echte Personen oder Ereignisse imitieren (Deepfakes). Wer solche Inhalte veröffentlicht, der muss kenntlich machen, dass sie KI-generiert sind – etwa durch ein Wasserzeichen oder Textzusatz. So darf ein komplett KI-generiertes Foto eines Politikers nicht ohne Label „KI-Bild" in Umlauf gebracht werden, da es sonst zur Desinformation beitragen könnte. Eine Ausnahme besteht für Satire oder künstlerische Anwendungen, wo der KI-Ursprung offensichtlich sein kann, sowie für behördliche Nutzung zu Ermittlungszwecken. Aber grundsätzlich gilt: Der Betrachter soll nicht getäuscht werden. Große Anbieter wie OpenAI und Google arbeiten bereits an technischen Lösungen (z. B. unsichtbare Markierungen in generierten Bildern oder Texten), um diese Kennzeichnung umzusetzen.

- *Offenlegung bei biometrischer Erkennung:* Wird ein System zur biometrischen Identifizierung (z. B. Gesichtserkennung, Stimmerkennung) oder zur Emotionserkennung eingesetzt, sind die betroffenen Personen gemäß Artikel 50 Abs. 3 proaktiv darüber zu informieren, dass ein solches System in Betrieb ist. Praktisch bedeutet das: Wenn Bürger im öffentlichen Raum von einer Kamera erfasst werden, die mittels KI Gesichter abgleicht oder Gefühlsregungen analysiert (sofern dies rechtlich zulässig ist), dann müssen sie klar erkennbar darauf hingewiesen werden. In Unternehmen gilt Entsprechendes: Beschäftigte haben das Recht, von vornherein zu wissen, wenn Überwachungskameras mit KI-Analysetools eingesetzt werden. Die Informationspflicht entfällt nur in eng begrenzten Ausnahmefällen, etwa wenn der Einsatz solcher Systeme durch Gesetz zur Verhütung oder Aufklärung schwerer Straftaten ausdrücklich zugelassen ist und dabei angemessene Schutzmaßnahmen für die Rechte Dritter gewährleistet werden.

Zusätzlich hat die EU im Rahmen der Verordnung auch eine freiwillige Kennzeichnungsregelung vorgesehen: Anbieter von nicht hochriskanten KI können sich freiwillig zu höheren Standards verpflichten (Art. 69). So etwas wie Gütesiegel für vertrauenswürdige KIs sind angedacht. Beispielsweise könnten große Social-Media-Firmen einen Code einführen, der KI-gestützte Inhalte konsequent markiert oder moderiert. Diese Kodizes sind freiwillig, sollen aber von der EU-Aufsicht (dem künftigen KI-Ausschuss) unterstützt werden. Sie ermöglichen über das Gesetzesminimum hinaus Qualitätsstandards, gerade auch für jene vielen KI-Anwendungen, die nur minimalem Risiko unterliegen.

In Zeiten, in denen KI erstaunlich echt wirkende Inhalte erzeugt, ist Transparenz eine geringinvestive, aber wirkungsvolle Maßnahme. Der einfache Hinweis „erstellt von KI" kann viel Verwirrung vermeiden. Der Gesetzgeber hat bewusst auf schwerere Geschütze (wie einer Vorabzulassung für jede KI) verzichtet und stattdessen den mündigen Umgang fördern wollen: Nutzer sollen wissen, woran sie sind, und dann selbst entscheiden können. Für staatliche Stellen ist dies ebenfalls relevant: Wenn die Polizei KI-Tools im Bürgerkontakt nutzt (z. B. einen Chatbot für Notrufe), dann muss auch hier klargemacht werden, dass eine automatische Antwort erfolgt. Vertrauen und Wahrung der Autonomie stehen im Vordergrund.

KI-Modelle mit allgemeinem Zweck (Foundation Models / GPAI)

Ein spezielles Augenmerk der Verordnung liegt auf den sogenannten „Foundation Models" – großen KI-Modellen mit allgemeinem Anwendungszweck (auch GPAI = General Purpose AI). Gemeint sind damit vortrainierte KI-Systeme, die nicht für eine einzelne Aufgabe maßgeschneidert sind, sondern in verschiedenen Kontexten eingesetzt oder weiterentwickelt werden können. Bekannte Beispiele sind große Sprachmodelle wie OpenAIs GPT-4 (bzw. Nachfolger) oder Googles multimodales Modell Gemini, die Texte, Bilder oder Code generieren können und als Basismodell für zahlreiche Anwendungen dienen. Solche Modelle haben seit 2022/23 enorm an Bedeutung gewonnen – man denke an die Explosion von Anwendungen rund um ChatGPT. In der KI-VO wurden sie daher ausdrücklich berücksichtigt, um Risiken dieser Basistechnologien früh zu adressieren.

Die Verordnung definiert allgemeine KI-Modelle als KI-Systeme, die für sehr unterschiedliche Aufgaben einsetzbar sind und nicht auf einen engen Anwendungsfall beschränkt wurden. Charakteristisch sind enorm große Trainingsdatensätze und Modelle (teils hunderte

Milliarden Parameter), oft trainiert mit selbst überwachenden Lernmethoden an unstrukturierten Webdaten. Diese Modelle werden dann oft von Dritten adaptiert (Finetuning) und in konkrete Produkte integriert.

Beispiel:

Ein Unternehmen nutzt das Basismodell GPT-5 und trainiert es weiter, um einen juristischen Beratungschatbot zu erstellen. Das Basismodell selbst könnte keiner der Risikostufen eindeutig zugeordnet sein, weil es noch gar keine konkrete Anwendung vorgibt. Dennoch können von ihm Risiken ausgehen (etwa wenn es falsche Informationen ausgibt oder missbraucht wird). Daher setzt die KI-Verordnung bereits bei den Foundation Models Pflichten an.

GPAI-Anbieter haben somit einige Pflichten: Kapitel V des AI Act enthält spezielle Vorgaben für Entwickler von allgemeinen KI-Modellen (Art. 52 bis 53). Grundsätzlich gelten auch für diese Modelle die bereits erwähnten Transparenz- und Sorgfaltspflichten, selbst wenn das Modell nicht hochriskant ist. Insbesondere müssen Anbieter ausreichende Dokumentationen bereitstellen (Art. 53): Sie sollen offenlegen, welche Daten zum Training verwendet wurden (mindestens in groben Kategorien), wozu das Modell fähig ist und welche Grenzen es hat. Wenn es sich um ein generatives Modell handelt, müssen sie sicherstellen, dass Ausgaben als KI-Inhalt erkennbar gemacht werden können (z. B. durch technische Wasserzeichen) – vergleichbar mit der Transparenzpflicht für KI-Inhalte, aber hier quasi als eingebaute Option im Modell. Zudem adressiert Artikel 53 Urheberrechtsfragen: Anbieter generativer Modelle müssen Maßnahmen treffen, um Verstöße gegen das Urheberrecht vorzubeugen. Dazu gehört etwa, dass urheberrechtlich geschütztes Material in den Trainingsdaten – soweit möglich – gekennzeichnet bzw. dokumentiert wird. Auch sollen sie ermöglichen, dass generierte Inhalte daraufhin überprüft werden können, ob sie geschütztes Material reproduzieren. Diese Vorgaben sind eine Reaktion auf Diskussionen um KI und Copyright – z. B. ob ein Bildgenerator wie DALL-E geschützte Kunststile kopiert. Künftig sollen Entwickler hier transparenter agieren.

Ein wichtiger neuer Begriff ist „GPAI-Modelle mit systemischem Risiko". Darunter versteht man besonders leistungsfähige, einflussreiche Basismodelle, von denen systemweite Gefahren ausgehen könnten. Man könnte salopp an zukünftige Super-AIs denken, die ganze Gesellschaften beeinflussen können. Für solche Modelle sieht die Verordnung bei Bedarf zusätzliche Auflagen vor. Konkret sollen Kriterien entwickelt werden, ab wann ein Modell als „systemisch" gilt – denkbar sind Schwellwerte bei Rechenaufwand, Verbreitung oder Fähigkeitsspektrum. Wird ein Modell als systemisch eingestuft, könnte es ähnlich wie Hochrisiko-KI einer externen Überwachung unterworfen werden, eventuell durch das neue EU-KI-Amt (dazu gleich mehr). Das Ziel ist, bereits auf Modellebene Risiken wie massenhafte Desinformation, Missbrauch zur Cyberattacke (z. B. KI-generierte Malware) oder Kontrollverlust anzugehen, bevor solche Modelle unreguliert in jeder Anwendung stecken.

Für die großen KI-Anbieter – häufig US-Konzerne wie OpenAI, Google, Meta – bedeuten diese Regeln: Sie müssen deutlich mehr Einblick in ihre Modelle gewähren als bisher. Die EU verlangt im Prinzip, dass OpenAI offenlegt, mit welchen Daten GPT-4/5 trainiert wurde, welche Maßnahmen gegen Bias und Fehlverhalten ergriffen wurden und wie man die Ausgaben kennzeichnet. Das ist ein bemerkenswerter Einschnitt in bislang streng geheime KI-Entwicklungsküchen. Die Industrie sieht das teils kritisch (Stichwort „Geschäftsgeheimnisse"), doch die EU hält dagegen, dass bei so potenten Modellen Transparenz im öffentlichen Interesse liegt. Für kleinere Entwickler gibt es Entlastungsmöglichkeiten: Die Verordnung sieht vor, dass unter bestimmten Umständen (etwa wenn ein kleines Start-up ein Basismodell entwickelt) Ausnahmen oder Unterstützung gewährt werden können, damit Innovation nicht nur den Techgiganten vorbehalten bleibt.

Für die Bundeswehr und nationale Sicherheitsbehörden ist das Thema „Foundation Models" relevant: Auch sie können solche großen Modelle nutzen, etwa für Übersetzung, Datenanalyse oder Entscheidungsunterstützung. Werden kommerziell verfügbare Modelle zugekauft, unterliegen diese seit dem 02. 08. 2025 verbindlich den Transparenz- und Dokumentationspflichten. Damit ist sichergestellt, dass bestimmte Mindeststandards – etwa zur Offenlegung der Trainingsdatenkategorien, zum Urheberrecht und zur Kennzeichnung generativer Inhalte – eingehalten werden.

Gleichwohl gilt: Der rechtliche Rahmen ersetzt nicht die operative Verantwortung. Gerade generative KI kann in sicherheitskritischen

Kontexten fehlerhafte oder verzerrte Ergebnisse liefern. Ein falsch beratender Chatbot im militärischen Stab könnte schwerwiegende Folgen haben, wenn man ihn ungeprüft übernimmt. Deshalb sind weiterhin interne Richtlinien und Schulungen erforderlich: KI-Ausgaben müssen geprüft, bewertet und im Zweifel korrigiert werden – die Entscheidungskompetenz liegt beim Menschen, KI ist nur ein Hilfsmittel.

Aufsicht, Durchsetzung und Sanktionen

Um die Einhaltung der neuen KI-Regeln zu sichern, etabliert die KI-Verordnung ein mehrschichtiges Governance-System. Auf nationaler Ebene müssen die Mitgliedstaaten Aufsichts- und Marktüberwachungsbehörden benennen (in Deutschland könnte die Bundesnetzagentur oder das Bundesamt für Sicherheit in der Informationstechnik – BSI – eine Rolle spielen). Diese Behörden prüfen KI-Systeme, gehen Hinweisen auf illegale Anwendungen nach und können Produkte vom Markt nehmen. Sie dienen als primäre Anlaufstelle für Beschwerden – jede Person kann sich bei der nationalen KI-Behörde beschweren, wenn sie glaubt, ihre Rechte wurden durch eine KI verletzt. Für Deutschland wird es spannend, welche Behörde künftig diese Rolle übernehmen wird.[8] **Klar ist aber:** Bei sicherheitsbehördlichem KI-Einsatz wird es Überschneidungen mit Datenschutzaufsicht und ggf. speziellen Gremien geben.

Auf EU-Ebene wird ein neues Europäisches KI-Büro (AI Office) eingerichtet. Dieses Amt (angesiedelt bei der EU-Kommission) soll die Umsetzung koordinieren, insbesondere bei grenzüberschreitenden KI-Modellen und systemischen Risiken. Es kann tätig werden, wenn ein großer KI-Anbieter EU-weit tätig ist – ähnlich wie der Europäische Datenschutzausschuss bei der DSGVO. Unterstützt wird das KI-Amt von einem KI-Ausschuss (Board) mit Vertretern aller Mitgliedstaaten, der Leitlinien erarbeitet und für eine einheitliche Anwendung sorgt. Zudem ist ein wissenschaftliches Gremium unabhängiger Experten vorgesehen, das technische Beratung liefert (etwa bei der Bewertung neuer KI-Risiken). Schließlich wird ein Stakeholderforum eingerichtet, in dem Industrie, Wissenschaft und Zivilgesellschaft ihre Sicht einbringen können. Dieses mehrstufige

---

8 Zum Stand des Redaktionsschlusses ist die genaue Zuständigkeitsverteilung noch in Klärung.

Gefüge soll sicherstellen, dass das KI-Recht effektiv durchgesetzt wird und flexibel auf neue Entwicklungen reagiert.

Der AI Act sieht bei Verstößen empfindliche Bußgelder vor, nach Schwere abgestuft. Die Höchstbeträge orientieren sich – wie bei der DSGVO – am weltweiten Jahresumsatz eines Unternehmens, um auch großen Techfirmen wehtun zu können. **Konkret gilt:**

- *Verbotene Praktiken:* Für die Entwicklung, Bereitstellung oder Nutzung von KI-Systemen entgegen den Verboten des Artikels 5 drohen Geldbußen von bis zu 35 Mio. Euro oder 7 % des weltweiten Jahresumsatzes des Unternehmens.
- *Schwere Verstöße (Hochrisikopflichten):* Für die Nichterfüllung zentraler Pflichten bei Hochrisiko-KI – z. B. fehlender Konformitätsbewertung, mangelnden Risikokontrollen, Verstößen von benannten Stellen – können Strafen in Höhe von bis zu 15 Mio. Euro oder 3 % des Jahresumsatzes verhängt werden.
- *Sonstige Verstöße:* Weniger gravierende Zuwiderhandlungen – etwa die Lieferung falscher oder unvollständiger Informationen an Behörden – können mit bis zu 7,5 Mio. Euro oder 1 % Umsatz geahndet werden.

Für kleine und mittlere Unternehmen soll die Verhältnismäßigkeit gewahrt bleiben; die Verordnung erlaubt es, Bußgelder an die Unternehmensgröße anzupassen. **Dennoch:** Die Strafandrohungen sind massiv – vergleichbar mit der DSGVO, wo bekanntlich schon Bußen in zweistelliger Millionenhöhe verhängt wurden.

Neben Bußgeldern können auch andere Maßnahmen ergriffen werden: Verwarnungen, die Anordnung zur Herstellung des rechtmäßigen Zustands oder ein Verbot des KI-Systems auf dem Markt. Im Extremfall könnte also eine gefährliche KI-Anwendung aus dem Verkehr gezogen werden.

Für die Sicherheitsbehörden und Bundeswehr bedeutet das: Compliance ist keine Option, sondern Pflicht. Zwar greifen einige der strengsten Sanktionen nicht für militärische Systeme (wegen der Ausnahmeklausel), doch sobald ein kommerzielles KI-Produkt zugekauft wird, das dem AI Act unterliegt, muss man die Regularien mitbedenken. Zudem unterliegen Polizei und Geheimdienste natürlich weiterhin dem nationalen Rechtsrahmen – etwa dem Datenschutz und Grundgesetz, die ebenfalls Sanktionen (bis hin zu Beweisverwertungsverboten oder Amtshaftungsklagen) vorsehen, wenn der KI-Einsatz Grundrechte verletzt.

3.2 Datenschutz und Grundrechte: DSGVO, Grundgesetz und KI

Technisch mag Künstliche Intelligenz neuartig sein, juristisch ändert das aber nichts daran, dass Grundrechte und Datenschutz vollumfänglich gelten. Zwei zentrale Säulen im deutschen Kontext: die Datenschutz-Grundverordnung der EU und das Grundgesetz. Sie setzen dem staatlichen KI-Einsatz – auch durch Bundeswehr und Sicherheitsbehörden – enge Leitplanken.

DSGVO: Grenzen bei personenbezogener KI-Datenverarbeitung

Die DSGVO gilt seit 2018 und ist technologieneutral; das heißt, sie greift bei jeder Verarbeitung personenbezogener Daten – egal, ob von Menschen oder KI. Viele KI-Anwendungen, gerade im Sicherheitsbereich, nutzen personenbezogene Daten: Gesichtsbilder für Gesichtserkennung, Standortdaten für Bewegungsanalysen, Social-Media-Profile für Ermittlungen usw. Sobald das der Fall ist, müssen die strikten DSGVO-Prinzipien eingehalten werden: Rechtsgrundlage, Zweckbindung, Datenminimierung, Transparenz, Integrität, Speicherbegrenzung etc.

Was dabei besonders relevant ist: Biometrische Daten (z. B. Fingerabdrücke, Gesichtsmerkmale, DNA-Profile) zählen laut Artikel 9 DSGVO zu den sensiblen Daten, die einem Verarbeitungsverbot mit Erlaubnisvorbehalt unterliegen. Ohne ausdrückliche gesetzliche Grundlage oder Einwilligung ist die Verarbeitung solcher Daten untersagt. Für Sicherheitsbehörden wie Polizei oder Geheimdienste bedeutet das: Der Einsatz von KI zur Identifizierung von Personen – etwa automatischer Gesichtserkennung im öffentlichen Raum – braucht eine spezielle gesetzliche Ermächtigung und muss verhältnismäßig sein.

Im militärischen Bereich genießt die Bundeswehr zwar in Auslandseinsätzen gewisse Sonderregeln, doch sobald personenbezogene Daten von EU-Bürgern betroffen sind – etwa von Soldatinnen und Soldaten, zivilen Beschäftigten oder Angehörigen der Bevölkerung im Inland – greift uneingeschränkt der Datenschutz. Eine flächendeckende Überwachung unbescholtener Bürger durch militärische

KI-Systeme ist nicht zulässig; im Inland verbietet dies ohnehin das Trennungsgebot zwischen Militär und Polizei. Auch innerhalb der Truppe bestehen klare Grenzen: Wenn KI-gestützte Tools Personaldaten auswerten, z. B. für Eignungsprüfungen, Karriereprognosen oder Gesundheitsbewertungen, dann müssen die Vorgaben der DSGVO eingehalten werden – insbesondere Transparenz gegenüber den Betroffenen, Datensicherheit und Zweckbindung. Für Nachrichtendienste und den Militärischen Abschirmdienst (MAD) gelten teilweise eigene Datenschutzgesetze (Bundesdatenschutzgesetz – BDSG, MAD-Gesetz), doch auch sie können den Kern des Grundrechtsschutzes nicht aushebeln.

Besonders wichtig ist in diesem Zusammenhang Artikel 22 der DSGVO: Er verbietet ausschließlich automatisierte Einzelfallentscheidungen mit erheblicher Auswirkung. Das bedeutet im militärischen Kontext: Wesentliche Personal- oder Karriereentscheidungen dürfen nicht allein von einem Algorithmus getroffen werden. Ob ein Soldat für eine bestimmte Verwendung geeignet ist, ob eine Versetzung erfolgt oder ob Gesundheitsdaten Konsequenzen für den Dienst haben – all dies bedarf stets einer menschlichen Prüfung und Entscheidung. KI kann Analysen liefern, aber sie darf nicht zum alleinigen Entscheider werden. Betroffene haben ein Recht auf menschliches Eingreifen und darauf, ihren Standpunkt darzulegen. Damit wirkt die DSGVO auch im militärischen Bereich als Schutzmechanismus: Sie verhindert, dass Menschen zu Objekten automatisierter Systeme degradiert werden.

Grundgesetz: Menschenwürde, Freiheitsrechte und rechtsstaatliche Grundsätze

Über allem steht das Grundgesetz, das auch im KI-Zeitalter die Richtschnur staatlichen Handelns bleibt. Mehrere Grundrechte werden tangiert, wenn KI im sicherheitsrelevanten Bereich eingesetzt wird:

- *Menschenwürde (Art. 1 GG):* Sie ist unantastbar. Jede Form des Umgangs des Staats mit Menschen muss ihre Würde achten. Daraus folgt u. a., dass Menschen nicht zu bloßen Objekten staatlichen Handelns degradiert werden dürfen. Auf KI bezogen stellt sich hier insbesondere die Frage nach vollautonomen Waffensystemen: Wenn ein Killerroboter ohne menschliche Entscheidung töten würde, wäre der betroffene Mensch quasi auf einen datengestützten „Zielwert" reduziert – viele Ethiker und Juristen argumentieren, dies verletze die Menschenwürde, da über Leben und Tod ohne menschliches Ermessen entschieden würde. Deutschland hat sich klar positioniert: Die Bundesregierung strebt ein weltweites Verbot vollautonomer letaler Waffensysteme an. Der ehemalige Außenminister Heiko Maas sagte 2019: „Killerroboter dürfen niemals Wirklichkeit werden!" – international konnte man immerhin politisch erklären, dass immer menschliche Verantwortung und Zurechenbarkeit gegeben sein müssen. Dieses Wertprinzip fließt auch in die Praxis der Bundeswehr ein (Innere Führung). Bisher hält man an dem Grundsatz fest: „Kein Einsatz ohne menschliche Kontrollinstanz." Sollte sich die Technik weiterentwickeln, steht eine ethische Linie: Maschinen dürfen nicht selbst über die Tötung entscheiden. Das schwingt auch im AI Act mit, der ja menschliche Kontrolle fordert.

- *Recht auf Leben und körperliche Unversehrtheit (Art. 2 Abs. 2 GG):* Der Staat muss dieses Grundrecht schützen, zugleich darf er nicht ungerechtfertigt eingreifen. KI im Waffeneinsatz oder auch im Polizeieinsatz (etwa Taserdrohnen, die automatisiert agieren) berühren dieses Recht unmittelbar. Wenn etwa eine Predictive-Policing-KI jemanden fälschlich als gefährlich einstuft und dies zu einer Polizeiintervention mit Waffengebrauch führt, wäre das ein indirekter Grundrechtseingriff durch KI. Daher muss jede solche Anwendung auf strikte Verhältnismäßigkeit geprüft werden: Dient sie wirklich dem Schutz von Leben? Ist sie geeignet, erforderlich und wahren die Mittel die Angemessenheit? Der Parlamentsvorbehalt für Bundeswehreinsätze (Art. 87a GG) unterstreicht, dass der Einsatz von Staatsgewalt – und dazu kann KI letztlich zählen – immer unter demokratischer Kontrolle stehen muss.
- *Allgemeines Persönlichkeitsrecht (Art. 2 Abs. 1, Art. 1 GG):* Daraus leitet sich das Recht auf informationelle Selbstbestimmung und Privatsphäre ab. KI-Systeme, die große Datenmengen über Personen sammeln, Profile erstellen oder Verhalten überwachen, greifen in dieses Recht ein. Das Bundesverfassungsgericht (BVerfG) hat immer wieder betont (Volkszählungsurteil, Urteil zu automatisierter Kennzeichenerfassung etc.), dass der Bürger ein Recht „auf Beobachtungsfreiheit" hat: Nicht jeder Schritt darf präventiv erfasst werden. Ein aktuelles Beispiel ist das Urteil zur Palantir-Analysesoftware: Karlsruhe sah die Gefahr, dass durch die nahezu grenzenlose Auswertung polizeilicher Massendaten

auch Unbeteiligte unter Generalverdacht geraten. Solche Praktiken verletzen die Selbstbestimmung. Somit verlangt das Grundgesetz hohe Hürden: Wenn überhaupt, dann nur bei Gefahr im Verzug oder konkretem Verdacht, dürfen derart eingriffsintensive KI-Tools genutzt werden – und selbst dann nur punktuell, nicht flächendeckend. Für die Bundeswehr im Inneren (etwa Amtshilfe, Katastropheneinsätze) bedeutet das, dass sie keine weitergehenden Befugnisse hat als die Polizei: Flächendeckende KI-Überwachung wäre verfassungswidrig.

- *Rechtsstaatliche Grundsätze:* Hierzu zählt insbesondere der Grundsatz der Transparenz und Kontrolle staatlichen Handelns. Wenn Behörden Algorithmen nutzen, dann darf dies nicht in eine Entscheidungsautomation ohne Verantwortlichen münden. Jeder hoheitliche Akt muss letztlich auf einen verantwortlichen Menschen zurückführbar sein – es muss jemanden geben, der die Gewaltausübung legitimiert und kontrolliert. Das Gebot der Rechtsschutzmöglichkeit verlangt zudem, dass Entscheidungen überprüfbar sind. Blackbox-KI-Entscheidungen, gegen die man sich nicht wehren kann, sind unzulässig. In einem Rechtsstaat muss ein Bürger, der durch ein KI-Scoring keinen Kredit bekommt oder auf einer No-Fly-Liste landet, zumindest erfahren können, warum – und er muss dagegen vorgehen können. Übertragen auf militärische KI bedeutet das: Wenn KI etwa Zielprioritäten vorgibt, dann muss der Prozess so gestaltet sein, dass nachher nachvollziehbar ist, wie die Entscheidung zustande kam, und ein Offizier diese Entscheidung genehmigt hat. Damit können im Zweifel Parlamente oder Gerichte die Maßnahme prüfen.

In Summe zwingen diese Grundrechtsvorgaben dazu, KI-Einsatz so zu gestalten, dass Mensch und Gesetz „Herr der Lage" bleiben. Vollautomatische Überwachungssysteme, geheim gehaltene Entscheidungsalgorithmen oder enthemmte Datenauswertung verstoßen gegen fundamentale Prinzipien unseres Verfassungsstaats. Die Soldatinnen und Soldaten der Bundeswehr sind in ihrer Ausbildung auf die Werte des Grundgesetzes verpflichtet (Staatsbürger in Uniform); das schließt ein, dass sie auch bei Nutzung modernster Mittel diese Werte hochhalten.

Noch ein Aspekt bildet das humanitäre Völkerrecht (International Humanitarian Law – IHL). Sobald die Bundeswehr KI in Auslandseinsätzen oder bewaffneten Konflikten einsetzt, greift das Kriegsvölkerrecht (Genfer Konventionen, Zusatzprotokolle). Es fordert insbesondere die Unterscheidung zwischen Kombattanten und Zivilisten und die Verhältnismäßigkeit im Angriff. Jede Waffe und Taktik – ob mit oder ohne KI – muss diese Prinzipien einhalten. Wenn KI Ziele klassifiziert, muss sie verlässlich genug sein, um Zivilisten nicht fälschlich als Kombattanten zu markieren. Der Mensch bleibt hier in der Pflicht: Nach dem IHL muss vor jedem Angriff eine menschliche Beurteilung stattfinden, ob das Ziel legitim ist und der erwartbare Kollateralschaden nicht außer Verhältnis zum militärischen Vorteil steht. Ein autonomes System kann diese Wertabwägung derzeit nicht leisten; schon deshalb halten viele Experten vollautonome Waffensysteme für mit dem IHL unvereinbar. Die NATO betont in ihren KI-Grundsätzen ebenfalls die Rechtsmäßigkeit – KI im Militär wird nur im Rahmen von nationalem und internationalem Recht eingesetzt. Das heißt, Deutschland und seine Bündnispartner erkennen an: KI ändert nichts daran, dass sie an Genfer Konventionen gebunden sind. Wo KI das Einhalten dieser Regeln erschwert (z. B. weil ein Algorithmus nicht erklären kann, warum er ein Fahrzeug als feindlich identifizierte), muss man sehr vorsichtig sein bzw. den menschlichen Faktor stärken.

3.3 Umsetzung in der Praxis und Haftungsfragen

Probleme der Umsetzung

Recht haben ist das eine, Recht bekommen das andere: Die praktische Umsetzung der ganzen Regulierungen wird zur Herausforderung. Bundeswehr und Sicherheitsbehörden stehen vor der Aufgabe, die neuen EU-Vorgaben mit bestehenden Gesetzen (Polizeirecht, Soldatengesetz, Datenschutz, Völkerrecht) in Einklang zu bringen und handhabbare Prozesse zu entwickeln.

Dabei zeigen sich einige Umsetzungshürden: Zunächst ist da die Komplexität. Die KI-VO umfasst viele technische Details, unbestimmte Rechtsbegriffe und Delegationsakte. Die Behörden benötigen spezialisiertes Know-how, um überhaupt zu erkennen, welche ihrer KI-Systeme als „Hochrisiko" gelten, was an Dokumentation nötig ist etc. Es gibt Graubereiche – wie die erwähnte Abgrenzung: Ist eine KI, die die Bundeswehr ausschließlich für die Landesverteidigung entwickelt, völlig ausgenommen? Was, wenn dieselbe KI auch im zivilen Katastrophenschutz helfen könnte (Stichwort „Dual Use")? Solche Fragen müssen interne Juristen klären. Auch müssen Verfahren etabliert werden, wie vor Beschaffung eines KI-Systems die Konformität geprüft wird. Es ist wahrscheinlich, dass die Bundeswehr eigene KI-Kompetenzzentren oder Prüfstellen aufbaut, um den neuen Vorgaben gerecht zu werden.

Gleichzeitig besteht das Spannungsfeld Regulierung vs. Innovation. Führende Stimmen warnen, Europa könnte ins Hintertreffen geraten, wenn es zu stark reguliert. Insbesondere in Militärkreisen schaut man natürlich auf die USA und China: Diese investieren massiv in KI für Verteidigung, oft mit weniger rechtlichen Fesseln. Es wird argumentiert, dass starre EU-Auflagen Entwicklungszyklen verlangsamen könnten und Sicherheitsprojekte behindern. Auf der anderen Seite gilt: Vertrauenswürdige KI ist langfristig effektiver. Die Bundeswehr kann kein Interesse daran haben, eine unausgereifte oder rechtlich problematische KI einzusetzen – das würde zu Pannen, Skandalen und Vertrauensverlust führen. Insofern kann Regulierung auch Qualitätssicherung bedeuten, die uns vor schlimmen Fehlern bewahrt.

Ein praktisches Beispiel:

Nehmen wir an, die Bundeswehr will ein KI-System zur Freund-Feind-Erkennung in Fahrzeugen einführen. Ohne Regulierung könnte man schnell eine Lösung implementieren. Mit dem AI Act müsste man erst prüfen: Hochrisiko? (Ja, sicherheitskritisch.) Also Konformitätsbewertung, ein CE-Kennzeichen ist erforderlich. Dokumentation vom Hersteller muss eingeholt und ggf. extern zertifiziert werden. Das kostet Zeit und Geld. Vielleicht gibt es in den USA bereits ein erprobtes System – doch das erfüllt eventuell nicht alle EU-Dokupflichten. Die Bundeswehr müsste den Hersteller davon überzeugen, die Anforderungen nachzuarbeiten, oder sich an der Entwicklung eines EU-konformen Systems beteiligen. **Kurz:** Die Beschaffung verzögert sich und es entstehen mehr Bürokratiekosten. Diese Verzögerungen müssen politisch und administrativ abgefedert werden, etwa durch vorausschauende Planung und enge Zusammenarbeit mit der Industrie. Möglicherweise wird man in wichtigen Fällen Ausnahmeregeln bemühen (etwa nationale Sicherheitsausnahme), um bestimmte Projekte zu beschleunigen – das darf aber nicht zur Regel werden, sonst untergräbt man das Schutzniveau.

Haftung und Verantwortlichkeit

Ein weiterer neuralgischer Punkt ist die Frage: Wer haftet, wenn eine KI Fehler macht? In sicherheitskritischen Bereichen ist das nicht nur zivilrechtlich, sondern auch disziplinarisch und strafrechtlich relevant.

Aktuell ist es so, dass immer der Mensch bzw. die Behörde verantwortlich bleibt, der bzw. die die Entscheidung trifft. Wenn ein Polizist aufgrund eines KI-Hinweises jemanden festnimmt und das erweist sich als Irrtum, kann der Polizist nicht einfach sagen: „Die KI ist schuld." Er hat den Eingriff zu verantworten und ggf. zu haften. Ebenso bei der Bundeswehr: Wenn ein Bediener einer halbautonomen Drohne einen falschen Abschuss tätigt, kann nicht die Drohne vor Gericht gestellt werden – die Verantwortlichkeit liegt beim Bediener und in der Befehlskette. Dieser Grundsatz wird auch durch den AI Act nicht geändert; er ist tief im Rechtsprinzip der Zurechenbarkeit verankert.

Doch KI wirft neue Facetten auf. Was, wenn der eigentliche Fehler klar beim KI-System lag – etwa ein Softwarebug oder ein Trainingsbias? Hier kommt die Produkthaftung ins Spiel. Die EU hat parallel zur KI-Verordnung die Produkthaftungsrichtlinie modernisiert, sodass nun auch Software als Produkt gilt und Hersteller für Schäden durch Softwarefehler haften. **Das würde bedeuten:** Sollte die Polizeisoftware eines Unternehmens fälschlich eine Person als Terroristen identifizieren und entsteht dadurch ein Schaden (z. B. Rufschädigung, Freiheitsberaubung), könnte der Betroffene neben der Behörde auch den Hersteller auf Schadenersatz verklagen – sofern ein Produktfehler nachweisbar ist. Allerdings sind solche Kausalitäten oft schwer nachzuweisen („Hat die KI oder der Mensch versagt?"). Um Opfer zu entlasten, hatte die EU auch eine KI-Haftungsrichtlinie vorgeschlagen, die Beweiserleichterungen vorsah. Diese wurde jedoch 2025 mangels Konsenses zurückgezogen. Man wird also im konkreten Fall weiterhin argumentieren müssen und es bleibt einiges Richterrecht zu entwickeln.

Für Behörden intern ist die Frage wichtiger: Wer genehmigt KI-Einsätze und trägt Verantwortung? Hier braucht es klare Dienstvorschriften. Denkbar ist etwa, dass jede automatisierte Datenanalyse ab einer gewissen Intensität durch einen Vorgesetzten freizugeben ist. Oder dass bei jedem KI-Alarm (etwa einem Gesichtserkennungstreffer) zwingend eine manuelle Validierung erfolgt, bevor weitere

Maßnahmen ergriffen werden. Viele Polizeibehörden handhaben dies heute schon informell so, aber künftig könnte es institutionalisiert werden. Bei der Bundeswehr dürfte man analog verfahren: KI-gestützte Lagebilder oder Zielvorschläge werden dem zuständigen Offizier präsentiert, der dann entscheidet. Die KI wird als Hilfsmittel betrachtet, nicht als Entscheider.

Die Bundeswehr hat mit dem Leitbild der Inneren Führung, orientiert am Leitbild des „Staatsbürgers in Uniform“, bereits einen ethischen Kompass. Dieser betont die Verantwortung jedes Einzelnen, das Primat der Politik und die Bindung an Recht und Gesetz. Übertragen auf KI bedeutet das: Kein Soldat darf sich hinter einer Maschine verstecken. Wenn KI z. B. einen Feuerbefehl vorschlagen würde, bliebe es die Gewissensentscheidung des Soldaten, ob er ihn ausführt. Insofern sollte in jeder Einführung von KI-Systemen ein ethisches Briefing stattfinden: Was tut die KI? Wo sind ihre Grenzen? Wann muss der Mensch „Stopp!“ sagen? So erhält man ethische KI-Richtlinien innerhalb der Organisation. Die NATO selbst hat 2021 sechs Prinzipien für den verantwortungsvollen Einsatz von KI verabschiedet (Rechtmäßigkeit, Verantwortlichkeit, Nachvollziehbarkeit, Zuverlässigkeit, Beherrschbarkeit und Unvoreingenommenheit). Diese decken sich weitgehend mit dem AI Act und den Grundrechten. Für Deutschland heißt das: Wir bewegen uns nicht im luftleeren Raum – auch das Bündnis erwartet von uns, KI nur im Einklang mit Recht und Verantwortung einzusetzen.

Langfristig wird die erfolgreiche Implementierung daran gemessen, ob sowohl die Bevölkerung als auch die Anwender KI vertrauen. Es darf nicht zu Szenarien kommen, in denen wegen KI-Pannen das Vertrauen in die Sicherheitsbehörden sinkt – man denke an den „Kindergeldskandal“ in den Niederlanden, wo ein Algorithmus fälschlich Tausende Familien als Sozialbetrüger einstufte und ins Unglück stürzte. So etwas darf mit KI in der Kriminalitätsbekämpfung oder Gefahrenabwehr nicht passieren. Andererseits müssen sich Polizisten und Soldaten auf KI-Systeme verlassen können, wenn sie eingesetzt werden – weder blinder Glaube noch ständige Paranoia sind gut. Das erreicht man nur durch gute Schulung und empirisch erprobte, zertifizierte Systeme.

Zum Schluss sei betont: Trotz aller Regulierung bleibt Deutschland ein innovationsfreudiges Land. KI wird in Bundeswehr und Sicherheit Einzug halten, weil sie Vorteile bietet – schnellere Auswertung großer Infomengen, Entlastung von Routinetätigkeiten, Entscheidungshilfen. Die rechtlichen Rahmenbedingungen sollen dafür sorgen, dass dies auf eine Weise geschieht, die unsere Werte nicht untergräbt. Es ist ein kontinuierlicher Prozess: Gesetze werden nachgeschärft (die KI-VO wird sicher nicht das letzte Wort sein), Gerichte werden Präzedenzfälle entscheiden und die Technik wird weiter rasch voranschreiten. Aber mit der KI-Verordnung hat man einen ersten Kompass: „Hohe Risiken vorsichtig handhaben, rote Linien respektieren, Mensch in der Kontrolle, Transparenz und Qualität sichern." Damit kann man arbeiten – in der Justiz, in den Ministerien und in jeder Dienststelle, die KI einsetzen will. Letztlich soll so eine KI-Kultur entstehen, in der Technologie dem Menschen dient, wie der ehemalige Datenschutzchef Ulrich Kelber forderte: Künstliche Intelligenz muss dem Menschen dienen, nicht umgekehrt. Dem hat sich auch die Bundeswehr verpflichtet, denn ihre Aufgabe ist im Grundgesetz klar umrissen: die Rechte und Sicherheit der Menschen zu schützen – und niemals zu verletzen, auch nicht mithilfe einer KI.

Politisch-gesellschaftliche Auswirkungen der KI

4

4.1 Chancen und Risiken für die Gesellschaft

Die rasante Entwicklung und der zunehmende Einsatz von Künstlicher Intelligenz eröffnen bedeutende Potenziale, stellen unsere Gesellschaft jedoch gleichzeitig vor erhebliche Herausforderungen. Insbesondere für die Bundeswehr ist es essenziell, diese Dynamik genau zu verstehen, um Chancen rechtzeitig zu erkennen und Risiken gezielt entgegenzuwirken. Nur so kann sichergestellt werden, dass technologische Neuerungen verantwortungsvoll genutzt und sicherheitspolitische Gefahren frühzeitig adressiert werden.

Chancen der Künstlichen Intelligenz für die Gesellschaft

Die positiven Potenziale der KI-Technologien sind vielfältig und beeindruckend. Ein zentraler Vorteil liegt in der enormen Effizienzsteigerung, die KI-Anwendungen ermöglichen. Durch den Einsatz intelligenter Systeme lassen sich komplexe Aufgaben, die bisher hohe personelle Ressourcen und viel Zeit beanspruchten, wesentlich schneller und präziser erledigen. Beispielsweise können im Gesundheitswesen KI-Systeme anhand riesiger medizinischer Datensätze präzisere Diagnosen stellen und personalisierte Behandlungspläne erstellen. Eine Studie zeigte, dass ein KI-System bei Diagnosen in einigen Fällen sogar treffsicherer sein kann als ein Ärzteteam.[9] In der Landwirtschaft ermöglichen intelligente Systeme eine präzisere Nutzung von Ressourcen wie Wasser und Düngemitteln und tragen damit zu nachhaltigerer Landwirtschaft bei. KI-gestützte Präzisionslandwirtschaft steigert nachweislich Erträge und reduziert den Ressourceneinsatz, indem etwa Wasser und Dünger gezielt und effizient ausgebracht werden.

Ein weiterer großer Vorteil besteht in der verbesserten Entscheidungsfindung durch KI. Dies betrifft insbesondere die Bundeswehr, die täglich große Mengen an Daten zur Aufklärung, Lageanalyse und Logistikverteilung verarbeitet. KI-Systeme helfen dabei, diese Daten schnell auszuwerten und entscheidungsrelevante Informationen zügig zu erkennen, wodurch Führungskräfte besser informierte Entscheidungen treffen können.

Zudem bietet KI erhebliche Chancen für die öffentliche Sicherheit. KI-basierte Überwachungssysteme sind in der Lage, Gefahren früh-

---

9 Goh, E., Gallo, R., Hom, J., et al. (2024). Large language model influence on diagnostic reasoning: A randomized clinical trial. JAMA Network Open.

zeitig zu erkennen und entsprechende Warnungen auszugeben, etwa bei drohenden Terroranschlägen oder Naturkatastrophen. In Krisensituationen kann KI auch dazu beitragen, Rettungs- und Hilfsmaßnahmen effektiver zu koordinieren.

Im Bildungsbereich ermöglicht sie personalisierte Lernwege: Intelligente Tutorsysteme passen sich dynamisch an individuelle Bedürfnisse an und bieten maßgeschneiderte Inhalte, was das Lernen effizienter und zugänglicher macht.

Auch in der Wirtschaft kann KI Arbeitsprozesse optimieren, Innovationen beschleunigen und neue Geschäftsfelder eröffnen; die damit verbundenen Produktivitätsgewinne könnten langfristig Wohlstand und Beschäftigung sichern – allerdings nur, wenn frühzeitig in Weiterbildung und Anpassung investiert wird.

Risiken und Herausforderungen durch die Künstliche Intelligenz

Trotz aller Chancen birgt KI auch erhebliche Risiken: Sie könnte soziale Ungleichheiten verstärken, da Zugang zu großen Datenmengen und KI-Infrastruktur meist auf wenige Techgiganten oder Staaten konzentriert ist. Zudem drohen Arbeitsplatzverluste durch Automatisierung, vor allem bei routinemäßigen, standardisierbaren Tätigkeiten. Deshalb müssen Bildungssystem und Arbeitsmarkt frühzeitig angepasst werden, um neue Beschäftigungsmöglichkeiten für betroffene Arbeitnehmer zu schaffen.

Ein weiteres zentrales Risiko ist die Gefahr von Diskriminierung und Verzerrungen durch KI-Systeme. Da Algorithmen auf der Grundlage historischer Daten trainiert werden, spiegeln sie oft bestehende gesellschaftliche Vorurteile wider und verstärken diese sogar noch. Dies kann gravierende Auswirkungen auf individuelle Lebenschancen haben, etwa wenn KI-Systeme im Bereich der Kreditvergabe, der Justiz oder der Bewerberauswahl eingesetzt werden. Studien belegten etwa, dass ein Algorithmus zur Rückfallprognose in den USA deutlich häufiger fälschlicherweise Afroamerikaner als Hochrisiko einstufte als weiße Angeklagte.[10]

Ein weiteres ernst zu nehmendes Risiko liegt in der Verwundbarkeit von KI-Systemen gegenüber Manipulation und Cyberangriffen. Da

---

10 Angwin, J., Larson, J., Mattu, S., Kirchner, L. (2016). Machine Bias: There's Software Used Across the Country to Predict Future Criminals. And It's Biased Against Blacks. ProPublica.

immer mehr kritische Infrastrukturen und Sicherheitsfunktionen auf KI basieren, könnten gezielte Angriffe verheerende Folgen haben. Die Bundeswehr muss daher intensiv in die Cybersicherheit investieren, um diese Systeme vor Manipulation und Angriffen zu schützen.

Schließlich stellen die zunehmende Komplexität und Intransparenz von KI-Systemen ein erhebliches Risiko dar. Wenn nicht klar nachvollziehbar ist, wie eine KI zu bestimmten Entscheidungen kommt („Blackboxproblematik"), sinkt das Vertrauen der Menschen in diese Technologien. Dies könnte langfristig dazu führen, dass die Akzeptanz von KI-Systemen sinkt und wichtige technologische Potenziale ungenutzt bleiben.

Balance zwischen Chancen und Risiken

Die Zukunft der KI und ihre gesellschaftliche Akzeptanz werden entscheidend davon abhängen, wie gut es gelingt, die Chancen zu nutzen und gleichzeitig Risiken zu minimieren. Ein verantwortungsvoller Umgang mit KI erfordert eine intensive gesellschaftliche Debatte, klare regulatorische Rahmenbedingungen – etwa in Form der 2024 verabschiedeten KI-Verordnung, die strenge Auflagen insbesondere für Hochrisiko-KI-Systeme vorsieht – sowie die Bereitschaft aller Akteure, Verantwortung zu übernehmen. Speziell die Bundeswehr spielt hierbei eine wichtige Rolle, sowohl als Nutzer und Gestalter dieser Technologien als auch als Akteur, der aktiv zur Debatte über ethische und gesellschaftliche Fragen beiträgt.

KI bietet demnach zweifelsohne großes Potenzial, muss aber zugleich verantwortungsbewusst und vorsichtig eingesetzt werden. Für Bundeswehrangehörige ist es daher wichtig, sich aktiv mit den gesellschaftlichen Chancen und Risiken auseinanderzusetzen, um bestmöglich auf die Herausforderungen und Möglichkeiten der kommenden Jahre vorbereitet zu sein.

4.2 Auswirkungen auf Demokratie und politische Stabilität

Einfluss von KI auf politische Meinungsbildung und Demokratie

Die zunehmende Integration Künstlicher Intelligenz in nahezu alle gesellschaftlichen Bereiche beeinflusst auch politische Prozesse und demokratische Strukturen tiefgreifend. Diese Veränderungen bringen sowohl positive Potenziale als auch erhebliche Herausforderungen mit sich.

Eines der wichtigsten Merkmale moderner Demokratien ist der freie und offene Meinungsaustausch. Künstliche Intelligenz verändert die Art und Weise, wie politische Informationen verbreitet und konsumiert werden, radikal. Einerseits unterstützen KI-Systeme die politische Bildung, indem sie große Datenmengen verarbeiten und komplexe politische Zusammenhänge einfach und anschaulich erklären. Andererseits ermöglichen diese Technologien auch eine gezielte, individuell zugeschnittene politische Werbung, die Wählerverhalten gezielt beeinflussen kann. Ein bekanntes Ereignis ist der Cambridge-Analytica-Skandal 2018, bei dem Daten von Millionen Facebook-Nutzern ohne Zustimmung ausgewertet wurden, um personalisierte politische Botschaften zu schalten.[11]

Zudem können moderne generative KI-Modelle massenhaft täuschend echte Texte, Bilder und Videos erzeugen, was groß angelegte Desinformationskampagnen noch erleichtert.

Ein besonders kritischer Aspekt ist der Einsatz von KI zur Erstellung sogenannter „Deepfakes". Dabei handelt es sich um überzeugend realistische Manipulationen von Bild-, Audio- und Videoinhalten, die mithilfe leistungsstarker KI-Algorithmen erzeugt werden. Deepfakes haben das Potenzial, das Vertrauen der Bürger in politische Informationen massiv zu erschüttern, indem sie Zweifel an der Echtheit aller medialen Inhalte schüren. Dies könnte langfristig dazu führen, dass Menschen der Politik und demokratischen Institutionen grundsätzlich misstrauen, was die demokratische Stabilität gefährden würde. Derartige Szenarien treten mittlerweile real auf: So wurden 2023 etwa im argentinischen Präsidentschaftswahlkampf sowie im slowakischen Wahlkampf Deepfakevideos und -audios eingesetzt, die Politikern falsche Aussagen und Handlungen andichteten.[12]

Weiterhin verstärken KI-gesteuerte Algorithmen, die auf sozialen Medien eingesetzt werden, häufig sogenannte „Filterblasen"

---

[11] Cadwalladr, C., Graham-Harrison, E. (2018). Revealed: 50 Million Facebook Profiles Harvested for Cambridge Analytica in Major Data Breach. The Guardian, 17. 03. 2018.

[12] Pawelec, M. (2024). Wenn der Schein trügt – Deepfakes und die politische Realität. Bundeszentrale für politische Bildung, Hintergrundpapier, Dezember 2024.

und „Echokammern“. Nutzer erhalten dadurch vorwiegend Inhalte angezeigt, die ihre bestehenden Meinungen und Ansichten bestätigen. Der Austausch mit unterschiedlichen Perspektiven und Meinungen wird zunehmend seltener, was zu einer Polarisierung der Gesellschaft beitragen kann.

KI und politische Entscheidungsprozesse

Künstliche Intelligenz könnte politische Entscheidungsprozesse grundlegend verändern. Systeme, die in der Lage sind, riesige Datenmengen auszuwerten und daraus fundierte Empfehlungen abzuleiten, bieten großes Potenzial, politische Entscheidungen evidenzbasierter und transparenter zu gestalten. Im Idealfall könnten KI-Systeme dabei helfen, komplexe gesellschaftliche Probleme besser zu verstehen und zu lösen, indem sie verschiedene Szenarien simulieren und objektive Analysen bereitstellen.

Allerdings besteht gleichzeitig das Risiko, dass politische Verantwortung auf Algorithmen abgeschoben wird. Wenn politische Entscheidungsträger sich zunehmend auf KI-Systeme verlassen, könnten sie versucht sein, schwierige und unpopuläre Entscheidungen mit Verweis auf vermeintlich neutrale Algorithmen zu rechtfertigen. Dies könnte die politische Verantwortlichkeit untergraben und langfristig das Vertrauen der Bürger in die Politik schwächen.

Überwachung und politische Kontrolle

Die Fähigkeit von KI, riesige Mengen an Daten in Echtzeit zu analysieren, birgt auch erhebliche Risiken für die politische Freiheit und Privatsphäre. Staaten könnten versucht sein, diese Technologien zu nutzen, um umfassende Überwachungssysteme aufzubauen, die politische Oppositionen unterdrücken und abweichende Meinungen frühzeitig erkennen und sanktionieren. Der Einsatz von KI zur Gesichtserkennung, Verhaltensüberwachung und sozialen Kontrolle ist in autoritären Staaten bereits Realität und könnte auch in demokratischen Gesellschaften erhebliche Begehrlichkeiten wecken. Tatsächlich setzt etwa China KI-gestützte Systeme bereits als Instrument umfassender Überwachung ein, etwa um per automatischer Gesichtserkennung Angehörige der Uiguren zu verfolgen.[13]

[13] Reuter, M. (2019). Gesichtserkennung: Automatisierter Rassismus gegen uigurische Minderheit in China. netzpolitik.org, 15. 04. 2019.

Gerade für Bundeswehrangehörige ist diese Thematik von großer Bedeutung, da sie den Kernbereich der demokratischen Grundrechte und -freiheiten berührt, deren Schutz zu ihren zentralen Aufgaben zählt. Es ist daher entscheidend, klare rechtliche und ethische Grenzen für den Einsatz von KI-Technologien festzulegen, um Missbrauch und politische Instrumentalisierung zu verhindern.

Internationale politische Stabilität und geopolitische Auswirkungen

Auf internationaler Ebene verändern KI-Technologien bereits heute geopolitische Machtstrukturen. Staaten, die frühzeitig und umfassend in KI investieren, können erhebliche strategische Vorteile gewinnen, etwa durch Überlegenheit in der Cybersicherheit, in der Informationskriegsführung oder in der militärischen Technologieentwicklung. Dies kann bestehende Machtverhältnisse verschieben und neue Konfliktlinien schaffen. KI-basierte Technologien verändern bereits die Kriegsführung – der Krieg in der Ukraine seit 2022 demonstriert etwa den Einsatz autonomer Drohnen und intelligenter Datenanalyse im militärischen Kontext.

Die Bundeswehr und ihre internationalen Partner müssen daher intensiv beobachten, wie KI-Technologien weltweit eingesetzt und entwickelt werden, um strategische Überraschungen zu vermeiden und rechtzeitig angemessene Antworten zu entwickeln. Die Kooperation auf internationaler Ebene wird dabei entscheidend sein, um die Risiken eines KI-gesteuerten Wettrüstens zu minimieren und politische Stabilität zu sichern.

4.3 Ethische Herausforderungen durch KI

Die zunehmende Verbreitung von Künstlicher Intelligenz wirft fundamentale ethische Fragen auf und verlangt von Gesellschaft und Politik eine tiefgehende Auseinandersetzung mit der gesellschaftlichen Verantwortung im Umgang mit dieser Technologie. Während KI-Systeme enorme Potenziale bieten, können sie gleichzeitig tiefgreifende ethische Dilemmata hervorrufen, deren Lösung nicht allein technischen Experten überlassen werden darf, sondern eine breite gesellschaftliche Debatte erfordert.

Die nachstehenden Bereiche sind mit ethischen Fragestellungen verbunden:

- *Verantwortung und Haftung:* Wer trägt die Verantwortung, wenn eine KI-basierte Entscheidung zu Schäden oder unerwünschten Folgen führt? Besonders brisant ist diese Frage im militärischen Kontext, wie etwa beim Einsatz autonomer Waffensysteme. Wenn KI-Systeme eigenständig Ziele identifizieren und bekämpfen, dann entstehen komplexe ethische und rechtliche Fragestellungen, etwa nach der Einhaltung des Völkerrechts und der Wahrung der Menschenrechte.

- *Prinzip der Fairness:* KI-Systeme lernen aus Datensätzen, die oft gesellschaftliche Vorurteile oder Ungleichheiten widerspiegeln. Dadurch können Algorithmen ungewollt diskriminierende Entscheidungen treffen, beispielsweise bei der Personalauswahl, der Kreditvergabe oder in der Strafverfolgung. Gerade in Bereichen, in denen Entscheidungen gravierende Auswirkungen auf individuelle Lebenschancen haben, muss daher besonders sorgfältig sichergestellt werden, dass KI-Systeme ethischen Standards genügen.

- *Datenschutz und Privatsphäre:* Die Fähigkeit von KI-Systemen, riesige Datenmengen zu sammeln, zu analysieren und auszuwerten, birgt erhebliche Risiken für Datenschutz und Privatsphäre. Je mehr persönliche Daten durch KI analysiert werden, desto höher ist das Risiko, dass diese Daten missbraucht werden oder unbeabsichtigt in falsche Hände geraten. Bundeswehrangehörige, die häufig mit sensiblen Informationen arbeiten, stehen besonders in der Pflicht, hohe Standards im Bereich „Datenschutz" zu gewährleisten und sicherzustellen, dass KI-Anwendungen transparent und verantwortungsvoll eingesetzt werden.

- *Autonomie und menschliche Kontrolle:* Während autonome Systeme viele Vorteile bieten, etwa schnellere und präzisere Entscheidungen, bleibt es ethisch problematisch, die vollständige Kontrolle an Algorithmen abzugeben. Besonders in kritischen Bereichen wie „Verteidigung" oder „Öffentliche Sicherheit" ist es unabdingbar, dass menschliche Entscheider stets die finale Kontrolle über KI-gestützte Systeme behalten. Die klare Festlegung von Kontrollmechanismen und Verantwortlichkeiten ist daher zentral, um die ethische Akzeptanz von KI-Systemen sicherzustellen.

Die breite gesellschaftliche Verantwortung umfasst nicht nur die ethische Nutzung von KI-Technologien, sondern auch deren verantwortungsbewusste Entwicklung. Dies beinhaltet die aktive Einbindung verschiedenster gesellschaftlicher Akteure – von Politikern und Wissenschaftlern bis hin zu zivilgesellschaftlichen Organisationen – in den Entwicklungsprozess. Nur so können potenzielle Risiken frühzeitig erkannt und verhindert werden.

Insbesondere die Bundeswehr trägt eine besondere gesellschaftliche Verantwortung beim Einsatz von KI. Als Institution, die für Schutz und Sicherheit steht, muss sie gewährleisten, dass KI-Technologien im Einklang mit demokratischen Werten und ethischen Prinzipien eingesetzt werden. Außerdem kann die Bundeswehr aktiv zur gesellschaftlichen Debatte über die ethischen Grenzen der KI beitragen und so das öffentliche Bewusstsein für diese wichtigen Fragestellungen stärken.

Eine weitere wichtige Dimension gesellschaftlicher Verantwortung liegt in der Bildung und Kompetenzentwicklung. Um ethisch und verantwortungsvoll mit KI umgehen zu können, müssen Bürger umfassend geschult und aufgeklärt werden. Das Verständnis für die Funktionsweise, Potenziale und Risiken der KI-Technologien muss integraler Bestandteil der Aus- und Weiterbildung sein. Nur durch fundiertes Wissen und entsprechende Kompetenzen können ethische Standards beim Einsatz von KI nachhaltig gesichert werden.

Die rasante Entwicklung und Verbreitung von Künstlicher Intelligenz verlangt von uns allen ein hohes Maß an Verantwortung und ethischer Reflexion. Nur wenn Gesellschaft und Politik aktiv an der Gestaltung dieser Technologien mitwirken und klare ethische Rahmenbedingungen definieren, dann können wir sicherstellen, dass KI zum Wohl der gesamten Gesellschaft eingesetzt wird. Die intensive Auseinandersetzung mit den ethischen Herausforderungen der KI ist daher nicht nur notwendig, sondern auch unverzichtbar, um das Vertrauen in diese revolutionäre Technologie dauerhaft zu sichern.

KI im Einsatz bei der Polizei und Strafverfolgung

5.1 Predictive Policing und Datenanalyse

Predictive Policing (vorausschauende Verbrechensbekämpfung) bezeichnet einen datengetriebenen Ansatz, um aus bestehenden Informationen zukünftige Kriminalität vorherzusagen. Polizeibehörden nutzen dabei computergestützte Modelle – oft KI-basierte Analysen – um entweder Orte oder Personen zu identifizieren, bei denen ein erhöhtes Risiko besteht, in naher Zukunft in ein Verbrechen verwickelt zu werden. Anders als die herkömmliche reaktive Polizeiarbeit versucht Predictive Policing also proaktiv zu agieren: Aus großen Datenmengen sollen Muster erkannt werden, die auf bevorstehende Straftaten hindeuten.

Ein zentraler Mechanismus bei ortsbezogenen Prognosesystemen ist das Near-Repeat-Prinzip – die Theorie, dass nach einem Verbrechen (z. B. einem Wohnungseinbruch) kurzfristig die Wahrscheinlichkeit für Folgetaten in der Nähe steigt. Einbrecher schlagen oft erneut in der Umgebung zu, wenn sich ähnliche Gelegenheiten bieten. Frühe Softwaretools wie das US-amerikanische „PredPol" oder das
5 in Deutschland entwickelte „Precobs" beruhen genau auf dieser Annahme. Erstaunlicherweise benötigen solche Hotspotmodelle wenige Eingangsdaten – typischerweise vergangene Tatorte, Tatzeiten und Deliktarten –, um Gefahrenareale zu errechnen, in denen verstärkte Polizeipräsenz präventiv wirken soll. Diese ortsbezogenen Prognosesysteme visualisieren die Risikogebiete meist auf Karten, sodass Einsatzkräfte die „Hotspots" verstärkt bestreifen können, um Taten zu verhindern.

Neben ortsbezogenen Prognosen gibt es auch personenbezogene Ansätze. Hier identifizieren Algorithmen Individuen oder Gruppen, die mit höherer Wahrscheinlichkeit Opfer oder Täter zukünftiger Gewalttaten werden könnten. Ein frühes Beispiel lieferte die Polizei Chicago mit ihrer Strategic Subject List (SSL), umgangssprachlich „Heat List" genannt. In dieses Scoringmodell flossen Daten wie frühere Verhaftungen, Gangzugehörigkeiten und soziale Netzwerke (z. B. gemeinsame Festnahmen mit Gewalttätern) mit ein, um Personen mit erhöhtem Risiko zu ermitteln.

Wichtig: Solche personenbezogenen Vorhersagen zielen nicht darauf ab, jemanden für unbegangene Taten zu bestrafen, sondern gefährdete Personen präventiv anzusprechen – etwa durch Warnbesuche oder soziale Hilfsangebote.

Gleichwohl sind diese Ansätze hoch umstritten, da sie als technisches Profiling wahrgenommen werden. Insgesamt umfasst Predictive Policing also sowohl ortsbasierte Prognosen (Wo passiert wahrscheinlich etwas?) als auch personenbezogene Prognosen (Wer könnte involviert sein?) – stets mit dem Ziel, begrenzte polizeiliche Ressourcen intelligenter einzusetzen und Verbrechen zu verhindern, bevor sie geschehen.

KI-gestützte Methoden: Mustererkennung und maschinelles Lernen

Die technischen Methoden hinter Predictive-Policing-Systemen stützen sich auf Künstliche Intelligenz, Statistik und Mustererkennung. Ein Grundpfeiler ist das Durchforsten großer Datenbestände nach verborgenen Mustern. Machine-Learning-Algorithmen können etwa ungewöhnliche Häufungen von Vorfällen in Zeit und Raum erkennen, die einem menschlichen Analysten entgehen würden.

Ein reales Beispiel ist das vom New Yorker Police Department (NYPD) entwickelte System „Patternizr". Dieses 2016 eingeführte Tool nutzte maschinelles Lernen auf zehn Jahren Falldaten (u. a. Einbruch, Raub, Diebstahl), um Ähnlichkeiten zwischen Fällen zu finden. So konnten Tatserien (Patterns) identifiziert werden, die zuvor nicht offensichtlich zusammenhingen. Patternizr half der New Yorker Polizei bereits, mehrere sonst ungelöste Fälle aufzuklären, indem es Verbindungen zwischen Taten in verschiedenen Stadtteilen herstellte. Solche KI-Analysesysteme ergänzen die klassische Ermittlungsarbeit: Sie entlasten Analysten von mühsamer Handarbeit und erweitern den Blick über einzelne Bezirke hinaus.

Für eigentliche Vorhersagen zukünftiger Kriminalität kommen unterschiedliche Modelle zum Einsatz. Bei ortsbezogenen Prognosen sind es häufig statistische Modelle, die an Erdbebenvorhersagen angelehnt sind – Einbrüche werden quasi wie Nachbeben modelliert. Sobald ein initiales Ereignis erfasst wird, berechnet das System eine erhöhte Wahrscheinlichkeit weiterer Taten in definierten Zeitfenstern und Umkreisen. Manche Software verwendet komplexere räumliche Risikomodelle und bezieht stadtgeografische Faktoren mit ein (Beleuchtung, Bevölkerungsdichte, Nähe zu Verkehrsknoten etc.), um Kriminalitätsschwerpunkte vorherzusagen. So kann Risk Terrain Modeling (RTM) Umgebungseinflüsse kartieren und dabei helfen, vorherzusagen, an welchen Standorten Drogenhandel oder Kfz-Diebstahl begünstigt werden.

Bei personenbezogenen Vorhersagen kommen oft klassifikatorische Machine-Learning-Verfahren zum Einsatz. Algorithmen wie Regressionsmodelle, Entscheidungsbäume oder neuronale Netze analysieren umfangreiche Personendatenbanken. Sie sollen aus Mustern in Biografien, sozialen Verbindungen und früherem Verhalten ein Risikoprofil erstellen. Chicagos SSL etwa nutzte einen Algorithmus, der u. a. berücksichtigte, wie oft jemand gemeinsam mit späteren Opfern oder Tätern verhaftet wurde. Daraus ergab sich ein Score, der die Wahrscheinlichkeit ausdrücken sollte, dass diese Person in eine Schießerei verwickelt wird.

Die genauen Berechnungsmodelle bleiben oft unter Verschluss. Das Prinzip folgt jedoch typischem maschinellen Lernen: Aus historischen Fällen wird gelernt, welche Faktoren (z. B. Alter, Anzahl früherer Delikte, Gangkontakte) statistisch mit zukünftiger Gewalt korrelieren. Beim Training passt das Modell die Gewichtung dieser
5 Faktoren so an, dass es vergangene Fälle möglichst korrekt vorhergesagt hätte – in der Hoffnung, damit auch zukünftige Fälle treffsicher zu antizipieren.

In der Praxis werden oft mehrere Methoden kombiniert. Near-Repeat-Modelle liefern akute Raum-Zeit-Warnungen nach einem Vorfall. Clustering-Algorithmen gruppieren Stadtgebiete mit ähnlicher Kriminalitätsbelastung. Neuronale Netze und Regressionsmodelle kommen bei der Hintergrundanalyse zum Einsatz, um komplexe Einflussfaktoren (soziale, demografische, räumliche) zu berücksichtigen. Durch solche Kombinationen entsteht ein umfassenderes Lagebild der Sicherheitslage.

Ein extremes Anwendungsbeispiel für KI-gestützte Gefahrenvorhersage lieferte sogar das Militär: Im Afghanistan-Konflikt entwickelte das US-Militär das System „Raven Sentry", das KI nutzte, um geplante Angriffe von Aufständischen vorherzusagen. 2020 sagte dieses System Angriffsrisiken auf Distriktzentren erstaunlich präzise voraus und ermöglichte es den Streitkräften, Aufklärung und Schutzmaßnahmen gezielt zu verstärken. Dieses Projekt gilt als einer der ambitioniertesten Versuche, KI zur Früherkennung von Bedrohungen einzusetzen. Es zeigt zugleich, wie mächtig – aber auch riskant – solche Prognoseinstrumente in sicherheitssensiblen Bereichen sein können.

Erfahrungen aus verschiedenen Ländern

- *Deutschland:* In Deutschland erfolgten erste Schritte des Predictive Policing zunächst auf Länderebene. Bayern testete 2014 als Pilot das Einbruchsprognosetool Precobs in München, das in den Folgejahren auf weitere bayerische Polizeibehörden ausgeweitet wurde. Parallel entwickelte Nordrhein-Westfalen das eigene System „SKALA" (System zur Kriminalitätsanalyse und Lageantizipation), das 2017/18 erprobt und anschließend in den Regelbetrieb überführt wurde. SKALA erstellt prognostische Karten insbesondere zur Einbruchsprävention und wurde schließlich in ganz Nordrhein-Westfalen zur Verfügung gestellt. Die bisherigen Ergebnisse in Deutschland sind jedoch gemischt. Einerseits berichten Polizeistellen von hilfreichen Zusatzhinweisen durch diese Systeme, andererseits fehlt ein Nachweis, dass die Einbruchszahlen wegen Predictive Policing stärker sanken als ohnehin. So ging zwar die Zahl der Wohnungseinbrüche seit 2015 bundesweit deutlich zurück, jedoch nicht messbar stärker als in den Bundesländern mit den Pilotprojekten. Die Wirksamkeit solcher Tools ist isoliert schwer zu beurteilen, zumal gleichzeitig andere Präventionsmaßnahmen und allgemeine Trends wirken. Insgesamt bleibt Deutschland hier vorsichtig: Man testet neue KI-Werkzeuge, betont aber, dass keine automatisierte Entscheidung ohne menschliches Prüfen erfolgen dürfe – eine Lehre aus den Erfahrungen im Ausland. Das Bundeskriminalamt (BKA) selbst hat kein eigenes Predictive-Policing-Programm für den Streifendienst eingeführt, beteiligt sich aber an Forschungsprojekten und setzt KI-Analysen punktuell ein (z. B. für komplexe Verbunddatenanalysen). Zudem nutzt das BKA seit 2017 die Risikobewertungssoftware „RADAR-iTE", um Gefährdungspotenziale bei islamistischen Gefährdern einzuschätzen – was ebenfalls als eine Form der algorithmenbasierten Risikoprognose gelten kann. Diese bleibt jedoch auf eng definierte Anwendungsfälle beschränkt.

- *USA (New York City):* Die New Yorker Polizei verfolgte in den 2010er-Jahren einen eher analytisch-investigativen Kurs als klassische Vorhersagesoftware. Ein prominentes Tool ist „Palantir Gotham", eine Big-Data-Plattform, mit der riesige Datenbestände (von Strafanzeigen über Kamerabilder bis hin zu Kfz-Kennzeichen) verknüpft und analysiert werden. Palantir half, komplexe Ermittlungen und Netzwerke auszuwerten, stieß intern aber auf Bedenken hinsichtlich des Datenschutzes und Abhängigkeiten. 2017 beendete das NYPD die Zusammenarbeit mit Palantir und entwickelte mit Partnern ein eigenes System, das „Domain Awareness System (DAS)". Parallel dazu setzte die Stadt auf Tools wie das erwähnte Patternizr, die eher der Aufklärung dienten, anstatt Verbrechen öffentlich vorherzusagen. Trotz dieses technisch ambitionierten Ansatzes wuchs auch in NYC das Verlangen nach Kontrolle und Transparenz: 2020 verabschiedete die Stadt den POST Act, der die Polizei verpflichtet, offenzulegen, welche Überwachungstechnologien – einschließlich Analysesoftware – sie einsetzt. Dies spiegelt einen breiteren Trend wider: Selbst in einer sicherheitssensiblen Metropole wird Akzeptanz für KI-Systeme nur durch Transparenz und Regulierung erreicht. Eine andere US-Stadt, Chicago, ging zeitweise einen aggressiveren Prognoseweg mit der erwähnten „Heat List" SSL. Diese geriet jedoch stark in die Kritik, da von Hunderten gelisteten Personen nur ein Bruchteil tatsächlich in Gewaltdelikte verwickelt war. Eine Untersuchung ergab keinerlei nachweisbare Verringerung der Gewalt durch das Programm. Chicago stellte das SSL-Programm um 2019 leise ein (auch der städtische Polizeipräsident sprach sich 2020 dagegen aus), was Skeptiker als Beleg für dessen geringe Wirksamkeit und potenzielle Stigmatisierung werten.

- *Großbritannien:* Das Vereinigte Königreich startete eines der ersten Predictive-Policing-Pilotprojekte Europas. 2013 führte die Kent Police als erste britische Polizeibehörde „PredPol" ein. Nach anfänglicher Euphorie – eine viermonatige Testphase wurde mit einem Rückgang der Straßenkriminalität um 6 % in den Testgebieten beworben – implementierte Kent das System 2015 offiziell. In den Folgejahren zeigte sich jedoch kein klarer Vorteil gegenüber traditioneller Polizeiarbeit; die Kriminalitätszahlen sanken auch anderswo ähnlich und PredPols Beitrag blieb unklar. Zugleich gerieten die Kosten von rund 100.000 Pfund jährlich in die Kritik. 2018 ließ die Kent Police den Vertrag auslaufen und beendete den Einsatz. Offiziell begründete man dies mit strategischer Neuausrichtung, inoffiziell wurden mangelnde Wirksamkeitsbelege vermutet. Andere britische Polizeien (u. a. West Midlands Police) beobachteten Kent genau und testeten teils eigene Ansätze, führten sie aber nicht dauerhaft ein. Parallel wuchs in der UK die Skepsis von Bürgerrechtlern wie Liberty, die vor systemischem Bias und Intransparenz warnten. 2020 empfahl sogar eine parteiübergreifende Parlamentskommission, den Einsatz von KI in der Polizeiarbeit streng zu regulieren und nur bei nachgewiesenem Nutzen zu gestatten. Ein besonderes Pilotprojekt war die vom Innenministerium geförderte „National Data Analytics Solution (NDAS)", die ab 2018 unter Führung der West Midlands Police entwickelt wurde. NDAS zielte darauf ab, mittels KI gefährdete Personen (Gewalttäter als auch -opfer) aus Unmengen behördlicher Daten herauszufiltern. Doch bereits 2019 schlug der Ethikbeirat der Polizei Alarm: Es sind immer noch viele Fragen offen und es besteht die Gefahr, dass in den Daten enthaltene Verzerrungen diskriminierende Prognosen hervorbringen. Zudem fehlte es an Transparenz und Einbindung der Öffentlichkeit. Bürgerrechtsorganisationen wie Liberty warnten, NDAS könne bestehende Vorurteile zementieren. Bisher wurde NDAS nicht flächendeckend ausgerollt; der kritische Ethikreport und die unklare Rechtslage haben dazu beigetragen, dass die Zukunft des Projekts offenblieb. Großbritannien setzt stattdessen vermehrt auf Intelligence-Led Policing (klassische kriminalistische Analysen, kombiniert mit moderner Datenbankrecherche) anstatt auf vollautomatisierte Vorhersagesysteme.

- *Niederlande:* Die Niederlande gelten als experimentierfreudig in der datengetriebenen Polizeiarbeit. So nutzt die Polizei Amsterdam schon seit 2014 das „Crime Anticipation System (CAS)", um Einbrüche und Diebstähle vorherzusagen. CAS kombiniert historische Falldaten mit soziodemografischen Informationen und erstellt täglich aktualisierte Risikohotspots. Erste interne Berichte sprachen von einer unterstützenden Wirkung bei der Einbruchsbekämpfung, doch umfassende wissenschaftliche Publikationen dazu fehlen bislang. Weit mehr Schlagzeilen machte ein anderes niederländisches Projekt: In der Stadt Roermond wurde ab 2018 das „Project Sensing" erprobt, um mobile Diebesbanden („Mobile Banditry") aufzuspüren. Dabei setzten die Behörden intelligente Kameras und KI ein, die Kfz-Kennzeichen, Fahrzeugtypen und Fahrtrouten erfassten und in Echtzeit einen Risikowert berechneten. Fahrzeuge, die bestimmten Mustern entsprachen – etwa Autos mit osteuropäischem Kennzeichen, die gehäuft bei Einkaufszentren auftauchten – lösten einen Alarm aus und wurden gezielt von der Polizei kontrolliert. Dieses Projekt geriet massiv in die Kritik, als bekannt wurde, dass es faktisch ethnisches Profiling automatisierte: Die Definition von „Mobile Banditry" schloss per se Niederländer aus und zielte implizit auf Roma und Osteuropäer ab. Amnesty International prangerte 2020 an, dass hier Grundrechte wie das Diskriminierungsverbot, die Privatsphäre und die Unschuldsvermutung verletzt würden, und forderte einen Stopp solcher Experimente. Die niederländische Debatte zeigt exemplarisch, wie schnell die gesellschaftliche Akzeptanz verloren geht, wenn KI-Projekte intransparent oder diskriminierend wirken. Zwar ist man technisch an vorderster Front (Amnesty nannte die Niederlande „einen Hotspot des Predictive Policing"), doch der Ruf nach gesetzlichen Leitplanken wurde lauter, bis klare Regeln bestehen. Derzeit pausiert Roermond „Sensing"; CAS in Amsterdam wird weiter genutzt, allerdings begleitet von Datenschutzfolgenabschätzungen und unter Beobachtung der Wissenschaft.

- *Schweiz:* In der Schweiz wird Predictive Policing vor allem zur Einbruchsprävention erprobt. Drei Kantone – Zürich, Aargau und Basel-Landschaft – nutzen seit Mitte der 2010er-Jahre die Software „Precobs". Die Schweiz verzeichnete jedoch – wie viele europäische Länder – ab 2014 ohnehin einen starken Rückgang der Einbruchszahlen, was es schwierig macht, den Effekt der Software isoliert zu bewerten. 2020 berichtete die Kantonspolizei Aargau gar, es gebe „zu wenig Einbrüche für Precobs" – die Algorithmusprognosen liefen mangels neuer Taten ins Leere. Ein Vergleich zeigte, dass die Kantone mit Precobs keinen größeren Rückgang hatten als solche ohne; in Zürich und Aargau ging die Zahl der Einbrüche sogar weniger stark zurück als im landesweiten Durchschnitt. Ein Bericht der Universität Hamburg von 2019 fand denn auch keine belastbaren Belege für die Wirksamkeit von Precobs und ähnlichen Lösungen.[14] Gleichzeitig warnten Schweizer Medien vor Fehlalarmen durch andere Risikoalgorithmen: 2018 sorgte ein Fall für Aufsehen, bei dem eine polizeiliche Risikosoftware namens „Dyrias-Intimpartner" zwei von drei überprüften Personen fälschlich als hochgefährlich einstufte. Dieses Tool zur Einschätzung der Gefahr häuslicher Gewalt hatte laut einer unabhängigen Untersuchung eine Fehlerquote von bis zu 66 %, was bedeutet, dass zwei Drittel der als „Gefährder" gelisteten Personen in Wirklichkeit keine schweren Taten begehen würden. Solche Vorfälle schürten gro-

[14] Egbert, S., Krasmann, S. (2019): Predictive Policing Abschlussbericht. Universität Hamburg.

ße Skepsis gegenüber Software, die Menschen verdächtigt. Die Schweizer Polizei fährt daher zweigleisig: Man nutzt zwar neue Tools, betont aber öffentlich stets, dass kein automatisierter Algorithmus ohne menschliche Prüfung zu Maßnahmen führt. Diese Transparenz soll Vertrauen schaffen. Zudem wird eng mit Datenschutzbehörden zusammengearbeitet, etwa um Löschfristen für Daten und Eingriffsschwellen klar zu regeln. Insgesamt zeigt die Schweiz damit die ambivalente Bilanz: Technisch ist Predictive Policing machbar und teils hilfreich – aber keineswegs der große Durchbruch in der Kriminalitätsbekämpfung, den man sich erhofft hatte.

Chancen und Effizienzgewinne

Trotz aller Zurückhaltung zeigen die bisherigen Erfahrungen auch Potenziale von Predictive Policing – gerade für Sicherheitsbehörden mit knappen Ressourcen:

- *Effizientere Ressourcenallokation:* Polizeikräfte können gezielter eingesetzt werden. Anstatt nach starrer Routine oder Bauchgefühl zu patrouillieren, liefern Datenanalysen objektive Hinweise, wo eine erhöhte Präsenz gerade besonders sinnvoll ist. So können Streifen proaktiv nach dem Motto „Die richtigen Leute zur richtigen Zeit am richtigen Ort" gesteuert werden. In Zeiten angespannter Personaldecken ist eine solche Priorisierung ein großer Vorteil.
- *Prävention und schnellere Reaktion:* Gelingt es, zumindest einen Teil von Straftaten im Voraus zu antizipieren, können Taten im Idealfall vereitelt oder früher gestoppt werden. **Beispiel:** In Los Angeles zeigte ein Pilotprojekt, dass sich die Verfügbarkeit von Prognosedaten positiv auf die Reaktionszeiten bei Einbruchsmeldungen auswirkte – Streifen waren im Schnitt schneller vor Ort, weil sie bereits in Hotspots patrouillierten. Studien legen nahe, dass KI-Integration die Einsatzzeiten um bis zu einem Drittel verkürzen könnte. Auch wenn die Quote komplett verhinderter Verbrechen gering bleibt, können solche Teilpräventionen bereits Schaden reduzieren.
- *Aufklärungschancen:* Einige Systeme unterstützen auch rückblickend die Ermittlungen. So kann KI binnen Stunden riesige Datenbestände (Berichte, Videoaufnahmen, Social Media) durchforsten, wofür Menschen Wochen bräuchten. Nach Großereig-

nissen mit Ausschreitungen (z. B. beim G20-Gipfel) oder bei Serienstraftaten lassen sich durch automatisierte Mustererkennung Zusammenhänge herstellen, die vorher übersehen wurden. Ein Kriminalbeamter formulierte überspitzt: „Die KI schafft an einem Tag, wozu ein Kollege ein Jahr braucht." Solche Effizienzgewinne können die Aufklärungsquote erhöhen.

- *Entlastung des Personals:* Routineaufgaben werden automatisiert. Gerade das Beobachten von Videofeeds oder das Sichten von Meldungen ist auf Dauer ermüdend und fehleranfällig. KI-Systeme können diese ermüdende Daueraufmerksamkeit übernehmen und so die menschlichen Beamten entlasten. Diese können ihre Zeit stattdessen auf anspruchsvollere Tätigkeiten wie das Bewerten von KI-Hinweisen oder die eigentliche Polizeiarbeit vor Ort verwenden.
- *Objektivere Analysen:* Befürworter argumentieren, KI-Systeme seien unbestechlich und von keinen persönlichen Vorurteilen geleitet. Im Idealfall könnten Algorithmen also fairere Entscheidungen unterstützen als ein Mensch, der unbewusste Bias (Vorurteile gegenüber bestimmten Gruppen) hat. Wenn die Datenbasis breit und qualitativ gut ist, könnten KI-Prognosen dabei helfen, Einflüsse von Vorurteilen zu verringern – etwa indem sie rein auf statistischen Mustern beruhen statt auf Bauchgefühl.

Risiken und Herausforderungen: Bias, Blackbox und Akzeptanz

So verlockend die Möglichkeiten klingen, so deutlich haben sich auch Risiken und Grenzen von Predictive Policing gezeigt. Eine kritische Betrachtung ist unerlässlich, um die Technologie verantwortungsvoll einzusetzen. Die größten Herausforderungen sind:

- *Bias und Diskriminierung:* Wenn die zugrunde liegenden Daten bereits gesellschaftliche Verzerrungen enthalten (z. B. überproportionale Polizeikontrollen in bestimmten Vierteln oder bei bestimmten Gruppen), dann lernt die KI diesen Bias mit. Das Ergebnis kann eine selbst erfüllende Prophezeiung sein: Algorithmen lenken mehr Polizei in Viertel mit vorwiegend armen oder ethnischen Minderheiten, wodurch dort mehr Taten entdeckt werden – was die Daten weiter verzerrt. Projekte wie das Roermonder Sensing-Projekt (automatisiertes Ethnic Profiling) oder die NDAS in England zeigen, wie sich historische Diskriminierung in Prognosen fortsetzen kann. Dieser sogenannte „algorithmische Bias" ist eines der dringendsten Probleme. Wenn KI scheinneutral Empfehlungen gibt, die faktisch Minderheiten benachteiligen, untergräbt das das Vertrauen in die Polizei.

- *Intransparenz und Blackboxmodelle:* Viele KI-Systeme sind komplex und ihre Entscheidungswege für Außenstehende kaum nachvollziehbar. Diese Blackboxeigenschaft erschwert es, die Grundlage einer Prognose zu erklären. Polizeiführungen, Gerichte und Bürger können jedoch schwer akzeptieren, dass Maßnahmen aufgrund eines „unerklärlichen" Algorithmus erfolgen. Fehlentscheidungen lassen sich im Nachhinein kaum anfechten, wenn unklar bleibt, warum die KI jemanden als Gefährder einstufte. Dieser Mangel an Erklärbarkeit und Überprüfbarkeit kann die Rechtmäßigkeit und Akzeptanz der Systeme gefährden. Daher fordern Ethikräte erklärbare KI im Polizeieinsatz – doch technisch ist das eine große Herausforderung.

- *Datenqualität und Fehlalarme:* Die Prognose ist nur so gut wie die Daten, die sie speist. Polizeidaten sind aber oft unvollständig oder verzerrt. Zudem können zufällige Cluster fälschlicherweise als Muster interpretiert werden. Das führt zu sogenannten „False Positives" – also Warnungen vor Straftaten, die gar nicht eintreten, oder Verdachtsprofilen von Personen, die sich als unschuldig erweisen. Ressourcen würden fehlgeleitet und Bürger zu Unrecht ins Visier genommen. Im Aargau-Beispiel (Precobs) gab es Phasen, in denen die Software mangels echter Einbrüche überhaupt keine sinnvollen Vorhersagen mehr produzierte. In anderen Fällen (Dyrias) stuft die Software Personen als hochgefährlich ein, die es aber nicht sind. Solche Fehlalarme können Vertrauen zerstören und im schlimmsten Fall Unschuldige stigmatisieren.

- *Akzeptanz und ethische Fragen:* Die Vorstellung, dass ein Algorithmus bestimmt, welche Viertel überwacht werden oder wen die Polizei „vorsorglich" anspricht, weckt Unbehagen. Viele Bürger sehen darin einen Schritt in Richtung Pre-Crime-Dystopie. Das Vertrauen in die Polizei kann leiden, wenn der Eindruck entsteht, Menschen würden nur noch als „Datenpunkte" behandelt werden. Ohne transparente Kommunikation und klare Grenzen droht öffentliche Ablehnung. Beispielsweise entstand sich in den Niederlanden und im Vereinigten Königreich ein breiter Protest gegen solche Technologien. Demokratische Gesellschaften müssen daher abwägen, wie viel Vorhersage gewünscht ist, bevor Grundwerte wie die Unschuldsvermutung ausgehöhlt werden.

Zusammengefasst besteht das Risiko vor allem darin, dass ein unreflektierter oder ungezügelter KI-Einsatz Fehlentscheidungen und Grundrechtsverletzungen begünstigen kann. Technik allein garantiert keinen gerechten oder effektiven Polizeieinsatz – im Gegenteil, ohne steuernde Hand kann sie bestehende Ungerechtigkeiten zementieren. Die Herausforderung wird sein, Nutzen und Gefahren sorgfältig abzuwägen und Leitplanken einzuziehen, sodass man von den Chancen profitieren kann, ohne dass die Risiken Realität werden.

5.2 KI-gestützte Überwachung und Gesichtserkennung

Technologische Grundlagen der Gesichtserkennung

Gesichtserkennungssysteme sind Computerprogramme, die Gesichter in Bildern oder Videos automatisch identifizieren oder verifizieren können. Moderne Verfahren nutzen Künstliche Intelligenz – insbesondere Deep Learning mit neuronalen Netzen –, um charakteristische Merkmale eines Gesichts auszuwerten. Die Software vermisst Abstände zwischen den Augen, die Form von Kinn und Nase oder die Gesichtstextur und wandelt diese in einen numerischen Datensatz um, ein sogenanntes „Template". Dieses Template dient als einzigartiger „Gesichtsfingerabdruck" und kann mit bestehenden Templates in einer Datenbank verglichen werden. So lassen sich 1:1-Vergleiche (Ist Person X auf Bild Y?) oder 1:n-Suchen durchführen („Finde eine Übereinstimmung zu diesem unbekannten Gesicht in der Datenbank.").

KI-basierte Gesichtserkennung hat in den letzten Jahren enorme Fortschritte gemacht. Deep-Learning-Modelle, trainiert auf Millionen von Gesichtern, erkennen mittlerweile selbst in unscharfen Überwachungsvideos Personen erstaunlich zuverlässig. Unter Laborbedingungen erreichen die besten Algorithmen Trefferquoten nahe denen von Fingerabdrücken. Beispielsweise nutzt das deutsche Bundeskriminalamt seit 2008 ein Gesichtserkennungssystem namens „GES", das pro Suchlauf eine Million Gesichter in unter einer Sekunde durchsuchen kann. Die Genauigkeit konnte durch den Einsatz von KI stetig verbessert werden: 2014 lag die Fehlerrate von GES noch bei rund 30 %, während 2024 ein KI-basiertes Update die Fehlerquote auf unter 1 % senken konnte. Dennoch sind solche Systeme nicht unfehlbar – insbesondere in komplexen Umgebungen (schwierige Beleuchtung, verdeckte Gesichter, Menschenmengen) sinkt die Erkennungsrate und es treten Fehlalarme auf. Kleine Veränderungen, etwa andere Kamerawinkel oder Gesichtsmasken, können die Algorithmen irritieren.

Neben der eigentlichen Gesichtserkennung kommen in der KI-Videoüberwachung noch weitere Funktionen zum Einsatz: etwa Objekt- und Verhaltenserkennung, die verdächtige Aktivitäten automatisch melden (z. B. das Zurücklassen von Gepäckstücken oder das Betreten gesperrter Bereiche). Auch die Personenverfolgung über Kameranetzwerke (Reidentifikation) wird durch KI erleichtert – man kann eine Person, die von Kamera A erfasst wurde, durch den Abgleich von Kleidung oder Körpermerkmalen auf Kamera B wiederfinden. All dies erhöht die Reichweite und Reaktionsgeschwindigkeit der Überwachung, wirft aber zugleich ernste Fragen auf, insbesondere bezüglich des Datenschutzes und der Freiheitsrechte.

Anwendungen in Deutschland und weltweit

In Deutschland wird automatische Gesichtserkennung bislang vor allem forensisch, also nachträglich, eingesetzt – etwa um Tatverdächtige auf Überwachungsvideos oder Fotos zu identifizieren. Das BKA betreibt sein erwähntes System GES seit über einem Jahrzehnt und stellt es allen Landeskriminalämtern und der Bundespolizei zur Verfügung. Die Zahl der darüber identifizierten Personen steigt kontinuierlich: 2023 wurden knapp 3800 Personen mithilfe des GES gefunden oder verifiziert, etwa die Hälfte davon durch die Bundespolizei. Hier zeigt sich der Nutzen bei der Aufklärung: Nachträgliche Fahndungen nach bekannten Straftätern oder vermissten Personen lassen sich so massiv beschleunigen. Die mühsame manuelle Sichtung Hunderter Stunden Videomaterial kann durch KI stark vereinfacht werden – relevante Gesichter werden herausgefiltert und Wiederholungen erkannt. Interpol und Europol erhoffen sich durch solche biometrischen Datenbanken ebenfalls schnellere internationale Fahndungserfolge.

Echtzeitgesichtserkennung im öffentlichen Raum – also Kameras, die live Gesichter mit Fahndungslisten abgleichen – befand sich in Deutschland lange nur im Teststadium. Von 2017 bis 2018 lief ein viel beachtetes Pilotprojekt der Bundespolizei am Bahnhof Berlin Südkreuz, wo verschiedene Gesichtserkennungssoftwares erprobt wurden. Die Ergebnisse zeigten einerseits hohe Erkennungsraten unter guten Bedingungen, andererseits auch nennenswerte Fehlalarme. Bis heute wurde keine flächendeckende Livegesichtserkennung in Deutschland eingeführt. Sie bleibt politisch umstritten und mangels klarer Rechtsgrundlage vorerst ausgesetzt. Die Sicherheitsbehörden verweisen jedoch auf das erhebliche Potenzial: Bei Großveranstaltungen oder an Verkehrsknotenpunkten könnte eine Echtzeiterkennung dabei helfen, gefährliche Personen sofort zu identifizieren, bevor sie eine Tat begehen. Obwohl es noch kein belegtes Beispiel gibt, wo ein Terroranschlag durch Gesichtserkennung verhindert wurde, erhoffen sich Polizei und Verfassungsschutz genau diesen Zugewinn an Reaktionszeit.

Andere Länder experimentieren offensiver mit Livegesichtserkennung – haben aber teils nach Rückschlägen wieder gebremst. In den USA setzten einige Städte wie Detroit und Chicago die Technologie ein, doch Fälle von Fehlidentifikation sorgten für Protest. So wurde 2020 in Detroit der Afroamerikaner Robert Williams fälschlich verhaftet, weil ein Gesichtserkennungsalgorithmus ihn irrtümlich mit einem Überwachungsvideo eines Diebstahls in Verbindung brachte. Williams saß unschuldig in Haft, bis der Irrtum auffiel – ein Vorfall, der die Gefahren der Technik drastisch aufzeigte. Mehrere US-Städte wie San Francisco und Boston haben daraufhin den Polizeieinsatz von Gesichtserkennung verboten. Dennoch nutzen US-Behörden weiterhin Gesichtserkennung zur Aufklärung, etwa das FBI mit seiner NGI-Datenbank und bei der Identifizierung von Randalierern (z. B. Kapitol-Sturm 2021).

In Großbritannien werden Gesichtserkennungssysteme punktuell von der Polizei erprobt, etwa durch die Londoner Metropolitan Police und die South Wales Police. Letztere testete ein System namens „NeoFace“ bei öffentlichen Veranstaltungen wie Fußballspielen oder Festivals. 2020 landete der Fall vor Gericht: In einem Grundsatzurteil entschied der Court of Appeal, dass der Einsatz so, wie er erfolgt war, rechtswidrig war – er verletzte Privatsphäre und Gleichbehandlung, da es an klaren Regeln und Prüfungen auf Verzerrungen fehlte. Dieses Urteil gilt als wegweisend und zwang die britischen Polizeien, ihre Einsatzrichtlinien zu überarbeiten. Die Richter betonten, bei einer so neuartigen und eingriffsintensiven Technik müssten strenge Garantien gegen Willkür und Diskriminierung greifen. Die Londoner Polizei setzt inzwischen wieder begrenzte Gesichtserkennung ein (z. B. bei der Suche nach Gewaltverbrechern in Menschenmengen), allerdings unter Beobachtung der Datenschutzaufsicht.

Frankreich hat Gesichtserkennung bisher nur behutsam getestet. Geplante Pilotprojekte an zwei südfranzösischen Schulen (in Nizza und Marseille) stießen 2019 auf heftige Kritik: Der Datenschutzbeauftragte der CNIL (Commission nationale de l'informatique et des libertés; Frankreichs Datenschutzbehörde) erklärte diese Tests für unzulässig, da sie gegen die Datenschutz-Grundverordnung verstießen. Die Schulen wollten mittels Kameras die Identität der Schüler beim Zugang überprüfen, um Unbefugte fernzuhalten. CNIL urteilte jedoch, dies sei ein unverhältnismäßiger Eingriff in die Privatsphäre – es gebe weniger intrusive Mittel zur Zugangskontrolle. Das Experiment wurde daraufhin gestoppt. Gleichzeitig setzte Frankreich zur Sicherheit der Olympischen Spiele 2024 KI-gestützte Videoüberwachung ein (ohne Gesichtsidentifikation, aber mit Objekterkennung), was per Gesetz 2023 befristet erlaubt wurde. Frankreich ist damit das erste EU-Land, das solche intelligenten Kameras gesetzlich zulässt, wenn auch zunächst ohne biometrische Identifizierung. Bürgerrechtsorganisationen befürchten jedoch, dies ebne den Weg für zukünftige Face-Recognition-Einsätze. Die Debatte ist in vollem Gang.

In China dagegen gehört Videoüberwachung mit Gesichtserkennung bereits zum Alltag in vielen Städten. Das landesweite Programm „Sharp Eyes“ vernetzt staatliche und private Kameras zu einem allumfassenden Überwachungsnetz. Mithilfe von KI sollen verdächtige Personen oder Verhalten automatisch erkannt werden, um in Echtzeit Polizeiaktionen auszulösen. Diese Systeme dienen offiziell der Verbrechensbekämpfung und sozialen Kontrolle. In der Praxis werden sie aber auch eingesetzt, um politische Dissidenten und ethnische Minderheiten (etwa Uiguren) lückenlos zu überwachen. Sharp Eyes strebt an, jeden öffentlichen Raum abzudecken – gemäß dem Slogan „Die Massen haben scharfe Augen“ sollen praktisch 100 % der öffentlichen Bereiche unter Kamerabeobachtung stehen. Westliche Experten nennen Chinas Vorgehen eine dystopische Totalüberwachung, die Demokratie und Freiheitsrechte vollständig unterordnet. Gleichzeitig exportiert China seine Technik ins Ausland, was Besorgnis über die globale Verbreitung autoritärer Überwachung weckt.

Auch Israel nutzt Gesichtserkennung sehr weitreichend – allerdings mit zweierlei Maß: Im eigenen Land ist der Einsatz bei der Polizei umstritten, doch in den besetzten palästinensischen Gebieten hat das Militär ein engmaschiges biometrisches Überwachungsnetz etabliert. Ein bekannt gewordenes System heißt „Blue Wolf" – eine Smartphoneapp, mit der israelische Soldaten überall im Westjordanland Menschen fotografieren und mit einer riesigen geheimen Datenbank abgleichen. Ehemalige Soldaten berichteten 2021, Blue Wolf funktioniere wie ein „Facebook für Palästinenser": Die App zeigt nach einem Foto in Ampelfarben an, ob die Person festzunehmen, zu befragen oder in Ruhe zu lassen ist. Um die Datenbank zu füllen, veranstaltete die Armee sogar Wettbewerbe, welcher Trupp die meisten Gesichter fotografiert – einschließlich Kindern und alten Menschen. Zudem wurden in Städten wie Hebron fest installierte Gesichtskameras montiert, die Menschen schon an Checkpoints identifizieren, bevor sie ihre Ausweisdokumente vorzeigen. Dieses System erlaubt eine nahezu totalitäre Überwachung der palästinensischen Bevölkerung und wird von Bürgerrechtsgruppen als beispiellos kritisiert. Der israelische Datenschutzbeauftragte hat intern zwar Bedenken geäußert, doch in den besetzten Gebieten gelten viele Schutzrechte nicht. Menschenrechtsorganisationen sehen hier den Prototyp einer Zukunft, in der eine Regierung modernste KI zur Kontrolle einer ganzen Bevölkerung einsetzt – ein Szenario, das in Demokratien als absoluter Albtraum gelten würde.

Chancen für die Sicherheitsarbeit

Befürworter von KI-basierter Gesichtserkennung betonen die möglichen Sicherheitsgewinne. Eine automatisierte Erkennung gesuchter Straftäter oder terrorverdächtiger Personen kann es der Polizei ermöglichen, schneller zuzugreifen und Gefahren abzuwenden. Bei Großveranstaltungen könnten Kameras mit Echtzeitabgleich Alarm schlagen, sobald etwa ein per Haftbefehl gesuchter Gewalttäter auftaucht – die Festnahme könnte erfolgen, bevor etwas passiert. Dies würde klassische Fahndungsarbeit enorm beschleunigen. Auch die Aufklärung bereits begangener Verbrechen wird erleichtert: Statt mühsam Videoaufzeichnungen manuell zu durchforsten, filtert eine KI die relevanten Sequenzen heraus. Das erhöht die Aufklärungsquote, weil Täter, die früher unerkannt davonkamen, nun anhand biometrischer Spuren identifiziert werden können.

Aus polizeilicher Sicht kann KI-gestützte Videoüberwachung somit eine Effizienzrevolution bedeuten: Routinearbeiten (Videobeobachtung, Abgleich von Fotos mit Fahndungsdatenbanken) werden automatisiert, die Beamten werden entlastet, und die Ermittlungen können schneller zu Ergebnissen führen. Einige Studien verweisen darauf, dass unter Laborbedingungen Gesichtserkennungsalgorithmen mittlerweile genauer arbeiten als das menschliche Auge. In kontrollierten Tests lag die Trefferquote mancher KI bei über 99 %, während Menschen Gesichter fremder Personen oft deutlich schlechter wiedererkennen. Solche Zahlen wecken Hoffnungen, dass Technologie subjektive Fehlerquellen (Ermüdung, Verwechslung) ausmerzt und objektiv arbeitet. Befürworter argumentieren, gut trainierte KI sei unbestechlich und frei von Vorurteilen – im Idealfall also gerechter als ein Mensch, der sich von Äußerlichkeiten beeinflussen lässt.

Nicht zuletzt wird angeführt, dass KI-basierte Überwachung abschreckend wirken könne. Wenn potenzielle Täter wissen, dass sie nahezu sicher erkannt und gefasst werden, überlegen sie es sich zweimal. So könnte eine ubiquitäre Gesichtserkennung beispielsweise Gewalttäter von Übergriffen an überwachten Orten abhalten – die präventive Wirkung wäre dann ähnlich wie bei einer sichtbaren Polizeipräsenz.

Risiken: Datenschutz, Fehlalarme und Massenüberwachung

Trotz dieser Chancen dürfen die erheblichen Risiken und Nebenwirkungen von KI-basierter Videoüberwachung nicht übersehen werden. Aus kritisch-wissenschaftlicher Sicht sind insbesondere folgende Problemfelder zentral:

- *Eingriff in Datenschutz und Privatsphäre:* Die flächendeckende Erfassung biometrischer Merkmale stellt einen beispiellosen Grundrechtseingriff dar. Gesichtsbilddaten sind höchst sensibel – die EU-Datenschutzgrundverordnung klassifiziert biometrische Daten zur eindeutigen Identifizierung ausdrücklich als besondere Kategorie, deren Verarbeitung strengen Voraussetzungen unterliegt. Anlasslose Gesichtsscans im öffentlichen Raum laufen Gefahr, gegen das Recht auf informationelle Selbstbestimmung zu verstoßen. Jeder Bürger würde zum potenziell Überwachten, ohne konkreten Verdacht. Dieses Gefühl ständiger Beobachtung kann die gesellschaftliche Freiheit untergraben: Wer weiß, dass er jederzeit identifiziert werden kann, überlegt es sich zweimal, an einer Demonstration teilzunehmen oder offen seine Meinung zu zeigen – aus Furcht, registriert zu werden. Kritiker wie die NGO European Digital Rights (EDRi) sprechen von einem Ende der Anonymität im öffentlichen Raum. Passend dazu forderten Parteien wie die FDP und die Grünen im Bundestag ein gesetzliches „Recht auf Anonymität im öffentlichen Raum", um Bürger vor lückenloser Identifizierung zu schützen. Die konsequente Anwendung von Gesichtserkennung würde dieses Recht faktisch abschaffen.

- *Fehlalarme und Unzuverlässigkeit:* Kein System ist perfekt. Selbst geringe Fehlerraten können in absoluten Zahlen zu vielen falschen Alarmen führen, wenn millionenfach Gesichter gescannt werden. Schon jetzt gab es etliche Fälle falsch-positiver Erkennungen (siehe den Fall Robert Williams). Studien des US-Instituts NIST (National Institute of Standards and Technology) haben zudem gezeigt, dass Gesichtserkennungsalgorithmen je nach Hersteller für bestimmte Gruppen unzuverlässiger arbeiten. Eine umfassende Untersuchung von 2020 mit über 100 Algorithmen fand deutliche demografische Differenzen: So waren asiatische und afrikanischstämmige Personen je nach Algorithmus zehn- bis 100-mal häufiger von falschen Treffern betroffen als weiße Männer. Mit anderen Worten: Viele Systeme sind für People of Color deutlich fehleranfälliger. Die Konsequenz wäre, dass vor allem Angehörige benachteiligter Gruppen häufiger zu Unrecht in polizeiliche Kontrollen geraten – ein massives Gerechtigkeitsproblem. NIST betonte zwar, dass einige neuere Systeme besser werden, aber die meisten auf dem Markt wiesen weiterhin ein Bias auf. Diese Technologie kann also systematisch Minderheiten diskriminieren, wenn keine Gegenmaßnahmen ergriffen werden.

- *Massenüberwachung und Abschreckungseffekt:* Ein Netz von Kameras mit automatisierter Gesichtserkennung könnte faktisch zu einer permanenten Massenüberwachung führen. Wird jeder öffentlich zugängliche Raum nahtlos überwacht, verschwimmt die Grenze zwischen Sicherheit und totaler Kontrolle. Bürger könnten ihr Verhalten ändern (Selbstzensur), um nicht ins Visier einer algorithmischen Beobachtung zu geraten. Die historische Erfahrung zeigt, dass lückenlose Überwachung die offene Gesellschaft erstickt. Zudem ist unklar, ob solcher Überwachungsdruck tatsächlich mehr Sicherheit bringt – belastbare Beweise dafür fehlen bislang. Die Erfahrungen autoritärer Staaten zeigen hingegen, dass solche Technologien auch missbraucht werden können, um politische Kontrolle auszuüben. Demokratien laufen Gefahr, einen Dammbruch Richtung Überwachungsstaat zu erleben, wenn Gesichtserkennung ohne enge Grenzen eingeführt wird.

- *Rechtsunsicherheit und fehlende Kontrolle:* Der rechtliche Rahmen hinkt der technischen Entwicklung hinterher. Bislang fehlt es an höchstrichterlichen Urteilen, die die Zulässigkeit automatisierter Gesichtserkennung im Detail bewerten. Viele Fragen sind ungeklärt: Muss jeder Einsatz zwingend auf eine konkrete Gefahr gestützt sein? Wie lange dürfen biometrische Daten gespeichert werden? Wer prüft die Algorithmen auf Genauigkeit und Fairness? Ohne klare Regeln besteht die Gefahr eines rechtsfreien Raums, in dem Polizeibehörden auf gut Glück experimentieren. Zudem sind wirksame Aufsichtsmechanismen nötig: unabhängige Stellen, die den Einsatz kontrollieren, Transparenzberichte einfordern und Missbrauch ahnden. Solange dies nicht geklärt ist, bewegt sich die automatische Gesichtserkennung rechtlich in einer Grauzone, was sowohl Bürgerrechte gefährdet als auch die Polizei vor spätere Rechtsprobleme stellt.

Angesichts dieser Punkte mahnen nicht nur Aktivisten, sondern auch Ethikräte und Datenschutzbeauftragte zur Vorsicht: Der Preis für etwas mehr Sicherheit könnte eine schrittweise Erosion elementarer Freiheitsrechte sein. Diese Warnung sollte ernst genommen werden, bevor man flächendeckende KI-Überwachung einführt.

5.3 Regulierung und rechtlicher Rahmen

Angesichts der genannten Chancen und Risiken ist es nicht verwunderlich, dass der Gesetzgeber aktiv wird, um KI-Systeme im Sicherheitsbereich zu regulieren. Auf europäischer Ebene entsteht mit der KI-Verordnung ein umfassender Rechtsrahmen, der auch Predictive Policing und biometrische Überwachung erfasst. Bestimmte KI-Anwendungen werden als unvertretbares Risiko eingestuft und damit verboten. Untersagt sind u. a.

- individuelle Straftatenprognosen zu einer Person, wenn die Risikobewertung allein auf Profiling oder der Einschätzung von Persönlichkeitsmerkmalen beruht – erlaubt bleibt nur die Unterstützung einer menschlichen Bewertung, die auf objektiven, tatbezogenen Fakten fußt;

- der Aufbau / die Erweiterung von Gesichtsdatenbanken durch ungezieltes Scraping;
- die Emotionserkennung in Arbeit und Bildung;
- der Echtzeiteinsatz biometrischer Fernidentifizierung in öffentlich zugänglichen Räumen zu Polizeizwecken – außer in eng begrenzten Ausnahmefällen.

Für solche Hochrisiko-KI schreibt das Gesetz umfangreiche Pflichten vor: Risikomanagement, Qualitätsanforderungen an Datensätze, Protokollierung, Transparenz gegenüber Behörden und menschliche Aufsicht sind verpflichtend vorgesehen. Öffentliche Stellen und private Erbringer öffentlicher Dienste müssen vor Einsatz bestimmter Hochrisikosysteme eine Grundrechtsfolgenabschätzung (Fundamental Rights Impact Assessment – FRIA) vornehmen. Zudem sind Registrierungen in der EU-Datenbank vorgeschrieben.

Die KI-Verordnung verbietet keine polizeilichen Prognosen „en bloc". Unzulässig ist die personenbezogene Straftatenrisikoprognose nur dann, wenn sie ausschließlich auf Profiling/Traits basiert. Ortsbezogene Hotspotmodelle bleiben als Instrument zulässig; sie sind nicht eigens als Hochrisikofall gelistet. Je nach Ausgestaltung können sie als „vorbereitende" Werkzeuge gelten (dann nicht automatisch hochriskant); sobald sie Profiling natürlicher Personen beinhalten oder Entscheidungen maßgeblich beeinflussen, greifen die Hochrisikopflichten.

Tätigkeiten der nationalen Sicherheit sowie militärische/verteidigungsbezogene Zwecke fallen nicht in den Anwendungsbereich; wird ein System aber zivil/polizeilich genutzt, gilt der AI Act.

Die Rolle Deutschlands in der KI-Regulierung wird auch international beachtet. Man erwartet, dass deutsche Sicherheitsbehörden nach Inkrafttreten des AI Act gewissermaßen einen Vorbildcharakter für eine transparente, rechtsstaatlich geregelte KI-Nutzung entwickeln. Das BKA und mehrere Landeskriminalämter beteiligen sich bereits an EU-finanzierten Forschungsprojekten, um technische Standards für erklärbare und faire Algorithmen zu entwickeln. So möchte man einerseits technologische Souveränität behalten und nicht von US-Firmen abhängig sein, andererseits aber Grundwerte wahren.

Neben der KI-Verordnung bleiben weitere Rechtsrahmen relevant. Die bereits erwähnte DSGVO gilt selbstverständlich auch für polizeiliche Datenanalysen. Besonders Artikel 9 untersagt die Verarbeitung biometrischer Daten zur Identifizierung einer Person grundsätzlich – außer es greifen enge Ausnahmen (etwa zur Gefahrenabwehr, geregelt in Art. 10 für Behörden). Zudem schützt Artikel 22 Bürger vor automatisierten Einzelentscheidungen ohne menschliche Beteiligung – dieses Prinzip müsste auch bei polizeilichen KI-Systemen beachtet werden, sobald aus einer automatischen Einstufung unmittelbare Konsequenzen gezogen würden. Schließlich setzen nationale Polizeigesetze und das Verfassungsrecht Grenzen: Jeder eingriffsintensive Einsatz (z. B. Videoüberwachung oder Personenscoring) muss verhältnismäßig sein – geeignet, erforderlich und angemessen, um eine Gefahr abzuwenden. Die Gerichte werden in den nächsten Jahren voraussichtlich Grundsatzentscheidungen treffen, die den Rahmen weiter abstecken. Bereits 2021 hatten etwa der europäische Datenschutzausschuss EDPB und der europäische Datenschutzbeauftragter EDPS ein vollständiges Verbot automatisierter biometrischer Identifikation im öffentlichen Raum gefordert, weil ein solcher Einsatz „die Essenz der Grundrechte infrage stellt" und das „Ende der Anonymität" bedeuten würde. Diese Haltung fand Eingang in die Verhandlungen zum AI Act. 5

Deutschland befindet sich insgesamt in einem Spannungsfeld: Einerseits tritt man als Befürworter strikter europäischer Regulierung auf, andererseits möchten die Sicherheitsbehörden neue Technologien effizient nutzen dürfen. In den kommenden Jahren dürften prägende Weichenstellungen – sei es durch neue Gesetze oder höchstrichterliche Urteile – darüber entscheiden, wie weit KI in der inneren Sicherheit gehen darf. Ziel muss es sein, Sicherheit und Freiheit neu auszutarieren, damit KI der Gesellschaft dient und nicht schadet. Klare, demokratisch legitimierte Regeln (z. B. ausdrückliche Verbote von KI-basierter Massenüberwachung, kombiniert mit engen Grenzen für zulässige Anwendungen) sind der Schlüssel, um Vertrauen der Bevölkerung zu erhalten. Nur mit solcher Transparenz und Kontrolle kann KI tatsächlich zu einem Werkzeug werden, das die Polizeiarbeit verbessert, ohne die Werte eines freiheitlichen Rechtsstaats zu untergraben.

Seit Mai 2022 ist die innere Sicherheit in Deutschland durch zahlreiche neue Herausforderungen geprägt. Der russische Angriffskrieg in der Ukraine wirkte als Katalysator für hybride Bedrohungen:

Deutsche Behörden registrierten vermehrte Spionage, Sabotageakte und Desinformationskampagnen fremder Mächte, allen voran Russland. Gleichzeitig blieb die Bedrohung durch Extremismus hoch – insbesondere Rechtsextremismus gilt weiterhin als größte Gefahr für die freiheitliche demokratische Grundordnung.[15] Auch Islamismus und Terrorismus bestehen als Risiko fort, wenngleich große Anschläge bisher ausblieben. Die Sicherheitsbehörden verzeichneten zudem eine Zunahme politisch motivierter Straftaten und intensivierten den Kampf gegen Clankriminalität sowie Organisierte Kriminalität insgesamt. Technologische Entwicklungen beeinflussen die Sicherheitslage ebenso: So kommen verstärkt KI-gestützte Überwachungssysteme zum Einsatz, während zugleich neue Cybergefahren – etwa durch generative KI – entstehen. Im Folgenden werden die wichtigsten Entwicklungen im Bereich der inneren Sicherheit seit 2022 dargestellt – mit den Schwerpunkten auf Extremismus, Terrorismus, Organisierter Kriminalität, Cyberbedrohungen sowie den Auswirkungen internationaler Krisen auf die deutsche Sicherheitslage.[16]

5.4 Kriminalitäts- und Bedrohungsphänomene

Rechtsextremismus

Die Gefahr durch rechtsextremistische Bestrebungen bleibt hoch und ist weiter gestiegen. Laut Verfassungsschutzbericht wurden 2023 insgesamt 39.433 politisch motivierte Straftaten mit extremistischem Hintergrund registriert – ein neuer Höchststand. Darunter waren 2761 Gewaltdelikte. Den größten Anteil hatten dabei Straftaten von rechts: Die Zahl rechtsextremistischer Personen stieg auf etwa 40.600 (2022 waren es ca. 38.800), wovon 14.500 als gewaltorientiert gelten. Sicherheitsbehörden beobachten insbesondere eine verstärkte Vernetzung der sogenannten „Neuen Rechten", die als geistiger Nährboden für rechtsextreme Szenen dient. Seit dem Ende der Coronaproteste richten sich Teile des Milieus verstärkt gegen

---

[15] Bundesamt für Verfassungsschutz (BfV; 2024). Verfassungsschutzbericht 2023. Präsentiert am 26. 06. 2024.

[16] Weitere Details sind hiernachzulesen: Moschinski, A. M. (2024). Verfassungsschutz: Hohes Niveau an Bedrohungen. Behörden Spiegel; Bundeskriminalamt (BKA; 2024). Bundeslagebild Organisierte Kriminalität 2023. Pressemitteilung vom 05. 09. 2024.; Bundesamt für Verfassungsschutz (BfV; 2025). Gefährdungen durch russische Spionage, Sabotage und Desinformation. Hintergrundinformation, April 2025.

staatliche Institutionen, Migranten oder propagieren prorussische Narrative im Kontext des Ukrainekrieges. Antisemitismus bleibt ein zentrales Problem: Im Zug des Nahost-Krieges 2023 hat sich die Zahl antisemitisch motivierter Straftaten in Deutschland dramatisch erhöht. Sicherheitsbehörden warnen, dass die Bedrohung der jüdischen Gemeinschaft durch rechtsextreme und islamistische Täter erheblich gestiegen ist.

„Reichsbürger" und Staatsfeinde

Ein besonderes Augenmerk gilt der Szene der Reichsbürger und Selbstverwalter, die die Legitimität der Bundesrepublik ablehnen. Deren Personenpotenzial wuchs 2023 deutlich auf rund 25.000 Anhänger, wovon etwa 10 % als gewaltorientiert eingestuft werden. Die Szene radikalisierte sich teils im Zug von Verschwörungstheorien und staatlichen Coronamaßnahmen. Im Dezember 2022 deckten Ermittler eine terroristische Gruppierung aus diesem Milieu auf, die einen gewaltsamen Umsturz plante. Bundesweit wurden 25 Personen aus der sogenannten „Patriotischen Union" festgenommen – darunter Exsoldaten (ein Fallschirmjägerkommandosoldat), Polizisten und eine ehemalige AfD-Bundestagsabgeordnete. Die Beschuldigten sollen sich mit Waffen und konkreten Plänen auf einen Staatsstreich vorbereitet haben, um ein autokratisches Regime unter Führung eines adligen Verschwörers (Heinrich XIII. Prinz Reuß) zu installieren. Die damalige Innenministerin Nancy Faeser betonte nach der Aktion, dass „Reichsbürger" keine harmlosen Spinner seien, sondern hochgefährliche Extremisten, die konsequent entwaffnet und beobachtet werden müssten. Sicherheitskreise beobachten die Szene genauer und stuften Teile davon als erwiesenermaßen extremistisch ein.

Linksextremismus

Der linksextremistische Bereich blieb in den letzten Jahren ebenfalls aktiv, wenngleich ohne ähnlich herausragende Einzeltaten. Das Personenpotenzial der Szene erhöhte sich 2022/2023 leicht auf etwa 37.000 Menschen, davon etwas mehr als ein Viertel gewaltorientiert. Linksextremisten verüben Brandanschläge und Sachbeschädigungen, etwa gegen Institutionen, Unternehmen oder politische Gegner. Größere Gewaltausbrüche – wie noch 2017 beim G20-Gipfel – blieben jedoch aus. Schwerpunkte der linken Szene lagen zuletzt auf der Agitation gegen den Rechtsextremismus, gegen staatliche

Einrichtungen (Polizei) und vereinzelt Militanz im Zusammenhang mit Klimaprotesten. So ist eine Schnittmenge zwischen linksextremer Ideologie und radikalem Klimaschutzaktivismus entstanden: Die Gruppe „Letzte Generation" etwa wurde zwar nicht als extremistisch eingestuft, aber einige ihrer Unterstützer stammen aus der linksautonomen Szene. Die bayerischen Behörden leiteten 2023 ein Verfahren ein, um die „Letzte Generation" als kriminelle Vereinigung zu ahnden, nachdem wiederholt Straßenblockaden und Sachbeschädigungen vorgekommen waren. Linke Gruppierungen selbst rechtfertigen solche Aktionen als zivilen Ungehorsam, während der Verfassungsschutz vor einer möglichen weiteren Radikalisierung auch im Klimamilieu warnt.

Antidemokratische Delegitimierung

Neben klassischen Kategorien beobachtet das Bundesamt für Verfassungsschutz seit 2022 verstärkt Phänomene der verfassungsschutzrelevanten Delegitimierung des Staats. Hierzu zählen Akteure, die zwar weder klar rechts- noch linksextrem sind, aber durch
5 Verschwörungsmythen, gezielte Desinformation und Aufrufe zu Gewalt das Vertrauen in staatliche Institutionen zerstören wollen. Dieses Spektrum entstand insbesondere im Umfeld der Coronaproteste und vereint Esoteriker, Impfgegner, QAnon-Anhänger und prorussische Propagandisten. So tauchten 2022 Gestalten wie der selbst ernannte „Volkslehrer" oder Organisatoren von „Spaziergängen" auf, die offen zum Widerstand gegen die gewählte Regierung aufriefen. Das BfV hat dieses Spektrum als Beobachtungsobjekt definiert und schätzt es als anschlussfähig für Extremisten ein. Auch russische Desinformation trägt hier zur Radikalisierung bei, beispielsweise indem Verschwörungstheorien über eine „Coronadiktatur" oder den Ukrainekrieg verbreitet werden. Diese Entwicklung bildet eine neue Herausforderung der inneren Sicherheit, da hier die Grenze zwischen Meinungsfreiheit und delegitimierender Staatsfeindlichkeit sorgfältig gezogen werden muss. Insgesamt zeigt sich seit 2022 eine Polarisierung, bei der Extremisten verstärkt versuchen, gesellschaftliche Krisen (Pandemie, Krieg, Energiepreise) auszunutzen, um Hass und Zwietracht zu säen.

Islamistischer Terrorismus

Die Bedrohung durch den islamistischen Terrorismus besteht fort, auch wenn es seit dem Anschlag von Wien 2020 in Deutschland zu keinem größeren dschihadistischen Attentat mehr kam. Der Verfassungsschutz zählt weiterhin rund 27.000 Personen zum islamistischen Personenpotenzial in Deutschland (darunter Anhänger von Salafismus, Muslimbruderschaft, Hisbollah und Hamas); diese Zahl blieb zwischen 2022 und 2023 in etwa konstant. Sicherheitsbehörden stufen davon mehrere Tausend als potenziell gefährliche, sogenannte „Gefährder" ein. Die Gefahr geht insbesondere von heimlichen Unterstützern der Terrororganisationen „Islamischer Staat" (IS) und al-Qaida sowie von Einzeltätern mit jihadistischer Ideologie aus. Der damalige BfV-Präsident Thomas Haldenwang betonte Ende 2023, dass das Risiko islamistischer Anschläge seit dem Terrorangriff der Hamas auf Israel im Oktober 2023 wieder gestiegen sei. Insbesondere rücke die Terrormiliz „Islamischer Staat Khorasan Province (ISKP)" verstärkt in den Fokus, die auch Europa bedrohe. Zudem könnten radikalisierte Einzeltäter ohne direkte Anbindung an Terrorgruppen jederzeit zuschlagen – eine diffuse Gefahr, der polizeilich schwer vorzubeugen ist.

Auch zurückgekehrte IS-Anhänger aus den ehemaligen „Kalifatsgebieten" standen im Fokus. Seit 2022 wurden mehrere in Syrien inhaftierte deutsche IS-Angehörige in die Bundesrepublik zurückgeführt und hier vor Gericht gestellt. Die Justiz geht konsequent gegen terroristische Straftäter vor, zugleich laufen Deradikalisierungs- und Aussteigerprogramme für islamistische Gefährder weiter.

Unter Beobachtung stehen zudem islamistische Organisationen wie Hizb ut-Tahrir, die Milli-Görüs-Bewegung oder salafistische Netzwerke, die zwar nicht immer gewaltbereit auftreten, aber extremistisches Gedankengut verbreiten.

Insgesamt schätzen Sicherheitsbehörden die islamistische Bedrohungslage als anhaltend ernst ein: Zwar haben Rückschläge des IS in Nahost die Global-Jihad-Bewegung geschwächt, doch es könnten sich jederzeit einzelne Anhänger in Eigenregie zu Anschlägen inspirieren lassen. Dazu trägt auch die anhaltende Propaganda etwa über Internetnetzwerke bei. Die Cyberabwehr der Länder versucht inzwischen vermehrt, dschihadistische Onlineinhalte zu löschen oder zu sperren, um Radikalisierungen zu erschweren. Dennoch bleibt beispielsweise die Gefahr durch Messerangriffe oder Autoattacken einzelner Extremisten bestehen, wie sie in den letzten Jahren in Europa immer wieder vorkamen. Die Behörden reagieren darauf mit erhöhter Präsenz an gefährdeten Orten, verstärkter

Überwachung einschlägiger Netzwerke und internationalem Informationsaustausch.

Organisierte Kriminalität (OK)

Die Bekämpfung von Mafiastrukturen, Banden und großen Wirtschaftsverbrechen hat seit 2022 Priorität. Laut Bundeskriminalamt blieb die Lage der Organisierten Kriminalität auf hohem Niveau: Im Jahr 2023 führten deutsche Polizeibehörden 642 Ermittlungsverfahren gegen OK-Gruppierungen, geringfügig mehr als im Vorjahr (639) – der zweithöchste Wert der letzten zehn Jahre. Die Zahl der identifizierten Tatverdächtigen lag mit rund 7347 ebenfalls auf Vorjahresniveau. Die damals amtierende Innenministerin Faeser sprach von einer weiterhin „unverändert hohen Bedrohungslage" durch OK, die einen maximalen Ermittlungsdruck erfordere. Sie betonte, dass OK-Banden zunehmend brutal vorgehen und hohe wirtschaftliche Schäden verursachen – und dass man insbesondere nicht deutsche Tätergruppen konsequent mit Strafverfolgung und ggf. Abschiebungen angehe. BKA-Chef Holger Münch hob hervor, dass viele OK-Gruppen Zugang zu Schusswaffen haben und diese notfalls einsetzen sowie gezielt Behörden, Zeugen oder unbeteiligte Dritte durch Gewalt und Korruption beeinflussen. Schwerpunkte der OK in Deutschland blieben 2022/23 der Drogenhandel, Eigentumskriminalität (z. B. Einbruchsdiebstähle, Raub), Wirtschaftskriminalität (Betrug, Geldwäsche) und Cybercrime. Dabei ist die Internationalität von OK-Fällen hoch: Über ein Drittel der Verfahren weist Verbindungen ins Ausland auf, was eine enge Kooperation mit Europol und ausländischen Polizeien nötig macht. So intensivierte Deutschland Abkommen mit Staaten in Südamerika, um die Kokainschwemme einzudämmen – etwa durch gemeinsame Ermittlungsgruppen in Häfen und den Austausch von Finanzermittlungsdaten.

Clankriminalität

Ein viel beachteter Teilbereich der OK ist die Clankriminalität, womit deliktische Aktivitäten von Mitgliedern bestimmter ethnisch-familiärer Großfamilien gemeint sind. In Deutschland sind hierunter vor allem einige arabischstämmige Familienclans (z. B. Miri, Remmo, Abou-Chaker) bekannt, die insbesondere in Großstädten wie Berlin, Bremen, Essen und Duisburg aktiv sind. Die Behörden gehen seit einigen Jahren verschärft gegen diese Clans vor – mit sichtbaren

Erfolgen, aber auch neuen Herausforderungen. Laut BKA wurden 2022 bundesweit 46 OK-Verfahren mit Bezug zur Clankriminalität geführt, 2023 waren es 44 – damit bleibt das Niveau etwa gleich. Oft geht es um Delikte wie Drogenhandel, Schutzgelderpressung, Raubüberfälle, illegalen Waffenbesitz sowie spektakuläre Diebstähle.

Kriminelle Clans versuchen häufig Behörden zu unterwandern – analog zur italienischen Mafia –, um Insiderwissen zu erlangen oder Ermittlungen zu sabotieren. Die Sicherheitsbehörden haben darauf reagiert, indem Sicherheitsüberprüfungen von sensiblen Behördenmitarbeitern ausgeweitet wurden und Hinweise auf Korruption verstärkt verfolgt werden.

Die Politik setzt zudem auf gesetzliche Verschärfungen: Seit 2023 erleichtert eine Reform der Strafprozessordnung die Einziehung illegaler Clanvermögen – etwa von Luxusautos, Immobilien oder Bargeld –, selbst wenn diese auf andere Familienmitglieder verteilt wurden. In Nordrhein-Westfalen wurden eigene Clanstaatsanwälte ernannt, die Verfahren zentral bündeln und beschleunigen. Auch die Zusammenarbeit mit einigen Herkunftsländern (Libanon, Türkei) wurde intensiviert, um kriminelle Clanmitglieder leichter abzuschieben, sofern sie keine deutsche Staatsbürgerschaft besitzen. Parallel dazu gibt es Präventionsprojekte, die Jugendlichen aus Clanmilieus Wege aus der Kriminalität aufzeigen sollen.

Cyberbedrohungen und hybride Gefahren

Die Cybersicherheit ist seit 2022 zu einem integralen Bestandteil der inneren Sicherheit geworden, gerade vor dem Hintergrund internationaler Krisen. Der russische Angriff auf die Ukraine hatte unmittelbare Auswirkungen im digitalen Raum: Deutsche Stellen registrierten eine Zunahme von Cyberangriffen auf kritische Infrastrukturen, oft mit vermuteter Urheberschaft in Russland. So kam es im Oktober 2022 zu gezielten Sabotageakten gegen die Deutsche Bahn, bei denen an zwei Stellen in Deutschland Glasfaserleitungen der Bahnkommunikation gekappt wurden. Dieser Anschlag legte den Zugverkehr in Norddeutschland stundenlang lahm – die Behörden gingen von einer politisch motivierten Tat aus, möglicherweise durch einen ausländischen Geheimdienst, konkrete Beweise fehlten jedoch. Ebenfalls im Herbst 2022 ereignete sich der bis heute ungeklärte Sabotageakt gegen die Ostseepipelines Nord Stream 1 und 2, der international für Aufsehen sorgte. Durch Explosionen – nach Ermittlerangaben vorsätzliche Sprengsätze – wurden im September 2022 drei von vier Röhren der Gaspipelines zerstört. Deutschland, Schweden und Dänemark ermitteln seitdem wegen schwerer Sabotage. Zwar gibt es unterschiedliche Theorien über mögliche Täter (russische Spezialeinheiten, proukrainische Kommandos usw.), doch offiziell ist keiner benannt. Diese Anschläge – Bahn und Pipeline – haben die Verwundbarkeit moderner Gesellschaften aufgezeigt: Hybride Kriegsführung mit verdeckten Operationen kann zentrale Versorgungsadern treffen und große Verunsicherung auslösen. Als Reaktion wurden in Deutschland der Schutz der kritischen Infrastruktur hochgestuft, Notfallpläne aktualisiert und die Bundeswehr zur Unterstützung etwa der Bahnüberwachung herangezogen. Die Verfassungsschutzbehörden warnten zudem, dass Russland seine Bereitschaft demonstriert habe, auch auf deutschem bzw. EU-Territorium Sabotage zu verüben. So wurden seit 2023 verstärkt Drohnensichtungen über deutschen Militärobjekten gemeldet, hinter denen russische Nachrichtendienste vermutet werden. Ebenso gab es vermehrt Phishing- und Hackerangriffe auf deutsche Unternehmen und Behörden, teils durch Gruppierungen wie APT28 (ein Cyberteam des russischen Geheimdiensts).

Insbesondere prorussische Hackergruppen wie Killnet nahmen 2022/23 gezielt deutsche Ziele ins Visier, oft aus Rache für die deutsche Ukraineunterstützung. Ende Januar 2023, kurz nach der Entscheidung zur Lieferung von Leopard-2-Panzern an Kiew, koordinierte Killnet eine Reihe von DDoS-Angriffen (spezielle Hackerangriffe): Betroffen waren u. a. die Internetseiten mehrerer deutscher Flughäfen, des Finanzsektors sowie Webseiten von Bundesministerien und Polizeibehörden. Das BSI bestätigte „laufende Cyberattacken" auf breiter Front, die zu zeitweisen Ausfällen mancher Webseiten führten. Zwar blieben kritische Systeme dank Gegenmaßnahmen intakt, doch die Attacken dienten als demonstrative Vergeltung. Auch im Umfeld des G7-Gipfels und anderer politischer Ereignisse erhöhte das BKA die Alarmbereitschaft für Cyberangriffe. Im Mai 2023 deckte das BfV zudem eine russische Cyberspionagekampagne gegen deutsche Rüstungs- und Logistikunternehmen auf, die wohl der Vorbereitung von Sabotageakten dienen sollte. Hierbei infiltrierten Hacker Knotenpunkte der Transportinfrastruktur, um Informationen über Waffentransporte an die Ukraine auszukundschaften. Solche Vorfälle zeigen die enge Verknüpfung internationaler Konflikte mit der digitalen Bedrohungslage im Inland.

Neben staatlich gesteuerten Angriffen sind auch Cyberkriminelle aktiv: Ransomware-Erpressungen (Erpressungssoftware) trafen 2022/23 mehrere deutsche Einrichtungen, etwa den IT-Dienstleister der Universität Duisburg-Essen oder das Klinikum Düsseldorf. Das Bundeskriminalamt berichtet von einer hohen zweistelligen Zahl großer Ransomware-Fälle pro Jahr, Tendenz steigend. Diese Angriffe gefährden teils unmittelbar Menschenleben – etwa wenn in Kliniken die IT ausfällt. Die Bundesregierung hat daher im April 2023 ein neues Cyberabwehrzentrum in Berlin eröffnet, das Polizei, Verfassungsschutz, Bundesnachrichtendienst (BND), Bundeswehr und BSI unter einem Dach vernetzt, um solche Angriffe schneller zu erkennen und gemeinsam abzuwehren

Ausländische Spionage stellt ebenfalls eine erhebliche Gefahr für die innere Sicherheit dar. Neben Russland sind auch China und der Iran sehr aktiv. 2022 und 2023 flogen mehrere Agentenfälle auf: Im Dezember 2022 wurde ein Mitarbeiter des BND als russischer Spion enttarnt und festgenommen – er hatte hochgeheime Informationen an den GRU (Russischer Geheimdienst) verraten. Im Juli 2023 verurteilte das Oberlandesgericht Düsseldorf einen ehemaligen Bundeswehrreservisten wegen Spionagetätigkeit für den russischen Geheimdienst FSB – er hatte über Jahre hinweg Bundeswehrinterna und politische Informationen an Russland gemeldet. Auch der iranische Geheimdienst betreibt gegen Oppositionelle in Deutschland Anschläge und Ausspähungen: Im Oktober 2022 vereitelte der Verfassungsschutz einen mutmaßlichen iranischen Auftragsmord an Exiliranern in Berlin. Diese Fälle zeigen, dass fremde Nachrichtendienste zunehmend aggressiv in Deutschland agieren. Der Verfassungsschutz berichtet, dass seit 2022 eine Vielzahl an Akteuren mit einem Mix an Methoden operiert: Neben klassischen Agenten setzen fremde Staaten auch halbstaatliche Akteure (z. B. staatlich gesteuerte Unternehmen, Thinktanks) oder Private (Hacktivisten, Strohleute) ein, um Informationen zu stehlen oder Einfluss zu nehmen. Die Gefährdung reicht von Wirtschaftsspionage – etwa chinesischen Versuchen, deutsche Hochtechnologie und KI-Forschung auszukundschaften – bis hin zu Einflussoperationen (etwa Propaganda oder Lobbyismus) in Politik und Gesellschaft. Das BfV hat daher 2023 eine Offensive gestartet, um Behörden, Firmen und Universitäten stärker für Spionageabwehr zu sensibilisieren.

5.5 KI-gestützte Sicherheitstechnologien

Die rasante Entwicklung Künstlicher Intelligenz beeinflusst die innere Sicherheit zweifach: Sicherheitsbehörden nutzen KI zunehmend als Werkzeug zur Kriminalitätsbekämpfung, gleichzeitig entstehen neuartige Bedrohungen durch KI-Missbrauch.

Einsatz von KI durch Polizei und Verfassungsschutz

Seit 2022 treiben deutsche Sicherheitsbehörden mehrere KI-Projekte voran, um der wachsenden Datenflut Herr zu werden. So forscht das Bundeskriminalamt gemeinsam mit dem Deutschen Forschungszentrum für KI (DFKI) an Systemen, die riesige Datenmengen aus Ermittlungen schneller auswerten können. Ein Beispiel ist die Analyse der Panama Papers – hier setzte das BKA bereits Machine-Learning-Algorithmen ein, um komplexe Finanzdaten nach Geldwäschehinweisen zu durchsuchen. Auf Länderebene startete Hessen 2023 die „PolizeiCloud", eine Plattform, die KI-Anwendungen zur Mustererkennung (etwa bei Kinderpornografie oder Cyberbetrug) bereitstellt. Bayern testet KI-Software zur Videoüberwachung, die verdächtiges Verhalten automatisch erkennen soll (z. B. Liegenlassen von Gepäck als Indiz für eine Bombe). Gleichzeitig betonen Innenpolitiker die Notwendigkeit, KI ethisch kontrolliert einzusetzen. Die damalige Bundesinnenministerin Faeser warb auf der BKA-Herbsttagung 2022 dafür, KI in der Fahndung einzusetzen – etwa Gesichtserkennungssoftware, um gesuchte Straftäter auf Videomaterial schneller zu identifizieren. Die Technik wurde beispielsweise 2022 nach der Stürmung des Berliner Reichstagsgebäudes durch Coronaleugner genutzt, um Teilnehmer im Nachhinein zu identifizieren.

Ein konkretes, seit Mai 2022 etabliertes KI-Tool ist „KIVI", eine Software zur automatisierten Suche nach strafbaren Inhalten im Internet. Die Landesanstalt für Medien (LfM) NRW entwickelte KIVI und kooperiert mit dem BKA: Das System durchforstet per Stichwortsuche und Bilderkennung soziale Netzwerke nach potenzieller Hasskriminalität, etwa Volksverhetzung, Holocaustleugnung, terroristischer Propaganda, aber auch nach Darstellungen sexuellen Missbrauchs und bestimmten verbotenen Waren (Drogen, Waffen). Innerhalb des ersten Jahres leitete die LfM NRW knapp 700 Verdachtsfälle an die neu geschaffene Zentralstelle für strafbare Inhalte im Internet (ZMI) beim BKA weiter. Das BKA prüft diese Meldungen, identifiziert Täter und übergibt die Fälle an zuständige Landespolizeien, während die Medienaufsicht die Löschung der Inhalte bei den Plattformen durchsetzt. Ende 2023 wurde dieses Modell bundesweit ausgerollt, sodass nun alle Landesmedienanstalten KIVI nutzen können. Die Auswertung großer Mengen an Internetbeiträgen wäre manuell kaum zu bewältigen; KI schafft hier einen „Quantensprung bei der Effizienz". Kritiker monieren indes Datenschutzfragen und die unklare Grenze zwischen Medienaufsicht und Polizei, sprechen gar von einer „neuen Internetpolizei". Die Behörden versichern jedoch, man bewege sich strikt im legalen Rahmen und unterliege richterlicher Kontrolle, wenn es um personenbezogene Daten geht.

Neben solchen Anwendungen testet das BKA KI auch in der Analyse beschlagnahmter Daten. Bei großen Razzien (etwa gegen Kinderpornografieringe oder Terrorverdächtige) werden oft Terabyte an Dateien sichergestellt. KI-Algorithmen helfen dabei, relevante Spuren (verdächtige Bilder, Texte) automatisch zu filtern, was die Auswertung enorm beschleunigt. Das LKA Rheinland-Pfalz etwa setzt seit 2022 ein System ein, das kinderpornografische Bilder mittels KI erkennt und vorsortiert, sodass Ermittler nicht mehr jedes Bild manuell prüfen müssen. Diese Entlastung schont auch die Psyche der Beamten. 5

KI als Sicherheitsrisiko

Gleichzeitig warnten die Behörden vor Missbrauch Künstlicher Intelligenz durch Kriminelle oder feindliche Nachrichtendienste. Generative KI-Modelle sind einerseits nützliche Tools, andererseits eröffnen sie neue Angriffswege. Das BSI veröffentlichte im Juni 2025 einen Kriterienkatalog für den sicheren Einsatz von KI in der Verwaltung und warnte vor neuen Gefahren wie Prompt-Injections.[17] Dabei könnten Angreifer KI-gestützte Chatbots durch präparierte Eingaben manipulieren, etwa um sensible Daten abzufangen oder falsche Auskünfte zu erzwingen. Ebenso besteht die Gefahr, dass generative KI zur automatisierten Produktion von Desinformation genutzt wird – etwa gefälschte Videos („Deepfakes") oder Texte in großem Stil zur Beeinflussung der öffentlichen Meinung. Der Verfassungsschutz beobachtet solche Szenarien aufmerksam, gerade mit Blick auf Wahljahre. Auch Kriminelle nutzen KI: 2023 wurde bekannt, dass

---

[17] Bundesamt für Sicherheit in der Informationstechnik (BSI) (2025). Kriterienkatalog für KI-Sicherheit. Vorgestellt auf dem Zukunftskongress, 24. 06. 2025.

Betrüger KI-generierte Stimmen einsetzten, um am Telefon Verwandte vorzutäuschen und so Geld zu ergaunern (Deepfakebetrug).

Zudem erfordert KI ethische Leitplanken: Das Bundesministerium des Innern (BMI) betonte auf der BKA-Tagung 2024, man müsse genau abwägen, wie weit KI im Polizeialltag gehen dürfe (z. B. bei Predictive Policing). Deutschland unterstützt strenge Regeln, um Grundrechte zu schützen. Nichtsdestoweniger gilt KI bei den Sicherheitsbehörden als „Schlüsseltechnologie", um effizienter zu werden. Ein Zitat von BKA-Präsident Münch bringt die Perspektive auf den Punkt: „Insbesondere im Umgang mit großen Datenmengen sehen wir großes Potenzial für den Einsatz von KI. […] Weitere Anwendungsszenarien könnten sich in den Phänomenbereichen Hasskriminalität oder der Bekämpfung der Kinderpornografie finden". In der Abwägung zwischen Sicherheit und Freiheit zeichnet sich ab, dass KI kommen wird – aber eingebettet in rechtsstaatliche Kontrolle.

5.6 Fazit

Die innere Sicherheit Deutschlands befindet sich seit 2022 in einer angespannten Lage. Extremistische Bestrebungen von rechts, links und aus dem islamistischen Spektrum fordern die wehrhafte Demokratie heraus. Die Behörden registrieren Höchststände politisch motivierter Straftaten und müssen auf neue Formen der Radikalisierung – etwa im digitalen Raum – reagieren. Durch entschlossene Maßnahmen wie Vereinsverbote, Razzien und Gerichtsprozesse konnte die Exekutive einige Erfolge gegen Extremisten erzielen (z. B. Zerschlagung der Reichsbürgergruppe, Verurteilungen rechtsterroristischer Zellen). Doch gleichzeitig sorgen globale Krisen für zusätzliche Risiken: Der Krieg in der Ukraine führte zu einer verschärften Bedrohung durch Cyberangriffe, Spionage und Sabotage fremder Dienste – ein Phänomen, das es so in der Nachkriegszeit kaum gab. Ebenso hat der neue Nahostkonflikt innenpolitische Auswirkungen gezeigt (Anstieg von Antisemitismus, Spannungen in migrantischen Milieus). Die Sicherheitsbehörden stehen somit vor einem breiten Aufgabenspektrum, das klassische Kriminalitätsbekämpfung (von Clanverbrechen bis hin zur Terrorabwehr) mit Cybersicherheit und Geheimdienstabwehr vereinen muss.

Positiv ist hervorzuheben, dass die Behörden sich diesen Herausforderungen anpassen: Durch mehr Personal, bessere technische

Ausstattung und engere Kooperation (national wie international) wurde die Reaktionsfähigkeit verbessert. Die Gründung von gemeinsamen Zentren (etwa gegen Cyberbedrohungen) und Forschungskooperationen im KI-Bereich zeigen, dass die innere Sicherheit innovativer und vernetzter aufgestellt wird. Allerdings mahnen Experten, dass neben repressiven Mitteln auch Prävention und gesellschaftlicher Zusammenhalt gestärkt werden müssen, um Extremismus den Nährboden zu entziehen.

Schutz kritischer Infrastrukturen durch KI

6.1 KI-basierte Cybersicherheit und Resilienz

Kritische Infrastrukturen bilden das Rückgrat moderner Gesellschaften. Systeme wie Energieversorgung, Gesundheitswesen, Verkehr, Kommunikation und Finanzwesen müssen jederzeit zuverlässig funktionieren. Zugleich stehen sie jedoch verstärkt im Fokus von Cyberangriffen. Sowohl staatliche als auch nicht staatliche Akteure können durch gezielte Attacken enorme Schäden verursachen, etwa Stromausfälle, gestörte Lieferketten oder die Beeinträchtigung staatlicher Handlungsfähigkeit. Daher gehören Cybersicherheit und die Widerstandsfähigkeit kritischer Infrastrukturen mittlerweile zu zentralen Themen sicherheitspolitischer Diskussionen.

In Deutschland weisen Behörden wie das BSI darauf hin, dass die Bedrohungslage im Cyberraum so hoch ist wie nie zuvor.[18] Europaweit wurden rechtliche Rahmenwerke verschärft, um KRITIS besser zu schützen – etwa durch die NIS-2-Richtlinie der EU für ein hohes gemeinsames Niveau der Cybersicherheit und die EU-Richtlinie zur Resilienz kritischer Einrichtungen (Critical Entities Resilience Directive – CER), die Anfang 2023 in Kraft traten. Die NATO erkennt Cyberangriffe seit einigen Jahren als potenziellen Bündnisfall an und betont die Notwendigkeit, die Resilienz der Mitgliedstaaten gegenüber solchen Bedrohungen zu stärken. Auch die Bundeswehr hat reagiert: Mit der Aufstellung des Kommandos Cyber- und Informationsraum (KdoCIR) im Jahr 2017 wurde dem Cyber- und Informationsraum eine eigene militärische Teilstreitkraft gewidmet, um die Fähigkeit zur Cyberverteidigung auszubauen.

In diesem sicherheitspolitischen Kontext kommt der Künstlichen Intelligenz eine wachsende Rolle zu. KI-basierte Verfahren versprechen, Cyberangriffe schneller zu erkennen, effektiver abzuwehren und die Systeme insgesamt widerstandsfähiger zu machen. Angesichts der Flut an täglichen Angriffen und neuen Schadsoftwarevarianten (nach BSI-Angaben erscheinen täglich Hunderttausende neue Malwaresamples) stoßen rein manuelle Abwehransätze an ihre Grenzen. Sicherheitsbehörden wie das BSI, internationale Organisationen wie die NATO und auch die Bundeswehr untersuchen daher intensiv, wie KI zur Automatisierung und Verbesserung der Cybersicherheit beitragen kann.

---

[18] Bundesamt für Sicherheit in der Informationstechnik (BSI) (2023). Die Lage der IT-Sicherheit in Deutschland 2023. BSI-Publikation, Bonn 2023.

Rolle und Potenzial von KI in der Cybersicherheit

Angesichts immer raffinierterer Angriffsmethoden setzen Verteidiger verstärkt auf KI, um Angriffe in Echtzeit zu erkennen und abzuwehren. KI-Systeme können enorme Datenmengen aus Netzwerken, Serverlogs und Endgeräten auswerten und in diesen Daten Muster sowie Anomalien entdecken, die auf einen Cyberangriff hindeuten. Dadurch bieten sie einen entscheidenden Vorteil gegenüber rein regelbasierten Sicherheitssystemen. Während traditionelle Firewalls und Antivirenprogramme nur bekannte Signaturen und statische Regeln anwenden, lernt eine KI-basierte Sicherheitslösung kontinuierlich aus den Daten. Machine-Learning-Algorithmen können ungewöhnliche Kommunikationsmuster im Netzwerkverkehr identifizieren, die auf eine unentdeckte Malware oder einen Eindringling hinweisen. Durch eine solche Anomalieerkennung lassen sich auch bislang unbekannte Angriffsarten – sogenannte „Zero-Day-Exploits" – schneller aufspüren.

Ein zentrales Einsatzfeld von KI in der Cybersicherheit ist das Security Operations Center (SOC). In modernen SOCs laufen unzählige Sicherheitsmeldungen und Alarme zusammen. KI kann hier als eine Art Force-Multiplier dienen, indem sie Routineaufgaben automatisiert und Sicherheitsteams entlastet. So werden mithilfe von KI-basierten Analysen aus Tausenden von Logmeldungen die wirklich verdächtigen Ereignisse herausgefiltert. KI-gestützte Systeme wie User and Entity Behavior Analytics (UEBA) lernen das normale Verhalten von Nutzern und Geräten und schlagen Alarm, wenn Abweichungen auftreten – etwa, wenn auf einmal mitten in der Nacht große Datenmengen von einem Server abfließen oder sich ein Benutzer auffällig anders bewegt als sonst. Solche automatisierten Mustererkennungen erlauben es, Insiderbedrohungen oder gestohlene Zugänge schneller zu entdecken.

Darüber hinaus kommt KI bei der Threat Intelligence zum Einsatz. Dabei werden Informationen über neue Schwachstellen, Hackergruppierungen und Angriffstechniken aus unterschiedlichsten Quellen gesammelt – von Darknetforen bis hin zu aktuellen Sicherheitsmeldungen. KI-Algorithmen der Natürlichen Sprachverarbeitung können in kurzer Zeit riesige Mengen unstrukturierter Textdaten (z. B. Forenbeiträge oder Reports) analysieren, um relevante Hinweise auf bevorstehende Angriffe herauszufiltern. So lässt sich proaktiv erkennen, ob etwa eine Hackergruppe neue Werkzeuge diskutiert, die gegen bestimmte Industrieanlagen gerichtet sind. Ein Beispiel ist der Microsoft Security Copilot, ein KI-gestütztes Assistenzsystem, das die Geschwindigkeit und Genauigkeit von SOC-Analysten erhöht.[19] Solche Systeme können verdächtige Vorfälle zusammenfassen, passende Gegenmaßnahmen vorschlagen und sogar automatisch erste Abwehrschritte einleiten.

Auch auf Endgeräten und in der Cloud verbessern KI-Technologien die Sicherheit. Next-Generation-Antivirus-Programme nutzen maschinelles Lernen, um Schadsoftware an ihrem Verhalten zu erkennen, selbst wenn sie noch keine bekannte Signatur haben. KI kann z. B. anhand von ungewöhnlichen Sequenzen von Systemaufrufen oder Speicherzugriffen erkennen, dass ein Programm bösartig ist, noch bevor es Schaden anrichtet. In Unternehmensnetzwerken kommen KI-basierte Intrusion-Detection-Systeme (IDS) und Intrusion-Prevention-Systeme (IPS) zum Einsatz, die verdächtigen Netzwerkverkehr in Echtzeit blockieren können. Ein besonderes Potenzial besteht darin, sogenannte „Zero-Day-Angriffe" zu erkennen – also die Ausnutzung bislang unbekannter Sicherheitslücken. Hier haben Forscher gezeigt, dass KI-Modelle, die auf das Verhalten von Software trainiert sind, Abweichungen feststellen können, die auf eine solche neue Exploitation hindeuten. Damit ergänzt KI die klassischen Sicherheitsupdates und Patches um eine intelligente Überwachungsschicht.

Nicht zuletzt kann KI auch dabei helfen, komplexe, mehrstufige Angriffe – sogenannte „Advanced Persistent Threats" (APT) – zu durchschauen. Solche Angriffe erstrecken sich oft über lange Zeiträume und nutzen verschiedene Techniken, um unentdeckt zu bleiben. KI-Systeme können hier die einzelnen Puzzleteile eines Angriffs (Phishing-E-Mail, eingeschleuster Trojaner, laterale Bewegungen im Netzwerk, Datenabfluss) korrelieren und als zusammenhängendes Muster erkennen. Dadurch steigt die Chance, einen laufenden APT-Angriff in einer frühen Phase zu stoppen, bevor massiver Schaden entsteht.

KI entfaltet in der Cybersicherheit ihr Potenzial vor allem durch Geschwindigkeit, Skalierbarkeit und Mustererkennung. Sie reagiert in Bruchteilen von Sekunden auf verdächtige Vorgänge, kann Millionen von Events parallel auswerten und lernt ständig aus neuen

[19] Microsoft (2023). Microsoft – A New World of Security: Microsoft's Secure Future Initiative. *Blog Microsoft On The Issues.*

Daten. Dies macht sie zu einem unverzichtbaren Werkzeug, um der hohen Dynamik moderner Cybergefahren zu begegnen. Allerdings kann reine Abwehr nicht das einzige Ziel sein – ebenso wichtig ist es, die Resilienz der Systeme zu stärken, um auch im Fall eines erfolgreichen Angriffs die Handlungsfähigkeit zu wahren. Hier setzt der nächste Abschnitt an.

Resilienz durch KI

Resilienz bedeutet im Kontext der Cybersicherheit die Widerstandsfähigkeit von Systemen gegenüber Störungen – also die Fähigkeit, Angriffe möglichst unbeschadet zu überstehen und den Normalbetrieb schnell wiederherzustellen. KI kann einen großen Beitrag leisten, um die Resilienz kritischer Infrastrukturen zu erhöhen. Ein erster Aspekt ist die Frühwarnung: KI-Modelle können Muster erkennen, die auf ein erhöhtes Risiko hindeuten, noch bevor ein Angriff voll einschlägt. So lassen sich mit prädiktiven Algorithmen Anzeichen für eine bevorstehende Angriffswelle identifizieren – etwa eine Häufung von Scanaktivitäten auf bestimmten Ports im Stromnetz oder verstärkte Diskussionen in Hackerforen über Schwachstellen in SCADA-Systemen (Supervisory Control and Data Acquisition; dt.: Überwachung, Steuerung und Datenerfassung). Durch ein solches KI-gestütztes Frühwarnsystem könnten KRITIS-Betreiber ihre Alarmbereitschaft erhöhen oder präventive Maßnahmen ergreifen, bevor es zu einem Angriff kommt.

Ein weiterer Bereich ist die dynamische Risikoanalyse. KI kann kontinuierlich den Sicherheitsstatus einer Infrastruktur bewerten, indem sie Schwachstellen, Bedrohungsinformationen und Kontextdaten (wie aktuelle politische Spannungen) kombiniert. So entsteht ein laufend aktualisiertes Risikobild. Betreibt eine Wasserwerksleitstelle etwa ein System mit bekannter Sicherheitslücke und beobachtet die Threat Intelligence gleichzeitig aktive Exploits dieser Lücke durch eine bekannte Hackergruppe, könnte ein KI-System die Gefährdung als kritisch einstufen und sofortige Gegenmaßnahmen empfehlen – etwa das isolierte Abschalten der betroffenen Komponente bis zum Patch. Durch solche intelligenten Entscheidungshilfen lassen sich Ausfälle verhindern, bevor sie überhaupt eintreten.

Kommt es dennoch zu Sicherheitsvorfällen, spielen adaptive Verteidigungssysteme eine Schlüsselrolle für die Resilienz. Hierunter versteht man Systeme, die im Fall eines Angriffs automatisch Gegenmaßnahmen ergreifen und sich an veränderte Umstände anpassen. KI macht es möglich, dass Netzwerke im Ernstfall autonom reagieren: Wird etwa in einem Kraftwerksnetz ein Eindringling erkannt, könnte ein KI-gestütztes System in Sekundenbruchteilen kritische Steuerungsrechner vom Netz trennen, Datenverkehr umleiten oder auf Back-up-Systeme umschalten. Diese Selbstheilungsmechanismen können verhindern, dass ein Angreifer seine Ziele erreicht. In Cloudinfrastrukturen wird ein ähnliches Prinzip bereits genutzt – wenn ein Server kompromittiert wirkt, werden Workloads automatisch auf gesunde Server migriert. KI kann dabei helfen, zu entscheiden, wann und wie solche Umschaltungen erfolgen, ohne den Dienst für Endnutzer merklich zu stören.

Im Notfall- und Kontinuitätsmanagement kommen KI-Technologien ebenfalls zum Einsatz. Sollte ein Cyberangriff Teile einer kritischen Infrastruktur lahmlegen, unterstützen KI-Systeme die Krisenstäbe dabei, den Überblick zu behalten und optimale Entscheidungen zu treffen. Sie können in Echtzeit Informationen über den Status aller Systemkomponenten zusammenstellen, die zu erwartenden Auswirkungen abschätzen und Handlungsoptionen vorschlagen. So könnte eine KI bei einem großflächigen IT-Ausfall in einem Krankenhaus priorisieren, welche Systeme zuerst wieder hochgefahren werden müssen (etwa Lebenserhaltungssysteme vor der Verwaltungs-IT) und welche Workarounds bis dahin gelten. Ebenso kann KI historische Vorfälle analysieren und daraus lernen, um zukünftige Krisenpläne zu verbessern. Durch Simulationen – etwa das Durchspielen eines Cyberangriffs im digitalen Zwilling einer Stromnetzleitwarte – lassen sich zudem Schwachpunkte in der Reaktionsfähigkeit aufdecken, noch bevor ein echter Angreifer sie ausnutzt.

Ein konkretes Beispiel für KI-gestützte Resilienz ist die Nutzung von KI in der Netzsteuerung:

Intelligente Stromnetze (Smart Grids) verwenden KI, um Lastflüsse zu steuern und bei Ausfällen oder Überlastungen automatisch Gegenmaßnahmen einzuleiten. Wenn Cyberangreifer versuchen, durch einen Angriff auf das Netzmanagement Chaos zu stiften, kann die KI zumindest die Auswirkungen begrenzen, indem sie Teilnetze isoliert und alternative Versorgungsrouten aktiviert. Ähnlich könnten Verkehrsleitsysteme mit KI-Unterstützung im Fall eines IT-Ausfalls auf Back-up-Kontrollzentren umschalten und Ampelsteuerungen lokal autonom halten, um die öffentliche Sicherheit zu gewährleisten.

KI erhöht also die Cyberresilienz, indem sie Angriffe früher erkennt, Systeme in der Krise flexibel und adaptiv steuert und die Reaktionszeit drastisch verkürzt. Gerade bei kritischen Infrastrukturen – wo ein Ausfall Menschenleben gefährden kann – sind solche Fähigkeiten essenziell. Die theoretischen Möglichkeiten der KI-basierten Resilienz bekommen noch mehr Gewicht, wenn man reale Bedrohungen betrachtet, denen sich Deutschland und seine Partner bereits ausgesetzt sahen. Im nächsten Abschnitt werden exemplarische Angriffsszenarien beschrieben, um die Dringlichkeit der Thematik zu unterstreichen.

Konkrete Bedrohungsszenarien

Die abstrakte Gefahr von Cyberangriffen auf KRITIS wird greifbar, wenn man sich konkrete Fälle der vergangenen Jahre vor Augen führt. Eines der bekanntesten Beispiele ist der Cyberangriff auf das ukrainische Stromnetz im Dezember 2015. Damals führten Hacker einen koordinierten Angriff auf mehrere ukrainische Energieversorger durch und schalteten die Stromversorgung für rund 230.000 Menschen ab – der erste durch einen Cyberangriff verursachte großflächige Stromausfall weltweit. Die Angreifer drangen monatelang unerkannt in die Netzleittechnik ein, manipulierten die Steuerungssysteme und sabotierten die Wiederherstellung, u. a. indem sie Telefone und Notfallkommunikation lahmlegten. Der Kontext machte schnell deutlich, dass es sich nicht um gewöhnliche Kriminelle handelte: Der Angriff fand auf dem Höhepunkt des Konflikts zwischen Russland und der Ukraine statt und westliche Sicherheitsbehörden – darunter auch das BSI – ordneten die Attacke der russischen Hackergruppe Sandworm zu, die dem Militärgeheimdienst GRU nahestehen soll. Dieser hybride Angriff – Cyberoperationen begleitend zu einem militärischen Konflikt – zeigte eindringlich, dass Energieinfrastrukturen verwundbar sind und staatlich gesteuerte Cyberangriffe eine reale strategische Bedrohung darstellen.

Auch Deutschland selbst blieb von staatlichen Cyberoperationen nicht verschont. Ein prominenter Fall ist der Hackerangriff auf den Deutschen Bundestag 2015. Dabei gelang es Angreifern, das Parlamentsnetzwerk über eine Phishing-E-Mail mit Malware zu infiltrieren. Über Wochen wurden Daten aus internen Kommunikationssystemen gestohlen – insgesamt mindestens 16 Gigabyte an E-Mails, Dokumenten und Kontoinformationen. Der Vorfall war so schwerwiegend, dass das gesamte IT-System des Bundestags neu aufgesetzt werden musste. Die Bundesregierung machte auch hierfür eine Gruppe des russischen GRU-Geheimdienstes verantwortlich, bekannt als APT28 oder „Fancy Bear". Der Angriff auf das Herz der deutschen Demokratie verdeutlichte, dass selbst höchste staatliche Stellen im Cyberraum verwundbar sind. Zudem bestand die Befürchtung, die erbeuteten Daten könnten später für Einflussoperationen genutzt werden – etwa indem sensible Informationen geleakt oder manipuliert würden, um politische Prozesse zu stören. Tatsächlich war in den Folgejahren eine Zunahme von Desinformationskampagnen zu verzeichnen, die mit zuvor erbeutetem Material arbeiteten.

Eine solche Einflussoperation ist die sogenannte „Ghostwriter-Kampagne", die insbesondere osteuropäische NATO-Staaten, aber auch Deutschland traf. Hierbei kombinierte ein Akteur Hacking und Desinformation: Zunächst wurden IT-Systeme kompromittiert (z. B. Accounts von Politikern oder Medien), um anschließend gezielt Falschinformationen über diese Kanäle zu verbreiten. So tauchten etwa gefälschte „News"-Artikel und manipulierte E-Mails auf, die NATO-Soldaten Verfehlungen unterstellten, um die Truppenkontingente in Litauen und anderen Ländern in Misskredit zu bringen. Im Vorfeld der Bundestagswahl 2021 warnte die Bundesregierung, dass die Aktivitäten dieser Kampagne mit hoher Wahrscheinlichkeit auf den russischen Militärgeheimdienst zurückzuführen seien. Die Ghostwriter-Operation zeigte, wie Cyberangriffe (das Hacken von Accounts) und psychologische Kriegsführung (Desinformation) Hand in Hand gehen können – ein typisches Merkmal moderner hybrider Konfliktführung.

Neben staatlich gelenkten Operationen stellen auch cyberkriminelle Angriffe eine massive Gefahr für KRITIS dar. In den letzten Jahren haben vor allem Ransomware-Angriffe kritische Dienstleistungen zeitweise lahmgelegt. Etwa traf im September 2020 ein Ransomware-Angriff die Uniklinik Düsseldorf, was dazu führte, dass das Krankenhaus zeitweise keine neuen Patienten mehr aufnehmen konnte – ein Vorfall, der zeigt, dass selbst das Gesundheitswesen nicht verschont bleibt.

Europaweit kam es zu Erpressungsangriffen auf Krankenhäuser, kommunale Versorger und sogar die größte Pipelinebetreiberin in den USA – Colonial Pipeline – im Jahr 2021, was die Treibstoffversorgung in Teilen der USA für mehrere Tage lahmlegte. Die Tatsache, dass durch kriminelle Hacker ein solcher Schaden angerichtet werden kann, hat die Politik alarmiert. Ransomware wird von Sicherheitsbehörden weiterhin als die größte unmittelbare Cyberbedrohung eingestuft. Sollte ein koordinierter Ransomware-Angriff gegen mehrere kritische Infrastrukturen gleichzeitig erfolgen – z. B. Strom, Telekommunikation und Wasser – könnte dies eine nationale Notlage auslösen.

Auch Sabotageakte rücken im Zug internationaler Spannungen ins Blickfeld. Zwar sind viele bekannte Fälle von Sabotage in Deutschland und Europa bislang physischer Natur (etwa die Beschädigung von Bahnkommunikationskabeln oder der mutmaßliche Anschlag auf die Nord-Stream-Pipelines), doch wächst die Sorge, dass Cyberangriffe als Mittel der Sabotage zunehmen. Ein denkbares Szenario wäre die gezielte Manipulation von Industriesteueranlagen, um Anlagen zu zerstören – ähnlich dem Vorgehen des Stuxnet-Virus, das 2010 iranische Uranzentrifugen sabotierte.

Für die Bundesrepublik ist besonders die Bedrohung der Strom- und Telekommunikationsnetze kritisch: Ein erfolgreicher Cyberangriff, der großflächig das Stromnetz lahmlegt oder Internetknoten ausfallen lässt, würde nicht nur wirtschaftlichen Schaden anrichten, sondern die öffentliche Sicherheit unmittelbar gefährden. Entsprechende Szenarien werden deshalb in Übungen des Bundesamts für Bevölkerungsschutz und Katastrophenhilfe (BBK) durchgespielt. Diese Ereignisse – vom Ukraineblackout über den Bundestaghack bis hin zu Ransomware und Desinformation – machen deutlich, dass die Gefahren nicht hypothetisch sind, sondern real und präsent.

Herausforderungen und ethisch-rechtliche Fragen

Die Integration von KI in die Cyberverteidigung kritischer Infrastrukturen ist kein Allheilmittel und wirft verschiedene Herausforderungen auf. Eine praktische Schwierigkeit sind Fehlalarme (False Positives). Ein KI-System, das Anomalien erkennt, schlägt im Zweifel lieber einmal zu oft Alarm – doch in einem KRITIS-Umfeld kann jedes unnötige Abschalten von Diensten selbst gefährlich sein. Wenn eine KI fälschlich normale Wartungsarbeiten als Angriff interpretiert und automatische Gegenmaßnahmen einleitet, könnte sie z. B. einen wichtigen Server vom Netz nehmen. Solche Fehlreaktionen müssten durch klare Notfallprozesse und menschliche Aufsicht abgefangen werden. Es gilt also, einen Balanceakt zu meistern: Die KI darf weder zu sensitiv sein (und ständig Alarm schlagen) noch zu unempfindlich (und echte Angriffe übersehen). Die Trainingsdaten für die KI müssen repräsentativ und umfassend sein, sonst läuft man Gefahr, dass das Modell Bias aufweist – also Verzerrungen, die dazu führen, dass bestimmte Angriffsmuster übersehen werden oder das System in bestimmten Situationen unangemessen reagiert.

Beispiel:

Ist ein Intrusion-Detection-Algorithmus hauptsächlich mit Daten aus Büronetzwerken trainiert, erkennt er womöglich Angriffe auf industrielle Steuerungsanlagen schlechter, weil die Netzverkehrsmuster dort anders aussehen.

Ein weiteres Risiko ist die Manipulation der KI selbst. Angreifer können versuchen, die Mechanismen des maschinellen Lernens zu umgehen oder zu unterlaufen. Bekannt sind etwa Datenvergiftungsangriffe (Data Poisoning), bei denen die Trainingsdaten einer KI so manipuliert werden, dass sie z. B. bestimmte Schadsoftware nicht mehr als solche erkennt. Denkbar ist auch, dass Angreifer gezielt feindliche Beispiele erzeugen – also raffinierte Eingabemuster, die die KI in die Irre führen. Im schlimmsten Fall könnte eine Sicherheits-KI so getäuscht werden, dass sie einen laufenden Angriff übersieht oder sogar fälschlich Systemteile deaktiviert. Hieraus ergibt sich die Forderung nach Transparenz und Überprüfbarkeit von KI-Modellen: Die Verantwortlichen in KRITIS müssen nachvollziehen können, warum eine KI eine bestimmte Entscheidung trifft. Blackboxmodelle, deren innere Entscheidungslogik unklar ist, sind problematisch – insbesondere wenn es später um Rechenschaftspflicht geht. Sollte beispielsweise ein KI-System versagen und ein massiver Stromausfall die Folge sein, stellt sich juristisch die Frage: Wer trägt die Verantwortung? Der Betreiber, der Hersteller der KI-Software oder gar niemand, weil ein „autonomes System" entschieden hat? Solche Fragen zeigen, dass neben der technischen auch die rechtliche Resilienz gestärkt werden muss.

Schließlich sei darauf hingewiesen, dass auch Gegner sich der KI bedienen. Die sicherheitspolitische Debatte muss damit rechnen, dass ein Wettrüsten im Cyberraum stattfindet: KI gegen KI. So nutzen bereits Angreifer KI, um z. B. Phishing-E-Mails durch sprachgenerierende KI noch überzeugender zu gestalten oder um Schwachstellen in Systemen automatisiert zu finden. Diese Dynamik könnte Angriffe noch massenhafter und raffinierter machen, was wiederum auf Verteidigerseite nach höheren Automatisierungsgraden schreit. Gesetzgeberisch und normativ befindet sich vieles davon in einer Grauzone – internationale Abkommen zur Begrenzung von Cyberwaffen oder KI-gestützten Angriffstechniken stehen noch am Anfang. Allerdings haben die Vereinten Nationen und andere internationale Gremien zumindest gewisse Normen für verantwortliches Verhalten im Cyberraum formuliert, denen sich auch NATO-Staaten verpflichtet fühlen. Dazu gehört etwa das Prinzip, kritische zivile Infrastrukturen im Frieden nicht anzugreifen. Ob sich Aggressoren daran halten, ist eine andere Frage – umso wichtiger ist es, auf Verteidigung und Resilienz zu setzen.

Bedeutung für Bundeswehr und sicherheitsnahe Institutionen

Die Bundeswehr und andere sicherheitsrelevante Institutionen Deutschlands (wie etwa das BSI, das BfV oder das BBK) stehen angesichts der skizzierten Lage vor gemeinsamen Herausforderungen. Für die Bundeswehr hat der Schutz der eigenen IT-Systeme und Führungsnetze oberste Priorität. Im Fall eines Konflikts muss sich die Truppe darauf verlassen können, dass Kommunikation, Aufklärung und Waffensysteme nicht durch Cyberangriffe lahmgelegt werden. Entsprechend wurde in den letzten Jahren massiv in die militärische Cyberverteidigung investiert. Das Kommando CIR betreibt Cyberlagezentren, in denen die Bedrohungslage rund um die Uhr überwacht wird – hier kommen, analog zu zivilen SOCs, zunehmend KI-gestützte Technologien zum Einsatz, um etwa Angriffsversuche auf Bundeswehrnetzwerke frühzeitig aufzudecken. Laut offiziellen Angaben wurden allein im Jahr 2017 rund zwei Millionen unautorisierte Zugriffsversuche auf die IT-Systeme der Bundeswehr registriert. Ohne Automatisierung und KI wäre es unmöglich, diese Flut an Ereignissen zu bewältigen und echte Angriffe herauszufiltern. KI wirkt hier als Fähigkeitsmultiplikator: Ein kleines Analystenteam kann mit KI-Unterstützung wesentlich mehr potenzielle Angriffe untersuchen als ohne.

Über den Schutz der eigenen Systeme hinaus stellt sich für die Bundeswehr die Frage, wie sie im Rahmen der Gesamtverteidigung zur

Absicherung nationaler kritischer Infrastrukturen beitragen kann. Zwar sind im Alltag primär zivile Stellen für KRITIS zuständig – Betreiber, BSI, Landesbehörden – doch in schweren Krisen oder im Verteidigungsfall könnte die Bundeswehr eine unterstützende Rolle spielen. Denkbar ist der Einsatz von Cyberspezialisten der Streitkräfte zur Abwehr großer Attacken auf Strom- oder Telekommunikationsnetze, sofern die zivilen Stellen überfordert wären. Solche Szenarien erfordern jedoch eine enge Zusammenarbeit zwischen militärischen und zivilen Akteuren. Bereits heute existieren Gremien und Kooperationsforen, in denen Informationen ausgetauscht werden – etwa das Nationale Cyber-Abwehrzentrum, in dem Bundeswehr, BSI, Verfassungsschutz und andere Behörden gemeinsam Bedrohungslagen bewerten. KI könnte hier als gemeinsame Plattform dienen, etwa durch ein nationales Frühwarnsystem, das von allen relevanten Stellen gespeist wird und auf KI-Basis Gefahrenmeldungen in Echtzeit verteilt.

Für die Bundeswehr bedeutet KI in der Cyberabwehr auch, sich auf neue Gefechtsfelder vorzubereiten. Künftige Konflikte werden aller Voraussicht nach nicht nur an Land, zu Wasser, in der Luft und im Weltraum ausgetragen, sondern massiv im Cyber- und Informationsraum. Hybride Kriegsführung, wie sie Russland, aber auch andere Akteure betreiben, verbindet konventionelle militärische Aktionen mit Cyberangriffen und Desinformation. In solchen Szenarien ist KI ein entscheidender Faktor, um der Geschwindigkeit und Komplexität der Angriffe zu begegnen. Ein Gegner könnte so gleichzeitig die Kommunikationsnetze der Bundeswehr stören, Fake News über soziale Medien verbreiten und kritische zivile Infrastruktur sabotieren, um Chaos zu stiften. KI-gestützte Systeme könnten in diesem Fall die Flut an Meldungen und Daten filtern, Prioritäten für Gegenmaßnahmen setzen und automatisch erste Schritte einleiten – etwa falsche Informationen rasch entlarven und richtigstellen, Angriffsversuche auf Radar- oder Logistiksysteme in Millisekunden blockieren oder Schwachstellen vorsorglich schließen. Die Bundeswehr testet derartige Anwendungen teils in Übungen und arbeitet mit Forschungseinrichtungen zusammen, um ihre Fähigkeiten stetig zu verbessern.

KI-basierte Cybersicherheit und Resilienz sind längst keine optionalen Zusatzfunktionen mehr, sondern sind zu einem integralen Bestandteil der Sicherheitsvorsorge geworden. Für Deutschland und seine Streitkräfte gilt es, die Chancen der KI zu nutzen, um einen robusten Schutzschild gegen die vielfältigen Cyberbedrohungen aufzubauen – vom Schutz der Stromnetze und Krankenhäuser im Inland bis hin zum digitalen Eigenschutz bei Auslandseinsätzen. Dabei darf jedoch nicht vergessen werden, dass Technologie allein nicht ausreicht: Genauso wichtig sind gut ausgebildete Fachkräfte, klare rechtliche Grundlagen und internationale Zusammenarbeit. KI ist ein mächtiges Werkzeug, doch letztlich liegt es in menschlicher Hand, sie verantwortungsvoll und wirksam zum Schutz kritischer Infrastrukturen einzusetzen. Nur so können wir gewährleisten, dass Deutschland auch im 21. Jahrhundert angesichts neuartiger Bedrohungen sicher und resilient bleibt.

6.2 Regulatorische Anforderungen

Bedeutung von Regulierung für Vertrauen, Kontrolle und Legitimation

Künstliche Intelligenz entfaltet enormes Potenzial im sicherheitspolitischen Bereich, zugleich wirft ihr Einsatz grundlegende Fragen nach Vertrauen, Kontrolle und Legitimation auf. Ohne klare Regeln besteht die Gefahr, dass KI-Systeme unkontrolliert agieren oder missbraucht werden – was das Vertrauen von Öffentlichkeit und Entscheidungsträgern untergräbt. Gerade im Verteidigungs- und Sicherheitssektor, wo KI unter Umständen über Leben und Tod mitentscheidet, sind solche Regeln zentral, um Handlungen zu legitimieren und demokratiewidriges Handeln zu verhindern.

Regulierung ermöglicht zudem Kontrolle über die Technologie: Durch Vorgaben zu Transparenz und Rechenschaftspflicht können Entscheidungen von KI-Systemen nachvollziehbar gemacht und im Zweifel überprüft werden. Nur wenn klar ist, wie ein Algorithmus zu einem Ergebnis kommt, lassen sich Fehler erkennen und Verantwortlichkeiten zuweisen. Letzteres ist wichtig für die Legitimation: In Streitkräften und Sicherheitsbehörden bedarf der Einsatz neuer Technik stets einer rechtlichen Grundlage und gesellschaftlicher Akzeptanz. Gesetzliche Regeln schaffen diese Grundlage und sorgen dafür, dass der KI-Einsatz legitimiert und gebilligt ist – sei es intern durch Vorgesetzte oder extern durch Parlamente und Bürger. Ohne solchen Rückhalt drohen Akzeptanzprobleme: So haben Skandale um unregulierte KI wie diskriminierende Algorithmen oder invasive Überwachung gezeigt, dass fehlende Regeln Vertrauen zerstören können. Eine vorausschauende Regulierung mindert diese Risiken und gewährleistet, dass KI verantwortungsvoll und im Rahmen von Recht und Ethik genutzt wird.

„Kritische Infrastrukturen" ist im deutschen Recht kein diffuser Sammelbegriff, sondern ein eng umrissener Rechtsbegriff: Er umfasst Betreiber, deren Anlagen in genau definierten Versorgungssektoren eine zentrale Dienstleistung für die Allgemeinheit erbringen und bestimmte, in der KRITIS-Verordnung festgelegte Schwellenwerte überschreiten. Das IT-Sicherheitsgesetz 2.0 schärft diese Architektur, indem es die Pflichten und die Aufsicht des BSI ausweitet und das Instrument der „kritischen Komponenten" einführt.

KRITIS-Verordnung

Die KRITIS-Verordnung (Verordnung zur Bestimmung Kritischer Infrastrukturen nach dem BSI-Gesetz, kurz: BSI-KritisV) ist das Herzstück der Identifikation: Sie ordnet Anlagenkategorien einzelnen Sektoren zu (u. a. Energie, Wasser, Informationstechnik/Telekommunikation, Gesundheit, Transport/Verkehr, Ernährung, Finanz-/Versicherungswesen) und bestimmt Schwellenwerte, ab denen Betreiber unter die KRITIS-Regelung fallen. In der Praxis entscheidet somit nicht die „Branche", sondern die kritische Dienstleistung und der technisch messbare Versorgungsbeitrag einer konkreten Anlage.

Während klassische militärische Einrichtungen nicht als „kritische Infrastruktur" im zivilen Sinn zählen, ist doch das Zusammenwirken zivil-militärischer Infrastrukturen relevant. Beispielsweise betreibt die Bundeswehr eigene Strom- und Datennetze, die im Krisenfall zur kritischen Infrastruktur werden. KI-Systeme, die die Resilienz solcher Netze erhöhen (z. B. Anomalieerkennung in Versorgungsleitungen), sind willkommen – müssen aber wiederum sicher gegen Missbrauch sein.

Hier greifen die Regelwerke ineinander: Cybersicherheit und KI-Verordnung ergänzen sich, um ein Höchstmaß an Sicherheit zu erzielen. Unternehmen der Rüstungs- und Technologiewirtschaft, die kritische Infrastrukturen beliefern, spüren diese Regulierung ebenfalls. Sie müssen nicht nur ihre Produkte abhärten, sondern oft auch Nachweise erbringen, z. B. Zertifizierungen durch das BSI oder Penetrationstests.

IT-Sicherheitsgesetz 2.0, NIS2-Richtlinie und das KRITIS-Dachgesetz

Die Verwundbarkeit moderner Gesellschaften gegenüber Cyberangriffen hat den Gesetzgeber veranlasst, die IT-Sicherheit gesetzlich zu stärken. 2021 wurde das IT-Sicherheitsgesetz 2.0 (IT-SiG 2.0) verabschiedet. Es richtet sich vor allem an Betreiber kritischer Infrastrukturen – also Einrichtungen aus Energieversorgung, Wasser, Gesundheit, Finanzwesen, Transport –, aber auch an staatliche Stellen mit kritischen Funktionen. KI spielt in diesen Sektoren eine doppelte Rolle: einerseits als Werkzeug, um IT-Angriffe abzuwehren (etwa KI-Systeme zur Cyberabwehr), andererseits als Risiko, falls KI-gesteuerte Prozesse selbst Ziel von Angriffen werden oder versagen. Das IT-SiG 2.0 verpflichtet KRITIS-Betreiber zu einem aktuellen Stand der Technik bei Sicherheitsmaßnahmen und erweitert die Befugnisse des BSI. So darf das BSI nun proaktiv Schwachstellen in kritischen Systemen suchen und Produkte untersuchen. Eine Neuerung mit Blick auf KI ist das Konzept der „kritischen Komponenten": Komponenten, die für das Funktionieren kritischer Infrastrukturen wesentlich sind, dürfen nur verwendet werden, wenn sie als vertrauenswürdig gelten. Hierdurch können Hersteller aus potenziell unsicheren Drittstaaten ausgeschlossen werden. Prominent war die Debatte um Huawei-Technik im 5G-Netz – aber ähnlich könnte ein KI-Subsystem bewertet werden, falls es etwa aus ausländischer Entwicklung stammt und Sicherheitsbedenken weckt. Für die Bundeswehr bedeutet die KRITIS-Regulierung, dass ihre Versorgungs- und IT-Netze (teilweise Teil der kritischen Infrastruktur) hohen Sicherheitsstandards genügen müssen. Etwaige KI-Komponenten innerhalb dieser Netze – z. B. smarte Logistiksysteme für die Energieversorgung von Kasernen – fallen damit indirekt unter die Anforderungen des IT-SiG 2.0 an Robustheit, Meldung von Sicherheitsvorfällen und regelmäßige Prüfungen.

Zurzeit treibt die Bundesregierung die Umsetzung der EU-Richtlinie NIS2 voran. Der Regierungsentwurf des NIS2-Umsetzungs- und Cybersicherheitsstärkungsgesetzes (NIS2UmsuCG) wurde im Sommer 2025 vom Kabinett beschlossen. Inhaltlich bleiben die Regelungen für KRITIS erhalten, neu hinzu kommen die NIS2-Kategorien „Besonders wichtige Einrichtungen" und „Wichtige Einrichtungen" – damit erweitert sich der Adressatenkreis deutlich. Der Entwurf übernimmt den Mindestmaßnahmenkatalog der Richtlinie (Risikomanagement u. a. zu Lieferketten, Schwachstellenmanagement, Business Continuity), führt verbindliche Meldefristen nach dem dreistufigen NIS2-Modell ein (Frühwarnung binnen 24 Stunden, Vorfallsmeldung binnen 72 Stunden, Abschlussbericht i. d. R. binnen eines Monats) und verankert Leitungspflichten samt Schulungspflicht für Geschäftsleitungen. Zusätzlich stärkt er die Rolle des BSI (u. a. zentrale Melde- und Anlaufstelle).

Tätigkeiten im Bereich nationaler Sicherheit/Verteidigung sind vom Anwendungsbereich der NIS2-Richtlinie ausgenommen. Das bedeutet: NIS2-Pflichten gelten nicht für rein militärische Tätigkeiten – wohl aber für zivile Abhängigkeiten (z. B. Energie, Telekom, Logistik), die den gleichen Resilienzanforderungen unterliegen und bei Störungen die Einsatzbereitschaft mittelbar betreffen.

NIS2 adressiert KI nicht isoliert, bindet sie aber über die allgemeinen Sicherheits-, Governance- und Meldepflichten in Risikomanagement und Vorfallbehandlung ein.

Parallel entsteht mit dem KRITIS-Dachgesetz (Umsetzung der EU-CER-Richtlinie zur physischen Resilienz) ein zweites Standbein: Während NIS2 auf Cyber-/Informationssicherheit zielt, schafft das KRITIS-Dachgesetz branchenübergreifende Mindestanforderungen für physische Sicherheit, Risiko- und Krisenmanagement, Kontinuitätsplanung und Störungsmonitoring – fokussiert auf Betreiber kritischer Anlagen. Es adressiert damit Risiken jenseits der IT (Naturereignisse, Sabotage, hybride Bedrohungen) und bindet Aufgaben des BBK stärker ein. Beide Reformlinien – NIS2UmsuCG und KRITIS-DachG – ergänzen das bestehende KRITIS-Regime, sie ersetzen es nicht. Gerade im zivil-militärischen Zusammenspiel ist die Abgrenzung wichtig: Rein militärische Tätigkeiten sind vom NIS2-Regime ausgenommen; die zivilen Abhängigkeiten (Energie, Telekommunikation, Logistik, Rechenzentren) bleiben aber KRITIS-/NIS2-pflichtig – eine realistische Perspektive auf Resilienz, weil die Bundeswehr auf zivile Netze aufsetzt, während sie eigene Netze betreibt.

KI in der Terrorismusbekämpfung und Extremismusprävention

7.1 Aktuelle und potenzielle Einsatzfelder von KI in der Terrorabwehr

Beispiel:

Im Rahmen des Forschungsprojekts „KISTRA" (Einsatz von Künstlicher Intelligenz zur Früherkennung von Straftaten) wurde ein KI-Tool entwickelt, das strafbare Hassbotschaften in sozialen Medien erkennt. Dieses Tool unterstützt Strafverfolgungsbehörden dabei, potenziell gefährliche Inhalte frühzeitig zu identifizieren und entsprechende Maßnahmen einzuleiten. Ein zentrales Ziel des Projekts war es, die KI so zu gestalten, dass sie nicht nur Hassposts erkennt, sondern diese auch verschiedenen Straftatbeständen wie Beleidigung, Bedrohung oder Volksverhetzung zuordnet. Dabei wurde besonderes Augenmerk auf die Robustheit der KI gelegt, um auch bei Verfremdungen oder Rechtschreibfehlern verlässliche Ergebnisse zu erzielen. Die Entscheidung über die Strafbarkeit bleibt jedoch weiterhin in menschlicher Hand; die KI dient lediglich als unterstützendes Werkzeug.

Der obige fiktionale Fall illustriert, wie Künstliche Intelligenz heute im Kampf gegen Terrorismus eingesetzt werden könnte. Tatsächlich experimentieren Sicherheitsbehörden weltweit mit verschiedenen KI-Technologien, um Bedrohungen früher zu erkennen und effektiver abzuwehren. Ein Überblick über wichtige aktuelle und potenzielle Einsatzfelder:

- *Verhaltensanalyse und Videoüberwachung:* KI-gestützte Kameras können in Echtzeit große Datenmengen aus Überwachungsvideos auswerten. Dabei lassen sich Personen, Objekte und verdächtige Aktivitäten automatisiert erkennen. In Frankreich wurden im Vorfeld der Olympischen Spiele 2024 erstmals KI-Systeme zugelassen, die „verdächtiges Verhalten" erkennen sollen – etwa wenn jemand einen Gegenstand wie ein Gepäckstück zurücklässt oder sich ungewöhnlich große Menschenansammlungen bilden. Die Technologie soll Sicherheitskräfte alarmieren, damit diese sofort eingreifen können. Auch in Deutschland laufen Pilotprojekte: In Mannheim testet die Polizei etwa KI-Kameras, die automatisch Alarm schlagen, wenn sie Aggressionen oder Hilferufe wahrnehmen, um schneller bei Gewalttaten eingreifen zu können. Für die Terrorabwehr bedeutet dies, dass KI potenzielle Täter durch Auffälligkeiten im Verhalten identifizieren könnte – etwa wenn bekannte Gefährder unerlaubt kritische Bereiche betreten oder wenn Personen Bewegungsmuster zeigen, die auf Auskundschaften eines Anschlagsziels hindeuten.

- *Mustererkennung in Big Data:* Moderne Terroristen hinterlassen Spuren in riesigen Datenmengen – das reicht von Reisebuchungen und Finanztransaktionen bis hin zu E-Mails und Chats. KI-Systeme wie das Analyseprogramm „Gotham" der Firma Palantir (in Deutschland unter dem Namen „Hessendata" eingesetzt) können riesige, zuvor unverbundene Datensätze zusammenführen und analysieren. Dadurch werden versteckte Zusammenhänge sichtbar: Beziehungen zwischen Personen und Gruppen, gemeinsame Kontaktpunkte oder auffällige zeitliche Koinzidenzen. Solche Mustererkennung kann Ermittler dabei unterstützen, bislang unentdeckte Netzwerke aufzudecken oder Frühwarnindikatoren für geplante Aktionen zu finden. Algorithmen können u. a. auffällige Kommunikation oder Transaktionsmuster erkennen, die auf die Vorbereitung einer Straftat hindeuten, und so Ermittlungen anstoßen, bevor es zu spät ist.
- *Prognosesysteme zur Gefahrenabwehr:* Aufbauend auf Mustererkennung versuchen einige KI-Anwendungen auch, die Wahrscheinlichkeit zukünftiger Ereignisse abzuschätzen. So experimentiert man mit Predictive Policing, also vorausschauender Polizeiarbeit, um Orte oder Personen mit erhöhtem Risiko für Straftaten zu identifizieren (siehe Kapitel 5). Während dies bei Alltagskriminalität (z. B. Wohnungseinbruchdiebstahl) bereits erprobt wurde, ist die Vorhersage von Terroranschlägen wesentlich komplexer. Dennoch erhoffen sich Behörden, dass KI anhand historischer Fälle und Risikoindikatoren potenzielle Bedrohungen prognostizieren kann – etwa indem sie soziale Medien, Reisebewegungen und andere Datenquellen kombiniert, um Alarm zu schlagen, wenn sich jemand radikalisiert und einer gefährlichen Handlung nähert. Das deutsche Forschungsprojekt KISTRA untersucht seit 2020, wie KI Hasskriminalität und extremistische Taten frühzeitiger erkennt und rechtlich vertretbar eingesetzt werden kann. Allerdings betont der Ethikrat, dass eine übermenschliche KI, die automatisch „Alarm schlägt", sobald sich eine Person radikalisiert, auf absehbare Zeit Science-Fiction bleiben wird. Solch allwissende Systeme wären entweder technisch

nicht zuverlässig oder erforderten einen Überwachungsgrad, der in liberalen Demokratien völlig inakzeptabel ist.

- *Social-Media-Analysen und digitale Spurensuche:* Extremisten nutzen zur Rekrutierung und Planung verstärkt digitale Plattformen. Deshalb durchforsten Geheimdienste und Polizeien die sozialen Netzwerke mit KI-gestützten Text- und Sprachanalysetools. Diese durchleuchten Beiträge, Videos und Chats auf Schlüsselwörter, Propagandabilder oder bestimmte Rhetorik, um islamistische oder rechtsextremistische Inhalte aufzuspüren. Facebook etwa meldete, dass im Jahr 2020 rund 99,6 % der terroristischen Inhalte proaktiv durch KI erkannt und entfernt wurden – ein Hinweis auf die Leistungsfähigkeit moderner Filtersysteme. Aber nicht nur öffentliche Posts stehen im Fokus: In Großbritannien konnte durch die Analyse verschlüsselter Kommunikationsmuster und Onlineaktivitäten eine Terrorzelle in London enttarnt und zerschlagen werden. Israel geht noch weiter: Dort kombiniert man Gesichtserkennung, Smartcams und Social-Media-Monitoring, um sogenannte „Lone Wolves" zu identifizieren. Laut dem israelischen Sicherheitsminister wurden so bereits über 200 Anschläge verhindert, indem Algorithmen in der Flut von Facebook- und Twitter-Beiträgen potenzielle Attentäter herausfischten. Diese Form der Social-Media-Analyse verschmilzt mit klassischer Aufklärung – KI dient als OSINT-Werkzeug (Open Source Intelligence), das öffentlich zugängliche Daten nach Hinweisen auf Extremismus durchforstet. Auch die Sprachanalyse spielt dabei eine Rolle, etwa wenn KI Telefongespräche oder Sprachnachrichten transkribiert und nach verdächtigen Formulierungen untersucht oder via Natural Language Processing (NLP) automatisch in selten gesprochene Sprachen übersetzt, damit Inhalte verstanden und moderiert werden können.
- *Biometrische Identifizierungssysteme:* Von Gesichtserkennung bis hin zu Stimmerkennung: KI wird genutzt, um Personen automatisiert wiederzuerkennen. In der Terrorabwehr kann dies bedeuten, dass Überwachungskameras in Echtzeit Gesichter mit Fahndungsdatenbanken abgleichen, um bekannte Terrorverdächtige in Menschenmengen aufzuspüren. Israelische Behörden setzen an Grenzübergängen und in sensiblen Zonen bereits KI-basierte Gesichtserkennung ein, um potenzielle Attentäter zu filtern. Auch bei Großveranstaltungen – etwa internationalen Gipfeln oder Sportevents – kommen solche Systeme zum Ein-

satz, um bereits per Haftbefehl gesuchte oder als Gefährder eingestufte Personen beim Betreten zu erkennen. Neben Gesichtern lassen sich auch Stimmen biometrisch zuordnen: KI kann bei einer Telefonüberwachung dabei helfen, einen bestimmten Sprecher in Tausenden Stunden abgehörter Kommunikation zu identifizieren (Speaker Recognition). Weitere biometrische Ansätze umfassen Verhaltenserkennung (z. B. Gangart) oder Emotionserkennung in Videoaufnahmen, wenngleich Letztere umstritten und fehleranfällig sind. Generell erlauben biometrische KI-Systeme eine deutlich schnellere und umfassendere Überwachung, als es manuelle Kontrollen je könnten – was sie zu mächtigen, aber auch kontroversen Werkzeugen macht.

- *Drohnen und autonome Systeme:* In Auslandseinsätzen und bei Observationen setzen Streitkräfte und Sicherheitsbehörden vermehrt auf Drohnen, die mit KI ausgerüstet sind. Diese fliegenden Sensoren können Geschehnisse aus der Luft überwachen – und dank Bildanalysealgorithmen automatisch etwa Waffen aufspüren oder ungewöhnliche Bewegungsmuster erkennen. In Antiterroroperationen im Ausland (z. B. in Krisengebieten) wurden KI-gestützte Drohnen eingesetzt, um versteckte Terrorcamps auszumachen oder Konvois zu verfolgen. KI hilft dabei, in den Livevideofeeds der Drohnen relevante Hinweise herauszufiltern, sodass Analysten sich auf echte Anomalien konzentrieren können. Perspektivisch diskutiert man sogar den Einsatz teilautonomer Drohnen, die verdächtige Fahrzeuge oder Personen verfolgen, bis Einsatzkräfte eintreffen. Im zivilen Bereich könnten Polizeidrohnen mit KI bei einer laufenden Terrorlage (Geiselnahme, Anschlag) Luftbilder auswerten, um Tätern auf die Spur zu kommen. Allerdings ist die Grenze zu autonomen Waffen fließend – weshalb solche Anwendungen sehr sorgfältig geprüft werden müssen, gerade im Bundeswehrkontext.

Die Anwendungsbereiche von KI im Kampf gegen den Terrorismus reichen von der Datenanalyse im Hintergrund (unsichtbar im Rechnerverbund von Polizei und Nachrichtendiensten) bis hin zur sichtbaren Technologie im Feld (Kameras, Drohnen, biometrische Scanner). All diese Tools sollen letztlich das gleiche Ziel erreichen: schwache Signale von Gefahr im ohrenbetäubenden Grundrauschen frühzeitig erkennen und Sicherheitskräfte mit besseren Informationen ausstatten.

7.2 Konkrete Chancen: Potenziale der KI-Technologie

Der Nutzen von KI im Kampf gegen Terrorismus und Extremismus kann erheblich sein. Richtig eingesetzt verspricht die Technologie eine frühere Erkennung von Gefahren, eine effizientere Analyse und fundiertere Entscheidungen. Im Einzelnen bieten sich folgende Chancen:

Früherkennung radikaler Netzwerke und Propaganda

Eine der größten Hoffnungen liegt in der präventiven Enttarnung extremistischer Strukturen, noch bevor sie zuschlagen können. KI-Systeme können große digitale Kommunikationsräume durchkämmen und dabei neue Gruppierungen oder aufkeimende Netzwerke entdecken, die menschlichen Beobachtern zunächst entgehen. Ein Beispiel ist die Identifikation von bisher losen Einzeltätern, die sich online radikalisieren und plötzlich untereinander vernetzen: Algorithmen können erkennen, wenn in verschiedenen Foren dieselben extremistischen Parolen auftauchen oder Nutzer mit ähnlichen Profilen vermehrt Kontakt aufnehmen. So ließe sich ein entstehendes Terrornetz früher aufdecken.

In Großbritannien wurde berichtet, dass KI-gestützte Überwachung terroristische Zellen entlarven konnte, indem sie Onlineaktivitäten und Kommunikationsmuster verband – im Londoner Fall führten diese Analysen direkt zur Festnahme der Beteiligten und verhinderten womöglich einen Anschlag.

Darüber hinaus trägt KI zur automatischen Erkennung extremistischer Propaganda bei: Plattformen wie Facebook, YouTube und X (ehemals Twitter) setzen maschinelles Lernen ein, um Videos und Posts des „Islamischen Staats" oder anderer Terrorgruppen aufzuspüren und zu löschen, oft, bevor sie überhaupt von Menschen gemeldet werden. Dies erschwert Radikalisierungs- und Rekrutierungsbemühungen. Auch subtilere Anzeichen – etwa plötzlich wechselnde Rhetorik in Chats oder codierte Begriffe – kann KI mit der Zeit lernen zu identifizieren. Insgesamt erhöht dies die Chance, radikale Netzwerke bereits in der Entstehung zu erkennen und rechtzeitig Gegenmaßnahmen einzuleiten – sei es durch Überwachung verdächtiger Akteure oder durch das Unterbinden der Kommunikation.

Identifikation und Beobachtung potenzieller Gefährder

Behörden sprechen von Gefährdern, wenn Personen (ohne dass sie zwingend straffällig wurden) als potenziell gewaltbereit eingeschätzt werden. Hier kann KI dabei helfen, diese Nadel im Heuhaufen ausfindig zu machen. Durch Profilingalgorithmen lassen sich unterschiedliche Daten über eine Person miteinander verknüpfen – Reisehistorien, Onlineäußerungen, Freundeskreis, frühere polizeiliche Auffälligkeiten –, um eine Gefährdungseinschätzung zu generieren. Zwar bleibt diese Einschätzung immer probabilistisch, doch KI kann Hinweise liefern, welche Individuen aus einer großen Masse heraus genauer beobachtet werden sollten. So hat man in Israel durch soziale Medienanalysen mehrere Einzeltäter vorab identifiziert: Über 200 Verdächtige wurden festgenommen, nachdem das System Alarm geschlagen hatte – viele davon gaben in Verhören zu, tatsächlich Anschläge geplant zu haben. Dieses proaktive Eingreifen rettete vermutlich Menschenleben. Auch in Deutschland gibt es Projekte wie „Radar-iTE", einen algorithmischen Fragebogen, der radikalisierte Gefangene bewertet, um ihr Gefährdungsrisiko nach der Haft zu bestimmen (wenngleich Radar-iTE eher ein statisches Instrument und keine selbst lernende KI ist). KI könnte in Zukunft die dauerhafte Beobachtung bekannter Extremisten unterstützen, etwa indem Gesichtserkennungssysteme melden, wenn ein Islamist, der als gefährlich gilt, an einen sensiblen Ort reist oder sich mit anderen bekannten Extremisten trifft. So hätte man diese Personen besser im Blick, ohne dass Polizisten sie rund um die Uhr beschatten müssten. Wichtig ist hierbei die Unterstützungsfunktion der KI: Sie liefert Hinweise, die menschliche Experten dann überprüfen können. Beispielsweise ließe sich die enorme Menge an Hinweisen, die täglich beim Verfassungsschutz und BKA eingeht, durch KI nach Priorität filtern – sodass wirklich relevante Gefährder zuerst durch Analysten geprüft werden.

Optimierung der Ressourcensteuerung in Sicherheitsbehörden

Sicherheitsbehörden verfügen nur über begrenzte Personal- und Zeitressourcen, müssen aber eine Fülle an Informationen bewältigen. KI kann hier zum Multiplikator werden, indem sie Routineanalysen übernimmt und den Fokus der Mitarbeiter auf das Wesentliche lenkt. In der Praxis bedeutet das: Ein KI-System durchforstet automatisiert Tausende Überwachungsvideos oder abgehörte Telefonstunden und filtert 98 % des unauffälligen Materials aus. Den Analysten werden nur die 2 % potenziell relevanten Ausschnitte präsentiert – z. B. ein Treffen mehrerer Verdächtiger an einem abgelegenen Ort –, sodass deren Arbeitszeit effizienter genutzt wird. Auch im Lagezentrum einer Behörde kann KI zu priorisieren helfen: Bei einer akuten Bedrohungslage (etwa einer Bombendrohung) laufen oft Dutzende Hinweise aus der Bevölkerung, Sensoren und Einsatzeinheiten ein. KI-Software kann diese Eingaben vorsortieren, Dubletten erkennen und etwa auf einer digitalen Karte visualisieren, wo sich Schwerpunkte ergeben. So lässt sich schneller entscheiden, wohin Kräfte als Nächstes geschickt werden müssen. Ressourcensteuerung heißt auch, mit Statistik smarter umzugehen: Mit KI lässt sich u. a. prognostizieren, bei welchen kommenden Großveranstaltungen das Risiko für bestimmte Szenarien (Terroranschlag, Randale etc.) am höchsten ist, sodass präventiv mehr Personal eingeplant wird. In Hessen setzt die Polizei bereits seit einigen Jahren eine Datenanalysesoftware (Hessendata/Palantir) ein, die unbedeutende Informationen ausschließt und relevante Erkenntnisse bekannten Mustern zuordnet. Dies hilft den Ermittlern, sich auf vielversprechende Spuren zu konzentrieren, anstatt Zeit in ergebnislose Analysen zu investieren.

Kurz gesagt: KI kann als digitaler Assistent dienen, der der Polizei mühselige Datenarbeit abnimmt und die knappen Kräfte zielgerichteter einsetzt.

Analyse großer Datenmengen zur Lageeinschätzung

Die schiere Datenflut im 21. Jahrhundert – von offenen Quellen im Internet bis hin zu geheimdienstlichen Informationen – macht es immer schwieriger, den Überblick zu behalten. KI-Systeme glänzen genau hier: in der Bewältigung und Auswertung großer, heterogener Datenmengen (Big Data).

Durch Machine-Learning-Algorithmen können komplexe Muster in diesen Daten erkannt werden, die für Menschen kaum sichtbar wären. Das verbessert die Lageeinschätzung in mehrfacher Hinsicht: Erstens können durch statistische Auswertungen Trends erkannt werden, z. B. ob bestimmte extremistische Narrative in sozialen Medien zunehmen oder ob es eine Häufung von verdächtigen Finanztransaktionen in einer Region gibt. Zweitens erlaubt die Datenanalyse einen umfassenderen 360-Grad-Blick auf eine Situation.

Beispiel:

Vor einer Terrorwarnung können KI-Modelle simultan Social-Media-Stimmungen, Verkaufszahlen von Chemikalien in Baumärkten und Grenzübertrittsdaten analysieren. Wenn auffällt, dass in einem Gebiet gleichzeitig extremistisches Onlinegerede steigt und ungewöhnlich viel Wasserstoffperoxid gekauft wird (ein Sprengstoffgrundstoff) sowie dort einige polizeibekannte Personen eingereist sind, dann ergibt sich ein deutlich schärferes Lagebild – die Behörden können alarmiert werden.

Drittens ist KI schnell: Innerhalb von Sekunden lassen sich Berichte, Satellitenbilder, Datenbanken und mehr durchkämmen und zu einem Lagebericht zusammenführen, der dem Entscheidungsträger präsentiert wird. Auch Echtzeitlagen profitieren von KI: Bei einem laufenden Anschlag könnten Algorithmen z. B. über X-Feeds und Notrufe schneller einordnen, ob noch weitere Täter aktiv sind oder welche Gerüchte umgehen, damit Einsatzleiter richtig reagieren können. Alles in allem ermöglicht KI eine tiefergehende und doch zeitsparende Analyse großer Datenmengen zur besseren Einschätzung der Gefahrenlage.

Unterstützung bei der Entscheidungsvorbereitung

Letztlich laufen alle Informationen auf den Tisch der Entscheidungsträger zu – sei es ein Einsatzleiter vor Ort, der über eine Zugriffsaktion entscheidet, oder die politische Ebene, die über Sicherheitsgesetze berät. KI kann hier als unermüdlicher Berater fungieren, der Optionen durchdenkt und Empfehlungen gibt. In komplexen Antiterroreinsätzen hilft KI etwa bei der Simulation von Szenarien: Man kann unterschiedliche Handlungsoptionen durch ein KI-Modell spielen lassen (z. B. „Was passiert, wenn wir Verdächtigen A jetzt festnehmen vs. ihn weiter beobachten?"). Anhand der vorhandenen Daten und früherer Erfahrungen könnte die KI mögliche Konsequenzen prognostizieren – etwa ob dann andere Zellen gewarnt würden – und so die Entscheidungsvorbereitung unterstützen. Bei strategischen Fragen wie bei der Verteilung von Budget auf Terrorismuspräventionsprogramme kann KI dabei helfen, Wirkungsprognosen abzugeben: Sie könnte auswerten, welche Maßnahme in der Vergangenheit statistisch zur größten Reduktion extremistischer Vorfälle geführt hat. Auch ganz praktisch im Einsatzleitsystem kann

KI assistieren: Wenn ein Alarm eingeht, dann könnte das System dem Polizisten direkt relevante Kontextinfos liefern („Person X stand schon einmal unter Waffenverdacht." oder: „Am gemeldeten Ort befindet sich in 200 Metern Umkreis eine Chemiefabrik."). Solche kontextualisierten Hinweise stützen die Entscheidungsfindung erheblich. Wichtig ist, dass KI hier keine Entscheidungen selbst treffen soll, sondern den Menschen informierter macht. Indem mehr Fakten und Zusammenhänge in kurzer Zeit überschaubar präsentiert werden, können Entscheidungsträger risikoärmere und fundierte Entschlüsse fassen. Die KI ist somit Ergänzung, nicht Ersatz – sie dient als kognitives Werkzeug, um menschliche Urteilskraft zu verstärken.

Die Chancen von KI in der Terrorbekämpfung sind also vielfältig: von besserer Prävention durch Früherkennung über effizientere Fahndung und Überwachung bis hin zu klügeren Entscheidungen durch datengestützte Analysen. Erfolgreiche Fälle aus der Praxis – etwa die genannten vereitelten Anschläge durch Social-Media-Scanning in Israel oder die automatisierte Auswertung mit Palantir in deutschen Landeskriminalämtern – zeigen das enorme Potenzial. Doch wo Licht ist, ist bekanntermaßen auch Schatten: Gerade im sicherheitskritischen Bereich dürfen die Risiken und Grenzen dieser Technologie nicht übersehen werden.

7.3 Risiken und Grenzen: Fallstricke des KI-Einsatzes

So beeindruckend die Fähigkeiten von KI-Systemen sind, so ernst zu nehmen sind ihre Unzulänglichkeiten und Gefahren. Ein unbedachter oder übertriebener KI-Einsatz in der Terrorabwehr kann unerwünschte Konsequenzen haben – von technischen Fehlern bis hin zu gesellschaftlichen Schäden. Die wichtigsten Risiken und Grenzen im Überblick:

„Falschpositive" und „Falschnegative": Irrtümer der KI

Kein KI-System ist fehlerfrei. Besonders in sicherheitsrelevanten Anwendungen können False Positives (fälschliche Alarme) und False Negatives (übersehene Gefahren) gravierende Folgen haben. Ein False-Positive-Beispiel: Ein Algorithmus stuft harmlose Onlinekommunikation als terroristisch ein – vielleicht weil er Ironie oder Kontext nicht versteht – und löst einen Alarm aus. Unschuldige Bürger könnten so ins Visier der Ermittler geraten. Laut einer europäischen Studie identifizieren aktuelle Überwachungsalgorithmen zwar rund 85 % extremistischer Inhalte korrekt, aber in etwa 15 % der Fälle kommt es zu Fehlalarmen, bei denen harmlose Posts als extremistisch markiert wurden. Das birgt das Risiko, Ressourcen zu verschwenden und Vertrauen der Bevölkerung zu verspielen. Umgekehrt sind False Negatives besonders tragisch: Dabei übersieht die KI eine echte Gefahr – etwa, weil Terroristen ihre Sprache leicht anpassen oder die Datenlage unvollständig ist. Ein übertriebener Glaube an die Technik könnte dazu führen, dass menschliche Wachsamkeit nachlässt und Warnzeichen ignoriert werden, wenn die KI sie nicht meldet. Die traurige Wahrheit ist: Jede Sicherheitsmaßnahme, die glaubt, einen Anschlag verhindern zu können, muss nur einmal irren, und die Konsequenzen können verheerend sein. Daher müssen KI-Systeme ständig geprüft, verbessert und mit realistischer Skepsis betrachtet werden. Fehlalarme lassen sich durch bessere Datengrundlagen und Feinjustierung reduzieren, aber nie völlig eliminieren. Ein verantwortungsvoller Umgang bedeutet, die Fehlerquote der KI offen zu kommunizieren und stets eine menschliche Überprüfung einzubauen.

Diskriminierung durch Bias in den Daten

KI ist nur so fair wie die Daten, auf denen sie trainiert wird. Wenn diese Daten Verzerrungen oder Vorurteile (Bias) enthalten, besteht die Gefahr, dass die KI bestimmte Gruppen systematisch benachteiligt. Im Kontext von Terrorismus und Extremismus ist das hochsensibel: Daten könnten überrepräsentativ Personen bestimmter Herkunft oder Religionszugehörigkeit als Verdächtige aufführen (etwa, weil nach 2001 vor allem muslimische Namen in Terrorismusdatenbanken landeten). Eine KI, die daraus lernt, könnte unbewusst jeden „Ali" oder „Ahmed" stärker verdächtigen als einen „Max" – selbst bei identischem Verhalten. So etwas wäre ein eklatanter Verstoß gegen Gleichheitsgrundsätze und würde Minderheiten stigmatisieren.

Beispiel:

Wenn Gesichtserkennungssysteme überwiegend mit Bildern hellhäutiger Männer trainiert wurden (was oft der Fall ist), erkennen sie dunkelhäutige oder weibliche Gesichter wesentlich ungenauer. In der Praxis führte dies bereits dazu, dass unschuldige Schwarze fälschlich als gesuchte Kriminelle identifiziert wurden, weil der Algorithmus sie verwechselt hat.

Übertragen auf Terrorabwehr könnte das bedeuten, dass ethnische Minderheiten häufiger als „verdächtig" von Kameras markiert werden. Solche algorithmischen Vorurteile unterminieren nicht nur die Effektivität (weil sie zu vielen Fehlfahndungen führen), sondern vor allem die Legitimität der Sicherheitsbehörden. Bürger würden – zurecht – massive Kritik üben, wenn KI-Systeme diskriminierende Tendenzen zeigen. Das Vertrauen in die gesamte Terrorbekämpfung könnte erschüttert werden. Es ist also zwingend nötig, KI-Modelle auf Bias zu testen und Trainingsdaten divers und repräsentativ zu halten. Zudem sollten Entscheidungen nie aufgrund eines KI-Scores blind automatisiert getroffen werden, insbesondere wenn Grundrechte auf dem Spiel stehen. Die Gefahr unbewusster Diskriminierung mahnt zur Vorsicht: KI ist kein neutraler Richter, sondern spiegelt (verzerrt) die Realität der Daten wider.

Datenschutz und Grundrechtsverletzungen

In kaum einem Feld prallen Sicherheit und Freiheit so frontal aufeinander wie bei präventiver Überwachung durch KI. Um KI-Systeme mit genügend Informationen zu füttern, neigen Behörden dazu, möglichst viele Daten zu sammeln und zu verknüpfen – Bewegungsprofile, Kommunikationsdaten, Kameraaufnahmen, Social-Media-Posts etc. Doch das kollidiert schnell mit Datenschutzgesetzen und grundrechtlich geschützten Freiheiten. Ein prominenter deutscher Fall ist die Software Hessendata (Palantir), die der Polizei erlaubt, über verschiedene Datenbanken hinweg automatisierte Analysen durchzuführen. Das Bundesverfassungsgericht entschied 2023, dass die gesetzlichen Grundlagen für diesen KI-gestützten „Blick in die Glaskugel" in Hessen und Hamburg zu weit gefasst und teils verfassungswidrig sind.[20] Die Richter verlangten strenge Vorgaben, damit nicht praktisch jeder Bürger ohne konkreten Anlass ins Fadenkreuz solch einer Datenanalyse geraten kann. Hier zeigt sich ein Kernproblem: KI macht eine Massenüberwachung technisch einfacher – aber rechtlich bleibt diese in Demokratien stark begrenzt. In Frankreich warnen Kritiker, dass neue Antiterrorgesetze mit KI-Algorithmen die Privatsphäre aushöhlen könnten. Und Palästinenser bezeichneten Israels prädiktive Überwachung (die bereits Verdächtige vor einer Tat festnimmt) als „horrific" und als einen klaren Verstoß gegen das Recht auf Privatsphäre. Grundrechte wie das Recht auf

[20] Bundesverfassungsgericht (2023): Urteil zum Einsatz von „Hessendata/Palantir" in der Polizeiarbeit. Az. 1 BvR 1547/19 (Entscheidung vom 16. 02. 2023).

informationelle Selbstbestimmung oder die Unschuldsvermutung dürfen nicht unter die Räder kommen, nur weil eine KI es möglich macht, theoretisch alles über jeden zu wissen. Selbst wenn Gesetzgeber Ausnahmen für Terrorabwehr schaffen – wie etwa in der KI-Verordnung Ausnahmen für biometrische Echtzeitüberwachung bei Terrorgefahr vorgesehen sind –, müssen diese eng begrenzt und transparent kontrolliert sein. Die Spannung zwischen Sicherheitsinteresse und Bürgerrechten ist ein zentrales ethisches Dilemma. Unkontrollierter KI-Einsatz könnte zu einem Überwachungsstaat führen, in dem das Verhalten aller präventiv gescannt wird – eine Vorstellung, die dem freiheitlichen Rechtsstaat diametral entgegensteht. Daher sind Datenschutzfolgenabschätzungen, unabhängige Aufsicht und klare Grenzen essenziell, bevor KI-Tools in Betrieb gehen. Sonst drohen neben juristischen Konsequenzen (Beweisverwertungsverbote, Klagen) vor allem Vertrauensverluste in die Sicherheitsbehörden.

Technologische Angreifbarkeit und Manipulation

Ironischerweise können die Hightechsysteme selbst zum Angriffsziel oder zur Achillesferse werden. Gegenspieler– seien es Terroristen oder staatliche Akteure – könnten versuchen, die KI-Systeme gezielt zu täuschen oder zu sabotieren. In der Forschung spricht man von „Adversarial Attacks“: Durch minimale, für Menschen oft kaum erkennbare Veränderungen an Eingangsdaten lassen sich KI-Modelle in die Irre führen.

Ein einfaches Beispiel:

Speziell bedruckte Muster auf einem T-Shirt oder einer Brille könnten eine Gesichtserkennungs-KI aushebeln, sodass der Träger von der Kamera nicht mehr als Person erkannt wird. Tatsächlich ist es Forschern gelungen, mit präparierten Brillengestellen Face-ID-Systeme zu überlisten.

Man kann sich vorstellen, dass Terroristen solche Tricks nutzen, um unter dem Radar zu bleiben – quasi ein Tarnumhang gegen KI. Ebenso könnten Angreifer Schadprogramme einschleusen, um die KI von innen heraus zu manipulieren. Wenn jemand die Trainingsdaten eines Systems fälscht, dann könnte er erreichen, dass gewisse Muster absichtlich nicht mehr als verdächtig eingestuft werden. Terroristen könnten gezielt falsche Spuren legen, um KI-Warnsysteme auszulösen (Stichwort „Spoofing"), sodass die Behörden mit Fehlalarmen beschäftigt sind, während woanders der echte Anschlag erfolgt. Diese technologische Angreifbarkeit zeigt, dass KI keine unbewegliche Festung ist – kluge Gegner werden versuchen, sie zu umgehen oder zu knacken. Sicherheitsbehörden müssen also nicht nur die Terroristen im Auge behalten, sondern auch die Sicherheit ihrer eigenen KI gewährleisten. Dazu gehört, IT-Systeme gut gegen Hacking zu schützen. Es bedeutet auch, immer einen Plan B zu haben: Falls die KI ausfällt oder getäuscht wird, müssen Menschen oder alternative Systeme übernehmen können. Ein weiterer Aspekt ist die Abhängigkeit von der Technik: Wenn sich alle blind auf eine Analysesoftware verlassen und diese durch einen Cyberangriff lahmgelegt wird, entsteht eine gefährliche Lücke. Resilienz lautet das Stichwort – die KI darf kein sogenannter „Single Point of Failure" (dt.: einzelner Ausfallpunkt) in der Terrorabwehr werden.

Überschätzung der Technik durch Entscheidungsträger

Zuletzt ein eher menschliches Risiko: die Versuchung, KI Fähigkeiten zuzuschreiben, die sie (noch) nicht hat, und sie dadurch zu überschätzen. In der öffentlichen Debatte wird KI teils als Wundermittel gegen Terror dargestellt – eine Art allsehendes Auge, das Attentäter rechtzeitig erkennt. Solche überzogenen Erwartungen können dazu führen, dass Entscheidungsträger blind vertrauen, anstatt kritisch zu hinterfragen. Wenn eine KI eine Person als „hochgefährlich" einstuft, dann besteht die Gefahr, dass Behörden dem Urteil vorschnell Glauben schenken („Das wird schon stimmen, die KI hat ja Unmengen Daten analysiert.") – und entsprechend harte Maßnahmen ergreifen, ohne ausreichend eigene Ermittlungen zu führen. Umgekehrt könnten Verantwortliche sich in falscher Sicherheit wiegen, solange die KI keinen Alarm meldet, und Warnsignale aus der Bevölkerung ignorieren. Fachleute warnen, dass eine übermenschliche KI, die individuelle Radikalisierung automatisch entdeckt, weiterhin Illusion bleibt. Der Ethikrat betont: Eine solche Super-KI würde entweder Massenüberwachung in nie dagewesenem Ausmaß erfordern oder dennoch unzuverlässig bleiben. Entscheidungsträger dürfen also nicht in die Sci-Fi-Falle tappen. Das zweite Problem der Überschätzung ist politischer Natur: Man könnte versucht sein, gesamtgesellschaftliche Ursachen von Extremismus zu vernachlässigen („Die Technik regelt das schon!"), anstatt in Prävention, Bildung und Deradikalisierung zu investieren. KI kann

Symptome erkennen, aber nicht die Ursachen von Terrorismus beseitigen – das bleibt eine soziale und politische Aufgabe. **Zudem:** Jedes KI-gestützte System braucht Pflege, Training, Monitoring. Es ist kein selbstständig denkender Agent, der der Polizei Arbeit abnimmt, ohne dass diese verstehen muss, wie er funktioniert. Ein gesunder Realismus im Umgang mit KI ist daher essenziell. Entscheidungen in der Terrorabwehr – mit potenziell lebenswichtigen Konsequenzen – sollten niemals allein auf ein Maschinenurteil gestützt werden. KI ist ein Hilfsmittel, kein Heilsbringer.

Beispiel: Hypothetisches Szenario (Fehlalarm):

Ein junges Paar in Deutschland, beide Informatikstudenten, beschäftigt sich im Studium mit Verschlüsselungstechnik. Sie diskutieren online in Foren über Kryptografie, auch über die Sicherheit von Nachrichtendiensten. Eines Tages stehen plötzlich maskierte Einsatzkräfte vor ihrer Tür – Verdacht auf Terrorismus! Was war passiert? Ein KI-System hatte ihre Beiträge falsch verstanden: Worte wie „Sprengkopf" fielen in einem rein technischen Kontext, aber der Algorithmus interpretierte sie als Hinweis auf Anschlagspläne. Zudem besuchte der junge Mann zufällig kurz nacheinander eine Moschee und einen Chemikalienhändler – für die KI ein verdächtiges Muster. Das Paar wird stundenlang verhört, ihre Wohnung durchsucht. Am Ende stellt sich heraus: alles ein Irrtum der KI. Dieser Vorfall – fiktiv, aber realistisch – würde Schlagzeilen machen. Die Betroffenen wären traumatisiert und empört, die Nachbarn würden misstrauisch und die Öffentlichkeit diskutierte hitzig über „Überwachungsstaat" und Vertrauensverlust in die Behörden.

7.4 Reale Fallbeispiele: KI-Einsatz in der Praxis

Um die zuvor beschriebenen Chancen und Risiken greifbarer zu machen, lohnt ein Blick auf reale Fälle und Projekte weltweit, in denen KI bereits im Bereich „Terrorismusbekämpfung" zum Einsatz kam – mit unterschiedlichen Erfahrungen.

- *Palantir und sein Einsatz in Deutschland:* Palantirs Analyseplattform Gotham hat in den vergangenen Jahren zunehmend Eingang in die deutsche Polizeiarbeit gefunden. Hessen war 2017 das erste Bundesland, das die Software beschaffte und als „HessenDATA" in Betrieb nahm. Nordrhein-Westfalen folgte mit „DAR – Datenbankübergreifende Analyse und Recherche" ab 2020. Bayern schloss 2022 einen Rahmenvertrag mit Palantir, führte das System 2024 unter dem Namen „VeRA – Verfahrensübergreifende Recherche- und Analyseplattform" ein und betreibt es seither landesweit. Über den bayerischen Rahmenvertrag könnten auch andere Länder oder der Bund beitreten, ohne ein neues Vergabeverfahren durchzuführen. Baden-Württemberg hat sich bereits für die Einführung entschieden, Berlin prüft eine Beteiligung. Andere Länder verhalten sich zurückhaltender, sodass Palantir in Deutschland zwar nicht flächendeckend, aber in zentralen Ländern fest verankert ist. Die Stärken dieser Systeme liegen in der Fähigkeit, verstreute Datenbestände in kürzester Zeit miteinander zu verknüpfen. Unterschiedliche Quellen – von Telefonüberwachung über Polizeiberichte bis zu Meldedaten – lassen sich zusammenführen und als Beziehungsnetzwerke darstellen. Wo Ermittler früher tagelang Akten wälzen mussten, ermöglicht Palantir die Herstellung von Querverbindungen in Sekunden. In Hessen konnte so 2018 ein islamistischer Anschlagsplan vereitelt werden. Bereits ein Jahr zuvor war es gelungen, aus einem Datenberg von über 100.000 Seiten einen Tatverdächtigen zu identifizieren. Später leistete die Plattform einen Beitrag bei der Aufdeckung des „Reichsbürger"-Netzwerks um Heinrich XIII. Prinz Reuß. Neben Terrorismus und Extremismus wird die Software auch zur Bekämpfung von organisierter Kriminalität, von Amoklagen sowie von Fällen sexualisierter Gewalt eingesetzt. In Hessen arbeiten mittlerweile mehrere Tausend Beamte mit dem System, allein dort werden jährlich zehntausende Abfragen durchgeführt. Die positiven Erfahrungen führten dazu, dass über eine Ausweitung auf den Bund diskutiert wurde. Pläne, Palantir beim Bundeskriminalamt, der Bundespolizei oder dem Zoll einzuführen, scheiterten jedoch 2023. Das Innenministerium stoppte damals ein Projekt zur bundesweiten Einführung, vor allem wegen Datenschutzbedenken und Fragen der Souveränität. Dennoch fordern konservative Politiker seit Jahren eine bundesweite Plattform. Mit dem bestehenden Rahmenvertrag Bayerns wäre ein solcher Schritt rechtlich und technisch ohne neue Ausschreibung möglich, sollte sich der politische Wille durchsetzen. Gleichzeitig ist der Einsatz rechtlich und gesellschaftlich hoch umstritten. Datenschützer und Bürgerrechtsorganisationen warnen vor der Gefahr einer „Superdatenbank", in der auch Informationen Unbeteiligter massenhaft einbezogen werden. Die Gesellschaft für Freiheitsrechte reichte mehrfach Verfassungsbeschwerden ein. Im Februar 2023 erklärte das Bundesverfassungsgericht die damaligen Regelungen in Hessen und Hamburg für verfassungswidrig. Das Gericht bemängelte, dass klare Eingriffsschwellen fehlten und der Anwendungsbereich zu weit gefasst war. Zugleich stellte es klar, dass eine verfassungskonforme Nutzung unter engen Voraussetzungen möglich bleibt – etwa zum Schutz hochrangiger Rechtsgüter und bei hinreichend konkretisierter Gefahr.[21] Hessen und Hamburg mussten ihre Gesetze anpassen; Bayern führte sein System erst nach dem Urteil ein, sieht sich jedoch ebenfalls erneuten Klagen ausgesetzt. Neben den grundrechtlichen Fragen gibt es weitere Kritikpunkte. Zum einen besteht eine Abhängigkeit von einem US-Anbieter mit engen Verbindungen zu amerikanischen Sicherheitsbehörden; zum anderen spielt der Kostenfaktor eine erhebliche Rolle: Nordrhein-Westfalen investierte rund 39 Mio. Euro in die Einführung, Bayern und Hessen berichten von ähnlich hohen Aufwendungen. Lizenzverträge und Wartung sind teuer, Anpassungen lassen sich i. d. R. nur durch Palantir selbst vornehmen. Damit entsteht ein hohes Maß an technischer und finanzieller Abhängigkeit. Auch die Person des Mitgründers Peter Thiel sorgt in Deutschland für Skepsis, da seine politischen Positionen und Verbindungen in Teilen der Gesellschaft als problematisch wahrgenommen werden. In der Gesamtschau steht Palantir in Deutschland für den Spagat zwischen moderner Effizienz und rechtsstaatlicher Kontrolle. Die Software hat sich in der Praxis als mächtiges Werkzeug erwiesen, das Ermittlungen beschleunigt und in einzelnen Fällen entscheidend zur Gefahrenabwehr beitrug. Gleichzeitig bleibt sie ein Prüfstein für den Umgang des Rechtsstaaes mit datengetriebenen Technologien: Wo die Balance zwischen Sicherheit und Freiheit liegt, ist noch immer Gegenstand intensiver politischer und juristischer Auseinandersetzungen.

- *Experteneinsatz in Frankreich:* Frankreich hat nach den schweren Anschlägen 2015/16 seine Antiterrorinstrumente deutlich verschärft. 2021 verabschiedete Paris eines der weitreichendsten Antiterrorgesetze Europas, das gezielt Algorithmen einsetzen will, um Terrorverdächtige im Netz aufzuspüren. Konkret sol-

[21] Bundesverfassungsgericht, Urteil vom 16. 02. 2023 zur automatisierten Datenanalyse (Az. 1 BvR 1547/19, 1 BvR 2634/20)

len Internetanbieter verpflichtet dazu werden, Verkehrsdaten automatisiert nach Mustern zu durchsuchen, die auf Terrorplanung hindeuten – etwa auffällige Besuche extremistischer Seiten. Dieses „System zur Erkennung terroristischer Inhalte" stieß auf heftigen Widerstand von Bürgerrechtlern, wurde aber vom französischen Verfassungsrat im Wesentlichen gebilligt. Praktisch sichtbar wurde KI 2024 bei einem Großereignis: Frankreich setzte als erstes EU-Land KI-gestützte Videoüberwachung ein, um die Sicherheit der Olympiade 2024 in Paris zu gewährleisten. Dabei kamen Kameras zum Einsatz, die verlassene Gegenstände, Panikbewegungen oder Menschenansammlungen automatisch erkannten und meldeten. Obwohl diese Systeme offiziell keine Gesichtserkennung enthielten, warnten Organisationen wie Amnesty International vor ausufernder Massenüberwachung und zweifelten den Nutzen an – schließlich gebe es keine Belege dafür, dass solche KI-Aufsicht tatsächlich Anschläge verhindern kann.[22] Befürworter wiederum argumentierten, die Technik hätte etwa den Lkw beim Anschlag von Nizza 2016 rechtzeitig identifizieren können. Frankreich dient somit als Realexperiment, wie KI-Überwachung in westlichen Großstädten aussieht: Hightechschutz vs. Bürgerprotest.

- *USA – von „PRISM" bis hin zu Social-Media-Scans:* Die Vereinigten Staaten verfügen über immense technische und finanzielle Ressourcen im Kampf gegen den Terror. Nach 9/11 wurde mit Programmen wie „PRISM" massenhaft Datenverkehr von Internetfirmen abgegriffen und mit Big-Data-Methoden analysiert. Dieses Programm, das durch Edward Snowdens Enthüllungen bekannt wurde, sollte potenzielle Terroristen in E-Mails, Chats und sozialen Netzwerken aufspüren. Berichten zufolge konnte PRISM tatsächlich mehrere Bedrohungen frühzeitig erkennen, was von Befürwortern als Beleg für die Effizienz gefeiert wurde. Gleichzeitig gab es scharfe Kritik: Die Datensammlung war extrem breit angelegt, betraf auch Millionen Unverdächtige und war völlig intransparent – Unschuldige gerieten ins Visier, ohne es je zu erfahren. Neben Geheimdienstprogrammen nutzt auch das FBI KI-Tools: So wurde beim Boston-Marathon-Anschlag 2013 eine riesige Menge an Video- und Fotomaterial mit Softwareun-

[22] Amnesty International (2021). Out of Control: Failing EU Laws for Digital Surveillance and the Impact on Human Rights. Amnesty-Bericht zu den Risiken übermäßiger Überwachung.

terstützung ausgewertet, um die Täter zu identifizieren (die Brüder Tsarnaev wurden u. a. durch Gesichtserkennung in der Masse ausfindig gemacht). In jüngerer Zeit scannen US-Behörden verstärkt soziale Medien nach Extremismus. KI-basierte Tools analysieren z. B. X-Daten, um frühe Anzeichen rechtsextremer Gewalt zu erkennen, insbesondere nach dem Erstarken inländischer extremistischer Bewegungen. Ein bekanntes Beispiel ist die Plattform „Dataminr", die in Kooperation mit Behörden aus öffentlichen Tweets Trends zu Sicherheitslagen identifiziert. In New York City betreibt die Polizei gemeinsam mit Microsoft das Domain Awareness System, das Daten aus Kameras, Kennzeichenscannern, Sensoren und Meldungen bündelt und mit Analysemodulen versieht – zwar primär gegen allgemeine Kriminalität, aber auch mit Blick auf die Terrorabwehr. Die USA zeigen einerseits, was technisch möglich ist, andererseits aber auch die Gefahren: Die Abwägung von Sicherheit und Freiheitsrechten gerät oft ins Wanken, und die gesellschaftliche Debatte (Stichwort „NSA-Skandal") hat das Vertrauen in den Staat teils erschüttert.

- *Israel – Vorreiter mit Kontroversen:* Israel sieht sich seit Jahrzehnten massiven Terrorbedrohungen ausgesetzt und hat daher viele innovative (und kontroverse) Methoden entwickelt. Das Land hat ein umfassendes System zur präemptiven Terrorbekämpfung etabliert, das stark auf KI setzt. Bereits 2018 berichteten Behörden, dass man durch das Monitoring von Facebook und Co. mehr als 200 geplante Angriffe im Voraus vereitelt habe. Dabei scannen israelische Algorithmen die sozialen Medien nach typischen Mustern, etwa Posts, in denen junge Palästinenser plötzlich testamentartige Nachrichten oder radikale Parolen teilen. Kombiniert mit Ortungsdaten und Netzwerkanalysen fischt das System potenzielle Täter heraus – die dann vom Inlandsgeheimdienst Shin Bet verhört werden. Tatsächlich ging die Zahl der Messerattacken und Autoanschläge seit Einführung solcher Maßnahmen deutlich zurück (von 170 schweren Attacken im Jahr 2016 auf 25 im Jahr 2018). Neben Social Media setzt Israel an neuralgischen Punkten Gesichtserkennungskameras ein, etwa an Checkpoints oder in der Altstadt von Jerusalem, um bekannte Terrorverdächtige sofort zu erkennen. Ebenso in Gebrauch sind intelligente Kameras, die verlassene Objekte oder ungewöhnliche Bewegungen erkennen. Israel teilt diese Erfahrungen international – andere Länder lernen von seinen Methoden. Doch die Kehrseite ist erheblich: Palästinensische Vertreter kritisieren diese Technologie als Orwell'sche Dauerüberwachung und Profiling auf Vorrat. Viele Festnahmen basierten nicht auf einer konkreten Tat, sondern nur auf Algorithmen, was rechtstaatlich bedenklich ist. Zudem entsteht ein Klima des Misstrauens: Jeder Social-Media-Post könnte von der KI missverstanden werden und Verhaftung nach sich ziehen. Israel zeigt somit eindrücklich, wie KI sowohl Effektivität als auch Repression steigern kann – ein Balanceakt zwischen maximaler Prävention und der Wahrung von Freiheitsrechten, der häufig zugunsten der Sicherheit ausfällt.

- *Deutsche Modellprojekte:* Auch in Deutschland laufen mehrere Forschungs- und Pilotprojekte zur KI-gestützten Extremismusbekämpfung. Genannt wurde bereits KISTRA, wo das BKA, die Zentrale Stelle für Informationstechnik im Sicherheitsbereich (ZITiS) und Universitäten ausloten, wie Hasspostings und politische Gewaltankündigungen automatisiert erkannt und juristisch bewertet werden können. Ein weiteres Projekt ist „MOTRA" (Monitoringsystem und Transferplattform Radikalisierung) – ein Verbund, der ein Frühwarnsystem für Radikalisierung erarbeiten will. Hierbei geht es weniger um operative Tätererkennung als um Forschung: Man sammelt Daten und Trends aus der Radikalisierungsforschung, um schneller zu erkennen, wo Prävention nötig wird. Dennoch fließen Erkenntnisse daraus indirekt in die Praxis ein. Auf Länderebene testete etwa Sachsen-Anhalt KI-Software zur Analyse islamistischer Onlinerropaganda und Baden-Württemberg experimentierte mit der Auswertung von Gefährder-E-Mails mittels Text-Mining. Ferner setzen deutsche Nachrichtendienste verstärkt auf selbst entwickelte Tools: Der Bundesverfassungsschutz betreibt ein „Datenlab", das Machine Learning auf große Textdatenbestände (z. B. Forenbeiträge im Darknet) anwendet, um extremistische Inhalte zu filtern. Zwar dringt darüber wenig an die Öffentlichkeit, doch intern gelten solche Werkzeuge als Gamechanger, um mit der Datenflut Schritt zu halten. Die Herausforderung bleibt stets, Innovation und Rechtsrahmen in Einklang zu bringen. So wird in Modellprojekten meist eng mit Juristen und Ethikern zusammengearbeitet – wie etwa bei KISTRA von Anfang an ethische Gutachten mitlaufen. Diese deutschen Beispiele zeigen: Die Behörden möchten KI nutzen, gehen aber vergleichsweise vorsichtig und diskursiv vor, um Akzeptanz und Grundrechtskonformität sicherzustellen.

7.5 Ethische und gesellschaftliche Spannungsfelder

Neben der technischen Wirksamkeit und rechtlichen Zulässigkeit muss der ethische und gesellschaftliche Kontext des KI-Einsatzes beleuchtet werden. Schließlich wirken sich solche Technologien auf das Verhältnis zwischen Staat und Bürger, auf Vertrauen und Freiheitsgefühl in der Gesellschaft aus. Mehrere Spannungsfelder stehen im Raum:

Vertrauen in Sicherheitsbehörden vs. Angst vor Überwachung

Wird KI im Verborgenen, ohne Transparenz, eingesetzt, droht ein Vertrauensverlust der Bevölkerung. Bürger könnten den Eindruck gewinnen, überall unter Generalverdacht zu stehen – jeder Schritt beobachtet von Algorithmen. Schon jetzt sind viele Menschen skeptisch gegenüber staatlicher Datensammlung. Wenn aber etwa durchsickert, dass eine KI fehlerhaft jemanden als Terroristen verdächtigt hat (wie im hypothetischen Fehlalarmszenario), dann leidet die Glaubwürdigkeit der Behörden enorm. **Andererseits:** Sollte KI tatsächlich erfolgreich Anschläge verhindern, könnte dies das Vertrauen stärken – nach dem Motto: „Unsere Behörden sind technisch auf der Höhe und schützen uns effektiv." Dieser Balanceakt zeigt sich in Frankreich: Die Bevölkerung ist traumatisiert von Terrorserien, viele befürworten harte Überwachung. Doch gleichzeitig gingen Menschen gegen das neue KI-Überwachungsgesetz auf die Straße, aus Sorge vor einem Überwachungsstaat. Für die Sicherheitsorgane – ob Bundeswehr im Inneren in Ausnahmen oder Polizei/Verfassungsschutz – ist es daher entscheidend, Transparenz und Kommunikation zu pflegen. **Das heißt:** Offene Debatten über geplante KI-Einsätze, parlamentarische Kontrolle und klare Beschränkungen. Gelingt dies, kann KI als legitimes Werkzeug akzeptiert werden. Misslingt es, droht eine Erosion des gesellschaftlichen Konsenses über die Terrorabwehr. Im schlimmsten Fall wenden sich Bürger von ihrer eigenen Polizei ab oder verweigern die Kooperation, was kontraproduktiv wäre. Vertrauen entsteht durch nachvollziehbare, rechtsstaatliche Anwendung – nicht durch Heimlichkeit.

Präventive Überwachung vs. individuelle Freiheit

Ethisch hoch umstritten ist die Frage, inwieweit präventive Überwachung legitim ist. KI befähigt den Staat, quasi auf Verdacht Menschen intensiver zu beobachten, bevor sie etwas getan haben

– allein, weil ein Algorithmus ein Risiko sieht. Damit greift man in die individuelle Freiheitssphäre ein, ohne dass ein konkreter Tatverdacht vorliegt. Das Konzept des „Präventionsparadoxon" steht im Raum: Erfolgreiche Prävention ist unsichtbar (ein Anschlag, der nicht stattfand), doch um sie zu erreichen, würden potenzielle Rechte vieler beschnitten. Die Gesellschaft muss entscheiden, wo die rote Linie verläuft. Ist es vertretbar, KI alle öffentlichen Kameras nach auffälligem Verhalten durchsuchen zu lassen, um einen Anschlag zu verhindern – selbst wenn 99 von 100 Alarmen sich als harmlos erweisen? Ähnliche Debatten gab es bei der Vorratsdatenspeicherung: die anlasslose Sammlung aller Verbindungsdaten als Preis für möglicherweise mehr Sicherheit. Kritiker warnten, dass Skandale wie „PEGASUS" (Persistent German Airborne Surveillance System) zeigen, wie schnell Überwachung missbraucht werden kann. Freiheitsrechte wie die Versammlungsfreiheit leiden eventuell ebenfalls, wenn Menschen befürchten müssen, auf Demos von KI erfasst und falsch einsortiert zu werden. Im Extremfall könnten präventive KI-Systeme ein Klima der Selbstzensur erzeugen: Bürger trauen sich weniger, Regierungskritik zu üben oder sich politisch zu betätigen, aus Angst, in irgendeiner Datenanalyse aufzutauchen. Dieses gesellschaftliche Chilling-Effect-Risiko muss ernst genommen werden. Die Frage lautet: Wie viel präventive Kontrolle wollen wir zulassen, um Sicherheit zu gewinnen? Eine einheitliche Antwort gibt es nicht. Sie hängt vom Sicherheitslageempfinden, von der historischen Prägung (in Deutschland hohe Sensibilität wegen Stasivergangenheit) und vom Vertrauen in die Kontrollmechanismen ab. Ethiker plädieren hier für den Grundsatz der Verhältnismäßigkeit: Eingriffe nur so weit, wie unbedingt nötig, und stets eng befristet, zielgerichtet, mit Richtervorbehalt. KI sollte nicht flächendeckend alles scannen, sondern gezielt dort, wo konkrete Anhaltspunkte bestehen – auch um die Balance von Sicherheit und Freiheit zu wahren.

Intransparente KI-Systeme und Verantwortlichkeit

Ein oft genanntes Problem ist die Nachvollziehbarkeit von KI-Entscheidungen. Viele Machine-Learning-Modelle – gerade Deep-Learning-Netze – sind Blackboxes: Sie spucken eine Risikobewertung aus, aber selbst Entwickler können oft nicht eindeutig erklären, warum. In der Terrorabwehr ist das heikel. Wenn eine KI jemanden als gefährlich markiert, dann müssten Behörden im Zweifel begründen können, warum sie diese Person überwachen oder festnehmen.

„Der Computer hat das gesagt!" reicht in einem Rechtsstaat nicht aus. Doch wie erklärt man einem Gericht den komplexen statistischen Pfad einer KI? Diese fehlende Erklärbarkeit kann dazu führen, dass KI-Evidenz vor Gericht nicht standhält – oder schlimmer, dass falsche Entscheidungen nicht erkannt werden, weil keiner die Maschine hinterfragt. Gesellschaftlich entsteht Unbehagen, wenn Menschen glauben, von unkontrollierten, unverantwortlichen Maschinen beurteilt zu werden. Daher fordern Experten Transparenz: Algorithmen in sicherheitsrelevanten Bereichen sollten offengelegt oder zumindest durch unabhängige Stellen geprüft werden. Ein weiterer Aspekt ist die Verantwortung: Wer haftet, wenn die KI grob falschliegt? Der Entwickler? Der Behördenchef, der sie einsetzte? Oder der Analyst, der dem System vertraute? Diese Fragen sind ungeklärt. Ethisch sollte immer klar sein: Der Mensch bleibt verantwortlich. Deshalb plädieren Ethikräte dafür, dass KI nur beratend wirken soll – die letzte Entscheidung liegt bei verantwortlichen Personen, die dann auch Rechenschaft ablegen müssen. Unethisch wäre es, die Verantwortung auf die Technik abzuschieben („Algorithmusirrtum, niemand ist schuld!"). Zudem müssen mögliche Fehlerquellen der KI offengelegt werden, damit eine öffentliche Debatte stattfinden kann, ob man damit leben kann. Intransparenz nährt Verschwörungstheorien und Ablehnung. Im Sinn einer demokratischen Kontrolle ist es also unerlässlich, KI-Systeme im Sicherheitssektor so transparent wie möglich zu gestalten – zumindest gegenüber Aufsichtsbehörden und Experten, wenn schon nicht im Detail gegenüber der Allgemeinheit aus Geheimhaltungsgründen.

Hybride Bedrohungen: Terrorismus in Verbindung mit Cyberangriffen und Desinformation

Hybride Bedrohungen verwischen die Grenze zwischen physischer Gewalt und digitalen Operationen. Terroristische Akteure setzen nicht mehr nur auf Sprengsätze, Waffen oder Messerangriffe; sie verbinden Anschlagsplanung und -durchführung mit Cyberangriffen und orchestrierten Desinformationswellen. Das Ziel ist ein kumulativer Effekt: Infrastrukturen stören, Sicherheitskräfte binden, öffentliche Kommunikation vernebeln und die psychologische Wirkung des Anschlags maximieren. In dieser „Choreografie" sind zeitlich abgestimmte Taktiken zentral – vom Vorfeldnarrativ in sozialen Medien über unterstützende Cyberoperationen bis hin zur

Echtzeitmanipulation von Bildern, Audio und Gerüchten während des Ereignisses.

In Europa zeigt sich dieses Muster in Berichten der Strafverfolgung seit Jahren: physische Anschläge und vereitelte Pläne, flankiert von Onlinepropaganda, Anstachelung und Nachahmermobilisierung. Parallel verzeichnen Behörden eine Zunahme staatlich begünstigter oder geduldeter Sabotage- und Einflussoperationen, die mit kriminellen Netzwerken kooperieren – etwa Brandstiftungen, IT-Angriffe auf Versorger oder koordinierte Desinformationskampagnen. Die Trennlinie zwischen „klassischem" Terrorismus, politisch motivierter Kriminalität, Cybercrime und staatlichen Einflussoperationen wird dadurch in der Praxis diffus; operativ ist ein ganzheitlicher Lageansatz erforderlich.

Generative Modelle senken die Hürden für täuschend echte Deepfakes in Bild, Audio und Video. Sprachklone können „Zeugen" erfinden, Einsatzbefehle fälschen oder vermeintliche Behördenkommunikation imitieren. Botnetzwerke skalieren die Verbreitung und schaffen künstliche Viralität; zielgruppenspezifische Varianten derselben Botschaft werden automatisiert erzeugt. In Propagandaökosystemen von Dschihadisten und Rechtsextremisten tauchen KI-Erzeugnisse zunehmend als Belegmaterial, Meme oder Erklärvideos auf; dazu kommen technische Mittel wie gehärtete Hostinginfrastruktur, Mirror-Sites und verteilte Accounts, um Sperrungen zu umgehen. In Konfliktlagen beschleunigen digitale Lecks, manipulierte Mitschnitte und synthetische Augenzeugenberichte die Verwirrung – mit unmittelbaren Konsequenzen für Einsatzdisziplin und öffentliche Ordnung.

Verteidigungsseitig helfen KI-basierte Systeme beim Erkennen koordinierter Verhaltensmuster (z. B. synchronisierte Postingcluster), bei der Priorisierung von Meldestürmen und beim schnellen Abgleich widersprüchlicher Darstellungen mit geprüften Telemetriedaten (Sensorik, Open-Source-Belege, polizeiliche Lagedaten). Für hybride Lagen heißt das: schnelleres „Sensemaking", robustere Gegenrede (Pre-/Debunking) und eine effektivere Trennung von Rauschen und Signal. Grenzen bleiben: Automatische Desinformations- oder Deepfakeerkennung ist fehleranfällig, lässt sich technisch aushebeln und funktioniert verlässlich nur mit menschlicher Kontrolle. Deshalb kombinieren moderne Abwehrkonzepte technische Detektion,

Inhaltsprovenienz (etwa fälschungssichere Herkunftsnachweise), forensische Prüfung und redaktionelle Qualitätssicherung.

Drei Aspekte prägen das Feld des Rechtsrahmens der EU. Erstens verpflichtet die EU-Verordnung über terroristische Onlineinhalte (sogenannte „TERREG“) Plattformen, eindeutig terroristische Inhalte binnen einer Stunde nach behördlicher Anordnung zu entfernen; eine Internetreferenzeinheit koordiniert europaweit Hinweise, Sperrungen und Wiederauftauchen. Zweitens adressiert der Digital Services Act (DSA) systemische Risiken auf sehr großen Plattformen, einschließlich Wahlbeeinflussung und KI-gestützten Täuschungen; Leitlinien und ein Wahltoolkit konkretisieren u. a. Deepfakekennzeichnung, Krisenprotokolle und Datenzugang für Forschende. Drittens schreibt der AI Act Transparenzpflichten für synthetische Medien vor (Deepfakes müssen als solche erkennbar gemacht werden) und setzt Leitplanken für bestimmte KI-Praktiken; dies flankiert die operative Arbeit, ohne sie zu ersetzen. Zusammengenommen entstehen harte Entfernungs-, Migrations- und Sorgfaltspflichten für Plattformen – bei fortbestehendem Spannungsfeld aus Meinungsfreiheit, Beweislast und Durchsetzbarkeit.

Auf Bundesebene bündeln das Gemeinsame Terrorismusabwehrzentrum (GTAZ) und das Nationale Cyber-Abwehrzentrum die Arbeitsstränge von Polizei, Nachrichtendiensten, BSI, Zoll und weiteren Behörden; ressortübergreifende Gremien im BMI-Geschäftsbereich koordinieren Strategie und operative Maßnahmen gegen Desinformation und andere hybride Angriffe. Warn- und Kommunikationsbausteine wie Cell Broadcast und geübte Krisenkommunikation („Warntag“) erhöhen die Robustheit gegen Panik und Gerüchte. Der CIR der Bundeswehr stärkt die äußere Abwehr- und Aufklärungsfähigkeit im Cyber-/Informationsraum; im Inland bleibt der Einsatz verfassungsrechtlich strikt begrenzt, was die bewusste Trennschärfe zwischen polizeilicher Gefahrenabwehr und militärischen Fähigkeiten unterstreicht.

Hybride Operationen zielen regelmäßig auf KRITIS – Energie, Gesundheit, Verkehr, digitale Netze. Terroristisch motivierte DDoS-Kampagnen, wahlbegleitende Desinformation oder gezielte Sabotage an Knotenpunkten können sich gegenseitig verstärken.

Wichtig: Betreiber und Behörden brauchen klare Regeln für den Austausch von Daten und Informationen. Es sollten auch klare Wege für die Meldung von Problemen festgelegt werden. Außerdem sind technische Maßnahmen wichtig, um zu überprüfen, woher bestimmte Inhalte kommen, um sie nachverfolgen zu können.

7.6 Grenzüberschreitende Herausforderungen – internationale Einsätze und Kooperationen

Terrorismus und extremistischer Hass machen nicht an Landesgrenzen halt. Folglich agieren auch Sicherheitsbehörden oft international vernetzt: sei es in gemeinsamen Ermittlungsgruppen, im Rahmen von EU-Polizeibehörden (Europol), in NATO-geführten Militärmissionen oder im Informationsaustausch mit Partnerdiensten. KI-gestützte Systeme fügen dieser internationalen Dimension weitere Herausforderungen hinzu.

Ein Punkt sind die unterschiedlichen Rechtslagen: Während in Deutschland der Datenschutz sehr hoch hängt, haben andere Staaten teils lockerere Regelungen. Stellen wir uns vor, die Bundeswehr oder der BND erhält von einem ausländischen Partner (z. B. der NSA aus den USA oder einem nahöstlichen Dienst) einen großen Datensatz mit potenziell relevanten Hinweisen auf Terrorpläne, der aber mittels fragwürdiger Massenüberwachung gewonnen wurde. Darf man diese Daten hier nutzen? Rechtlich bewegt man sich da auf dünnem Eis – sogenannte „rechtmäßig erworbene" Daten ausländischer Dienste dürfen unter Umständen genutzt werden, aber sobald deutsche Stellen selbst aktiv werden (etwa eine KI darüber laufen lassen), gelten die hiesigen Grundrechte und Gesetze. Ähnlich kompliziert ist es bei grenzüberschreitenden KI-Systemen: Wenn etwa Europol ein Analysesystem betreibt, in das deutsche und französische Polizeibehörden ihre Rohdaten einspeisen, stellt sich die Frage, welche Datenschutzstandards dort gelten. Der erwähnte Konflikt um Europols Datenspeicherung zeigte, dass auf EU-Ebene durchaus streng reguliert wird – aber es brauchte erst eine Intervention des Datenschützers, um Klarheit zu schaffen.

In internationalen Militäreinsätzen kommt hinzu, dass Soldaten im Ausland oft mit Mandaten verschiedener Organisationen (UN, EU, NATO) und im Zusammenwirken mit lokalen Kräften operieren.

Beispiel:

Die Bundeswehr ist in einem Land X im Rahmen einer Antiterrormission und betreibt dort mit KI ausgewertete Luftaufklärung. Welche Rechtsordnung greift für die durch Drohnen gesammelten Daten der lokalen Bevölkerung? Deutsches Verfassungsrecht bindet die Soldaten auch im Ausland, dennoch findet die Überwachung faktisch außerhalb des deutschen Hoheitsgebiets statt. Zudem könnten Koalitionspartner (etwa die Streitkräfte eines Alliierten) andere Praktiken haben – vielleicht teilen sie ihre KI-Erkenntnisse bereitwillig untereinander, während Deutschland Bedenken hat, Erkenntnisse weiterzugeben, die auf Personendaten basieren (Stichwort „Datentransfer in Drittstaaten").

Es besteht also die Gefahr von Reibungsverlusten in der Zusammenarbeit, wenn Rechtsauffassungen auseinandergehen. Um dem entgegenzuwirken, braucht es Absprachen und gemeinsame Mindeststandards. Die NATO und die EU versuchen bereits, Ethikleitlinien für militärische KI zu entwickeln, damit zumindest in multinationalen Kontexten ähnliche Werte gelten.

Eine weitere Herausforderung sind die Zuständigkeits- und Kontrollfragen in Cyber- und Hybridlagen. Terrorismusbekämpfung umfasst heute auch die Abwehr von Cyberattacken oder das Aufdecken internationaler Finanzströme. KI könnte etwa globale Netzwerkanalysen durchführen, die an nationale Grenzen stoßen. Wenn ein Extremist in Deutschland online mit Akteuren in mehreren Ländern kommuniziert, welche Behörde führt dann die KI-Analyse durch? Darf eine deutsche Stelle Daten aus ausländischen Providern anfordern? Hier greifen Instrumente der Rechtshilfe, doch sie sind oft zu langsam für automatisierte Auswertungen. Theoretisch könnte eine zentrale KI-Plattform aller beteiligten Staaten schneller Ergebnisse liefern – doch dafür müssten alle teilnehmenden Länder vergleichbare Datenschutzgarantien bieten, was selten der Fall ist. Sonst entsteht ein „Lowest common Denominator"-Effekt: Man nutzt die nachlässigsten Regeln. Dies ist aus deutscher Perspektive problematisch, da es zu einem Abrutschen unter das heimische Schutzniveau führen kann.

Kurzum: Internationaler KI-Einsatz verlangt Koordination und Vertrauen zwischen Staaten. Grenzüberschreitende Datenanalysen erfordern Abkommen, die datenschutzrechtliche Fragen klären (Wer darf was mit welchen Daten tun und wer beaufsichtigt das?). Ein positives Signal ist, dass europäische Staaten zunehmend das

Thema erkennen – die KI-Verordnung gilt auch für EU-Agenturen wie Europol und setzt dort Standards. Dennoch bleibt die Praxis herausfordernd: Gerade in akuten Terrorlagen werden Informationen spontan ausgetauscht, KI-Auswertungen ad hoc geteilt – da ist nicht immer Zeit für ausgedehnte Rechtsprüfungen. Im Zweifel müssen deutsche Stellen im Auslandseinsatz lieber auf manche Daten verzichten oder eigene Filter einbauen, um rechtskonform zu bleiben. Dies erfordert klare Dienstanweisungen und Schulungen der Teams vor Ort.

Der KI-Einsatz in der Terrorismusbekämpfung bewegt sich in einem engen Korridor zwischen Effektivität und Rechtsstaatlichkeit. Datenschutz und Grundrechte setzen feste Leitplanken, die nicht zulasten der Sicherheit ignoriert werden dürfen. Es bedarf daher detaillierter gesetzlicher Regelungen und vielleicht neuer völkerrechtlicher Vereinbarungen, um grenzüberschreitende Zusammenarbeit rechtssicher zu ermöglichen. **Bis dahin gilt:** Im Zweifel hat die Achtung von Rechtsstaat und Menschenrechten Vorrang, selbst wenn dadurch manche technisch mögliche Option ungenutzt bleiben muss.

7.7 Bundeswehr- und Behördenkontext: besondere Anforderungen und Lösungsansätze

Nun lohnt sich ein Blick auf den spezifischen Kontext der Bundeswehr und anderer Sicherheitsbehörden. Welche zusätzlichen Herausforderungen stellen sich hier und wie kann ein verantwortungsvoller Umgang mit KI in diesen Institutionen aussehen?

Ethische Standards im militärischen Umfeld und bei Einsätzen im Innern

Die Bundeswehr als Parlamentsarmee ist fest an Werte gebunden, die in der inneren Führung und im Leitbild vom „Staatsbürger in Uniform" verankert sind. Diese Werte – u. a. Achtung der Menschenwürde, Rechtsbindung und Zurückhaltung im Einsatz von Gewalt – gelten auch im Umgang mit neuen Technologien. KI-Einsatz im militärischen Bereich muss daher ethischen Standards genügen, die teils noch präzisiert werden müssen. Wie bereits erwähnt impliziert die Menschenwürde nach den Grundsätzen der inneren Führung ein Verbot der völligen Verselbstständigung von Maschinenentscheidungen. Soldaten dürfen ihr Urteilsvermögen nicht an einen Algorithmus abtreten, insbesondere wenn es um Entscheidungen über Leben und Tod geht. Somit sind etwa autonome Waffensysteme ohne menschliche Kontrolle aus deutscher Sicht inakzeptabel – eine Position, die Deutschland auch international vertritt.

Doch KI hält auch jenseits von Waffen Einzug in die Streitkräfte: bei Aufklärung, Logistik, Cyberabwehr und Führungsunterstützung. Hier stellt sich die Frage, wie die beschriebenen ethischen Prinzipien praktisch umgesetzt werden. Das Bundesministerium der Verteidigung arbeitet an Strategien für „verantwortungsvolle KI". Wichtig ist, diese Leitlinien in die Ausbildung und Doktrin zu überführen. Soldaten und Mitarbeiter sollen für Risiken von KI sensibilisiert werden – z. B. dafür, einem Lagebild, das eine KI generiert hat, nicht blind zu vertrauen, sondern stets kritisch zu hinterfragen. Gleichzeitig muss klar sein, wann KI-gestützte Auswertungen genutzt werden dürfen. Im Auslandseinsatz mag der Maßstab etwas anders liegen als im Inland, wo Grundrechte der eigenen Bürger unmittelbar betroffen sind.

Apropos Einsätze im Innern: Die Bundeswehr darf aufgrund des Trennungsgebots von Polizei und Militär in Deutschland nur in engen Grenzen im Inland eingesetzt werden (etwa bei Katastrophenhilfe oder im Verteidigungsfall, bei schwersten Terrorlagen ggf. zur Unterstützung). Sollte es dennoch zu inneren Einsätzen kommen – etwa Objektschutz bei einem Großevent nach einem Terroranschlag –, dann gelten für die Soldaten die gleichen Restriktionen wie für die Polizei. KI-Systeme zur Beobachtung der Bevölkerung im Innern wären für die Bundeswehr genauso heikel. Hier müssen sich militärische Kräfte komplett an polizeiliches Recht und Datenschutz halten, was ggf. ungewohnt ist.

Beispiel:

Wenn die Bundeswehr im Katastrophenfall Drohnen einsetzt, um Lagebilder zu erzeugen, dann dürfen diese Aufnahmen nicht einfach zu allgemeinen Überwachungszwecken verwendet werden. Die Zweckbindung „Katastropheneinsatz" muss gewahrt bleiben. Es wäre etwa unzulässig, die dabei erfassten Gesichter von Personen nachträglich durch Gesichtserkennungs-KI laufen zu lassen, um Kriminelle aufzuspüren – dafür gäbe es keine Rechtsgrundlage im Katastrophenschutz. Solche Szenarien mögen konstruiert klingen, doch es ist wichtig, sie vorab durchzudenken und klare Regeln zu formulieren.

Die Bundeswehr benötigt im Zweifelsfall interne Weisungen, was im Inlandseinsatz mit KI erlaubt ist und was nicht, um nicht unabsichtlich Rechtsbruch zu begehen.

Positiv ist, dass die Bundeswehr bereits Ethikexperten und Juristen einbindet, wenn es um neue Technologien geht. Etwa existiert beim CIR eine Diskussion darüber, wie KI in der Truppenführung oder Analyse verantwortet werden kann. Es geht darum, die Prinzipien der inneren Führung in den digitalen Kontext zu übertragen. Das heißt auch: Soldaten sollen sich der ethischen Dimension ihres Handelns bewusst sein, ob analog oder digital. Im Grund erweitert KI den altbekannten Pflichtenkreis: Ein Soldat muss nicht nur überlegen „Ist mein Befehl rechtmäßig?", sondern auch „Ist das KI-Tool, das ich benutze, sauber konfiguriert und moralisch vertretbar?". Das erfordert ein gewisses Maß an technischer Ethikbildung.

Hybride Gefahren und Aufklärung – besondere Herausforderungen

Heutige Bedrohungen sind oft hybrid: Staatsakteure und Terrorgruppen vermischen klassische Gewalt mit Cyberangriffen, Desinformation und Einflussnahme in sozialen Medien. Für Militär und Nachrichtendienste bedeutet das, dass auch die Aufklärung (Informationsgewinnung) vielfältiger wird. KI kann hier ein Schlüssel sein – aber einer, der verantwortungsvoll eingesetzt werden muss.

Terrororganisationen, die Onlinepropaganda zur Rekrutierung und Radikalisierung betreiben, gelten z. B. als hybride Bedrohungen. Um solche Aktivitäten einzudämmen, könnten Sicherheitsbehörden KI nutzen, um große Mengen an Onlineinhalten zu filtern: automatische Erkennung von Hassbotschaften, Tracking von Netzwerken radikaler Accounts, Identifikation von Urhebern. Die Herausforderung besteht darin, gezielt die gefährlichen Inhalte zu finden, ohne die Meinungsfreiheit unverhältnismäßig einzuschränken. Eine KI mag bestimmte Schlagworte oder Symbole als extremistisch markieren – z. B. Flaggen, Parolen, Zitate. Doch der Kontext ist entscheidend: Wird hier tatsächlich zu Gewalt aufgerufen oder diskutiert jemand kritisch über Extremismus? Menschliche Aufklärer müssen die KI-Ergebnisse validieren, um Fehlalarme (z. B. Satire oder legitime politische Kritik) von echtem Extremismus zu trennen. Der Ethikaspekt ist hier, kein „Thought Police"-System entstehen zu lassen, das im Eifer des Gefechts legitime Meinungsäußerungen unterdrückt.

Auch im Cyberraum ist KI zweischneidig. Einerseits hilft sie, Anomalien und Angriffe in Netzwerken rasch zu erkennen – etwa ungewöhnliche Datenbewegungen, die auf einen Hacker hindeuten. Andererseits könnte eine defensive KI theoretisch auch irrtümlich Datenverkehr von Journalisten oder Dissidenten als verdächtig einstufen, wenn diese verschlüsselte Kommunikation nutzen (was Terroristen ebenfalls tun). Hier müssen Regeln her, die sicherstellen, dass Privatsphäre und legitime Geheimhaltung respektiert bleiben. Militärische Aufklärung mit KI – sei es durch Satellitenbilderkennung, Abhördatenauswertung oder Social-Media-Analyse – darf sich nicht zu einer pauschalen Ausforschung ausweiten.

Ein weiteres Feld sind automatisierte Entscheidungshilfen bei militärischen Operationen. In komplexen Lagen (etwa urbaner Kampf gegen Terrorzellen) könnten KI-Systeme Vorschläge machen, welche Ziele Priorität haben oder wo Gefahren lauern. Studien wie die von Fraunhofer, IOSB und Hensoldt haben entsprechende Szenarien betrachtet – wie etwa urbane Aufklärung, bei der KI Bedrohungen in Echtzeit bewertet, aber dabei Einsatzregeln und den Schutz von Zivilisten berücksichtigt. Hier zeigte sich, dass KI die Lagebilder deutlich verbessern kann, solange sie an die Einsatzregeln gebunden wird. Einsatzregeln (Rules of Engagement) sind quasi ethisch-rechtliche Parameter, die in die KI einfließen müssen – etwa: „Schieße nicht, wenn Unbeteiligte gefährdet würden!" oder: „Melde erst an den Kommandanten, bevor Handlungsempfehlung ausgeführt wird!" Solche Regeln zu codieren ist eine anspruchsvolle Aufgabe, aber nötig, um KI in Einklang mit dem Völkerrecht (z. B. dem humanitären Kriegsvölkerrecht) und unseren Wertevorstellungen zu nutzen.

Hybride Gefahren erfordern auch, dass verschiedene Behörden zusammenarbeiten – Militär, Geheimdienste, Polizei. KI könnte gemeinsame Plattformen speisen. Doch hier taucht erneut das Problem auf: Datentrennung und rechtliche Zuständigkeiten. Was durch einen Militärgeheimdienst im Ausland gesammelt werden darf, dürften sich Beamte ein Landeskriminalamts im Inland vielleicht nicht einmal ansehen. Wenn KI nun beides vermischt (z. B. ein Tool, das sowohl militärische Aufklärungserkenntnisse als auch polizeiliche Datenbanken auswertet), braucht es klare Schranken, wer worauf zugreifen darf. Die Gefahr besteht sonst, dass durch die Hintertür Trennungsgebote unterlaufen werden – ein Grund, weshalb solche Kooperationen sehr sensibel betrachtet werden. Bisher sind Ansätze für „Fusionszentren" in Deutschland zurückhaltend, gerade wegen unserer föderalen und getrennten Sicherheitsarchitektur. KI darf nicht dazu verleiten, diese Grundpfeiler leichtfertig einzureißen. Vielmehr sollte man gezielte Schnittstellen schaffen: Beispielsweise kann eine KI auffällige Muster an eine andere Behörde melden, ohne gleich die ganzen Rohdaten weiterzugeben. So bliebe eine gewisse Trennung und nur relevante Verdachtsmomente würden behördenübergreifend geteilt – natürlich wiederum im Rahmen der Gesetze.

Governance-Struktur für KI-Nutzung – Regeln, Aufsicht und Ausbildung

Angesichts all dieser Herausforderungen wird deutlich, dass es einer umfassenden Governance-Struktur für den KI-Einsatz bedarf. Sowohl Bundeswehr als auch Polizei und Nachrichtendienste sollten klare interne Leitlinien besitzen, die auf den übergeordneten Prinzipien basieren und praktische Handlungsanweisungen geben. Einige Elemente einer solchen Governance könnten sein:

- *Ethische Richtlinien und Schulung:* Jede Organisation, die KI einsetzt, sollte einen Ethikkodex für KI formulieren. Darin könnte festgelegt werden, dass Fairness, Transparenz, Mensch-in-der-Schleife und Rechtskonformität zwingende Anforderungen an jedes KI-Projekt sind. Die FATE-Prinzipien (Fairness, Accountability/Verantwortlichkeit, Transparency/Transparenz, Ethics/Ethik) bieten hier einen Rahmen. Diese Richtlinien müssen den Mitarbeitern bekannt sein und in Ausbildung und Übung verankert werden. Etwa könnten Entscheidungsträger in Planspielen den Umgang mit KI-basierten Empfehlungen trainieren, um ein Gefühl für Chancen und Grenzen zu bekommen.
- *Interdisziplinäre Prüfungsgremien:* Vor Einführung neuer KI-Systeme sollte ein Gremium aus Technik-, Rechts- und Ethikexperten die Anwendung prüfen. Solche KI-Ethikräte oder Freigabekommissionen könnten beim Innenministerium oder Verteidigungsministerium angesiedelt sein. Sie würden bewerten: Ist das System zweckmäßig? Welche Daten nutzt es? Gibt es Biasrisiken? Sind Bürgerrechte betroffen und wenn ja, wie werden sie geschützt? Durch so eine Evaluation ließen sich viele Probleme erkennen, bevor ein System im Feld Schaden anrichtet.
- *Transparenz und Rechenschaftspflicht:* Nach Möglichkeit sollten Sicherheitsbehörden ihre KI-Einsätze gegenüber der Öffent-

lichkeit transparent machen. Vollständige Offenlegung ist aus Geheimhaltungsgründen oft nicht möglich, aber man könnte regelmäßige Berichte veröffentlichen, wie viele Personen durch KI als Gefährder eingestuft wurden, wie oft das zu Maßnahmen führte und wie die Erfolgsquote ist. Eine parlamentarische oder unabhängige Kontrollinstanz (ähnlich den G10-Kommissionen für Überwachungsmaßnahmen) könnte Einblick in die Funktionsweise erhalten, um Parlamentsrechte zu wahren. Wichtig ist auch die interne Dokumentation: Jede KI-gestützte Analyse sollte protokolliert werden, damit im Nachhinein nachvollziehbar ist, warum etwas geschah – das erleichtert auch die Klärung von Verantwortlichkeiten im Fehlerfall.

- *Technische Maßnahmen gegen Bias und Blackbox:* Governance heißt auch, technische Standards zu setzen. Wie etwa die Verpflichtung, KI-Modelle regelmäßig nachzutrainieren und gegen validierte Datensätze zu testen, um Verzerrungen aufzudecken. Oder die Forderung nach „Explainable AI"-Funktionen, damit zumindest für interne Zwecke erklärbare Entscheidungsmodelle vorliegen. Wenn eine KI sich partout nicht erklären lässt, muss man überlegen, ob ihr Einsatz vertretbar ist oder ob Alternativen (regelbasierte Systeme, simplerer Algorithmus) vorzuziehen sind.
- *Beschwerde- und Fehlerkultur:* Bürger wie Mitarbeiter brauchen Möglichkeiten, Bedenken oder Fehler zu melden. Wenn jemand glaubt, durch KI zu Unrecht verdächtigt worden zu sein, sollte es transparente Verfahren zur Beschwerdeprüfung geben. Intern sollte eine Kultur gefördert werden, in der es kein Tabu ist zu sagen: „Unsere KI hat hier offenbar Mist gebaut, lasst uns das korrigieren." Aus Fehlern muss gelernt werden, bevor sie seriell passieren. Gegebenenfalls muss ein System auch abgeschaltet werden, bis es verbessert ist – Sicherheit darf nicht bedeuten, an einem fehlerhaften Werkzeug um jeden Preis festzuhalten.
- *Internationale Kooperation bei Standards:* Weil Bedrohungen global sind, sollte Deutschland auch international für hohe ethisch-rechtliche Standards beim KI-Einsatz werben. Etwa in NATO-Arbeitsgruppen zur „AI Governance in Defence" oder EU-Foren zur Polizei-KI. Wenn Partner ähnlich sensibilisiert sind, verringern sich die Reibungen in gemeinsamen Einsätzen. Die NATO veröffentlichte 2021 eine Strategie für KI, die ebenfalls Prinzipien wie Rechtmäßigkeit und Verantwortlichkeit betont

– solche gemeinsamen Nenner sind wichtig, um Vertrauen zwischen Alliierten im Umgang mit KI zu schaffen.[23]

In der Bundeswehr wird dieses Thema unter dem Stichwort „Digitale innere Führung" diskutiert – also die Übertragung bewährter Führungsgrundsätze auf den digitalen Wandel. Letztlich bedeutet das: Der Mensch bleibt im Zentrum. KI ist ein mächtiges Hilfsmittel, aber keine Ersatzführung. Technik dient dem Menschen, nicht umgekehrt. Diese Haltung gilt es durch eine robuste Governance-Struktur praktisch werden zu lassen.

7.8 Fazit: verantwortungsbewusster KI-Einsatz als Gemeinschaftsaufgabe

KI kann in der Terrorismusbekämpfung und Extremismusprävention ein entscheidender Verbündeter sein – schneller Informationsgewinn, präzisere Prognosen und effizientere Ressourcenallokation können Menschenleben schützen. Doch KI ist kein Wundermittel, das außerhalb der Werteordnung steht. Die Risiken und Zielkonflikte sind real: Überwachungsbefugnisse dürfen nicht uferlos wachsen, Automatismen nicht die Rechtsstaatlichkeit aushöhlen und vermeintlich objektive Algorithmen dürfen nicht verdeckt Diskriminierung fortschreiben. Für Sicherheitsbehörden und Militär bedeutet das, dass der Einsatz von KI mindestens so umsichtig geplant und überwacht werden muss wie ein komplexer polizeilicher Großeinsatz oder militärischer Einsatz.

Es geht darum, Balance zu halten: Das hohe Gut der Sicherheit schützen, ohne die Freiheit zu ersticken. Dieser Balanceakt erfordert ein wissenschaftlich fundiertes Vorgehen, ständige Reflexion und ggf. Korrektur. Gerichte wie das Bundesverfassungsgericht mahnen zur Umsicht, die Gesetzgeber schaffen nach und nach Regeln – doch auch die Behördenkultur selbst muss KI-ethikfähig werden. Wenn Entwickler, Analysten, Polizisten und Offiziere gemeinsam Verantwortung übernehmen, dann kann KI zu einem Werkzeug werden, das im Einklang mit unseren demokratischen Werten steht.

Der Weg zu einem verantwortungsvollen KI-Einsatz führt über klare Leitlinien, Transparenz und Kontrolle. Dazu gehören u. a.: transparente Algorithmen und erklärbare KI-Entscheidungen, wirksame

23 NATO (2021). NATO Artificial Intelligence Strategy. Offizielles Dokument der NATO mit Prinzipien zum KI-Einsatz im Verteidigungsbereich.

Maßnahmen gegen Bias, feste rechtliche Grenzen mit unabhängiger Aufsicht, intensive Schulung des Personals sowie der Einbezug der Öffentlichkeit durch Dialog und Berichterstattung. Die Beispiele Frankreich oder Israel zeigen, wie wichtig gesellschaftliche Debatten und Grenzen sind – und wie unterschiedlich sie ausfallen können. Deutschland und Europa haben die Chance, hier einen grundrechtsfreundlichen Pfad einzuschlagen, der Sicherheit und Freiheit in ein neues, technisches Zeitalter hinüberrettet.

Für die Angehörigen von Bundeswehr und Sicherheitsbehörden bedeutet das auch, dass sie sich auf Neues einstellen müssen: neue Regeln, Verantwortlichkeiten und technische Verfahren. Doch mit der richtigen Einstellung – einer Kombination aus Neugier auf die Möglichkeiten und Bewusstsein für die Gefahren – kann KI zu einem wertvollen Bestandteil der Sicherheitsarchitektur werden.

Abschließend lässt sich festhalten: KI in der Terrorabwehr ist so gut wie die Menschen, die sie nutzen. Setzen wir sie mit Weisheit, Ethik und Rechtstreue ein, so profitieren wir von ihren Stärken, ohne unsere Prinzipien zu verraten. Dies sind die Herausforderung und zugleich das Versprechen eines zukunftsfähigen Umgangs mit KI im Dienst der Sicherheit. Nur wenn Bevölkerung, Gesetzgeber und Sicherheitsorgane hier an einem Strang ziehen, dann wird KI vom Risiko zum Vertrauensgewinn – und damit zum echten Mehrwert in der Terrorismusbekämpfung und Extremismusprävention.

KI-Technologien in der Bundeswehr und NATO

8.1 Künstliche Intelligenz in der Verteidigung: aktuelle Entwicklungen und internationale Initiativen

Künstliche Intelligenz gewinnt im Verteidigungsbereich zunehmend an Bedeutung. Weltweit treiben Streitkräfte und Organisationen wie die NATO zahlreiche Projekte voran, um KI in Bereichen wie „Aufklärung", „Entscheidungsfindung", „Logistik", „Wartung", „Sensorik", „Simulation" und „Gefechtsfeldanalyse" einzusetzen.

Bundeswehr und Bundesministerium der Verteidigung (BMVg): Fortschritte in der KI-Integration

In Deutschland arbeitet die Bundeswehr an verschiedenen Projekten zur Integration von KI-Technologien. Eines davon ist das „PEGASUS"-Projekt, das auf die Entwicklung eines luftgestützten Aufklärungssystems abzielt. Dieses System soll militärische Funkverkehre und Radaremissionen erfassen, um Lagebilder zu erstellen und Daten für Selbstschutzsysteme zu gewinnen. Das Projekt befindet sich in der Realisierungsphase, wobei der Erstflug im Oktober 2024 stattfand.

Ein weiteres bedeutendes Vorhaben ist das „Future Combat Air System" (FCAS), ein gemeinsames Projekt von Deutschland, Frankreich und Spanien. Im Rahmen dieses Programms wird ein KI-Backbone entwickelt, der als zentrale Datenverarbeitungs- und Kommunikationsplattform dient. Dieser Backbone soll verschiedene Systeme wie bemannte und unbemannte Luftfahrzeuge sowie Satelliten miteinander vernetzen und KI-gestützte Entscheidungsprozesse ermöglichen.

NATO: KI-Initiativen zur Stärkung der Verteidigungsfähigkeit

Die NATO hat ebenfalls mehrere Initiativen gestartet, um KI-Technologien in ihre Verteidigungsstrategien zu integrieren. Eine ist die Entwicklung von autonomen intelligenten Cyberverteidigungsagenten (Autonomous Intelligent Cyber Defense Agent – AICA), die in der Lage sind, selbstständig auf Cyberbedrohungen zu reagieren und Netzwerke zu schützen. Diese Agenten sollen insbesondere in taktischen Netzwerken eingesetzt werden, um schnelle und effektive Verteidigungsmaßnahmen zu gewährleisten.

Auch andere NATO-Mitgliedstaaten investieren in KI-Technologien für militärische Anwendungen:

- Die **USA** arbeiten an der Integration von KI in verschiedenen Bereichen, darunter autonome Systeme, Entscheidungsunterstützung und Cyberverteidigung.
- **Frankreich und Großbritannien** kooperieren im Rahmen des „Future Cruise / Anti-Ship Weapon (FC/ASW)"-Programms, das die Entwicklung von KI-gestützten Marschflugkörpern und Antischiffwaffen zum Ziel hat.
- **Estland** investiert verstärkt in KI-Technologien zur Verbesserung seiner Verteidigungsfähigkeiten, insbesondere im Bereich der Cyberverteidigung.
- **Kanada** beteiligt sich an verschiedenen NATO-Initiativen zur Integration von KI in militärische Systeme und fördert die Entwicklung entsprechender Technologien auf nationaler Ebene.

Diese Beispiele verdeutlichen, dass KI-Technologien bereits heute in verschiedenen Bereichen eingesetzt oder getestet werden. Partnerschaften und internationale Kooperationen spielen eine entscheidende Rolle bei der Entwicklung und Implementierung dieser Technologien.

Ein gemeinsames Ziel aller Projekte ist es, den Menschen durch KI zu unterstützen, Reaktionszeiten zu verkürzen und komplexe Datenmengen beherrschbar zu machen, ohne dabei die menschliche Verantwortung aus der Hand zu geben.

KI-Projekte in der Bundeswehr und dem BMVg

Die Bundeswehr nähert sich dem Thema „KI" mit pilotartigen Projekten und Forschungskooperationen, um Erfahrungen zu sammeln. Bereits 2019 hatte die Bundesregierung eine KI-Strategie verabschiedet und auch innerhalb des BMVg wurden strategische Leitlinien formuliert.

In der Praxis konzentrieren sich aktuelle Anwendungen auf Aufklärung und Lagebilder, Führungsunterstützung sowie Logistik und Instandhaltung. Oft arbeitet die Bundeswehr hier mit ihrem IT-Dienstleister BWI GmbH, Forschungseinrichtungen wie Fraunhofer oder der Industrie zusammen, um KI-Lösungen zu erproben. Beispiele sind Projekte zur automatisierten Geländebeobachtung, KI-gestützte Assistenzsysteme im Gefecht und Simulationen für taktische Entscheidungen.

KI in der Aufklärung und Lagebilddarstellung

Gerade im Bereich der militärischen Aufklärung und der Erstellung eines Lagebilds bietet KI großes Potenzial. Ein prominentes deutsches Pilotprojekt ist „MITA" (Military Internet of Things für taktische Aufklärung). Dabei erprobt die BWI GmbH gemeinsam mit der Münchner KI-Firma Helsing ein System, das große Gebiete mit vernetzten Sensoren überwacht und Truppenbewegungen automatisch erkennt. MITA erzeugt ein dreidimensionales Lagebild in Echtzeit, in dem erkannte Gegnerpositionen sofort visualisiert werden. Im Dezember 2022 wurde dieses KI-gestützte Aufklärungssystem auf dem Truppenübungsplatz Altengrabow vorgeführt – u. a. dem damaligen Generalinspekteur Eberhard Zorn. Das System verknüpft neu entwickelte Sensoren der BWI mit bestehender Bundeswehrsensorik und nutzt KI von Helsing für automatisierte Datenfusion und Bilderkennung. So können Feindbewegungen in Sekundenschnelle erkannt und als 3D-Lageinformation an die Führung gemeldet werden. Dieses Experiment zeigt, wie KI die Aufklärung beschleunigen und die Reaktionszeit der militärischen Führung reduzieren kann.

Auch die Rüstungsindustrie arbeitet eng mit der Bundeswehr an KI-Aufklärungslösungen – wie auch das Unternehmen Hensoldt, ein Spezialist für Sensorik. Hensoldt entwickelte das KI-gestützte Assistenzsystem „Ceretron" für vernetzte Sensoren an Landfahrzeugen. In einer Technologiedemonstration im Mai 2023 am Gefechtsübungszentrum des Heeres (GÜZ) konnte Ceretron erstmals in einem freien Feldversuch getarnte Gefechtsfahrzeuge automatisch erkennen, klassifizieren und ihre Position an ein Führungsinformationssystem melden. Dabei wurden unterschiedliche Sensoren eines gepanzerten Testfahrzeugs (u. a. Rundumsichtkameras, Optronik, Laserwarner) mittels KI zu einem umfassenden Lagebild fusioniert. Sogar mehrere gleichzeitig auftretende Bedrohungsalarme ließen sich durch die KI-Fusion automatisch aufklären. Dieses KI-Aufklärungsassistenzsystem erlaubt es der Besatzung, Ziele schneller zu erkennen und zwischen Fahrzeug und Gefechtsstand zu teilen. Vertreter des Heers attestierten, dass diese Art der sensorübergreifenden Echtzeitauswertung wegweisend für die Digitalisierung der Landstreitkräfte sei.

Parallel werden auch ethische Fragen beim KI-Einsatz in der Aufklärung betrachtet. So haben das Fraunhofer IOSB und Hensoldt gemeinsam eine Studie veröffentlicht, die untersuchte, wie KI in der visuellen Aufklärung verantwortungsvoll eingesetzt werden kann. In dem Whitepaper „Ethical Considerations for the Military Use of AI in Visual Reconnaissance" analysierten die Experten drei Anwendungsfälle – maritime Überwachung, Schutz von Feldlagern und urbane Aufklärung – und leiteten Prinzipien ab, um KI-Systeme fair, nachvollziehbar, transparent und vom Menschen kontrollierbar zu gestalten. Die Studie betont die Bedeutung von FATE-Prinzipien und fordert, dass der Mensch stets die letzte Entscheidungsinstanz bleibt.[24]

KI zur Führungsunterstützung und Gefechtsfeldanalyse

Die Auswertung von immer mehr Sensordaten und die komplexe Lage auf modernen Gefechtsfeldern stellen hohe Anforderungen an die Führung und Einsatzplanung. KI kann hier als Entscheidungshelfer dienen – etwa um Lageinformationen aufzubereiten oder taktische Optionen vorzuschlagen. Ein innovatives Forschungsprojekt dazu ist „GhostPlay", das von dtec.bw (Zentrum für Digitalisierungs- und Technologieforschung der Bundeswehr) gefördert wird. GhostPlay erforscht, wie KI-Agenten in einer Simulationsumgebung eigenständig taktische Entscheidungen entwickeln und bewerten können. Konkret werden Szenarien geprobt, in denen KI mehrere Aufgaben übernimmt: zum einen die Unterdrückung (Suppression of Enemy Air Defence – SEAD) und Zerstörung feindlicher Luftabwehr (Destruction of Enemy Air Defense – DEAD), zum anderen die Abwehr von Schwärmen unbemannter Systeme. In der Simulation treten KI-gesteuerte „rote" und „blaue" Kräfte – also Angreifer (z. B. Drohnenschwärme) und Verteidiger (z. B. Flugabwehr) – gegeneinander an und lernen durch wiederholte Gefechte voneinander. Ziel des Projekts ist es u. a., KI-basierte Entscheidungsprozesse zu entwickeln, die militärisches Handeln auf taktischer Ebene unterstützen. Diese KI-Agenten sollen Kontext und Folgen ihrer Handlungen „verstehen" und folgebewusste Entscheidungen treffen. GhostPlay untersucht somit künftige Konzepte von autonomer Gefechtsfeldanalyse und Führung: Können KI-Assistenten Kommandeuren komplexe Planungsaufgaben abnehmen, ohne ethische und rechtliche Vorgaben zu verletzen? Um das sicherzustellen, werden in GhostPlay von Beginn an ethische, legale und soziale Aspekte (ELS) berücksichtigt und Methoden wie das „IEEE-7000

[24] Anneken, M., Burkart, N., Jeschke, F., Kuwertz-Wolf, A., Mueller, A., Schumann, A., Teutsch, M. (2025). Ethical Considerations for the Military Use of Artificial Intelligence in Visual Reconnaissance. HENSOLDT Sensors GmbH, HENSOLDT Optronics GmbH, Fraunhofer IOSB.

Value-Based Design" getestet. Dieses Forschungsvorhaben befindet sich zwar noch im experimentellen Stadium, zeigt aber, wohin die Reise gehen könnte: KI als Teil des Human-Machine-Teaming im Gefecht, wo der Mensch durch eine „Mitdenkmaschine" unterstützt wird.

Bereits heute nutzt die Bundeswehr erste KI-Ansätze, um Führungsinformationen zu verarbeiten. So fließen etwa Aufklärungsergebnisse aus den oben genannten Projekten (MITA, Ceretron) in digitale Führungsinformationssysteme mit ein, wo sie dem Stab nahezu in Echtzeit zur Verfügung stehen. In Auslandseinsätzen oder bei der Auswertung von Livevideodaten (z. B. von Drohnen) helfen Machine-Learning-Algorithmen dabei, Muster zu erkennen – etwa verdächtige Bewegungen in einer Menschenmenge oder Anomalien in Datenströmen. Allerdings steckt die umfassende KI-Integration in der Führungsunterstützung noch in den Anfängen. Die Bundeswehr testet diese Technologien vorerst in kleinerem Maßstab, um Vertrauen in die Zuverlässigkeit der Systeme aufzubauen, bevor ein breiter Einsatz erfolgt. Hier besteht noch Beschaffungsbedarf an robusten, geprüften Systemen sowie Offenheit für weitere Forschung, etwa in Kooperation mit den Universitäten der Bundeswehr und anderen Partnern.

KI in Logistik, Wartung und Support

Auch in weniger offensiv wirkenden Bereichen wie der Logistik und Instandhaltung kann KI einen erheblichen Mehrwert liefern. Große militärische Geräteparks, Fahrzeugflotten und komplexe Waffensysteme erzeugen Unmengen an technischen Betriebsdaten. Mithilfe von KI lässt sich daraus vorhersagen, wann ein Fahrzeugteil ausfallen könnte – das Stichwort lautet „Predictive Maintenance" (vorausschauende Wartung). Die Bundeswehr hat in diesem Bereich Pilotprojekte initiiert, um Wartungsintervalle zu optimieren. So wurde beispielsweise in der Luftwaffe getestet, ob sich durch Auswertung von Triebwerksdaten mittels Machine Learning Frühwarnindikatoren für Verschleiß erkennen lassen. Zwar liegen hierzu noch keine öffentlich bekannten Ergebnisse vor, doch orientiert man sich an den Erfahrungen der NATO-Partner: In den USA konnten entsprechende KI-Tools die Verfügbarkeit von Kampfjets erhöhen, indem sie Wartungspersonal genauere Prognosen gaben, welche Teile wann getauscht werden müssen. Ähnliche Ansätze verfolgt man bei Bundeswehrfahrzeugen und -hubschraubern, um ungeplante Ausfälle zu reduzieren.

In der Logistikplanung selbst – etwa Routenoptimierung für Versorgungsfahrten in Einsatzgebieten oder intelligente Lagerhaltung – sind KI-Anwendungen ebenfalls in Arbeit. Das Kommando Logistik der Bundeswehr untersucht, wie Algorithmen Nachschubbedarfe auf Basis von Verbrauchsdaten automatisiert berechnen können. Der Cyber Innovation Hub der Bundeswehr fördert zudem Start-ups, die KI-Lösungen für militärische Logistik anbieten, wie etwa Systeme zur dynamischen Konvoiroutenplanung je nach Bedrohungslage. Bis solche Anwendungen flächendeckend nutzbar sind, gilt es jedoch, viele praktische Hürden zu nehmen – von der Datenqualität bis zur IT-Sicherheit der eingesetzten Systeme. Der Mehrwert ist aber klar: Schnellere und effizientere Logistikabläufe bedeuten im Einsatz einen Vorsprung.

8.2 KI-Initiativen in der NATO und bei verbündeten Streitkräften

Nicht nur Deutschland, sondern auch alle anderen NATO-Staaten haben erkannt, dass KI-Technologien künftig entscheidend für die militärische Leistungsfähigkeit sein werden. Auf NATO-Ebene wird dies durch eine gemeinsame KI-Strategie untermauert: Bereits 2021 verabschiedet und im Juli 2024 aktualisiert definiert sie Grundsätze für den verantwortungsvollen Einsatz von KI in der Allianz.[25] Darin verpflichten sich die Mitglieder, KI im Einklang mit dem Völkerrecht und menschenzentriert einzusetzen – gleichzeitig aber die Entwicklung „vertrauenswürdiger" KI-Systeme voranzutreiben, um die NATO technologisch an der Spitze zu halten. Parallel koordiniert die NATO spezielle Innovationsprogramme wie „DIANA" (Defence Innovation Accelerator for the North Atlantic) und einen Innovationsfonds (dazu unten mehr), um Dual-Use-KI-Innovationen aus allen Mitgliedsländern zu fördern. Im Folgenden betrachten wir beispielhaft einzelne Länder und ihre aktuellen KI-Projekte:

8

USA: Pionierprojekte von Aufklärung bis hin zu autonomem Luftkampf

Die Vereinigten Staaten investieren seit Jahren massiv in militärische KI und gelten als Vorreiter. Ein bekanntes Frühprojekt ist „Project

[25] NATO (2021). Summary of the NATO Artificial Intelligence Strategy. Offizieller Text, 22. 10. 2021.

Maven", gestartet 2017 vom US-Verteidigungsministerium. Ziel von Maven war es, KI zur automatischen Analyse von Überwachungsbildern einzusetzen – insbesondere um in den riesigen Videomengen von Drohnenaufklärungsflügen schnell feindliche Objekte und Aktivitäten zu erkennen. Dieses Projekt gilt als bahnbrechend für die KI-gestützte Kriegsführung. Schon wenige Jahre nach dem Start wurde Maven in ersten Einsätzen erprobt und identifizierte auf UAV-Videostreams Fahrzeuge oder Tatverdächtige deutlich schneller als menschliche Analysten. Im Zug der Weiterentwicklung wurde 2022 die Verantwortung für Maven an die National Geospatial-Intelligence Agency übertragen, um das System breiter einzuführen und mit Geodaten zu verknüpfen. Maven ebnete den Weg für zahlreiche weitere KI-Anwendungen im Bereich „Intelligence, Surveillance and Reconnaissance" – ein Bereich, in dem die USA heute über tausende Stunden Erfahrung mit KI-Analysen verfügen.

Institutionell haben die USA ihre KI-Aktivitäten gebündelt: 2018 gründete das Pentagon das Joint Artificial Intelligence Center (JAIC), um KI-Projekte streitkräfteübergreifend zu koordinieren. Seit 2022 ist das JAIC im neuen Chief Digital and AI-Office aufgegangen, das noch stärker darauf abzielt, KI in die Breite zu bringen und mit Datennutzung zu verzahnen. Diese zentrale Steuerung spiegelt sich in konkreten Programmen wider: So treibt das US Army Futures Command KI-Entwicklung für das Konzept „Project Convergence" (das Zusammenführen aller Sensoren und Effektoren in Echtzeit) voran, während die Air Force und Navy eigene KI-Schwerpunkte setzen (z. B. autonome Drohnenschwärme oder Entscheidungsassistenz in Gefechtsständen).

Besonders spektakulär sind amerikanische Fortschritte bei autonomen Systemen und Schwarmtechnologien.

Beispiel:

Im November 2021 demonstrierte die DARPA im Projekt „OFFSET" (Offensive Swarm-Enabled Tactics) einen Drohnenschwarm von über 130 Drohnen, der von nur einem einzigen Operator in einer urbanen Gefechtsübung kontrolliert wurde. Dabei gelang es, ein gemischtes Team aus fliegenden und bodengebundenen Robotern koordiniert für Aufklärungs- und Patrouillenaufgaben einzusetzen. Dieser Versuch, bei dem innerhalb von 20 Minuten rund 600 Objekte durch den Schwarm detektiert wurden, zeigte das Potenzial von Schwarm-KI: Viele autonome Einheiten agieren verteilt, aber orchestriert, um dem Truppenführer ein umfassendes Lagebild zu liefern. Solche Technologien befinden sich zwar noch in der Testphase, werden aber von DARPA und den US-Streitkräften konsequent weiterverfolgt.

Ein weiterer Meilenstein wurde 2023 im Bereich „Autonomer Luftkampf" erreicht. Im Rahmen des DARPA-Programms „Air Combat Evolution" (ACE) absolvierte erstmals ein KI-gesteuerter Jet einen simulierten Luftkampf gegen einen bemannten Jet – ein sogenanntes „Dogfight-Szenario". Auf der Versuchsbasis Edwards AFB manövrierte dabei ein modifizierter F-16 („X-62A VISTA") unter KI-Kontrolle gegen einen von einem Piloten gesteuerten F-16 und führte eigenständig Ausweich- und Angriffsmanöver durch. Beobachter sprachen von einem Weltrekord, da dies der erste bekannte KI-Dogfight in einem realen Flugzeug war. Zwar saß aus Sicherheitsgründen noch ein menschlicher Pilot als Back-up im Cockpit, doch die KI flog das Flugzeug weitgehend autonom. Dieses Experiment dient vor allem dazu, die Vertrauensbildung im Human-Machine-Teaming voranzubringen: Die US Air Force plant nämlich, bis Ende des Jahrzehnts sogenannte „Loyal Wingman" (unbemannte Begleitflugzeuge) in Dienst zu stellen, die Seite an Seite mit bemannten Kampfflugzeugen kämpfen sollen. Solche kollaborativen Kampfflugsysteme (Collaborative Combat Aircraft – CCA) würden stark auf KI für Autonomie und taktische Entscheidungen setzen. Die USA machen hier mit Übungen wie dem KI-Dogfight wichtige Vorarbeiten, um später Mensch und KI-Fluggerät im Verbund sicher einsetzen zu können.

Auch in Logistik und Wartung treiben die US-Streitkräfte KI-Lösungen voran. So hat die US Navy im Projekt „Condition-Based Maintenance" KI-Modelle implementiert, die bei Schiffsaggregaten Alarm schlagen, bevor ein Ausfall droht. Die Air Force nutzt KI in ihrem Predictive Maintenance System für Transportflugzeuge, was die Verfügbarkeit signifikant gesteigert haben soll. Darüber hinaus experimentiert das US-Verteidigungsministerium mit KI-gestützter Truppenversorgung – etwa Lkw-Konvois, die mit Fahrerassistenz oder Autonomie Gefahrensituationen schneller erkennen und umgehen können. Insgesamt lässt sich feststellen: Die USA setzen KI auf breiter Front ein – von der Verwaltung (Planungssysteme) über Stäbe bis hin an die Front – und viele NATO-Partner schauen sich diese Erfahrungen genau an.

Frankreich: KI-Strategie und vernetzte Gefechtsführung

Frankreich hat in den letzten Jahren sein Engagement für militärische KI erheblich verstärkt. Im März 2023 stellte der damalige französische Verteidigungsminister Sébastien Lecornu eine umfassende KI-Strategie für den Verteidigungssektor vor. Diese Strategie bildet den Rahmen für sämtliche KI-Aktivitäten des Ministère des Armées (Verteidigungsministerium) und zielt insbesondere darauf ab, technologische Souveränität zu bewahren – also unabhängige französische/europäische KI-Lösungen zu entwickeln, um nicht von ausländischer Technik abzuhängen. Begleitend wurde bereits im Mai 2023 eine Agentur für Verteidigungs-KI (Agence ministérielle de l'IA de Défense – AMIAD) in Paris gegründet, die als zentraler Knoten für KI-Projekte fungiert. Laut AMIAD-Direktor Bertrand Rondepierre soll KI „in allgemeiner Weise die Durchführung von Operationen auf dem Gefechtsfeld – einschließlich der logistischen Dimension – erfassen und unterstützen". Praktisch bedeutet das, dass KI sowohl zur Entscheidungsunterstützung als auch zur Automatisierung massenhafter Routineaufgaben eingesetzt werden soll. So will man den Menschen entlasten, aber gleichzeitig sicherstellen, dass er durch KI-Assistenz schnellere Entscheidungen treffen kann.

Frankreich hat zudem konkrete Anwendungsfälle, in denen KI bereits heute genutzt oder erprobt wird. Einer davon ist die Marine: Bei der U-Boot-Jagd und Überwachung in den Weltmeeren nutzt die französische Marine KI zur akustischen Signalverarbeitung. Unterwassergeräusche (etwa von Schiffsmotoren oder Tauchrobotern) erzeugen ein enormes Grundrauschen – hier hilft KI dabei, in diesem Geräuschpegel relevante akustische Signaturen herauszufiltern, um U-Boote oder andere Ziele besser aufzuspüren. Dieses akustische KI-System dient der Zielaufklärung unter Wasser und soll menschliche Sonaroperateure entlasten.

Daneben ist KI integraler Bestandteil von Frankreichs großen Rüstungsprogrammen zur vernetzten Gefechtsführung. Im Heeresbereich etwa läuft das Programm „SCORPION", das die französischen Landstreitkräfte mit neuen gepanzerten Fahrzeugen und einem digitalen Netzwerkgefechtssystem ausstattet. In diesem System – dem Système d'information du combat Scorpion (SICS) – kommen Algorithmen zum Einsatz, die Sensordaten von Fahrzeugen, Drohnen und Soldaten in Echtzeit fusionieren und den Verbänden als gemeinsames Lagebild darstellen. KI-Komponenten unterstützen dabei die Zielerkennung aus Kamera- und Radarbildern und priorisieren Bedrohungen, sodass der Zugführer schneller informiert reagieren kann. Ebenso im Luftstreitkräfteprojekt „FCAS": Dieses trilaterale Programm von Frankreich, Deutschland und Spanien für ein zukünftiges Kampfflugzeugsystem setzt stark auf KI. Das FCAS-Konzept sieht neben dem bemannten „Next Generation Fighter" auch mehrere unbemannte Begleitdrohnen (Remote Carrier) vor, die mittels KI semiautonom agieren und vom Piloten per Teaming geführt werden sollen. Zudem wird ein Combat-Cloud-Netzwerk entwickelt, in dem KI Daten aus allen Domänen (Luft, Land, See, Weltraum, Cyber) analysiert und verteilt. Frankreich betrachtet KI hier als Schlüssel, um vernetzte Operationen überhaupt erst beherrschbar zu machen. Französische Rüstungsfirmen wie Thales, Dassault und Airbus sind entsprechend in zahlreichen KI-Entwicklungsprojekten aktiv – von Bilderkennungssystemen für Aufklärungsdrohnen bis hin zu automatisierten Bedrohungsanalysen für die Luftverteidigung.

Interessant ist auch die internationale Kooperation Frankreichs: So war auf dem KI-Aktionsgipfel in Paris (Februar 2025) neben Staatschefs und Industrievertretern auch das europäische KI-Unternehmen Helsing präsent. Dies zeigt, dass Frankreich bereit ist, mit europäischen Partnern wie Deutschland bei militärischer KI zusammenzuarbeiten, um gemeinsam mit den USA und China Schritt zu halten. Die französische Botschaft betont zudem gerne, dass man dank zahlreicher KI-Start-ups und starker Forschung (etwa INRIA, CNRS) eine aktive Szene hat, die man für Verteidigungszwecke mobilisieren will (Élysée, 2024). Insgesamt verfolgt Frankreich also eine Doppelstrategie: eigene militärische KI-Kompetenz aufbauen, aber im europäischen Schulterschluss Synergien nutzen – mit dem Ziel, KI in allen Aspekten der Gefechtsführung, von der U-Boot-Jagd bis hin zur Luftkampfführung, einzubetten.

Großbritannien: datengetriebene Experimente und KI für Wartung

Großbritannien hat seine Anstrengungen im KI-Bereich zuletzt sichtbar ausgeweitet. Das britische Verteidigungsministerium veröffentlichte Ende 2022 eine „Defence AI Strategy", gefolgt von einem detaillierten „Defence AI Playbook“[26] im Jahr 2024, die darlegen, wie die britischen Streitkräfte bis 2025 „AI-Ready“ werden sollten. Dabei setzen die Briten auf pragmatische Pilotprojekte in verschiedenen Domänen, oft mit Unterstützung ihres Defence Science and Technology Laboratory (DSTL). Zwei aktuelle Beispiele – eines im Bereich Lagebilder, eines in der Instandhaltung – zeigen den Ansatz.

Im September 2023 führte das DSTL gemeinsam mit der Royal Navy und der British Army eine groß angelegte Datenübungsoperation an der Küste von Hampshire durch. In einem simulierten Szenario eines amphibischen Landungsunternehmens („Beach Landing Exercise“) wurden rund 130 Soldaten, 13 Boote bzw. Fahrzeuge, diverse Drohnen sowie über 50 Kameras und Sensoren eingesetzt. Ziel war es, möglichst umfangreiche Multisensordaten (Video, Infrarot, Radar, Sonar) von unterschiedlichen Landungsszenarien zu sammeln – sowohl geordnete, synchronisierte Landungen als auch bewusst chaotische Abläufe. Diese Daten dienen nun dazu, KI-Algorithmen für die Objekt- und Verhaltenserkennung zu trainieren. So sollen zukünftige KI-Systeme in der Lage sein, Landungsboote, Personen und Ausrüstung am Strand automatisch zu erkennen und zwischen geübten militärischen Bewegungen und unkoordiniertem Verhalten zu unterscheiden. Das Beispiel verdeutlicht Großbritanniens Fokus auf Daten als Grundlage: Bevor KI in kritischen Bereichen eingesetzt wird, investiert man ins Sammeln hochwertiger Trainingsdaten in realistischen Übungen. Diese amphibische Datenübung – an der auch US-Einrichtungen wie das Air Force Research Lab und Firmen aus Großbritannien, den USA, Italien und Frankreich teilnahmen – ist zudem ein internationales Kooperationsbeispiel, denn KI-Modelle profitieren von einer breiten Datengrundlage.

Ein weiteres konkretes Projekt ist die Einführung eines KI-gestützten Tools für die Wartungsunterstützung der Royal-Navy-Helikopter. Das System namens „Motherlode“ ist eine Software, die mithilfe von KI historische Wartungsdaten und Betriebsparameter analysiert, um Ausfälle von Komponenten vorherzusagen. Im Oktober 2023 gab das britische Verteidigungsministerium bekannt, dass Motherlode bis Ende 2023 auf allen Marinehubschraubern (Wildcat und Merlin) ausgerollt wird. Das Programm kann Umgebungsbedingungen und nutzungsspezifische Belastungen berücksichtigen und dadurch

[26] United Kingdom Ministry of Defence (2024). Defence Artificial Intelligence (AI) Playbook.

deutlich präzisere Vorhersagen treffen, wann ein Bauteil an einem Hubschrauber gewartet oder getauscht werden muss. Aufgaben in der Fehlersuche, die zuvor stundenlang manuelle Datenanalyse erforderten, erledigt die KI nun in Sekunden. Interessanterweise denkt das britische Militär sogar darüber nach, die zugrunde liegende KI-Technologie auch auf andere Geräte auszuweiten – erwähnt wurde u. a. das Foxhound-Patrouillenfahrzeug. Motherlode demonstriert, dass Predictive Maintenance mittlerweile reif für den Praxisbetrieb ist: Großbritannien verspricht sich davon erhebliche Effizienzgewinne und eine höhere Verfügbarkeit kritischer Systeme.

Neben solchen eher verborgenen Anwendungen in der Logistik testet Großbritannien auch KI-Technik für den direkten Einsatz auf dem Gefechtsfeld. So wurde 2024 das Smart-Shooter-„SMASH"-System bei der British Army eingeführt. SMASH ist ein elektronisches Visier für Infanteriewaffen, das mit KI-Bildverarbeitung feindliche Minidrohnen automatisch erfasst und verfolgt. Im März 2024 meldete die British Army, dass erste Fallschirmjäger der 16 Air Assault Brigade mit diesem KI-gestützten Antidrohnenzielsystem ausgerüstet wurden. Das Visier identifiziert das kleine, schnelle Ziel in der Luft, berechnet dessen Bewegung und sorgt dafür, dass der Schuss der Waffe nur ausgelöst wird, wenn er auch trifft. Diese „One Shot, One Hit"-Technologie verspricht eine drastisch höhere Trefferwahrscheinlichkeit gegen Kleindrohnen, die mit herkömmlichen Mitteln extrem schwer zu treffen sind. Bereits im Juni 2023 hatte die Beschaffungsbehörde des britischen Verteidigungsministeriums Hunderte solcher SMASH-Visiere bestellt, um der Truppe einen taktischen Vorteil gegenüber neuartigen Bedrohungen aus der Luft zu verschaffen. Das System illustriert, wie KI inzwischen bis auf die Ebene des einzelnen Soldaten vordringt – hier in Form eines kompakten, intelligenten Zielfernrohrs, das Soldaten zu effektiven Drohnenjägern macht. Solche praktischen Lösungen entstehen oft in Zusammenarbeit mit Industriepartnern (im Fall von SMASH ist es ein israelisches Unternehmen), zeigen aber, dass die Integration von KI in Standardausrüstung in NATO-Armeen beginnt.

Insgesamt verfolgt Großbritannien eine Policy des kontrollierten Vorantastens: Durch gezielte Demonstrationen (wie die DSTL-Übung) und schnelle Gewinne (wie bei Motherlode oder SMASH) soll KI Schritt für Schritt ins britische Militärökosystem integriert werden. Wichtig ist auch hier die enge transatlantische Kooperation – etwa im Austausch mit den USA und Kanada im Five-Eyes-Verbund – um gemeinsam Standards für militärische KI und Daten zu entwickeln. Gleichzeitig achtet man darauf, Rahmenwerke für ethischen KI-Einsatz einzuhalten, was sich auch im britischen Beitrag zur „Responsible AI in Defence"-Erklärung der internationalen Gemeinschaft zeigt.

Estland: Digitalvorreiter mit eigener KI-Strategie

Das baltische Estland – bekannt als Digitalvorreiter in Europa – engagiert sich ebenfalls stark im Bereich „Verteidigungs-KI". Trotz seiner kleinen Streitkräfte hat Estland verstanden, dass smarte Technologien ein Multiplikator sein können. Im März 2025 veröffentlichte das estnische Verteidigungsministerium eine erste KI-Entwicklungsstrategie für die Verteidigung, die große Investitionen vorsieht. Darin verpflichtet sich Estland, die Verteidigungsausgaben auf 5 % des Bruttoinlandprodukts zu erhöhen (ein im NATO-Vergleich herausragender Wert) und einen erheblichen Teil davon in die Digitalisierung und KI-Fähigkeiten der estnischen Verteidigungsstreitkräfte zu stecken. Kernpunkte der Strategie sind der Aufbau einer modernen digitalen Infrastruktur, auf der KI-Lösungen für Aufklärung, Zielerfassung, logistische Unterstützung und Verwaltung laufen können. Estland sieht KI also ganzheitlich: sowohl für Kampfaufgaben (wie schnelleres Auswählen von Zielen im Gefecht) als auch für die Effizienz im Backoffice (administrative Prozesse automatisieren). Zudem wird explizit betont, die Interoperabilität mit NATO-Partnern digital zu verbessern und mit der eigenen florierenden Techindustrie eng zu kooperieren. So sollen estnische IT-Firmen und Start-ups in nationale Verteidigungs-KI-Projekte mit eingebunden werden, während gleichzeitig die Streitkräfte personell geschult werden (die Strategie regt an, KI-Fachwissen im Militär durch Ausbildung zu steigern und
8 eventuell einen „Chief Innovation/Digital Officer" zu ernennen).

Estland bringt auch bereits eigene Lösungen hervor. Das Unternehmen DefSecIntel Solutions, das in Estland ansässig ist, entwickelt autonome Überwachungssysteme an der Schnittstelle von Drohnen, stationären Sensoren und KI. Eines ihrer Produkte kombiniert einen Drohnenhangar mit einem Überwachungsturm: Eine Drohne kann automatisiert starten, patrouillieren und mithilfe von KI Objekte oder Personen erkennen, während der Turm zusätzliche Kamerabilder liefert. Solche Systeme werden bereits von estnischen Grenzschützern in entlegenen Gebieten getestet – etwa um Grenzparks oder kritische Infrastruktur zu überwachen. Ein anderes Produkt von DefSecIntel ist eine mobile Aufklärungsplattform auf Allradfahrzeugen mit diversen Sensoren, die Grenztruppen oder Aufklärungseinheiten für schnelle Einsätze nutzen können. Außerdem arbeitet die Firma an einer Kurzstreckenluftabwehr gegen Minidrohnen, die KI-unterstützt Drohnen detektiert, verfolgt und unschädlich macht. All diese Lösungen eint ein moderner KI-gestützter Führungsrechner, der weitgehend automatisiert erkennt, klassifiziert und sogar Handlungen auslösen kann – sodass ein einzelner Bediener komplexe Sensorsysteme steuern kann. Nach Aussage des CEOs Jaanus Tamm hat der Krieg in der Ukraine verdeutlicht, dass Drohnen und KI das zukünftige Gefechtsfeld prägen werden und dass Echtzeitsituationsbewusstsein sowie effektive Kleindrohnenabwehr unverzichtbar werden. Estland sieht sich hier offenbar als Entwicklungsfeld: Einerseits werden diese Technologien in der Ukraine erprobt oder benötigt, andererseits sollen sie künftig die EU- und NATO-Grenzen schützen helfen. Das unterstreicht Estlands Rolle als agiler Technologielieferant innerhalb der NATO.

Darüber hinaus engagiert sich Estland sehr in NATO-Initiativen: In der NATO-Innovationsstruktur DIANA hat Estland einen der beiden europäischen Regionalhubs beheimatet – in Tallinn befindet sich seit 2024 ein DIANA-Regionalhub, der mit Techparks und Start-ups vernetzt ist. Dies passt zur estnischen Philosophie, zivile Hochtechnologie für Verteidigungszwecke nutzbar zu machen. So verwundert es nicht, dass Estland auch Teil des Konsortiums für den neuen NATO-Innovationsfonds ist, der Start-ups (inklusive KI-Unternehmen) finanziert. Schließlich beteiligt sich Estland an multinationalen Übungen, wo Digitalverteidigung geprobt wird (z. B. an der jährlichen Cyber Defense Exercise „Locked Shields" mit dem NATO Cooperative Cyber Defence Centre of Excellence (CCDCOE) in Tallinn). Insgesamt zeigt sich Estland trotz begrenzter Ressourcen als Vorbild für digitale Verteidigung: klare Strategie, breite Einbindung der Techcommunity und Fokussierung auf Nischen, in denen man brillieren kann (z. B. Drohnenabwehr, Netzwerke). 8

Kanada: Schwerpunkt „Verantwortung und Allianzintegration"

Auch Kanada hat jüngst einen strategischen Rahmen für KI in der Verteidigung geschaffen. Im März 2024 veröffentlichten das kanadische Department of National Defence und die Canadian Armed Forces ihre erste KI-Strategie. Diese Strategie formuliert das ambitionierte Ziel, die kanadischen Streitkräfte bis 2030 „AI-enabled" zu machen. Im Zentrum stehen fünf Schwerpunkte: die Identifizierung und Einführung benötigter KI-Fähigkeiten, die Schaffung einer Innovationskultur, die Etablierung von Prinzipien und Prozessen für ethisch und rechtlich einwandfreie KI-Nutzung, die Entwicklung des Personals (Talente und Ausbildung) sowie die Sicherstellung von Interoperabilität mit Alliierten. Insbesondere auf Letzteres legt Kanada Wert – als Mitglied sowohl der NATO als auch der Five-Eyes-Geheimdienstallianz will man kompatible KI-Systeme nutzen. Ein konkreter Aspekt ist etwa die enge Abstimmung mit den USA bei der Modernisierung der Luftraumüberwachung des NORAD (North American Aerospace Defense Command), wo KI dabei helfen soll, eingehende Bedrohungen (Flugobjekte) schneller einzustufen.

Kanadas Verteidigungsminister betonte bei der Vorstellung der Strategie auf der „Ottawa Security and Defence Conference 2024", dass verantwortungsvoller KI-Einsatz und Innovation Hand in Hand gehen müssen. Zeitgleich kündigte er Investitionen an, um die einheimische Verteidigungsinnovation zu fördern – u. a. fließen Mittel in das Programm „IDEaS" (Innovation for Defence Excellence and Security), über das auch KI-Projekte in kanadischen Firmen unterstützt werden. So soll die heimische Rüstungsindustrie in die Lage versetzt werden, moderne Fertigungstechniken mit KI (hier im Kontext der Munitionsherstellung) zu entwickeln, was wiederum den militärischen Bedarf deckt und verbündeten Nationen zugutekommen kann. Diese Verbindung von KI, Rüstungsindustrie und alliierter Unterstützung zeigt Kanadas Ansatz: KI nutzen, um effizienter zu produzieren und zu operieren, und gleichzeitig Verbündeten Mehrwert bieten.

Konkrete technisch-operative KI-Projekte Kanadas sind weniger öffentlich sichtbar als die der größeren NATO-Partner. Dennoch gibt es auch hier welche: Die Royal Canadian Air Force testete etwa KI-Algorithmen zur Auswertung von Aufklärungsfotos in arktischen Regionen, um besser zwischen natürlichen Formationen und getarnten Objekten unterscheiden zu können. Das kanadische Heer experimentierte mit einem Truppenübungssimulator, in dem KI-gesteuerte Einheiten als Gegner fungieren, um die Übungen realistischer zu machen. Zudem ist Kanada federführend bei der Entwicklung von Richtlinien für den vertrauenswürdigen KI-Einsatz: Im Februar 2023 unterzeichnete es gemeinsam mit anderen Staaten eine politische Erklärung zur verantwortungsvollen militärischen Nutzung von KI (Responsible AI in the Military Domain), die internationale Grundsätze festlegt. Diese Bemühungen unterstreichen Kanadas Schwerpunkt auf Normsetzung und Ethik.

Nicht zuletzt ist Kanada auch in die NATO-Innovationsstruktur eingebunden. In Halifax (Nova Scotia) entsteht ein DIANA-Regionalbüro für Nordamerika, was Kanadas Bedeutung in diesem transatlantischen Technetzwerk hervorhebt. Der NATO-Innovationsfonds, an dem Kanada beteiligt ist, wird in den kommenden Jahren Start-ups fördern – kanadische KI-Firmen könnten davon profitieren. Somit nutzt Kanada seine Stärken – hochqualifizierte Techfachkräfte, stabile Politik und Allianzen –, um sicherzustellen, dass es bei militärischer KI nicht den Anschluss verliert, sondern sich als verantwortungsbewusster Innovator positioniert.

8.3 Forschungskooperationen und zukünftige Technologien

Die vorigen Beispiele zeigen, dass Kooperationen ein Schlüsselfaktor für Fortschritt sind. Die Bundeswehr arbeitet eng mit deutscher Forschung und Industrie zusammen: Institute der Fraunhofer-Gesellschaft (z. B. IOSB, FKIE, INT) liefern Algorithmen, Testumgebungen und unabhängige Bewertungen, während Firmen wie Hensoldt, Airbus Defence, Rheinmetall und junge Unternehmen wie Helsing oder 21strategies ihre Technologien einbringen. Das Bundesamt für Ausrüstung, Informationstechnik und Nutzung der Bundeswehr (BAAINBw) unterstützt viele dieser Projekte finanziell oder logistisch und achtet darauf, dass neue KI-Systeme in die bestehende IT-Landschaft der Bundeswehr (Führungsinformationssysteme, Sensorplattformen usw.) integriert werden können. Beispielsweise kooperiert das BAAINBw in NATO-Arbeitsgruppen zur Standardisierung von Schnittstellen für KI-Systeme, damit die Interoperabilität gewährleistet bleibt (NATO Standardization Agreements (STANAGs; dt.: Standardisierungsübereinkommen) zu Datenformaten).

Auf NATO-Ebene bündeln neue Einrichtungen die Kräfte der Mitgliedstaaten: Das erwähnte DIANA-Programm bietet ein Netzwerk von über 20 Innovationshubs und 180 Testzentren in Europa und Nordamerika, um Dual-Use-Technologien – allen voran KI – schneller zur Marktreife zu bringen. Start-ups und Forscher, die an NATO-relevanten KI-Lösungen arbeiten, können sich bei DIANA bewerben und erhalten im Erfolgsfall Zugang zu Finanzierung, Mentoring und Testumgebungen in NATO-Ländern. 2023 starteten drei erste Challengeprogramme, etwa zu unterseeischer Überwachung und sicherer Informationsweitergabe, bei denen KI-Ansätze gefragt waren. Ab 2025 soll DIANA Hunderte Innovatoren pro Jahr fördern. Parallel investiert der NATO-Innovationsfonds gezielt in Start-ups, insbesondere solche aus dem DIANA-Programm. Damit entsteht ein transatlantisches Förderökosystem, das von Kanada über Europa bis hin in die USA Talente vernetzt. Ergänzend treibt das NATO-Hauptquartier die politische Abstimmung voran, während das NATO Allied Command Transformation (ACT) in Norfolk Konzepte für den Einsatz von KI erarbeitet und Übungen/Hackathons (wie den „NATO Innovation Hackathon 2025") veranstaltet. Diese Allianzbemühungen sollen sicherstellen, dass keine Nation isoliert entwickeln muss, sondern alle vom gemeinsamen Fortschritt profitieren – und dass NATO-KI mit gemeinsamen Werten vereinbar ist.

Ein Blick nach vorn zeigt mehrere Technologiefelder, die heute noch im Konzeptstadium sind, aber voraussichtlich großen Einfluss haben werden:

- *Autonome Systeme:* Vollautonome militärische Systeme – sei es ein unbemanntes Bodenfahrzeug, das allein Patrouille fährt, oder ein Drohnenschwarm, der ohne permanenten Befehl Ziele bekämpft – sind technisch greifbar, werfen aber operative und ethische Fragen auf. Experimente wie die US-Loyal-Wingman-Drohnen oder das deutsche Autonomieprogramm für Bodenfahrzeuge (Erprobung von UGVs im Verband) werden in den nächsten Jahren zeigen, wie weit Autonomie gehen kann, ohne den Menschen als Kontrolle zu verlieren. Aktuell tendieren NATO-Staaten dazu, solche Systeme vorerst als assistierende oder halbautonome Lösungen einzusetzen (z. B. ein Fahrzeug folgt autonom dem bemannten Führungsfahrzeug – ein sogenanntes „Konvoifahren").
- *Edge-KI:* Darunter versteht man KI, die direkt an der „Edge", also am Sensor oder am Waffensystem selbst, verarbeitet wird – anstatt in einem fernen Rechenzentrum. Dies ist wichtig für Echtzeitanwendungen im Gefecht und bei gestörter Kommunikation. Moderne Sensoren, etwa Radare oder Kameras, erzeugen riesige Datenmengen, die nicht alle übermittelt werden können. Daher wird daran gearbeitet, KI-Chips und Algorithmen direkt in Sensorgeräte zu integrieren, um Daten schon vor Ort vorzuver-

arbeiten. Hensoldts Konzept, „Intelligenz direkt in die Kamera" zu bringen, dient als Beispiel: Das „See-Through-Armor-System (SETAS)" mit eingebetteter KI erkennt in Sekunden Gefahren rund um ein gepanzertes Fahrzeug und meldet sie weiter. Edge-KI reduziert Latenzen, spart Bandbreite und macht die Kräfte unabhängiger von Cloudanbindungen – ein zentraler Vorteil in gestörten Umgebungen oder bei elektronischer Kriegsführung. Zukünftig werden also vermutlich jede Drohne, jedes Visier und jedes Fahrzeug eigene KI-Fähigkeiten an Bord haben, um die Flut an Sensordaten in nutzbare Information zu verwandeln.

- *Schwärme und Kooperation:* Die Idee von Schwarmintelligenz – viele relativ einfache Akteure bilden durch Koordination ein leistungsfähiges System – hat militärisch enormes Potenzial. Wir sahen bereits Drohnenschwarmtests in den USA. Auch europäische Projekte wie im Rahmen der EU-Verteidigungsfonds-Forschung befassen sich mit kooperierenden Drohnen (Luft und Boden). Künftig könnten Drohnenschwärme Aufklärung, Störung und sogar Angriff in einem übernehmen. Ähnliche Überlegungen gibt es für die Marine (Schwärme kleiner unbemannter Boote zur Hafensicherung). Die Herausforderung bleibt, solche Schwärme für den Menschen steuerbar zu halten – entweder durch Vorabprogrammierung von Schwarmtaktiken oder durch intuitive Bedienkonzepte für den Operator. Hierzu wird auch in der NATO Science and Technology Organization geforscht. Erste Teilanwendungen wie kooperative Drohnenaufklärung (ein Verbund von UAVs sucht gemeinsam ein Gebiet ab, teilt Aufgaben autonom auf) stehen kurz vor der Reife.
- *Human-Machine-Teaming (HMT):* Dieses Konzept, den Teamgedanken zwischen Soldaten und KI-Systemen zu verankern, durchzieht fast alle Zukunftsvisionen. In der Praxis meint HMT, dass KI-Systeme so gestaltet werden, dass sie die Fähigkeiten des Menschen ergänzen und beide in Kombination besser sind als jeder für sich. Das kann dann so aussehen: Ein KI-System im Gefechtstand schlägt einem Kommandeur auf Basis aller Daten mehrere Handlungsoptionen vor, die dieser dann bewerten kann – Mensch und Maschine treffen schneller eine informierte Entscheidung als der Mensch allein. Oder ein Kampfpilot erhält von seinem autonomen Wingman Vorschläge, wie ein Ziel optimal angriffen werden könnte, behält aber die Entscheidungshoheit. HMT erfordert Vertrauen: Die Nutzer müssen die KI verstehen

und darauf vertrauen können, dass sie sinnvoll reagiert. Programme wie DARPAs ACE haben explizit das Ziel, dieses Vertrauen durch schrittweise Leistungsbeweise zu stärken. Auch europäische Streitkräfte betonen HMT: So stellt Frankreich klar, dass KI die „Decisions délais" (Zeit zur Entscheidung) verkürzen soll, aber immer ein „Human in the Loop" bleibt. In Deutschland wird HMT u. a. vom KdoCIR im Zusammenhang mit intelligenter Assistenz für Stabsoffiziere diskutiert. Es ist davon auszugehen, dass die nächste Generation militärischer Führungssysteme eine enge Verzahnung von Menschen und KI vorsehen wird, wobei Erklärbarkeit und Bedienbarkeit der KI große Rollen spielen.

Die Bandbreite aktueller KI-Projekte in Bundeswehr, NATO und befreundeten Streitkräften ist beeindruckend. Die Anwendungsfälle reichen vom automatischen Erkennen getarnter Fahrzeuge in Sekunden (Deutschland) über KI-empfohlene Entscheidungen in Simulationen (GhostPlay) bis hin zum KI-Copiloten im Jet (USA). Dabei zeigt sich ein gemeinsames Bild: KI-Technologien durchlaufen den Übergang vom Labor in die Truppe. Noch sind viele Lösungen experimentell oder in der Pilotphase, doch etliche – wie das britische KI-Wartungstool oder das SMASH-Visier – werden bereits real eingeführt. Die kommenden Jahre werden entscheidend sein, um diese Pionierprojekte in robuste Fähigkeiten zu überführen, die den Alltag der Streitkräfte prägen.

Gleichzeitig müssen offene Fragen geklärt werden: Wie stellt man sicher, dass KI-Systeme zuverlässig und sicher funktionieren? Wie integriert man sie in bestehende Strukturen und internationale Einsätze? Und wie wahrt man ethische Grenzen in einer zunehmend von Algorithmen beschleunigten Kriegsführung?

Für die Bundeswehr und ihre Partner bedeutet das, lernbereit und vernetzt zu bleiben. Gemeinsam entwickelte Standards, die ständige Weiterbildung der Soldaten im Umgang mit neuen Technologien und der Austausch über die NATO hinweg werden entscheidend sein, um das volle Potenzial der KI zu heben. **Fest steht:** KI wird kein Allheilmittel sein, aber richtig eingesetzt kann sie den Menschen in Uniform entlasten, schützen und befähigen, schneller richtige Entscheidungen zu treffen. In einer Welt, in der äußere Sicherheit immer auch Hightechwettlauf ist, verschafft dies einen wichtigen Vorsprung. Die spannende Aufgabe besteht nun darin, die in diesem Kapitel skizzierten Projekte und Technologien in eine kohärente

Fähigkeitsentwicklung zu überführen – getreu dem Motto: „Innovation, Integration und Verantwortung Hand in Hand!"

8.4 KI-gestützte Entscheidungsunterstützung

In modernen Konflikten steigen die Geschwindigkeit und Komplexität der Lageentwicklung rasant. Militärische Führungskräfte sehen sich mit einem Datenstrom konfrontiert, der ihre Aufmerksamkeits- und Verarbeitungskapazität übersteigt – von Echtzeitaufklärung und Nachrichtendienstinformationen bis hin zu Berichten aus Cyber- und Informationsräumen. Künstliche Intelligenz verspricht hier Abhilfe, indem sie als Entscheidungsunterstützer riesige Datenmengen analysiert, Muster erkennt und Entscheidungsmöglichkeiten vorschlägt. Ziel ist nicht, den Menschen zu ersetzen, sondern ihm überlegenes situatives Bewusstsein und schnellere Reaktionsfähigkeit zu verschaffen. Die NATO hebt hervor, dass Künstliche Intelligenz dazu beitragen kann, Entscheidungen genauer und schneller zu treffen, dabei jedoch weiterhin lediglich unterstützend wirkt und den Menschen in seiner Entscheidungsfindung stärken soll. Im Folgenden wird systematisch dargestellt, wie KI-Technologien auf strategischer, operativer und taktischer Ebene zur Entscheidungsunterstützung in sicherheits- und militärpolitischen Kontexten eingesetzt werden – mit realen Projektbeispielen aus der Bundeswehr, NATO und Partnerstaaten. Dabei zeigt sich ein roter Faden: KI kann die Entscheidungsfindung auf allen Ebenen beschleunigen und verbessern, ohne den verantwortlichen Menschen zu ersetzen, sondern ist stets in Teamarbeit mit ihm.

Strategische Entscheidungsunterstützung durch KI

Auf strategischer Ebene – also bei weitreichenden politischen und militärischen Entscheidungen – hilft KI dabei, komplexe Lagen zu beurteilen und langfristige Planungen zu unterstützen. Beispielsweise nutzen Nachrichtendienste und Ministerien KI, um aus großen Datenmengen strategische Früherkennung zu betreiben. Durch Big-Data-Analyse und prädiktive Modellierung lassen sich Muster erkennen, die auf entstehende Krisen oder Bedrohungen hindeuten. So betont das Internationale Komitee vom Roten Kreuz (IKRK), dass hoch entwickelte Militärmächte KI-basierte Entscheidungshilfen über viele Kommandostufen hinweg einsetzen – von strategischen Empfehlungen bis hin zu Logistikentscheidungen. Wie etwa KI-

Systeme, die Entscheidern Szenarien für politische oder militärische Entwicklungen aufzeigen: In strategischen Planspielen können KI-Agenten mögliche Handlungen von Gegnern simulieren und so der Führungsspitze Optionen und deren Konsequenzen vor Augen führen. Das NATO ACT hat 2024 damit begonnen, KI in strategische Kriegsspielsimulationen zu integrieren. Erste Ergebnisse sind vielversprechend: KI kann die Effektivität von Planspielen erhöhen und den Planern helfen, bessere Entscheidungen zu treffen – ausdrücklich ergänzend zur menschlichen Expertise. Indem Millionen von möglichen Verlaufsmöglichkeiten durchgerechnet werden, verschafft KI der militärpolitischen Führung einen Entscheidungsvorsprung in dynamischen Krisenszenarien.

Auch multilaterale Organisationen setzen auf KI zur strategischen Entscheidungsfindung. So hat die NATO 2021 eine KI-Strategie verabschiedet, die auf die verantwortungsvolle Nutzung von KI abzielt und Interoperabilität zwischen den Alliierten betont. Interoperabilität ist auf strategischer Ebene entscheidend: Soll KI NATO-Entscheidungen unterstützen, müssen relevante Daten alliierter Systeme geteilt werden können – nur so entstehen umfassende Lagebilder. Hier liegen aber noch Herausforderungen, da unterschiedliche Standards und Datenqualitäten die Zusammenarbeit erschweren können. Dennoch zeigen internationale Initiativen wie das NATO Data and AI Review Board und das neu gegründete DIANA-Programm (operativ seit 2023) den politischen Willen, KI-Innovationen gemeinsam voranzutreiben. DIANA soll, wie bereits erwähnt, Start-ups und Forscher vernetzen, um Dual-Use-KI-Lösungen – etwa für Entscheidungsunterstützung – schneller den Weg in NATO-Streitkräfte zu ebnen.

Auf nationaler Ebene experimentieren auch Partner wie die USA mit KI auf strategischer Führungsebene. Die Defense Advanced Research Projects Agency (DARPA; Forschungsagentur des US-Verteidigungsministeriums) hat 2023 das Programm „In the Moment (ITM)“ gestartet, das KI-Systeme für schwierige Entscheidungsfindungen entwickeln soll. In einem ersten Anwendungsfall geht es um medizinische Triage in Gefechtssituationen: Hier soll KI dabei helfen, unter Zeitdruck und unsicheren Informationen die bestmögliche Versorgungsentscheidung zu treffen. Dieses Projekt adressiert bereits strategische Fragen von Vertrauen und Ethik – es soll zeigen, wie algorithmische Entscheidungen mit menschlichen Werten in Einklang gebracht werden können, sodass Kommandeure solchen

Systemen in kritischen Momenten vertrauen können. Strategische Planspiele und Simulationen sind ein weiteres Feld: In den USA werden KI-Agenten eingesetzt, um groß angelegte Konfliktszenarien (etwa im Indopazifik) durchzuspielen und dem Generalstab mögliche unbeabsichtigte Eskalationsdynamiken oder neuartige Taktiken aufzuzeigen. Frankreich wiederum betont in seiner KI-Verteidigungsstrategie, dass KI auf Führungsebene genutzt werden soll, um Entscheidungsprozesse zu beschleunigen und den Streitkräften einen operativen Vorsprung zu verschaffen – etwa durch schnelleres Erkennen von Bedrohungen und das Durchspielen von Handlungsoptionen. So heißt es in einem Bericht der französischen Taskforce KI,[27] KI könne helfen, Schwachsignale aufzuspüren, Überraschungen zu reduzieren und Optionen im Planungsprozess rascher zu validieren. Diese strategischen Anwendungen verdeutlichen das Potenzial von KI, komplexe Entscheidungslagen zu durchdringen. Gleichzeitig bleibt der Mensch in der Kontrollschleife: KI liefert Analysen und Empfehlungen, aber die Wertung der Vorschläge, die Abwägung politischer Folgen und die endgültige Entscheidung liegen weiterhin bei menschlichen Verantwortlichen – ein Prinzip, das auch völkerrechtlich (z. B. im Hinblick auf die Einhaltung des humanitären Völkerrechts) unabdingbar ist.

Operative Entscheidungsunterstützung durch KI

Auf der operativen Ebene – etwa bei der Planung und Durchführung militärischer Operationen innerhalb eines Einsatzgebiets oder Bündnisses – kommt KI vor allem in Führungsinformationssystemen und bei der Lageanalyse zum Einsatz. Ziel ist hier, dem Stab und den Kommandeuren im Feld Entscheidungsvorteile zu verschaffen, indem u. a. Bedrohungen schneller identifiziert, Ressourcen optimal verteilt und komplexe Multidomainoperationen koordiniert werden. Ein zentrales Schlagwort ist die „Beschleunigung des OODA-Kreises (Observe – Orient – Decide – Act)“: KI kann die Observe- und Orient-Phase massiv verkürzen, indem sie Sensorinformationen aus Luft, Land, See, Weltraum und Cyberraum in Echtzeit fusioniert und als verständliches Lagebild präsentiert. So experimentierte das Allied Rapid Reaction Corps der NATO bereits 2021 damit, KI-Software in einem Multidomainübungsszenario einzusetzen. In der Großübung „STEADFAST LEDA 2021“ wurden neuartige KI-Systeme erprobt,

[27] Frankreich. Ministerium der Streitkräfte (2019). L'intelligence artificielle au service de la défense. Bericht der Taskforce KI.

um Planungs- und Koordinationsprozesse zu beschleunigen. Unter anderem kam das Projekt „ARTEMIS“ in Zusammenarbeit mit der Firma Anduril zum Einsatz, das den Sensor-to-Shooter-Prozess (also die Kette vom Entdecken eines Ziels bis hin zur Wirkung) deutlich verkürzen sollte. Erste Berichte sprachen von einer signifikanten Zeitersparnis bei der Zielidentifizierung und -bekämpfung durch diese KI-gestützte Zielzuweisung, was die Effektivität der Gefechtsführung im Verbund steigern kann.

Auch nationale Streitkräfte integrieren KI auf operativer Ebene. Die US-Streitkräfte verfolgen mit dem Konzept „JADC2“ (Joint All-Domain Command and Control 2) eine vernetzte Führungsfähigkeit, bei der KI eine Schlüsselrolle spielt. So startete die US Air Force 2024 das Projekt „AI and Next Generation Distributed C2“, das mit rund 99 Mio. US-Dollar dotiert ist und KI für verteilte Kommandozentralen in umkämpfter Umgebung entwickeln soll. In diesem Rahmen werden u. a. fortgeschrittene Wargaming-Agenten, generative AI für Lagebilder und taktische KI-Assistenten erprobt. Das System soll verschiedene KI-Modelle schnell an missionsspezifische Probleme anpassen und eine HMT-Infrastruktur schaffen, in der Spezialisten gemeinsam mit KI-Tools maßgeschneiderte Entscheidungshelfer trainieren und einsetzen können. Kanada adressiert ähnliche Herausforderungen im Luft-und-Weltraum-Verteidigungsverbund NORAD. 2022 schrieb das kanadische Verteidigungsministerium eine Initiative für Human-Autonomy-Teaming in der NORAD-Kommandostruktur aus. Gesucht wurden KI-Lösungen, die menschliche Einsatzleiter und autonome Systeme im Team arbeiten lassen, um die Flut an Sensordaten in der nordamerikanischen Luftraumüberwachung zu bewältigen. Dabei wurde betont, dass gegenseitiges Vertrauen essenziell ist: Die KI muss verifizierbar und nachvollziehbar arbeiten, damit die Operatoren im Headquarter ihre Empfehlungen in zeitkritischen Luftlageentscheidungen akzeptieren.

Ein klassisches Feld operativer Entscheidungsunterstützung ist zudem die Logistik und Ressourcenplanung. Hier helfen KI-Systeme beispielsweise, Nachschubwege zu optimieren oder den Instandsetzungsbedarf vorherzusagen, sodass Kommandeure im Einsatz frühzeitig disponieren können. Schon heute nutzen einige NATO-Streitkräfte KI-Analysetools, um etwa den Verschleiß von Fahrzeugflotten zu prognostizieren und damit die Verfügbarkeit im Einsatz sicherzustellen. Ebenso relevant ist die operative Ebene der Cyberverteidigung: KI-basierte Entscheidungsassistenten durchkämmen Netzwerkdaten nach Anomalien und geben den Cyberstäben Empfehlungen, welche Vorfälle priorisiert behandelt werden sollten – was angesichts der Geschwindigkeit von Cyberangriffen operativ entscheidend sein kann. Schließlich fließen operative und strategische Ebene oft zusammen, wenn es um verbündete Einsätze geht: So setzen z. B. Frankreich und Großbritannien KI-Tools ein, um in gemeinsamen Stäben (etwa in NATO-Response-Force-Strukturen) die Interoperabilität zu verbessern, etwa durch automatische Übersetzung von Lageinformationen oder durch gemeinsame Simulationstools für die Einsatzplanung. Operative Entscheidungsunterstützung mittels KI bleibt jedoch nur so gut wie die Datenbasis und die Integration: Es muss sichergestellt sein, dass alle beteiligten Systeme auf aktuelle, konsistente Informationen zugreifen – Entscheidungen basierend auf veralteten oder lückenhaften Daten können gefährlicher sein als gar keine KI-Unterstützung. Daher investieren NATO und Partner viel in Dateninfrastrukturen und Standards, um KI-Systeme nahtlos in die Gefechtsstände zu integrieren.

Taktische Entscheidungsunterstützung durch KI

Auf der taktischen Ebene – direkt im Gefecht oder im Einsatz vor Ort – zeigt KI ihr Potenzial oft am unmittelbarsten. Hier geht es um Sekundenbruchteile und situatives Reagieren: KI kann den Truppen als eine Art digitaler Assistent dienen, der Bedrohungen markiert, Zielprioritäten vorschlägt oder Handlungsalternativen empfiehlt.

Wichtig: Solche Systeme müssen robust und in Echtzeit arbeiten, da Fehlalarme oder Verzögerungen gravierende Folgen haben können.

In der Bundeswehr wird mit dem bereits beschriebenen Projekt GhostPlay exemplarisch erforscht, wie KI taktische Entscheidungen verbessern kann. GhostPlay entwickelt ein hoch performantes, synthetisches Simulationsumfeld, in dem KI-gesteuerte Einheiten gegen virtuelle Gegner antreten, um optimale taktische Verfahrensweisen zu erlernen. Der Fokus liegt auf Duellsituationen mit hohem Tempo, konkret wurde das Szenario „Unterdrückung gegnerischer Flugabwehr SEAD'" gewählt. Hier lernen KI-Agenten auf Angreifer- und Verteidigerseite (z. B. Drohnenschwärme vs. Flugabwehrpanzer Gepard) in unzähligen Simulationen, neue Taktiken zu entwickeln. Anders als klassische Self-Play-Ansätze, bei denen identische KI-Gegner gegeneinander antreten, setzt GhostPlay auf asymmetrische Kontrahenten mit unterschiedlichen Fähigkeiten – so wird realistischer

8

abgebildet, wie ein Verteidiger unvorhersehbare Schwarmangriffe abwehren kann. Die in GhostPlay erlernten Entscheidungsverfahren sollen schließlich in Ausbildungssimulatoren übertragen werden, um Soldaten die KI-basierten Entscheidungshilfen im Gefecht erfahrbar zu machen. Dieses vom Bund geförderte Projekt zeigt, wie KI dazu dienen kann, auf taktischer Ebene neue Gefechtsverfahren zu erproben – etwa gegen Drohnenbedrohungen, die im Ukrainekrieg traurige Realität wurden. Die Erkenntnisse fließen nicht nur in die Technologie ein, sondern auch in ethische Bewertungen: GhostPlay verfolgt ein „Ethics by Design"-Konzept, das rechtliche und ethische Anforderungen (etwa im Umgang mit autonom agierenden Waffensystemen) von Beginn an mitberücksichtigt. So schaffen solche Experimente gleichzeitig eine Grundlage, um taktische KI-Einsätze zukünftig zu regulieren und verantwortungsvoll zu gestalten.

Bereits heute kommen KI-Entscheidungshelfer in begrenztem Umfang auf dem Gefechtsfeld zum Einsatz. Großbritannien sorgte im Juli 2021 für Aufsehen, als es vermeldete, erstmals KI im scharfen Feldeinsatz genutzt zu haben. Im Rahmen der NATO-Übung „Spring Storm 2021" in Estland setzte die britische 20. Panzerbrigade ein KI-System ein, das den Soldaten vor Ort Informationen über Gelände und Feindlage in nahezu Echtzeit bereitstellte. Dieses System unterstützte den Stab dabei, Planungen schneller durchzuführen und die Befehlsgebung zu beschleunigen. Britische Offiziere berichteten, dass die KI-Ausrüstung klar gezeigt habe, wie die Geschwindigkeit und Qualität der Analyse- und Planungsprozesse verbessert werden können. Das britische Verteidigungsministerium bestätigte, dass die KI-Lösung insbesondere die Gefechtsplanung und die Führungsabläufe deutlich effizienter gestaltete. Interessanterweise profitierten nicht nur die Briten: Auch Soldaten aus Frankreich, Dänemark, Belgien und Estland nutzten die Technologie während der Gefechtsübungen, was ihre breite Anwendbarkeit unterstreicht. Dieses multinationale Beispiel zeigt konkret, wie KI auf Zug- oder Brigadeebene wirken kann – etwa indem sie Geländeinformationen aus verschiedenen Sensoren sammelt, Gefahrenstellen markiert (z. B. Minenfelder oder Hinterhalte) und Vorschläge für Routen oder Manöver anbietet.

Auch das US-System „FIRESTORM (Fires Synchronization to Optimize Responses in Multi-Domain Operations)" muss erwähnt werden. Dieses KI-gestützte System – noch im Erprobungsstadium – wurde 2020 im Rahmen von „Project Convergence" erstmals getestet und beeindruckte durch seine Leistungsfähigkeit: FIRESTORM nimmt Sensordaten (z. B. Drohnenbilder, Radarkontakte) auf, erstellt ein digitales Echtzeitschlachtfeld („One World Terrain") und empfiehlt dem Kommandanten innerhalb von Sekunden die am besten geeignete Waffe für ein identifiziertes Ziel. Während frühere Systeme 20 Minuten benötigten, um Zielkoordinaten durch die Kommandohierarchie an einen Wirkungsgeber (Artillerie, Luftnahunterstützung etc.) zu übermitteln, schafft FIRESTORM dies innerhalb von 32 Sekunden. Dieses enorme Tempo kann auf taktischer Ebene entscheidend sein – etwa um flüchtige Gelegenheitsziele zu bekämpfen, bevor sie verschwinden. US-Generäle lobten FIRESTORM als Gamechanger und integrieren das System derzeit in verschiedene Plattformen (vom Abrams-Kampfpanzer bis hin zu Netzwerken wie dem Advanced Battle Management System (ABMS) der US Air Force), um ein vernetztes Gefechtsfeld zu schaffen. Dabei zeigt sich auch ein wichtiger Aspekt der Mensch-Maschine-Interaktion: Systeme wie FIRESTORM präsentieren dem menschlichen Entscheider Empfehlungen („Welches Ziel zuerst, mit welchem Effektorsystem?"), die Entscheidung selbst – etwa tatsächlich einen Waffeneinsatz anzuordnen – verbleibt aber beim Offizier. Durch solche klaren Rollentrennungen soll sichergestellt werden, dass trotz automatisierter Vorschläge die menschliche Urteilsfähigkeit – z. B. in Bezug auf Verhältnismäßigkeit oder Identifizierung eines gültigen militärischen Ziels im Sinn des Völkerrechts – nicht untergraben wird.

Neben Kampfhandlungen gibt es auf taktischer Ebene auch sicherheitsrelevante Anwendungen im zivilen Bereich, die Parallelen aufweisen. Im Katastrophenschutz etwa kommen KI-Entscheidungsassistenzsysteme zum Einsatz, um Einsatzleitungen vor Ort zu unterstützen. Ein deutsch-österreichisches Projekt namens „AIFER" (2020–2023) entwickelte ein System, das im Hochwasserfall mittels KI die Lage automatisiert erfasst und auswertet, indem es Satellitenbilder, Drohnendaten und sogar Social-Media-Meldungen fusioniert. Diese Informationen werden in Echtzeit auf Karten aufbereitet, sodass die Einsatzleitung vor Ort genaue Übersichten über Überflutungsgebiete und eingeschlossene Personen erhält – eine wertvolle Entscheidungsgrundlage für Evakuierungen und Ressourceneinsatz. Gleichzeitig wurden hier rechtliche und ethische Fragen (etwa Datenschutz bei der Auswertung von Internetdaten) von Anfang an mit betrachtet. Ein anderes Anwendungsfeld ist die Grenzsicherheit: KI-Systeme unterstützen Grenzschützer durch automatisierte Anomalieerkennung in Überwachungsdaten (etwa um Menschenschmuggel in Mengen von Fahrzeugbewegungen zu entdecken) und schlagen den Beamten Maßnahmen vor. Diese zivilen Anwendungen verdeutlichen, dass KI-gestützte Entscheidungsunterstützung kein rein militärisches Phänomen ist – überall dort, wo es um Sicherheit unter Zeitdruck geht, können KIs helfen, schneller die richtige Entscheidung zu treffen. Gleichzeitig bieten sie gewonnene Erfahrungen für den militärischen Bereich, etwa wie man unterschiedliche Datenquellen integriert oder Akzeptanz bei menschlichen Nutzern schafft.

Integration in Führungssysteme und Simulation

Damit KI-gestützte Entscheidungsunterstützung ihr volles Potenzial entfalten kann, muss sie nahtlos in bestehende Führungsinformationssysteme, Simulationsumgebungen und Planungswerkzeuge integriert werden. Moderne Command-and-Control-Systeme der NATO (z. B. das deutsche „FüInfoSys" oder das französische „SICS" im SCORPION-Programm) werden schrittweise um KI-Komponenten erweitert, die den Führungsvorgang unterstützen. So wurde FIRESTORM an das ABMS der US Air Force angebunden, wodurch die Empfehlungen der KI direkt im Lagebild der Gefechtsstände sichtbar sind. Ähnlich arbeitet die Bundeswehr daran, KI-Module in ihr Führungsinformationssystem einzuschleusen, um etwa in zukünftigen Divisionsebenegefechtsständen Warnhinweise oder Entscheidungsvorschläge aus KI-Analysen anzeigen zu können. Die Interoperabilität spielt hierbei eine große Rolle: Nur wenn Sensoren, Effektoren und KI-Auswertealgorithmen vernetzt kommunizieren, dann entsteht ein Sensor-to-Decision-Netzwerk. Daher fördern NATO-Akteure Standards für den Datenaustausch und gemeinsame Simulationen, damit KI-Systeme verschiedener Nationen zusammenwirken können.

Simulationsumgebungen dienen einer doppelten Integration: Zum einen werden sie genutzt, um KI-Systeme zu trainieren (wie GhostPlay es tut), zum anderen, um Menschen im Umgang mit KI-Unterstützung zu schulen. Das NATO ACT demonstrierte 2024 auf der I/ITSEC-Messe eindrucksvoll, wie Digital Twins und KI in verteilten Simulationen eingesetzt werden können, um Ausbildung und Planung zu revolutionieren. Durch digitale Zwillinge – virtuelle Abbilder realer Systeme – können Kommandeure im Simulator KI-unterstützte Entscheidungsprozesse gefahrlos testen und verstehen lernen. Führungskräfte einer Brigade könnten also in einer Simulation mit KI-Hinweisen konfrontiert werden („Achtung: Flankenbedrohung durch Drohne, empfohlene Reaktion XYZ!"), um ein Gefühl dafür zu entwickeln, wie solche Hinweise in der Realität zu bewerten und einzubauen sind. International laufen zudem kooperative Übungen, bei denen mehrere Nationen ihre KI-Systeme in einem gemeinsamen Szenario erproben – so sollen Kompatibilität und Best Practices identifiziert werden. Ein greifbares Resultat aus diesen Anstrengungen ist die Erkenntnis, dass Erklärbarkeit und Bedienbarkeit der KI-Tools entscheidend sind: Wenn ein System einen Vorschlag liefert, muss es für den menschlichen Nutzer transparent machen, warum es diese Empfehlung gibt (z. B. welche Sensorwerte oder Muster dazu führten). Nur so lässt sich Vertrauen aufbauen, was wiederum Voraussetzung dafür ist, dass die Soldaten die KI-Ausgaben im Ernstfall berücksichtigen.

Nicht zuletzt spielen ethisch-rechtliche Leitplanken eine integrale Rolle bei der Einführung solcher Systeme in die Truppe. NATO und EU haben Grundsätze entwickelt, um sicherzustellen, dass KI im Gefecht kontrollierbar, zuverlässig und regelkonform bleibt. Diese Prinzipien – etwa Gesetzmäßigkeit, Verantwortung, Nachvollziehbarkeit, Robustheit – müssen schon in der Systemarchitektur berücksichtigt werden (Stichwort „Ethics by Design" bei GhostPlay). In der Praxis heißt das, dass ein KI-Modul in einem Führungsinfosystem automatisch deaktiviert werden kann, falls es anomal arbeitet, oder dass jederzeit ein menschlicher Operator eingreifen kann. Die Bundeswehr und ihre Partner investieren daher auch in Testumgebungen und Zertifizierung für KI, um die Sicherheit dieser Systeme zu überprüfen, bevor sie in Echtmissionen integriert werden.

Chancen, Grenzen und Ausblick

KI-gestützte Entscheidungsunterstützung bietet erhebliche Chancen. Sie kann die Reaktionsgeschwindigkeit erhöhen, indem sie Entscheidungszyklen von Stunden auf Minuten oder Sekunden verkürzt. Sie entlastet menschliche Entscheider von Routinetätigkeiten (z. B. der Durchsuchung riesiger Datenbestände), sodass diese sich auf hochwertige Urteilsaufgaben konzentrieren können. KI kann außerdem dabei helfen, Fehler zu reduzieren – etwa bei der Erkennung von Bedrohungen übersieht ein Algorithmus weniger leicht etwas Relevantes als ein menschlicher Analyst, der müde oder gestresst ist. In bestimmten Fällen kann KI sogar zur Einhaltung des humanitären Völkerrechts beitragen, indem sie Gefechtsschäden prognostiziert und Optionen empfiehlt, die Kollateralschäden minimieren. Durch bessere Informationsverarbeitung kann die Truppe vor Ort informierte Entscheidungen treffen – was letztlich Menschenleben (sowohl der eigenen Kräfte als auch der Zivilbevölkerung) schonen kann. Nicht zuletzt verschafft die rasante Entwicklung im KI-Bereich auch einen technologischen Vorteil gegenüber Gegnern: Wer lernfähige Entscheidungsassistenten effektiv einsetzt, der könnte gegnerische Kräfte durch schnellere und unerwartete Handlungsfolgen überfordern.

Den großen Chancen stehen allerdings Grenzen und Risiken gegenüber. Technische Grenzen liegen etwa in der Verlässlichkeit der KI-Modelle: In unvorhergesehenen Situationen kann eine KI falsche oder gefährliche Empfehlungen geben. So warnt eine Studie, dass KI-Systeme keineswegs automatisch Klarheit und Präzision in den Krieg bringen – sie können irren oder manipuliert werden. Ein bekanntes Problem ist die Datenabhängigkeit: Schlechte oder biasbehaftete Trainingsdaten können zu verzerrten Ergebnissen führen. Ebenfalls kritisch ist die Erklärbarkeit – sogenannte „Blackboxmodelle“, deren innere Entscheidungslogik undurchsichtig ist, stoßen bei militärischen Anwendern auf Misstrauen. Hier setzt viel Forschung an, um erklärbare KI zu entwickeln, die dem Bediener ihre Schlussfolgerungen nachvollziehbar darlegt. Ein weiteres Risiko ist die Überabhängigkeit: Wenn sich Entscheidungsträger zu sehr auf KI verlassen, besteht die Gefahr des Automatisierungsbias. Das könnte dazu führen, dass Warnsignale übersehen werden oder menschliche Intuition unterdrückt wird – was fatal sein kann, wenn die KI einmal versagt.

Ethisch und rechtlich stellen KI-Entscheidungsassistenten die Streitkräfte vor neue Fragen. Wer trägt die Verantwortung, wenn auf Basis einer KI-Empfehlung etwas schiefgeht? Der Mensch hat formal weiterhin die Verantwortung und muss deshalb in der Lage sein, KI-Ratschläge zu hinterfragen. Doch je komplexer die Systeme, desto schwieriger wird es für den Einzelnen, alle Faktoren zu überblicken – die menschliche Urteilskraft könnte schleichend unterminiert werden. Das IKRK mahnt daher, dass der Einsatz von KI die menschliche Urteilsausübung nicht aushöhlen darf, insbesondere bei Entscheidungen über den Einsatz von Gewalt. Transparenz, Schulung und bewusste Rollenverteilung sind hier Schlüsselfaktoren. Ferner könnte eine ungezügelte Einführung von KI in Entscheidungsprozesse auch Rüstungsdynamiken anheizen – etwa ein Wettrüsten um immer schnellere Entscheidungsfindung („Wer zuerst schießt, der gewinnt!"), was die Stabilität in Krisen senken würde. Daher wird international diskutiert, Leitplanken einzuziehen, wie etwa Zeit für menschliche Abwägung in Entscheidungsprozessen zwingend vorzusehen (das Konzept der „Human Oversight"). Die NATO hat dazu bereits sechs Prinzipien für den Umgang mit KI formuliert (u. a. Rechtskonformität, Verantwortung, Zuverlässigkeit) und auch Deutschland pocht auf die Vereinbarkeit neuer KI-Systeme mit dem Völkerrecht und den eigenen Regelwerken.

KI-gestützte Entscheidungsunterstützung entwickelt sich in der Bundeswehr, NATO und den Partnerstreitkräften vom experimentellen Feld hin zur realen Fähigkeit. Ob in der strategischen Analyse, der operativen Einsatzplanung oder der taktischen Gefechtssituation: KI kann überall dort Wissen verdichten und Handlungsoptionen aufzeigen, wo der Mensch an kognitive Grenzen stößt.

Wichtig: Ein klarer roter Faden muss dabei behalten werden: KI soll den Menschen befähigen, bessere Entscheidungen zu treffen, nicht ihn ersetzen. Die erfolgreichsten Projekte – von GhostPlay bis FIRESTORM – sind genau darauf ausgelegt: Sie kombinieren die Rechenstärke und Lerngeschwindigkeit der Maschine mit der Kreativität, dem Urteilsvermögen und der Verantwortungsfähigkeit des Menschen.

Für die Bundeswehr und ihre Alliierten besteht nun die Herausforderung darin, diese Technologien verantwortungsvoll zu integrieren: durch Ausbildung der Soldaten im Umgang mit KI, durch gemeinsame Standards, durch ständige Prüfung auf ethische Unbedenklichkeit und technische Robustheit. Gelingt das, wird KI-gestützte Entscheidungsunterstützung zu einem Schlüsselbestandteil militärischer und sicherheitsbehördlicher Entscheidungsprozesse werden – als unsichtbarer Assistent im Hintergrund, der dabei hilft, in kritischen Momenten den Durchblick zu behalten und die bestmögliche Entscheidung zu finden. Die Zukunft gehört der Mensch-Maschine-Kollaboration im Entscheidungsraum: Der Mensch behält das Kommando und KI liefert ihm die beste Grundlage dafür.

Autonome Waffensysteme und ethische Herausforderungen

9.1 Einführung

Autonome Waffensysteme zählen heute zu den intensivsten und kontroversesten Themen der internationalen Sicherheits- und Verteidigungspolitik. Im Mittelpunkt gesellschaftlicher und politischer Debatten steht dabei zunehmend die Frage, inwieweit Algorithmen und maschinelle Prozesse über Leben und Tod entscheiden dürfen.

Für Angehörige der Bundeswehr sind diese Fragen von besonderer Bedeutung, da sie unmittelbar mit der Entwicklung, Beschaffung und dem möglichen Einsatz solcher Technologien konfrontiert sind. Im militärischen Bereich zeichnet sich zunehmend ab, dass automatisierte oder teilautonome Systeme menschliche Tätigkeiten unterstützen oder sogar ersetzen könnten.

Obwohl diese technologischen Entwicklungen aus rein technischer Sicht faszinierend sind und in einigen Szenarien militärische Operationen präziser, kostengünstiger und sicherer machen können, entstehen dadurch erhebliche ethische und rechtliche Spannungsfelder. Fragen nach Verantwortung, Einhaltung des humanitären Völkerrechts sowie das soldatische Selbstverständnis gewinnen an Schärfe, sobald Algorithmen eigenständig über den Einsatz tödlicher Gewalt entscheiden könnten.

9.2 Technologische Grundlagen

In diesem Zusammenhang ist zunächst der Begriff des autonomen Waffensystems genauer zu fassen. Das Spektrum an Definitionen ist breit und reicht von hoch spezialisierten Drohnen, die lediglich gewisse vorprogrammierte Abläufe beherrschen, bis hin zu Konzepten vollständig eigenständiger „Killerroboter". Häufig wird zwischen automatisierten, teilautonomen und vollautonomen Systemen unterschieden. Automatisierte Systeme folgen relativ starren

Abläufen und reagieren auf vordefinierte Reize ohne tiefgehende KI-Komponenten. Teilautonome Systeme können bereits eigene Entscheidungen treffen, benötigen jedoch in kritischen Punkten, etwa bei der Waffenauslösung, eine explizite menschliche Freigabe. Das derzeit am stärksten kontrovers diskutierte Konzept bezieht sich auf vollautonome, letale Systeme, die tatsächlich in der Lage sein sollen, ohne menschlichen Eingriff ein Ziel zu identifizieren, zu klassifizieren und den Waffeneinsatz auszulösen. Während es viele Systeme gibt, die sich in einer Grauzone zwischen diesen Kategorien bewegen, verdeutlicht diese Dreiteilung dennoch, in welche Richtung sich die Autonomiebereiche entwickeln können und wie unterschiedlich groß der Raum für menschliche Kontrolle jeweils ist.

Die historische Genese dieser Entwicklung ist eng mit dem Fortschritt in Informationstechnik und Robotik verknüpft. Schon in den 1970er-Jahren begann die Bundeswehr, ebenso wie andere Streitkräfte, bestimmte automatisierte oder halbautomatisierte Systeme zu erproben, seien es automatische Flugabwehrkanonen, Sensoren für die Radarüberwachung oder erste Ansätze in der computergestützten Feuerleittechnik. Damals stand allerdings die Technologie auf einem weit geringeren Niveau, sodass menschliche Eingriffe unverzichtbar blieben. Auch wenn man bei einer Flugabwehrstellung oder beim Flugabwehrkanonenpanzer Gepard bereits von Automation sprechen konnte, fand die eigentliche Zielauswahl und finale Entscheidung zum Schluss letztlich immer noch durch menschliche Operatoren statt. Mit den Fortschritten in der mikroelektronischen Datenverarbeitung, Künstlicher Intelligenz, Sensorik sowie der Entwicklung autonomer Navigationssoftware in den 1980er- und 1990er-Jahren begann ein neues Kapitel. Militärische Drohnen wie die US-amerikanische Predator oder die israelische Heron lösten in den 2000er-Jahren eine Welle technologischer Innovationen aus, die bis heute anhält. Was früher lediglich ferngesteuerte Aufklärungsdrohnen waren, wurde nach und nach um immer umfassendere KI-Elemente erweitert: von der automatisierten Routenplanung und Erkennung bestimmter Muster auf Satelliten- oder Kamerabildern bis hin zur Objektklassifizierung in Echtzeit. Während in den Anfangsjahren Menschen am Boden die Drohnen permanent steuern und Ziele manuell identifizieren mussten, ermöglichen moderne Systeme heute bereits eine Teilautonomie in Navigation und Zielsuche. Die Entwicklung vollautonomer Systeme, die in sehr dynamischen Gefechtssituationen selbsttätig agieren könnten, erscheint so nur noch einen technologischen Schritt entfernt.

9.3 Ethische und rechtliche Herausforderungen

Gerade für Angehörige der Bundeswehr eröffnet diese Entwicklung zahlreiche Fragestellungen. Autonome oder teilautonome Waffensysteme bieten die Chance, in kritischen Einsatzgebieten Soldatinnen und Soldaten zu entlasten und zu schützen. Wer bereits Erfahrungen mit langen und riskanten Patrouillen in Krisenregionen gesammelt hat, der kennt die Gefahren etwa durch Sprengfallen oder Hinterhalte. Autonome Bodenfahrzeuge könnten künftig solche Missionen übernehmen, Minen räumen oder vorauseilende Aufklärung betreiben, ohne dass menschliches Leben gefährdet wird. Ähnlich verhält es sich mit bewaffneten Drohnen, die anstelle von bemannten Hubschraubern in gefährlichen Lufträumen eingesetzt werden. Auch logistische Aufgaben wie Transporte in unsicheren Gebieten könnten von Robotern durchgeführt werden, was Verluste an Menschenleben potenziell reduziert. Dazu kommen Präzisionsvorteile: Moderne Sensorik in Kombination mit leistungsstarker KI kann Personen, Fahrzeuge oder Waffen mit hoher Trefferwahrscheinlichkeit erkennen. So ließe sich das Risiko von sogenannten „Kollateralschäden", also unbeabsichtigten Opfern und Schäden, verringern, wenn die Systeme tatsächlich fehlerfrei oder zumindest fehlerärmer als Menschen arbeiten. Allerdings gibt es auch hier großes Potenzial für gravierende Fehlentscheidungen, sobald sich KI in unübersichtlichen Situationen womöglich täuscht und zivile Personen als feindliche Kämpfer markiert.

Mit diesen Chancen ist untrennbar eine Reihe fundamentaler Probleme verknüpft. Das wohl wichtigste Thema betrifft die ethische Verantwortung. Krieg wird traditionell als ein Instrument staatlichen Handelns betrachtet, bei dem Soldatinnen und Soldaten unter den Vorgaben ihrer politischen und militärischen Führung kämpfen, während das humanitäre Völkerrecht Grenzen setzt. Bei einem Konflikt, in dem autonome Systeme entscheiden, kann jedoch unklar werden, wer eigentlich für den Tod Unbeteiligter haftbar gemacht werden soll. Lässt sich bei einem irrtümlichen tödlichen Angriff der verantwortliche Mensch noch benennen oder handelt es sich um eine Entscheidung, die aus der Funktionsweise eines Algorithmus resultierte? Hersteller, Programmierer, Beschaffer, Vorgesetzte und Operateure könnten die Verantwortung gegenseitig aufeinander abwälzen. Damit einher geht die Sorge einer sogenannten „Verantwortungsdiffusion": das Risiko, dass sich niemand direkt zuständig fühlt, weil letztlich „die Maschine" entschieden hat. Diese Frage zielt auch auf das Wesen des soldatischen Selbstverständnisses. Bisher war es in den Streitkräften eine tragende Säule, dass ein Soldat oder eine Soldatin für sein bzw. ihr Handeln geradesteht und sich bei Fehlverhalten verantworten muss. In einem Szenario, in dem Algorithmen selbstständig gefährliche Entscheidungen treffen, droht diese Basis wegzufallen und könnte das Vertrauen in militärische Ethik und Führungsgrundsätze aushöhlen.

Unmittelbar daran geknüpft ist die Frage der sogenannten „Entmenschlichung des Krieges". Wer trägt die letzten moralischen Skrupel, wenn es um das Anvisieren oder Nichtanvisieren eines möglichen Ziels geht? Oftmals ist es gerade das menschliche Zögern, das in konfliktträchtigen Situationen doch noch ein Blutvergießen verhindert oder hinauszögert. Eine Maschine kennt solche Skrupel nicht, sondern kann nur Algorithmen befolgen und Wahrscheinlichkeiten errechnen. Während Befürworter solcher Systeme argumentieren, Maschinen seien weder von Angst noch von Rachegelüsten geleitet und daher im Prinzip objektiver, bestreitet die Gegenseite gerade, dass eine Maschine jemals die menschliche Fähigkeit zur Empathie und moralischen Abwägung ersetzen kann. Zumal Algorithmen weit davon entfernt sind, komplexe gesellschaftliche oder kulturelle Kontexte zu begreifen. Eine Software, die für den Häuserkampf programmiert wurde, kann letztlich nicht im moralischen Sinn „verstehen", ob in einem bestimmten Moment das Feuer einzustellen wäre, um die Chance auf Verhandlungen zu wahren oder um unverhältnismäßigen Kollateralschaden zu vermeiden. Ein Soldat könnte diese Entscheidung in Sekundenschnelle intuitiv treffen. Ein Waffensystem, das nur nach programmierten Mustern agiert, kann das eventuell nicht.

Das humanitäre Völkerrecht, insbesondere die Genfer Konventionen und ihre Zusatzprotokolle, verpflichtet Kombattanten, zwischen Kombattanten und Zivilisten zu unterscheiden, ziviles Leben zu schützen, Verhältnismäßigkeit walten zu lassen und generell alles Mögliche zu tun, um zivile Opfer zu vermeiden. Eine fundamentale Frage lautet, ob autonome Waffensysteme das gewährleisten können. Kann eine KI in Echtzeit ein sich veränderndes urbanes Umfeld zuverlässig scannen und neben feindlichen Kämpfern Kinder oder alte Menschen in Sekundenschnelle zweifelsfrei erkennen? Befürworter möchten argumentieren, dass gut trainierte neuronale Netze, wenn sie über ausreichend Daten und Rechenkapazität verfügen, eine höhere Erkennungsrate und eine geringere Fehlerrate haben könnten als menschliche Soldaten in Stresssituationen. Kritiker hingegen insistieren, dass die realen Bedingungen im Krieg, gerade in asymmetrischen Konflikten, kaum mit Laborsituationen vergleichbar sind. Wetter, Rauch, elektronische Störmaßnahmen, flüchtende

Menschenmassen und andere Faktoren machen das Kampfgeschehen unübersichtlich und eine Maschine kann Fehlinterpretationen unterliegen oder triviale Probleme durch schlechtes Datenmaterial bekommen. Die Verantwortung für technische Irrtümer – wie dem systematischen Fehlverhalten in der Objekterkennung oder -unterscheidung – lässt sich nicht abstreifen.

9.4 Politische und sicherheitspolitische Implikationen

Einen weiteren Aspekt, der speziell die Bundeswehr betrifft, stellt die Frage nach der Bundesregierungspolitik in Bezug auf KI, Rüstung und internationale Verträge dar. Deutschland hat sich mehrfach öffentlich dazu bekannt, vollautonome Waffensysteme, bei denen ein Mensch nicht mehr die letzte Kontrolle hat, abzulehnen. Dies spiegelt sich in Regierungsdokumenten und Koalitionsvereinbarungen wider. Dennoch existieren bisher keine vollständig ausformulierten nationalen Leitlinien, die genau definieren, was als zu weitgehende Autonomie gilt und wo man die Grenze zieht. Während man einerseits an größeren Drohnenprojekten wie der Eurodrohne oder auch dem FCAS beteiligt ist, bleibt unklar, wie sichergestellt wird, dass diese nicht schrittweise immer autonomer werden und womöglich in der Lage wären, ohne menschliche Freigabe letale Gewalt anzuwenden. Manche verteidigungspolitischen Stimmen verweisen darauf, dass ein hoher Automatisierungsgrad unvermeidlich sei, um Anschluss an die globale Entwicklung zu halten. Andere mahnen, dass der Verzicht auf eine klare rote Linie langfristig Tür und Tor öffnet, um technologisch bedingt immer mehr autonome Entscheidungsinstanzen zu akzeptieren. Diese Diskussion ist innerhalb der Bundeswehr ebenfalls präsent, da man auf der einen Seite militärische Effizienz und den Schutz der eigenen Kräfte anstrebt, auf der anderen Seite aber die soldatischen und rechtlichen Prinzipien bewahren möchte.

Das humanitäre Völkerrecht ist nicht die einzige rechtliche Grundlage, wenn es um autonome Waffensysteme geht. Auch das Völkerstrafrecht setzt klare Grenzen: Kriegsverbrechen wie vorsätzliche Angriffe auf Zivilpersonen oder massiv unverhältnismäßige Angriffe sind strafbar; verantwortlich sind immer natürliche Personen. Das gilt auch in hoch automatisierten Szenarien: Weder Software noch Hardware stehen vor Gericht, wohl aber Menschen, die die Entwicklung, Beschaffung und den Einsatz verantworten – bis hin zur

Kommandantenhaftung. Strittig ist in der Praxis nicht das „Ob" der Verantwortlichkeit, sondern die Zurechnung entlang komplexer Mensch-Maschine-Ketten.

In der UN-Waffenkonvention (Convention on Certain Conventional Weapons – CCW) wird seit Jahren auf diplomatischer Ebene diskutiert. Zunächst fanden bis 2016 informelle Expertentreffen statt, die den fachlichen Grundstein für die internationale Auseinandersetzung legten. Seit 2017 führt eine ständige Regierungsexpertengruppe (Group of Governmental Experts – GGE) diese Arbeit offiziell fort – sie ersetzt die früheren informellen Runden. Die GGE hat u. a. Leitprinzipien zu Mensch-Maschine-Interaktion, Risikominderung und Verantwortlichkeit formuliert, aber bisher hat sie noch keine Verhandlungen über ein verbindliches Abkommen vorgeschrieben.

Seit 2023/2024 ist das Thema auch in der Generalversammlung angekommen: Zwei zeitnah verabschiedete UN-Resolutionen betonten die Dringlichkeit und stießen einen offenen, inklusiven Prozess mit informellen Konsultationen auf Ebene der Vereinten Nationen (VN) an. Zahlreiche Staaten und NGOs fordern inzwischen neue, rechtsverbindliche Regeln, teils auch präventive Verbote für bestimmte Kategorien von autonomen Waffen. Als Referenz werden häufig die Regelungen zu chemischen und biologischen Waffen angeführt. Das zeigt, dass Länder strenge Einschränkungen oder Verbote einführen können, wenn es besondere Risiken gibt.

Analysen des Stockholm International Peace Research Institute zeigen zugleich, dass das Phänomen „Autonomie" sehr weitreichend ist: von Assistenz- und Zielverfolgungsfunktionen bis hin zu Systemen, die Zielwahl und Waffeneinsatz anhand von Sensorik und Zielprofilen ohne weitere menschliche Eingabe auslösen. Gerade hier verläuft die entscheidende Trennlinie der Regulierungsvorschläge: Während viele Staaten ein umfassendes Verbot für Systeme fordern, deren Verhalten nicht vorhersehbar ist oder die gezielt gegen Menschen eingesetzt werden können, plädieren andere für einen streng regulierten Einsatz unter klaren Bedingungen. Für diese verbleibenden Anwendungen werden insbesondere eine nachvollziehbare Entscheidungslogik, menschliche Kontrolle und technische Vorhersehbarkeit verlangt. Einigkeit besteht darin, dass sowohl die staatliche als auch die individuelle Verantwortlichkeit über den gesamten Lebenszyklus – von Entwicklung über Erprobung bis hin zum Einsatz – gewährleistet bleiben muss.

Allerdings zeigen bedeutende militärische Akteure wie die USA, Russland und China keine Bereitschaft, sich auf ein generelles Verbot einzulassen, was die Chance für ein weltweit bindendes Abkommen stark verringert. Diese Uneinigkeit spiegelt sich dann in Dokumenten wie den GGE-Berichten zur CCW wider: Man hat zwar allgemeine Prinzipien formuliert, aber keinen vertraglich verbindlichen Rahmen geschaffen, der festschreibt, dass eine menschliche Kontrolle in jedem tödlichen Entscheidungsprozess bleiben muss.

Für die Bundeswehrangehörigen spielt in diesem Kontext die praktische Ebene eine besonders große Rolle. Der Alltag in Auslandseinsätzen wie in Afghanistan, Mali oder anderen Konfliktregionen hat gezeigt, dass technologische Unterstützung enorm wichtig ist, um Lagebilder zu erstellen, Hinterhalte zu entdecken, Minen zu räumen oder die Kommunikation mit anderen Einheiten zu sichern. Wenn man künftig in multinationalen Einsatzverbänden agiert, wird man zudem mit der Tatsache konfrontiert sein, dass befreundete oder verbündete Staaten unterschiedlich weit in der Einführung automatischer oder teilautonomer Systeme sind. Es kann also vorkommen, dass deutsche Soldatinnen und Soldaten Seite an Seite mit Drohnen operieren, die von Partnerländern bereitgestellt werden und über Autonomiegrade verfügen, die von der Bundesrepublik selbst so nicht beschafft werden würden. Hier stellt sich die Frage, ob deutsche Rules of Engagement (ROE; dt.: Einsatzregeln) dann die Nutzung bestimmter Modi unterbinden oder ob man sich an die Technologie der Partner anpasst, um einen taktischen Nachteil zu vermeiden. Ebenso könnte es zu Spannungen kommen, falls die Bündnispartner in ihrem Doktrinen- und Regelwerk dem System mehr Freiheiten zugestehen wollen, während Deutschland auf strikte menschliche Kontrolle beharrt.

Ein weiteres Themenfeld betrifft den zunehmenden Einsatz von Künstlicher Intelligenz in sensorischen und kognitiven Bereichen. Hierbei sind Systeme denkbar, die die Vielzahl an Daten, die im modernen Gefecht anfallen, in Echtzeit auswerten. Dazu zählen flächendeckende Drohnenschwärme, Satellitenaufnahmen, Funk- und Radarortungen sowie Daten aus digitalen Kommunikationskanälen. Ein KI-System, das lernfähig ist, könnte daraus Muster ablesen und angebliche Bedrohungsschwerpunkte identifizieren oder priorisieren. Es könnte auch eigenständig Gegenschläge planen, indem es errechnet, wo ein Feind am verletzlichsten ist. Dieser Ansatz, der in Teilen schon in entsprechenden Forschungslaboren erprobt wird, ist aus militärischer Sicht verlockend, weil die Datenauswertung von Menschenhand sonst nicht zu bewältigen wäre. Das Problem besteht indes in der Nachvollziehbarkeit dieser Algorithmen, dem sogenannten „Blackboxphänomen“: Neuronale Netze treffen mitunter Entscheidungen, deren interne Berechnung selbst für ihre Entwickler schwer durchschaubar ist. Falls bei einem vollautonomen Kampfsystem genau diese „Blackboxkomponente“ maßgeblich darüber entscheidet, wann geschossen wird, entzieht sich das nahezu vollständig einer nachvollziehbaren, menschlichen Kontrolle. Damit kollidiert die Idee eines verantwortungsvollen, ethisch geleiteten militärischen Handelns. Es entsteht ein Spannungsfeld zwischen militärischer Effektivität durch Hochtechnologie und der Forderung nach Transparenz in tödlichen Entscheidungen, um den Prinzipien des Völkerrechts und der moralischen Verantwortlichkeit gerecht zu werden.

Das berührt auch die Frage der Cyber- und IT-Sicherheit, die mit dem Autonomiebegriff untrennbar verbunden ist. Je stärker sich ein System eigenständig bewegt und entscheidet, desto verwundbarer kann es für gezielte Manipulation oder Cyberangriffe sein. Ein Hack oder eine Sabotage kann ein autonomes System völlig unvorhersehbar handeln lassen. Während ein menschlich gesteuertes Gerät mitunter noch auf ungeplante Reaktionen aufmerksam wird, kann eine KI-Software, die manipulierte Daten als Realität akzeptiert, katastrophale Fehlentscheidungen treffen. Gerade in hoch vernetzten militärischen Operationen, etwa wenn man mit verteilten Drohnenschwärmen agiert, steigt die Gefahr eines flächendeckenden Zusammenbruchs oder gar einer feindlichen Übernahme dieser Systeme. Für die Bundeswehr bedeutet das, dass nicht nur die Bedienmannschaften, sondern auch IT-Expertinnen und -Experten eng eingebunden sein müssen, um Abwehrstrategien und Sicherheitsarchitekturen zu etablieren. Das wiederum erfordert eine Anpassung der Ausbildung, des militärischen Selbstverständnisses und der Einsatzplanung. Man muss sich darüber bewusst sein, dass das eigene Militärgerät – sobald es einen hohen Grad an Vernetzung und Autonomie hat – nicht nur gegen kinetische Angriffe (Beschuss) geschützt werden muss, sondern auch in mindestens gleichem Maß gegen digitale Angriffe.

Obwohl vollautonome, letale Waffensysteme aus politischer Sicht in Deutschland offiziell abgelehnt werden, existiert kein Gesetz, das unmissverständlich regelt, wo die Grenzen im Detail gezogen werden. Das lässt Raum für Interpretationen im Beschaffungs- und Forschungsbereich und sorgt im Übrigen dafür, dass sich Lobbygruppen von Rüstungsindustrien, militärische Beschaffer und politische Entscheidungsträger in einem Graubereich bewegen. Die meisten Verantwortlichen betonen zwar, man wolle den Menschen stets „in der Schleife" behalten – also das bekannte „Human-in-the-Loop-Modell". Allerdings können in Krisensituationen, wenn Sekunden über Leben und Tod entscheiden und die Kommunikation beispielsweise gestört ist, selbst teilautonome Systeme faktisch in vollautonome Modi übergehen, wenn kein Eingriff mehr technisch möglich ist. So könnte sich ein System, das der Operator auf „automatischen Abwehrmodus" stellt, am Ende ohne jegliche Menscheneinwirkung in das Feuergefecht begeben. Dies mag in der Doktrin nicht erwünscht sein, könnte aber dennoch praktisch geschehen. Darin liegt das Risiko einer kaum noch reversiblen technologischen Entwicklung: Wenn ein Land erst einmal in Teilbereichen auf solche Mechanismen zurückgreift, neigt es womöglich in einer bedrohlichen Lage dazu, diesen Schritt auszuweiten.

Eine wichtige Rolle spielt auch die Frage, wie sehr autonome Waffensysteme einen Rüstungswettlauf anheizen. Wenn einige militärisch führende Nationen über hochgradig autonome Systeme verfügen, fühlen sich andere Staaten möglicherweise dazu gezwungen, ebenfalls in diesen Bereich zu investieren, um Anschluss zu halten oder eine potenzielle militärische Unterlegenheit zu verhindern. Eine Eskalationsspirale kann entstehen – vergleichbar mit dem Wettrüsten im Bereich der Atomwaffen oder der Hyperschallwaffen. Hier ist zu bedenken, dass nicht alle Staaten, die solche Technologien entwickeln, ein ebenso großes Interesse an ethischer Reflexion haben. Manche könnten Innovationen ohne Rücksicht auf mögliche Völkerrechtsverletzungen vorantreiben. Zu den klassischen Großmächten gesellen sich Techunternehmen, private Rüstungsfirmen und ggf. Staaten mit weniger restriktiven Regimen im Umgang mit KI, die den internationalen Markt überfluten könnten. Für die Bundeswehr und ihre Verbündeten stellt sich die strategische Frage, wie man auf ein Szenario reagiert, in dem potenzielle Gegner vollautonome Waffen einsetzen, die man selbst aus ethischen Gründen ablehnt. Denn in der Bedrohungsanalyse kann das Dilemma entstehen, dass ein Verzicht auf bestimmte Technologien als eigenes Risiko oder Nachteil gewertet wird.

Daneben existieren Stimmen in der Forschung, die darauf hinweisen, dass Autonomie nicht zwingend auf Letalität und offensives Verhalten zielen muss. Man kann autonome Systeme auch in rein defensiven oder humanitären Funktionen einsetzen, wie etwa Aufklärungsroboter in Erdbebengebieten oder KI-gesteuerte Evakuierungssysteme, die schnellstmöglich Verletzte bergen. Tatsächlich ließe sich die Expertise, die bei militärischer KI-Entwicklung entsteht, sehr wohl zur Rettung von Menschenleben nutzen. Doch da die Übergänge zwischen militärischem und zivilem Gebrauch mitunter fließend sind, ist es schwierig, eine scharfe Trennlinie zu ziehen. Häufig entwickelt sich Technik in einem militärischen Kontext, bevor sie zivil adaptiert wird, und umgekehrt. So kann Drohnentechnologie, die ursprünglich für Kartierungen gedacht war, relativ einfach zweckentfremdet werden, um militärische Ziele anzugreifen.

Eine besondere Rolle in diesem Diskurs kommt auch nichtstaatlichen Akteuren und terroristischen Gruppen zu. Wenn autonome Systeme in Serienfertigung verfügbar sind und die Kosten sinken, könnten auch radikale Organisationen versuchen, Drohnenschwärme mit rudimentärer KI-Ausstattung zu basteln, um Anschläge zu verüben. Dies mag wie Science-Fiction klingen, ist aber prinzipiell nicht ausgeschlossen. Bereits heute zeigt sich, wie selbst gebaute Drohnen bei Terror- oder Guerillaaktionen eingesetzt werden. Mit mehr Autonomie bestünde die Gefahr, dass ein Operator nur noch das Ziel im Groben definiert und die Drohnen selbst ihren Weg finden. Dadurch würde die Abwehr für reguläre Streitkräfte stark verkompliziert, denn man hätte es mit einer Vielzahl an halbintelligenten, schwer vorhersehbaren Flugkörpern zu tun. Diese Entwicklung mag in Teilen noch fern sein, verdeutlicht aber, warum man sich intensiv mit den Konsequenzen der Autonomie auseinandersetzen muss.

Angesichts all dieser Punkte erscheint es kaum übertrieben, zu sagen, dass autonome Waffensysteme nicht nur eine technologische, sondern vor allem auch eine politische, ethische und kulturelle Herausforderung darstellen. Für die Bundeswehr bedeutet dies, dass sie sich weiterhin mit den Fragen auseinandersetzen muss, wie viel Technik sinnvoll ist, wie man sicherstellt, dass der Mensch die Kontrolle behält, und wie man Soldatinnen und Soldaten auf den Umgang mit immer autonomeren Systemen vorbereitet. Dabei spielen Ausbildung und Sensibilisierung eine zentrale Rolle: Künftige Offiziere und Unteroffiziere müssen nicht nur taktisches Verständnis haben, sondern auch grundlegende Kenntnisse über die Funktionsweisen von KI-Systemen, über IT-Sicherheit und über moralisch-rechtliche Entscheidungsprozesse erlangen. Nur so ist gewährleistet, dass sie in dynamischen Szenarien verantwortungsvoll handeln oder im Zweifel eingreifen können, um einen ungewollten Waffeneinsatz zu unterbinden.

Zudem wird die Bundeswehr im internationalen Verbund agieren müssen, sei es in EU- oder NATO-Kontexten. Gemeinsame Übungsszenarien, in denen man definieren kann, inwieweit autonome Funktionen genutzt werden, sind unabdingbar, um reibungslose Zusammenarbeit zu gewährleisten. Gleichzeitig besteht die Chance, den internationalen Diskurs durch die eigene Vorreiterrolle zu beeinflussen, etwa indem man auf technische Sicherheitsstandards pocht, die Autonomie begrenzen. So könnte man festlegen, dass jedes autonome System einen Not-Aus-Schalter haben muss, der physisch oder digital vom Menschen ausgelöst werden kann, oder dass es in komplexen Fällen automatisch in einen sicheren Modus schaltet. Solche Ideen werden teils unter dem Stichwort „Meaningful Human Control" diskutiert: Man versucht sicherzustellen, dass kein System jemals völlig ohne menschliche Eingriffsmöglichkeit ist. Ob dies realistisch ist, wenn man an Hochgeschwindigkeitsbedrohungen denkt, bei denen in Millisekunden reagiert werden muss, ist erneut Thema intensiver Debatten.

9.5 Zukünftige Herausforderungen und gesellschaftlicher Diskurs

Auch aus gesellschaftlicher Perspektive darf man den Diskurs nicht allein dem Militär überlassen. Sowohl die Parlamente als auch die Zivilgesellschaft sollten in einer Demokratie Einblick und Mitsprache darin haben, welche Wege die Rüstungsentwicklung einschlägt. Das gilt besonders für ein Land wie Deutschland, das eine historische Sensibilität für Fragen militärischer Macht und Verantwortung entwickelt hat. Wenn die Beschaffung und Nutzung bestimmter Technologien tiefgreifende Veränderungen in der Kriegsführung bedeuten können, dann ist eine breite gesellschaftliche und politische Debatte erforderlich. Man denke an die Diskussionen über die Beschaffung bewaffneter Drohnen für die Bundeswehr, die in den letzten Jahren bereits kontrovers geführt wurden. Diese Debatte würde sich bei möglichen vollautonomen Systemen mutmaßlich noch stark intensivieren. Manche werden argumentieren, es sei eine technische und strategische Notwendigkeit, im globalen Wettbewerb nicht abgehängt zu werden; andere halten dagegen, dass es ethische Mindeststandards gibt, die niemals verletzt werden dürfen, selbst wenn ein potenzieller Gegner weitergeht. Das führt unweigerlich zu einer Werteabwägung, inwiefern militärische Effektivität oder Abschreckung höher zu bewerten ist als die langfristige Bewahrung ethischer Grundsätze. Gleichzeitig sieht man, dass die Grenze zwischen automatisierter Defensive und offensiver Autonomie verschwimmen kann, wenn eine Abwehrdrohne in Echtzeit entscheidet, potenzielle Angreifer zu bekämpfen.

Ein Blick in die Zukunft zeigt, dass die Entwicklung vermutlich rasant weitergehen wird. KI-Forschung macht große Sprünge und jedes Jahr erscheinen Studien zu verbesserter Sensorik, leistungsfähigeren Prozessoren oder Software, die in der Lage ist, aus riesigen Datenmengen sinnvolle Taktiken abzuleiten. Durch die Entwicklung von Schwarmtechnologien könnten in absehbarer Zeit Drohnenverbände existieren, die sich über große Gebiete verteilen, Angriffe koordinieren, sich gegenseitig decken und ohne menschliche Steuerung manövrieren. Der Befehl könnte lauten, ein bestimmtes Operationsgebiet zu halten, und die Drohnen entscheiden eigenständig, wen sie als Freund oder Feind erkennen und wie sie militärisch reagieren. Für konventionelle Truppen wäre das ein völlig neues Gefechtsbild. Auch der Raumfahrtsektor könnte involviert sein: Raumgestützte Waffenplattformen, die potenziell orbital operieren, ließen sich dank Autonomie teilweise von irdischer Kommunikation entkoppeln. Wenngleich noch entfernt sind Szenarien denkbar, in denen KI-gesteuerte Satelliten feindliche Raketenstarts identifizieren und eigenständig Gegenmaßnahmen einleiten. Das alles wirft erneut die Frage auf, inwieweit wir die Kontrolle über große Teile militärischer Entscheidungsprozesse abgeben wollen.

Für Angehörige der Bundeswehr, die sich heute mit Fragen moderner Rüstung beschäftigen, ist damit klar, dass es kaum noch ausreicht, taktische Verfahren oder konventionelle Gefechtsgrundsätze zu beherrschen. Man muss sich in einem ständigen Lernprozess befinden, der technologische Innovationen und ihre Auswirkungen auf den Einsatzalltag in die Aus- und Fortbildung einbindet. Gleichzeitig bedarf es einer intensiven Zusammenarbeit mit Rechtsberatern, Ethikexperten und politischen Instanzen, um aufkommende Konflikte hinsichtlich Beschaffungsentscheidungen oder Einsatzregeln sachgerecht zu lösen. Häufig wird der Ruf laut, man brauche mehr Transparenz und verbindliche Standards, um sicherzustellen, dass Autonomie nicht klammheimlich zu einem dominanten Faktor wird. Denn wenn es eines deutlich macht, dann die Diskussion um vollautonome Waffensysteme: Man kann die technischen Finessen zwar gut in den Griff bekommen, doch die daraus erwachsenden moralischen Fragen sind weitaus schwieriger zu beantworten. Genau darum ist ein offener, beständiger Diskurs erforderlich, an dem Militär, Politik und Gesellschaft gleichermaßen teilhaben.

Abschließend lässt sich festhalten, dass autonome Waffensysteme nicht einfach ein weiteres Kapitel militärischer Modernisierung darstellen, sondern möglicherweise einen grundlegenden Paradigmenwechsel in der Kriegsführung einläuten. Sie vereinfachen manche Abläufe, können menschliche Soldaten und Soldatinnen schützen, möglicherweise auch die Präzision erhöhen. Sie stellen jedoch große Herausforderungen für das Völkerrecht, für die militärische Kultur, für Fragen der Verantwortung und für die Stabilität internationaler Beziehungen. Ein Land wie Deutschland, das sich durch eine zurückhaltende Rüstungspolitik und eine verfassungsmäßige Verankerung von Friedensorientierung auszeichnet, wird entscheiden müssen, wie weit es im Zug globaler Sicherheitsarchitekturen auf diesem Pfad mitgeht oder wo es Grenzen zieht. Das Gleiche gilt für die Bundeswehr, die sowohl eine leistungsfähige Verteidigung gewährleisten als auch die Prinzipien der inneren Führung und des Staatsbürgers in Uniform respektieren möchte. Ob eines Tages tatsächlich Maschinen autonom entscheiden, ob, wann und gegen wen tödliche Gewalt anzuwenden ist, hängt dabei zu einem erheblichen Teil von den politischen Entscheidungen der nächsten Jahre ab. Solange aber kein internationaler Konsens gefunden ist und die technologischen Entwicklungen weiter rasant voranschreiten, bleibt das Thema auch für die deutsche Sicherheitspolitik akut. Es ist absehbar, dass es in den nächsten Jahrzehnten nicht an Bedeutung verlieren wird. Ganz im Gegenteil: Es dürfte die zukünftige Gestalt militärischer Konflikte auf tiefgreifende Weise prägen.

Cyberkrieg und hybride Kriegsführung mit KI

10

10.1 Digitale Kriegsführung und hybride Bedrohungen

Hybride Kriegsführung bezeichnet das orchestrierte Zusammenspiel verschiedener konventioneller und unkonventioneller Mittel – militärische Gewalt, Cyberangriffe, Desinformation, wirtschaftlicher Druck, Sabotage –, um gegnerische Staaten zu destabilisieren oder strategische Ziele zu erreichen, ohne formell den Krieg zu erklären. Digitale Komponenten spielen darin eine zentrale Rolle. Cyberkrieg, also das Gefecht im und durch den digitalen Raum, ist längst fester Bestandteil hybrider Konflikte: Gegner attackieren Kommunikationsnetze, Stromversorgung und Behörden-IT oder verbreiten manipulative Inhalte über soziale Medien, um Chaos zu stiften. Moderne Gesellschaften, die stark von digitalen Netzwerken und Informationen abhängen, bieten hier ein verwundbares Ziel.

Künstliche Intelligenz wirkt in diesem Kontext als Beschleuniger und Verstärker. Sie kann Angreifern neue Werkzeuge an die Hand geben – von generativer KI zur Massenproduktion von Fake News oder täuschend echten Deepfakes bis hin zu intelligenten Schadprogrammen, die automatisiert Schwachstellen ausnutzen. KI-gestützte Systeme sind heute relativ leicht verfügbar oder günstig zu entwickeln, wodurch auch nichtstaatliche Akteure oder Proxygruppen darauf zurückgreifen können. Ein Angreifer kann also theoretisch mit KI sowohl täuschend echte Manipulationen in Echtzeit durchführen als auch großflächige automatisierte Cyberangriffe fahren. Gleichzeitig können staatliche Akteure KI-Tools bewusst an Verbündete oder Stellvertreter weitergeben, um deren Wirksamkeit in hybriden Konflikten zu erhöhen.

Für die Verteidiger – also etwa die NATO-Staaten – bedeutet das, dass in einem eskalierenden Konflikt sämtliche Register gezogen werden müssen, um mitzuhalten. Da Opponenten alle verfügbaren Mittel synchronisiert einsetzen (etwa gleichzeitig Cyberattacken, Propaganda und konventionelle Schritte), muss auch die Gegenwehr umfassend orchestriert sein. KI ist dabei doppeldeutig: Sie schafft nicht nur neue Bedrohungen, sondern bietet auch neue Abwehrmöglichkeiten. So arbeiten Streitkräfte daran, KI in der Cyberabwehr einzusetzen – etwa zur automatisierten Erkennung von Angriffsmustern, zur Deepfakedetektion oder in Form von autonomen Systemen (Drohnen, Überwachungssysteme), die Bedrohungen schneller identifizieren und neutralisieren können. Militärische Entscheidungsträger betonen, dass KI künftig in allen Phasen – taktisch, operativ, strategisch – berücksichtigt werden muss, um gegnerische KI-gestützte Mittel auszugleichen und die eigenen Fähigkeiten optimal miteinander zu verzahnen.

Insgesamt sind die Prinzipien klar: Cyberkrieg und Informationskrieg verschmelzen mit klassischen Operationen. KI wirkt als Multiplikator – im Guten wie im Schlechten. Im Folgenden werden konkrete Beispiele und Strategien beleuchtet, wie sich diese abstrakten Konzepte in der Praxis zeigen – insbesondere anhand des Ukrainekrieges sowie der Lage an der NATO-Ostflanke – und wie sich betroffene Staaten, darunter auch NATO-Mitglieder wie Estland, Polen oder Deutschland, auf diese neuartigen hybriden Bedrohungen im KI-Zeitalter vorbereiten.

10.2 Verteidigungsstrategien und Praxisbeispiele

Der Ukrainekrieg: KI-Einsatz, Cyberangriffe und digitale Verteidigung

Der russische Angriff auf die Ukraine 2022 gilt als Lehrstück moderner hybrider Kriegsführung. Schon in den Stunden des physischen Angriffs liefen massive Cyberoperationen an. Ein markanter Vorfall ist der Angriff auf den Satelliteninternetdienst Viasat am Morgen des 24. 02. 2022, der Tausende Satellitenmodems – darunter Geräte des ukrainischen Militärs und von Regierungsstellen – unbrauchbar machte. Ziel war offenbar, die ukrainische Kommunikation und Befehlsgebung zu stören, was durch die Zerstörung kritischer Infrastruktur aus dem All gelang. Westliche Regierungen konnten den Sabotageakt im All später klar russischen Stellen zuordnen. Parallel dazu infiltrierten russische Akteure ukrainische Netzwerke mit neuartiger Wiper-Malware (Datenlösch- und Zerstörungsprogrammen) und versuchten, Regierungswebseiten und Banken mit DDoS-Angriffen in die Knie zu zwingen. Die erwartete „digitale Schockwelle" blieb zwar aus – die Ukraine zeigte sich erstaunlich resilient und viele Attacken blieben im Wirkungsausmaß begrenzt –, doch der Druck war enorm. Unterstützt von Techkonzernen und westlichen Cyberexperten konnte Kiew die gröbsten Schäden oft schnell beheben.

Beispiel:

Im April 2022 vereitelten ukrainische und befreundete Fachleute einen hoch entwickelten Angriff (zugeschrieben der GRU-Hackergruppe Sandworm), bei dem versucht wurde, mittels einer neuen Variante der Malware „Industroyer" erneut Teile des Stromnetzes lahmzulegen. Diese Attacke war besonders bemerkenswert, weil sie synchron mit russischen Raketenangriffen erfolgte – Hacker schalteten in einem Umspannwerk die Leistungsschalter ab, während zugleich Raketen das Energienetz bombardierten. Dieser abgestimmte Ansatz zeigt, wie Cyberangriffe als digitaler Hebel dienen, um die physischen Wirkungen konventioneller Angriffe zu maximieren.

Die Ukraine reagierte auf die digitalen Aggressionen flexibel: Bereits zwei Tage nach Invasionsbeginn rief die Regierung die Bildung einer freiwilligen „IT-Armee" aus Cyberexperten ins Leben. Tausende IT-Spezialisten, Hacker und Aktivisten – teils aus dem In- und Ausland – folgten dem Aufruf. Diese „IT-Army of Ukraine" nahm russische Ziele ins Visier, legte Propagandaseiten und sogar Regierungsserver lahm und sammelte wertvolle Informationen durch Hacks. So fand in diesem Konflikt eine bis dato nicht gekannte zivil-militärische Zusammenarbeit im Cyberraum statt, in der freiwillige Hacker zu einem Teil der Verteidigungsstrategie wurden. Gleichzeitig sicherte sich die Ukraine Unterstützung großer Techunternehmen: Nur wenige Tage nach Kriegsbeginn lieferte SpaceX auf Bitte der ukrainischen Regierung Starlink-Satellitenterminals, um Internetzugang unabhängig von zerstörter oder gehackter Infrastruktur zu gewährleisten. Dieses Ausweichnetz machte die ukrainische Kommunikation deutlich robuster, da Starlink – anders als geostationäre Systeme wie Viasat – dezentraler organisiert ist und nicht durch einen einzelnen Schlag ausgeschaltet werden kann.

Seit Beginn der groß angelegten Invasion 2022 verläuft der Kampf nicht nur an der Front, sondern auch im Informationsraum: Physische Anschlagsdrohungen, Cyberangriffe und Desinformation werden taktisch verzahnt, um zeitgleich Infrastruktur zu stören, Einsatzkräfte zu binden, Öffentlichkeit zu verunsichern und politische Entscheidungsprozesse zu beeinflussen. KI wirkt dabei als Beschleuniger – sowohl auf Angreifer- als auch auf Verteidigungsseite.

Keine drei Wochen nach Invasionsbeginn tauchte ein von prorussischen Akteuren erstelltes Deepfakevideo von Präsident Wolodymyr Selenskyj auf. In schlechter Bildqualität verkündete ein digital gefälschter Selenskyj die angebliche Kapitulation, rief seine Truppen zur Kapitulation auf und behauptete, aus Kiew geflohen zu sein. Das Video wurde durch einen Hack auf der Webseite eines ukrainischen TV-Senders platziert und auch im Liveticker (Newsticker) eines Fernsehsenders eingeblendet. Obwohl die plumpe Fälschung schnell entlarvt wurde – Selenskyjs echte Ansprache folgte kurz darauf –, zeigte dieser Vorfall eindrücklich, welches Potenzial KI-basierte Täuschungen haben. In den Folgejahren hat sich das Vorgehen deutlich professionalisiert: Statt reiner „Stimmenimitate" dominieren heute Fälschungen, die echtes Material (z. B. frühere Interviews) mit synthetischer Stimme und neuen Offtexten überblenden, sowie „Imposter Content", der das Erscheinungsbild seriöser Medien täuschend echt kopiert. So kursierten 2024 mehrfach gefälschte BBC-Clips, die mit geklautem Branding und erfundenen „Recherchebezügen" antiukrainische Narrative stützten. Parallel setzten Akteure in Russland nach dem Terroranschlag auf die Crocus City Hall im März 2024 ein KI-vertontes Video in Umlauf, in dem ein ukrainischer Sicherheitsfunktionär angeblich Verantwortung „eingeräumt" habe – erstellt durch den Zusammenschnitt mehrerer TV-Auftritte und eine überspielte KI-Stimme. Solche Formate sind glaubhafter als die groben Anfänge, verbreiten sich schnell über Social-Media-Kanäle wie Telegram oder TikTok und sind für Laien schwerer zu erkennen.

Neben Einzelfakes dominieren kampagnenförmige Operationen: Netzwerke klonen Markenauftritte westlicher Medien, übersetzen Inhalte automatisiert in mehrere Sprachen, füttern sie mit KI-Texten und verstärken sie über Bot- oder Sockenpuppenschwärme[28]. Ein gängiges Muster solcher Desinformationskampagnen ist das Vortäuschen investigativer Enthüllungen, um eine Scheinlegitimation zu schaffen. Die Kombination aus nachgeahmter Medienoptik und KI-generierter Sprache verleiht den Inhalten eine täuschend echte Glaubwürdigkeit und erleichtert ihre Verbreitung in ganz unter-

[28] „Sockenpuppen" (engl. „Sock Puppets") sind künstliche oder gefälschte Onlineidentitäten, die dazu dienen, eine Person, Organisation oder Botschaft glaubwürdiger erscheinen zu lassen, als sie tatsächlich ist. Sie werden häufig eingesetzt, um Meinungen zu verstärken, Diskussionen zu manipulieren oder gezielt Desinformation zu verbreiten.

schiedlichen Zielgruppen. Parallel dazu entstehen weitere Desinformationsstränge: manipulierte Audiodateien und synthetische Nachrichtenmoderatoren, die gezielt in vorproduzierte Videoclips eingeschnitten werden. So wirken Desinformationen zunehmend wie echte Nachrichtenbeiträge – vollständig inszeniert, technisch aufwendig und für Laien kaum noch zu durchschauen.

In hybriden Lagen greifen die einzelnen Instrumente nicht nebeneinander, sondern im Verbund: Zunächst sorgen gezielte Cyberangriffe – DDoS-Wellen und Hacks gegen Medienhäuser oder Behördenportale – dafür, dass verlässliche Informationen nicht oder nur verzögert verfügbar sind. Während die echten Kanäle stummgeschaltet oder gestört sind, werden gleichzeitig vorproduzierte Fälschungen, fingierte „Leaks" und manipulierte Zitate in Umlauf gebracht. Unmittelbar nach einem Anschlag tauchen dann koordiniert platzierte Scheinbekenntnisse und emotional aufgeladene Empörungsnarrative auf, die sich leicht an bereits vorhandene Deutungsmuster andocken.

Diese Taktik zielt bewusst auf den sogenannten „First-Mover-Effekt": Wer die Erstinterpretation des Geschehens besetzt, prägt die öffentliche Wahrnehmung – noch bevor unabhängige Recherchen oder fachliche Bewertungen ansetzen können. Parallel werden die Fälschungen durch eben genannte Bot- und Sockenpuppennetzwerke sowie nachgeahmte Medienauftritte verstärkt, sodass sich ein künstlicher Konsens ergibt. Das Ergebnis ist dreifach: Es wird die Ermittlungsarbeit erschwert, Vertrauen in Informationsquellen untergraben und die politische Unterstützung für betroffene Staaten – hier exemplarisch für die Ukraine – international geschwächt.

Aufklärungs- und Faktencheckteams haben ihre Gegenprozesse mithilfe von schneller Bild-/Audioforensik, Mustererkennung von bestimmten Postingverhalten und „Prebunking" (Warnen vor bestimmten Fakemustern) professionalisiert. Von der Seite der Plattformen aus greifen strengere Sorgfalts- und Risikopflichten. Im Krisenfall helfen Krisenprotokolle (Kennzeichnung synthetischer Medien, Herabstufung der Reichweite) – dennoch bleibt die Kontrolle von menschlicher Seite aus unverzichtbar. Technische Erkennungsverfahren stoßen an ihre Grenzen, wenn manipulierte Inhalte aus echtem Ausgangsmaterial zusammengesetzt werden – etwa wenn nur einzelne Bild- oder Tonfragmente verändert werden, während der Rest authentisch bleibt. Solche Kompositfälschungen unterlaufen gängige Prüfmechanismen, weil sie keine klaren digitalen Spuren hinterlassen. Hinzu kommt der „Liar's Dividend“: Auch echte Aufnahmen werden zunehmend verdächtigt, „KI-Fake“ zu sein.

Für die Verteidigung liegen die Stärken Künstlicher Intelligenz weniger in spektakulären Einzelanwendungen als in ihrer Fähigkeit, Muster zu erkennen und Prioritäten zu setzen. Systeme können kursierende Behauptungen mit Telemetrie- oder Sensordaten abgleichen oder mit verifizierten Open-Source-Informationen querprüfen – also schnell erkennen, ob eine Meldung zu einem tatsächlichen Ereignis passt oder Teil einer Desinformationskampagne ist.

Entscheidend ist jedoch nicht das einzelne Tool, sondern die Struktur dahinter. In sogenannten „Fusionszellen“ – also Arbeitsgruppen, in denen Experten aus Nachrichtendienst, Militär, Kommunikation und Technik eng zusammenarbeiten – werden Informationen aus verschiedenen Quellen gebündelt, bewertet und in Echtzeit weitergegeben. Nur wenn diese Zellen eingespielt sind, Meldeketten klar definiert sind und die Krisenkommunikation geübt ist, lässt sich eine Fälschung schnell als solche entlarven. So verkürzt sich die Zeitspanne zwischen Manipulation und Widerlegung – und die operative Wirkung hybrider Angriffe wird spürbar reduziert.

Trotz dieser beeindruckenden Bandbreite hatten KI-basierte Desinformationen im Ukrainekrieg bislang einen begrenzten Erfolg. Viele Deepfakes waren entweder qualitativ schwach oder richteten sich sehr gezielt an kleine Zielgruppen (z. B. einzelne Militäreinheiten oder Gespräche, wie der Fake-Poroschenko-Videocall mit ausländischen Legionären), wodurch breite Wirksamkeit ausblieb. **Doch die Tendenz ist klar:** Mit fortschreitender Technik könnten künftig massentaugliche Deepfakes oder vollautomatisierte Trollarmeen entstehen, die es Verteidigern enorm erschweren, Wahrheit und Lüge zu trennen. Entsprechend investiert die Ukraine – unterstützt von westlichen Partnern – in Gegenmaßnahmen: KI-Tools zur Erkennung synthetischer Medien, Aufklärungseinheiten für den Informationsraum und enge Zusammenarbeit mit Onlineplattformen, um Fakeaccounts und Bots zügig zu sperren.

Ein weiteres prägendes Element des Ukrainekrieges ist der massive Drohneneinsatz beider Seiten. Anfangs ferngesteuert und störanfällig wurden Drohnen zunehmend mit KI ausgestattet, um autonom Ziele zu finden. Dies erhöhte die Trefferquote drastisch und reduzierte den Bedarf an Drohnen erheblich. Die Rolle von Drohnen und ihre technologische Weiterentwicklung werden im nächsten Kapitel ausführlicher beleuchtet.

Die Erfahrungen aus der Ukraine zeigen Licht und Schatten von KI im Krieg: Einerseits kann ein entschlossener Verteidiger damit seine Resilienz erhöhen – durch Automatisierung, Verteilung von Kommunikation (Starlink) und schnelle Datenanalyse etwa; andererseits öffnen sich völlig neue Gefahrenfelder wie Täuschung durch KI und automatisierte Cyberangriffe, die ein hohes Maß an Wachsamkeit und Innovation erfordern. Westliche Militärs analysieren den Konflikt daher akribisch, um Lehren für die eigene Strategie zu ziehen. Gerade für die direkte Nachbarschaft Russlands – etwa die baltischen Staaten und Polen – sind dies keine theoretischen Szenarien, sondern ganz reale Bedrohungen, auf die man sich eingestellt hat.

Bedrohungsszenario im Baltikum und die Suwałki-Lücke

Im Baltikum – also in Estland, Lettland und Litauen – sowie in Polen sind hybride Bedrohungen mehr als nur abstrakte Planspiele. Diese Staaten an der NATO-Ostflanke leben seit Jahren mit teils latenter, teils akuter Konfrontation im Graubereich zwischen Krieg und Frieden. Ein Brennpunkt der Sorge ist die Suwałki-Lücke (engl.: Suwalki Gap) an der polnisch-litauischen Grenze. Dieses nur ca. 65 Kilometer schmale Korridorstück verbindet die baltischen NATO-Partner mit dem restlichen Bündnisgebiet. Westlich davon liegt die russische Exklave Kaliningrad, östlich davon Belarus – ein Verbündeter Moskaus. Strategen warnen seit Jahren, die Suwałki-Lücke sei das „verwundbarste Stück NATO-Territorium“: Sollte Russland diesen Korridor – etwa durch einen Handstreich – abschneiden, wären Estland, Lettland und Litauen vom Landweg aus nicht mehr zu erreichen.

Ein groß angelegter konventioneller Angriff ist zwar unwahrscheinlich, solange die NATO glaubhaft abschreckt. Doch hybride Szenarien liegen durchaus im Bereich des Möglichen. Denkbar wären provokative Manöver oder Sabotageakte, die unterhalb der Bündnisschwelle bleiben: etwa das plötzliche Auftauchen „unbekannter bewaffneter Gruppen“ (maskierte Spezialkräfte ohne Hoheitsabzeichen, man erinnert sich an die Taktik der „grünen Männchen“ in der Krimkrise) oder orchestrierte Zwischenfälle mit Flüchtlingsströmen. Tatsächlich hat Belarus 2021 bereits Tausende Migranten an die polnische und litauische Grenze geschleust, um politisch Druck auszuüben – ein von der EU als hybrider Angriff gewertetes Vorgehen. Im Sommer 2023 flammten die Befürchtungen erneut auf, als nach dem mutmaßlichen Aufstand der Wagner-Söldnertruppe in Russland ein Teil dieser kampferprobten Kämpfer in Belarus aufgenommen wurde. Ende Juli 2023 meldete Polens Geheimdienst, etwa 100 Wagner-Söldner seien Richtung Suwałki-Region verlegt worden. Der damalige Ministerpräsident Mateusz Morawiecki warnte öffentlich, dies könne ein vorbereitender Schritt für eine weitere hybride Attacke auf polnisches Gebiet sein. Er schilderte ein Szenario, bei dem die Wagner-Leute in belarussische Grenzuniformen schlüpfen und als scheinbare Grenzbeamte Migranten über die Grenze lotsen – also gezielt Instabilität und Sicherheitsvorfälle in Polen provozieren. Polen wie Litauen verstärkten daraufhin ihre Grenzpräsenz. Solche Maskirovka-Taktiken (Verstellung und Irreführung) reichen allein zwar nicht für die Einnahme der Suwałki-Lücke, könnten aber genutzt werden, um einen Vorwand für „Schutzmaßnahmen" zu inszenieren oder NATO-Streitkräfte zu binden.

Neben solchen Infiltrations- und Destabilisierungsszenarien ist die Region stetig Ziel von Cyber- und Informationsoperationen aus Russland. Schon 2007 erlitt Estland massive koordinierte Cyberangriffe auf Regierungs- und Finanzsektornetzwerke – damals als Vergeltung für die Entfernung eines sowjetischen Denkmals in Tallinn. Dieser Vorfall gilt als Weckruf, der die baltischen Staaten zu Pionieren der Cyberverteidigung machte (dazu später mehr). In jüngerer Zeit traten vor allem ausgefeilte Kampagnen zur Desinformation und psychologischen Kriegsführung in Erscheinung. Eine Operation, bekannt unter dem Codenamen „Ghostwriter", zielte ab 2017 auf Litauen, Lettland sowie Polen (und später auch Deutschland). Dabei drangen Hacker – nach Erkenntnissen westlicher Dienste vom belarussischen Geheimdienst KGB oder mit ihm kooperierenden Gruppen gesteuert – in lokale Nachrichtenseiten oder Behördenaccounts ein und platzierten gefälschte Nachrichten. So erschien 2020 auf der Webseite eines litauischen Nachrichtenportals ein Artikel, der deutschen NATO-Soldaten vorwarf, ein jüdisches Friedhofsdenkmal geschändet zu haben. In einer anderen Aktion veröffentlichten Angreifer in Polen fingierte Zitate des damaligen Oberbefehlshabers der US-Armee in Europa, in denen er angeblich die polnische Armee verhöhnte. Diese Fake News wurden anschließend per E-Mail unter Behörden und Medien verbreitet, um ihnen den Anschein legitimer Meldungen zu geben. Ziel all dieser Aktionen war es, Misstrauen gegenüber den NATO-Truppen im Osten zu säen und die lokale Bevölkerung gegen die Allianz aufzubringen. Litauen erlebte bereits zuvor einen ähnlichen Fall: 2017 erhielten Medien eine gefälschte E-Mail, in der behauptet wurde, deutsche Soldaten hätten ein minderjähriges litauisches Mädchen vergewaltigt. Die Polizei stellte umgehend fest, dass es kein Opfer gab – die ganze Geschichte war erfunden. Ein NATO-Diplomat nannte es klar einen Versuch Moskaus, die Stationierung der Bundeswehr in Litauen zu diskreditieren. Diese kontinuierlichen Informationsattacken gehören längst zum Alltag an der Ostflanke. Entsprechend haben die baltischen Staaten umfangreiche Gegenmaßnahmen ergriffen: von medienpädagogischen Programmen, um Bürger für Falschmeldungen zu sensibilisieren, bis hin zur Einrichtung spezieller StratCom-Behörden (engl.: Strategic Communication), die Gerüchte aktiv richtigstellen.

Das baltische Bedrohungsbild wird somit von zwei Ebenen geprägt: erstens von der unmittelbaren militärischen Gefahr eines hybriden Vorstoßes an kritischen Orten wie Suwałki, zweitens von der dauerhaften digitalen Kriegsführung unterhalb der Schwelle – Cyberangriffe und Propaganda. Beide Ebenen greifen oft ineinander. So würde ein hybrider Vorstoß wohl begleitet von intensiven Desinformationskampagnen stattfinden, um Verwirrung zu stiften und die Entscheidungsfindung der NATO zu verzögern. Die Länder der Region begegnen dieser Lage mit erhöhter Wachsamkeit, dem Ausbau von Resilienz und enger Zusammenarbeit mit ihren Alliierten. Insbesondere die Verstärkung der NATO-Präsenz (multinationale „Battlegroups" in jedem baltischen Staat und Polen seit 2017) dient als Abschreckung. Doch genauso wichtig ist die Stärkung der „inneren Verteidigung": Also cybersichere Netzwerke, Notfallpläne für Versorgungsausfälle, regelmäßige Übungen für den Krisenfall und eine Bevölkerung, die auf subtile Beeinflussungsversuche weniger anfällig reagiert.

Hybride Bedrohungen im Ostseeraum: kritische Infrastruktur im Visier

Nicht nur an Land, sondern auch auf und unter der Ostsee sind hybride Angriffe zu einer greifbaren Gefahr geworden. Moderne Gesellschaften hängen an globalen Versorgungsadern – von Energiepipelines bis hin zu Unterseekabeln für Internet und Telekommunikation. Diese verlaufen oft ungeschützt durch internationale Gewässer. Ein Gegner, der unerkannt bleiben will, kann hier mit vergleichsweise geringem Aufwand enormen Schaden anrichten. Dass dies kein Theorieszenario ist, zeigte sich dramatisch im Herbst 2022: Am 26. 09. 2022 ereigneten sich eine Reihe von Explosionen an den Erdgaspipelines Nord Stream 1 und 2 in der Ostsee. Die Detonationen – registriert von Seismologen in Schweden und Dänemark – rissen drei von vier Röhrenstränge auf dem Meeresgrund nahe der dänischen Insel Bornholm auf. Unmengen von Gas blubberten tagelang an die Oberfläche. Da es sich um Pipelineabschnitte handelte, die weder in Betrieb noch unter Druck standen, war schnell klar: Das war gezielte Sabotage. Bis heute ist die Täterschaft offiziell ungeklärt und Gegenstand internationaler Ermittlungen. Viele westliche Politiker zeigten jedoch unverhohlen mit dem Finger auf Russland. Die Sprengung der eigenen Gasexportleitungen mag auf den ersten Blick unlogisch erscheinen, ergab aber im Kontext Sinn: Russland demonstrierte seine Fähigkeit, die kritische Energieinfrastruktur Europas auch außerhalb der Ukraine anzugreifen – ein Warnsignal an die EU, die Unterstützung für Kiew zu überdenken. EU-Vertreter sprachen davon, dies könnte eine neue Phase hybrider Kriegsführung einläuten. Der lettische Außenminister bezeichnete den Anschlag als Teil des hybriden Krieges und als „schwerwiegendsten Sicherheits- und Umweltvorfall im Ostseeraum". Länder wie Norwegen – inzwischen Hauptexporteur für Erdgas nach Europa – erhöhten umgehend den Schutz ihrer Bohrplattformen und Pipelines offshore. Die NATO reagierte rasch: Schon im Februar 2023 richtete sie in Brüssel eine Koordinierungszelle für den Schutz kritischer Unterwasserinfrastruktur ein und im Juli 2023 wurde das Maritime Centre for the Security of Critical Underwater Infrastructure (gestellt von NATO-Kommandostruktur) angekündigt. Diese Einrichtungen sollen Informationsaustausch fördern, Schwachstellen analysieren und gemeinsame Schutzkonzepte entwickeln.

Die Nord-Stream-Sabotage war leider kein Einzelfall. Im Oktober 2022 berichteten Schweden und Estland von Beschädigungen an einem wichtigen Seekabel zwischen beiden Ländern. 2023 kam es noch gravierender: In der Nacht zum 08. 10. 2023 wurde der Unterseegasleitung Balticconnector zwischen Finnland und Estland die Druckluft geraubt – auch sie erlitt ein Leck durch äußere Einwirkung. Gleichzeitig riss ein paralleles Telekommunikationskabel zwischen beiden Ländern. Wenige Tage später meldete Schweden dann ebenfalls eine Störung an einem Glasfaserkabel nach Estland. Die Untersuchungen laufen, doch Finnlands Regierung geht von einem gezielten Sabotageakt aus. Estnische Stellen erklärten, es sei erwiesen, dass menschliches Zutun die Schäden verursachte. Zwar wurde noch kein eindeutiger „Übeltäter" präsentiert, doch der zeitliche Zusammenhang lässt einen orchestrierten Angriff vermuten. NATO und Anrainerstaaten erhöhten umgehend ihre Präsenz: Minenjagdboote patrouillieren verstärkt, Marineflugzeuge und Drohnen überwachen die Seewege. **Die Sorge:** Jemand (mutmaßlich Russland) versucht systematisch die Daten- und Energieverbindungen der NATO-Staaten im Ostseeraum zu stören, um im Krisenfall Druckmittel oder Chaospotenzial zu haben. Gerade Unterseekabel – die Lebensadern des Internets – sind verwundbar. Einige verlaufen von Schweden und Finnland nach Polen oder ins Baltikum, nur wenige Dutzend Kilometer von russischen Gewässern entfernt. Russischen Spezialschiffen wird seit Jahren nachgesagt, sie kartierten gezielt Kabeltrassen und Pipelines. Die Ostsee, aber auch der Nordatlantik und die Nordsee (Verbindungen in die USA und nach Norwegen/Großbritannien) stehen daher hoch auf der Prioritätenliste der NATO für den Objektschutz. **Es gilt:** Ein hybrider Angriff auf Infrastruktur kann verheerende wirtschaftliche Folgen haben und den Verteidigungsfall herbeiführen, ohne dass ein Schuss fällt.

Nicht zu vergessen ist auch der Weltraum als kritische Infrastruktur. Moderne Militärs und Volkswirtschaften hängen an Satellitenkommunikation, Navigation (GPS/Galileo) und satellitengestützter Aufklärung. Das Viasat-Experiment Russlands hat deutlich gemacht, dass selbst in der Umlaufbahn Angriffsflächen bestehen. Neben Hacks sind auch Störsender (Russland hat beispielsweise in Konfliktgebieten GPS-Signale wiederholt lokal verzerrt) sowie physische Angriffe denkbar. Russland und China haben in der Vergangenheit Antisatellitenraketen getestet. Ein Abschuss wichtiger Satelliten während einer Krise wäre ein hoch eskalatives hybridkriegerisches Manöver – es würde aber genau in das Muster passen, dem Gegner seine Augen und Ohren abzuschneiden. Die NATO hat aus solchen Szenarien Konsequenzen gezogen und die Raumfahrt seit 2019 als eigenes Operationsgebiet deklariert; seit 2023 gilt auch ein größerer Angriff im All potenziell als Bündnisfall.

Insgesamt zeichnet sich im Ostseeraum ein Bild, in dem Pipelines, Stromtrassen, Kabel und Weltraumtechnik ebenso wie Grenzen oder Städte zum Schlachtfeld gehören könnten. Verteidigung bedeutet hier, nicht nur Soldaten an den richtigen Orten zu haben, sondern auch Ingenieure, Techniker und IT-Forensiker, die Anomalien entdecken und beheben können. Es erfordert enge zivil-militärische Kooperation: Betreiberfirmen von Netzen arbeiten mit Geheimdiensten und Militär zusammen, um verdächtige Aktivitäten früh zu erkennen. Zudem haben die Ostseeanrainer ihre Gesetzgebung angepasst, um im Graubereich schneller reagieren zu können – z. B. indem Sabotage und Spionage schärfer verfolgt oder Reservisten mit Cyberfachwissen in die Lage versetzt werden, im Ernstfall unmittelbar zu unterstützen.

NATO-Staaten an vorderster Front: Vorbereitung auf hybride KI-Bedrohungen

Angesichts der beschriebenen Risiken haben insbesondere die östlichen NATO-Staaten umfassende Vorkehrungen getroffen. Aber auch im nördlichen Europa und in Deutschland werden Lehren gezogen. Im Folgenden sind einige konkrete Beispiele, wie sich ausgewählte Länder wappnen und KI-Technologien in ihre Verteidigungsstrategien integrieren:

Estland, Lettland, Litauen und Polen: Diese vier Staaten bilden die vorderste Linie gegenüber Russland und haben in den letzten Jahren erhebliche Investitionen in ihre Cyber- und Hybridabwehr getätigt.

- **Estland** gilt als europäischer Vorreiter der Cyberverteidigung. Nach den schweren Cyberangriffen 2007 baute Tallinn seine digitale Resilienz radikal aus. Die Regierung verankerte „Security by Design" als Prinzip aller E-Government-Projekte – Sicherheit und Back-ups werden von Anfang an mitgeplant. So besitzt Estland heute verteilte Datenreserven (u. a. ein Daten-Back-up-„Botschaft" in Luxemburg für Regierungsdaten) und hochmoderne Frühwarnsysteme. Das Land initiierte auch die Gründung des NATO CCDCOE in Tallinn, das seit 2008 existiert. Dieses NATO-Kompetenzzentrum bündelt internationales Know-how, richtet jährlich die weltgrößte Cyber-abwehrübung „Locked Shields" aus und forscht zu aktuellen Bedrohungen. Bei „Locked Shields 2024" nahmen über 4000 Experten aus 40 Nationen teil, um an realistischen Szenarien den Ernstfall zu proben – inklusive Herausforderungen durch KI und Angriffe auf Stromnetze. Estland hat außerdem als eines der ersten Länder eine Cyberwehr ins Leben gerufen: In der Estonian Defence League Cyber Unit dienen IT-Fachleute freiwillig nebenberuflich und können im

Krisenfall die staatlichen Abwehrkräfte verstärken. KI kommt in Estlands Cyberstrategie sowohl offensiv als auch defensiv zum Einsatz – z. B. durch Machine-Learning-Algorithmen, die abnormales Netzverkehrsverhalten aufspüren oder Desinformationstrends auf Social Media analysieren.

- **Lettland** hat seinen Schwerpunkt auf Informationskriegabwehr gelegt. In Riga beherbergt es seit 2014 das NATO Strategic Communications Centre of Excellence (kurz: StratCom COE; Kompetenzzentrum für Strategische Kommunikation), das insbesondere Methoden zur Erkennung und Abwehr von Desinformationskampagnen entwickelt. Dieses StratCom COE experimentiert selbst mit KI, etwa um Deepfakedetektionsverfahren zu testen. Darüber hinaus stellt Lettland signifikante Truppen für NATO-Missionen und hat im eigenen Militär die Cyberkomponente ausgebaut – 2020 wurde eine Cybersecurity-einheit innerhalb der nationalen Streitkräfte aufgestellt. Die Zusammenarbeit mit Techfirmen und zivilen Hackern wird offen gesucht; Lettland unterstützt aktiv die informellen Netzwerke sogenannter „Baltic Elves" – Bürgerinitiativen, die prorussische Trollfabriken in Onlineforen kontern. KI-basierte Tools können dabei helfen, automatisierte Botaccounts in sozialen Medien zu identifizieren und zu melden.

- **Litauen** hat als direkter Nachbar der russischen Exklave Kaliningrad einen Schwerpunkt auf kritische Infrastruktur und schnelle Reaktionsfähigkeit. Bereits 2018 rief Vilnius eine regionale Cyberschnellreaktionseinheit ins Leben, die im Rahmen der EU verteidigungsbereit steht. Diese Cyber Rapid Response Teams, koordiniert von Litauen mit Beteiligung mehrerer EU-Länder (u. a. Estland, Kroatien, Polen), kamen 2022 erstmals zum Einsatz, um bei der Abwehr russischer Malware in der Ukraine zu helfen. Litauen investiert zudem in Energiesicherheit – nach Abschaltung russischer Stromnetzeinspeisung wurde ein Inselnetzprobebetrieb geübt, um bei Angriffen autark zu sein. KI spielt eine Rolle bei der Überwachung von Netzen: Das litauische Nationale Zentrum für Cybersicherheit nutzt maschinelles Lernen, um Angriffe im Frühstadium zu erkennen. Im Bereich „Desinformation" ist Litauen ebenfalls aktiv: Nach dem Fakevergewaltigungsskandal von 2017 etablierte das Land Taskforces, die verdächtige Gerüchte zeitnah prüfen und öffentlich richtigstellen. Auch hier wird KI in Form von NLP eingesetzt, um automatisiert Fake-News-Artikel in Foren aufzuspüren.

- **Polen** hat angesichts seiner Größe und strategischen Lage ein breites Programm zur hybriden Verteidigung gestartet. Zentral war die Aufstellung der polnischen Cyberverteidigungsstreitkräfte, die zum 08. 02. 2022 offiziell gegründet wurden. Diese neue Teilstreitkraft, geführt von einem eigenen Kommandeur, soll bis Mitte der 2020er voll einsatzfähig sein und vereint offensive mit defensiven Cyberfähigkeiten. Polen hat damit – ähnlich wie Deutschland mit dem CIR-Kommando – anerkannt, dass Cyber im Militär so wichtig ist wie Heer, Luftwaffe oder Marine. Praktisch arbeitet Polen eng mit den USA und anderen NATO-Partnern bei der Cyberausbildung zusammen. So war Warschau 2023 Gastgeber eines großen NATO-Cybermanövers (Cyber Coalition), in dem es als führende Nation einen regionalen Übungsstab stellte. Auch im Bereich „Drohnen" rüstet Polen auf: Die Beschaffung türkischer Bayraktar (bewaffnete Drohnen) bereits vor dem Ukrainekrieg zeigte Weitsicht – Polen integrierte diese Aufklärungs- und Kampfdrohnen in seine Brigadeaufklärung. Nun entwickelt das Land eigene Loitering Munitions (umherstreifende Drohnenmunition) wie das System „WARMATE". Derartige Systeme können mit KI-Elementen wie Bilderkennung ausgestattet werden, um autonom Ziele zu identifizieren (z. B. Panzerformen aus der Luft). Zum Schutz vor Desinformation hat Polen eine aktive Kommunikationspolitik: Regierungssprecher entlarven proaktiv Falschmeldungen und es wurde ein Cybersecurityzertifikatssystem für Medienportale eingeführt, um deren Authentizität zu sichern. Als stark von Russland attackiertes Land – zeitweise wurden 2022 pro Woche über 1000 Cyberangriffe auf polnische Organisationen registriert – sieht Polen KI als Schlüssel, um die Flut an Bedrohungen zu bewältigen, etwa durch automatisierte Filtersysteme gegen Phishing und durch KI-gestützte Lagebilder, die Angriffsmuster früh visualisieren. Zudem plant Polen, gemeinsam mit baltischen Staaten eine Übung zu dem Suwałki-Szenario durchzuspielen, bei der auch hybride Elemente (Drohnenangriffe, GPS-Störungen, Desinformationen) simuliert werden, um die zivil-militärische Koordination zu verbessern.

Finnland, Schweden und Dänemark: Die nördlichen europäischen Länder – Finnland (seit 2023 NATO-Mitglied), Schweden (seit 2024

NATO-Mitglied) und Dänemark (NATO-Gründungsmitglied) – stehen ebenfalls im Fokus hybrider Gefahren im Ostseeraum.

- **Finnland** bringt eine lange Tradition der ganzstaatlichen Verteidigung mit. Seit dem Kalten Krieg verfolgt Helsinki ein Konzept, bei dem Militär, Bevölkerung und Privatsektor eng verzahnt auf Krisen vorbereitet werden. Diese Erfahrung fließt nun in die NATO ein. Finnland beherbergt seit 2017 das Europäische Zentrum zur Bekämpfung hybrider Bedrohungen (Hybrid COE) in Helsinki, dem zahlreiche NATO- und EU-Staaten angehören. Das Hybrid COE analysiert aktuelle hybride Taktiken – z. B. 2020 die Studie „AI – a Key Enabler of Hybrid Warfare" – und berät Regierungen. Finnland selbst verstärkt nach den Ereignissen um Nord Stream und Balticconnector die Überwachung seiner Küsten und hat Gesetze angepasst, um schneller gegen verkappte militärische Eindringlinge vorgehen zu können. Im Cyberbereich ist Finnland technologisch sehr fortgeschritten (Nokia als Netzwerkausrüster etc.) und setzt auf Public-Private-Partnerships, um Innovation zu fördern. So werden Start-ups gefördert, um KI-Lösungen für Cybersecurity zu entwickeln. Die finnischen Streitkräfte integrieren KI u. a. in Frühwarnsysteme – es gibt Projekte, um KI-Modelle auf Satellitenbildern nach Anzeichen für Truppenbewegungen oder Camouflage suchen zu lassen. Zudem erprobt Finnland autonome Fahrzeuge für die Grenzüberwachung in Lappland, wo maschinelles Lernen dabei hilft, Wildtiere von potenziell eindringenden Personen zu unterscheiden. Wichtig ist auch der Bereich „Psychologische Verteidigung": Die finnische Bevölkerung wird regelmäßig über Desinformation aufgeklärt, teils mit KI-basierten Medienkampagnen, die beispielhaft Fake und Fact gegenüberstellen.
- **Schweden** hat seit dem russischen Vorgehen 2014 (Annexion der Krim) seine Totalverteidigung reaktiviert. 2022 gründete Stockholm eine Behörde für psychologische Verteidigung (Myndigheten för psykologiskt försvar), die gesellschaftliche Resilienz gegen Beeinflussung stärken soll. Diese arbeitet eng mit Medienhäusern und Social-Media-Plattformen zusammen, um Fake News frühzeitig zu identifizieren. Schwedens Militärgeheimdienst FRA betreibt intensive Netzaufklärung – u. a. auch in Unterseekabeln –, um verdächtige Aktivitäten im Cyberraum zu entdecken. Im Bereich „KI" forscht Schweden an Schwarmtechnologie für Drohnen, teils gemeinsam mit Finnland, um für

mögliche Konflikte im Ostseeraum gerüstet zu sein. Ein Projekt namens „Gjallarhorn" soll KI nutzen, um Eingänge zu Schären und Häfen autonom durch Drohnenschwärme überwachen zu lassen. Nach den Vorfällen von 2022/23 erhöhte Schweden zudem die Marinepräsenz um Gotland und führte Sicherheitsüberprüfungen aller wichtigen maritimen Kabel/Pipelines durch. Auch hier kam KI zum Einsatz: Algorithmen werteten akustische Sensordaten aus, um etwa unregelmäßige Geräusche von Tauchern oder U-Boot-Drohnen am Meeresboden zu erkennen. Im Zug der NATO-Annäherung kooperiert Schweden mit dem StratCom-COE in Riga und dem CCDCOE in Tallinn, um von deren KI-Erfahrungen zu lernen.

- **Dänemark** als Anrainer von Nord- und Ostsee spielt eine Schlüsselrolle beim Schutz der Seewege. Nach der Nord-Stream-Sabotage stockte Kopenhagen die Überwachung seiner ausschließlichen Wirtschaftszone deutlich auf. Die dänische Marine arbeitet eng mit Deutschland, Schweden und Polen zusammen, um verdächtige Schiffsbewegungen, insbesondere russischer Hilfsschiffe oder Forschungsschiffe, zu tracken. Dänemark hat außerdem 2022 die Anschaffung von Unterwasserdrohnen beschlossen, die Pipelines und Kabel überwachen können. KI wird in Dänemark vor allem in der Analyse großer Datenmengen genutzt: So entwickelte die dänische Verteidigungsaufklärungsbehörde ein System, das mittels KI in Echtzeit offene Quellen und Social Media nach Anzeichen koordinierter Einflussoperationen durchforstet. Als hoch digitalisiertes Land achtet Dänemark auf Cyberhygiene; es war eines der ersten Länder, das Penetrationstests mit KI-Unterstützung in allen Ministerien durchführte, um Schwachstellen zu finden. In Zusammenarbeit mit Estland setzt Dänemark verstärkt auf „Security by Design" und den Austausch mit der Techindustrie, um militärische KI-Innovationen sicher zu gestalten. So soll die Balance zwischen schneller Übernahme neuer Technologien und deren Absicherung gelingen.

Deutschland: Als größte europäische Volkswirtschaft und zentrale NATO-Nation hat Deutschland seine Strategie gegen hybride Bedrohungen in den letzten Jahren geschärft. Bereits 2017 stellte die Bundeswehr mit dem KdoCIR eine eigene Organisation für Cyberkrieg, elektronische Kampfführung und operative Kommunikation auf. Dieser militärische Organisationsbereich bündelt rund 14.000 Soldaten und Zivilbeschäftigte und hat sowohl Defensiv- als auch begrenzte Offensivfähigkeiten im Cyberraum. KI-Anwendungen spielen im KdoCIR eine zunehmende Rolle: Etwa bei der „Intrusion Detection" in den weltweiten IT-Systemen der Bundeswehr kommen lernfähige Systeme zum Einsatz, die ungewöhnliche Muster selbstständig erkennen. Auch die Auswertung von Aufklärungsbildern (z. B. Drohnenvideos) wird durch KI-Software, teils entwickelt in Kooperation mit Fraunhofer-Instituten, automatisiert, um schneller Ziele zu identifizieren. Im Bereich „Desinformation" baut die Bundeswehr ihre Fähigkeiten ebenfalls aus – 2021 wurde die Schule Informationstechnik in eine Schule für Information und Cybersicherheit umgewandelt, die auch Schulungen zur Erkennung von Einflussoperationen anbietet. Der Bundesnachrichtendienst hat eine eigene Einheit für „Technische Aufklärung" mit KI-Schwerpunkt und die Behörde ZITiS entwickelt Tools, um große Datenlecks (wie 2015 beim Bundestagshack durch russische Hacker) schneller analysieren zu können. Im zivilen Bereich wurde 2021 das Gesetz gegen digitale Gewalt verschärft und das BSI richtete ein Lagezentrum für hybride Bedrohungen ein, das rund um die Uhr Vorfälle monitort.

Deutschland bereitet sich auch auf konkrete Szenarien vor: Nach den Täuschungsanrufen bei europäischen Stadtoberhäuptern 2022 – als Berliner, Madrider und Wiener Bürgermeister mit einem falschen „Vitali Klitschko" per Video sprachen – hat das Auswärtige Amt die Verifikationsprozesse für hochrangige Videoanrufe verschärft, um Echtzeitdeepfakes auszuschließen. Energiekonzerne führen vermehrt Notfallübungen für längere Strom- oder Datenausfälle durch, oft unter Einbeziehung von Bundeswehr und Technischem Hilfswerk. Zudem engagiert sich Deutschland in multinationalen Übungen: Im jährlichen NATO-Manöver „Cyber Coalition" stellt die Bundeswehr regelmäßig ein großes Kontingent und testet dort mit Partnern auch KI-basierte Abwehrtechnologien. Schließlich hat Deutschland im Rahmen der NATO-Initiative DIANA mehrere KI-Innovationsprojekte aufgelegt, die Dual-Use-Technologien im Bereich „Cyber und autonome Systeme" fördern sollen.

All diese Beispiele zeigen, dass sich die NATO-Staaten – insbesondere an ihrer Ost- und Nordflanke – der Gefahren von Cyberkrieg und KI-getriebener hybrider Kriegsführung bewusst sind und ihnen mit Anpassungen auf breiter Front begegnen. Technische Lösungen (KI-Systeme zur Angriffsdetektion, autonome Drohnen, Deepfakefilter) gehen Hand in Hand mit organisatorischen Maßnahmen (neue Cyberkommandos, Spezialzentren, Gesetzesreformen) und

Allianzkooperation (zentralisierte Übungen, COEs). Dabei ist wichtig zu erkennen, dass KI kein Allheilmittel ist, sondern selbst wieder neue Risiken schafft – etwa die Abhängigkeit von komplexen Algorithmen, die für den Menschen nicht immer nachvollziehbar entscheiden. Daher betonen Experten, dass der Mensch „im Loop" bleiben muss, gerade wenn es um Leben-und-Tod-Entscheidungen durch autonome Waffensysteme geht.

Für Angehörige der Bundeswehr, die sich mit diesen Themen befassen, bedeutet das: Flexibilität, stetiges Lernen und bereichsübergreifende Zusammenarbeit werden noch wichtiger. Der Gegner von morgen könnte ein unsichtbarer Kollektivakteur aus Hackern, Bots und Drohnen sein – koordiniert durch KI, getarnt durch digitale Nebelwände. Dem entgegenzustellen sind gut ausgebildete Soldaten und Spezialisten, die vernetzt denken: Cyberkomponenten müssen integraler Teil jeder Einsatzplanung sein, Info-War-Experten müssen eng mit den Operateuren vor Ort verzahnt arbeiten. Die Bundeswehr und ihre Partner stellen sich dieser Herausforderung. In Bündnisübungen wird KI bereits heute als fester Faktor einbezogen – sei es in realitätsnahen Cyber-„Live-Fire"-Übungen wie „Locked Shields", wo KI- und 5G-Elemente mittlerweile Standardszenarien sind, oder in Stabsrahmenübungen, die Deepfake-generierte Propaganda einspielen. So bereitet man sich darauf vor, im Ernstfall Hybridangriffe mit KI-Komponente abwehren zu können, ohne die Kontrolle zu verlieren.

Am Horizont zeichnet sich ab, dass Cyberkrieg und KI künftig so eng verwoben sein werden, dass sie praktisch eine neue Dimension der Kriegsführung darstellen. Die Bundeswehr und ihre Alliierten sind gefordert, in diesem Wettlauf nicht nur zu reagieren, sondern auch proaktiv die eigenen Fähigkeiten weiterzuentwickeln – immer mit dem Ziel, einen Konflikt zu verhindern oder ihn zumindest schnell beenden zu können. Die digitale Verteidigungslinie ist längst ebenso wichtig wie die konventionelle.

Einsatz von KI-Technologie durch die Ukraine

11.1 Einsatz von KI im Ukrainekrieg

„Auf dem Schlachtfeld sah ich keinen einzigen ukrainischen Soldaten. Nur Drohnen... Es ist ein Drohnenkrieg", berichtete ein russischer Gefangener. Dieser Ausspruch – so drastisch er klingt – spiegelt eine neue Wirklichkeit wider: Im Abwehrkampf der Ukraine gegen die russische Invasion spielen unbemannte Systeme und Künstliche Intelligenz eine überlebenswichtige Rolle. Unter dem immensen Druck des Krieges hat die Ukraine ihre Not in eine Tugend verwandelt und ist zur Innovationsschmiede für moderne Kriegsführung geworden, während Russland parallel dazu eine Schattenoffensive im Cyber- und Informationsraum führt.

Gleich zu Kriegsbeginn 2022 setzten ukrainische Einheiten in großem Umfang handelsübliche Drohnen und improvisierte unbemannte Systeme ein, um Russlands zahlenmäßige Überlegenheit auszugleichen. Was zunächst aus der Not geboren war, entwickelte sich rasch zu einem strategischen Vorteil. Die ukrainischen Streitkräfte machten sich die leichte Verfügbarkeit ziviler Drohnen zunutze – von kleinen Aufklärungsquadrokoptern bis hin zu größeren Kampfdrohnen – und schufen so ein „War Lab for the Future", ein Kriegstestfeld für Technologien der Zukunft. Mit Schwärmen billiger, aber effektiver Drohnen gelingt es der verteidigenden Ukraine immer wieder, auch weit überlegene konventionelle Einheiten auszumanövrieren. So berichtete etwa ein russischer Soldat verzweifelt via Social Media, man brauche Schrotflinten gegen die ukrainischen Drohnen: „Sie brennen uns einfach nieder" – ein deutliches Zeichen, wie sehr kleine First-Person-View(FPV)-Drohnen und Kamikazedrohnen inzwischen das Geschehen an vorderster Front dominieren. Sogar Panzerverbände – einst das Rückgrat der Landstreitkräfte – sehen sich durch die allgegenwärtigen Drohnen massiv bedroht und in ihrer Rolle überschattet.

Doch die Ukraine ruht sich nicht auf diesen Erfolgen aus. Beide Kriegsparteien treiben einen regelrechten Wettlauf um Drohnen mit KI-Unterstützung voran – ein immer deutlicherer „Zusammenprall der Algorithmen" auf dem Schlachtfeld. Insbesondere 2023 und 2024 hat Künstliche Intelligenz Einzug in die ukrainische Drohnenkriegsführung gehalten. Hintergrund ist, dass Russland verstärkt elektronische Gegenmaßnahmen einsetzt, um ferngelenkte Drohnen per Signalstörung vom Himmel zu holen. Darauf hat die Ukraine reagiert, indem sie ihren Drohnensystemen mehr Autonomie verlieh. Nach offiziellen ukrainischen Angaben sind mittlerweile „mehrere Dutzende" inländische KI-gestützte Lösungen verfügbar, die in Drohnen integriert und bereits an Spezialkräften erprobt wurden. Solche Systeme ermöglichen es den Fluggeräten, auch bei gestörten Funkverbindungen selbstständig ins Ziel zu steuern und Objekte zu erkennen. Bei der Software der Firma NORDA Dynamics markiert der Bediener nur noch das Ziel auf dem Livebild der Kameradrohne – den Rest des Anflugs übernimmt die KI-gesteuerte Drohne autonom. 2023 wurden bereits über 15.000 Exemplare dieses ukrainischen Autopiloten für FPV-Kamikazedrohnen an Hersteller verkauft, über 10.000 davon waren im Einsatz. Erste Resultate zeigen, dass solche KI-Drohnen deutlich präziser treffen: Wurden früher teils nur 30 bis 50 % der anvisierten Ziele von manuell gesteuerten FPV-Drohnen erreicht (bei frisch ausgebildeten Piloten nur 10 %), so erhofft man sich nun Erfolgsquoten von rund 80 %. Berichten zufolge konnten mit dieser Technik bereits mehrere russische Panzer und Feldlager zerstört werden – Ziele, die zuvor wegen starker feindlicher Funkstörsender als nahezu unerreichbar galten.

Die Automatisierung beschränkt sich dabei nicht nur auf Angriffe, sondern hilft auch defensiv: Russland setzt massenhaft eigene Drohnen zur Aufklärung ein, um Artillerieschläge zu steuern. Dem begegnet die Ukraine mit sogenannten „Interceptor-Drohnen" – kleinen „Jägerdrohnen", die gegnerische Drohnen in der Luft rammen oder abschießen. Auch hier ist KI gefragt: Um die winzigen Fluggeräte im Dogfight aufzuspüren und anzusteuern, wird an automatischer Zielerfassung gearbeitet. Nach Aussagen des Verteidigungsministeriums werden feindliche Aufklärungsdrohnen mittlerweile „recht effektiv" von solchen Abfängern bekämpft – Tendenz steigend mit verbesserter KI-Unterstützung.

Parallel dazu experimentiert die Ukraine mit Schwärmen und vernetzten Drohnenteams. Schon jetzt zeigt sich, dass ein synchronisierter Einsatz Dutzender unbemannter Systeme jenseits der Kapazitäten menschlicher Operatoren liegt – KI wird zum Schlüssel, um ein „Schwarmbewusstsein" zu schaffen, in dem Drohnen eigenständig kooperieren. Die ukrainische Softwarefirma Swarmer etwa entwickelt ein System namens „Styx", das simultane Einsätze von Aufklärungs- und Kampfdrohnen im Verbund koordinieren soll. Jede Drohne im Schwarm könnte dann eigenständig Handlungen planen und zugleich die Positionen ihrer Schwarmkameraden antizipieren. Solche Projekte stehen noch am Anfang, doch sie zeigen die Stoßrichtung: In der nächsten Phase dieses Krieges könnten autonome Drohnenschwärme auftauchen, die ohne menschliches Zutun Ziele aufspüren und angreifen – Science-Fiction, die in der Ukraine schneller Realität werden könnte als anderswo.

Nicht nur in der Luft, sondern auch im Verborgenen des digitalen Gefechtsstands hat die Ukraine KI-Technologien eingebunden. Entscheidungsfindung in Bruchteilen von Sekunden, basierend auf gewaltigen Datenströmen von Aufklärungssensoren, ist heute oft kriegsentscheidend. Hier hat die Unterstützung westlicher Hochtechnologie entscheidend mitgewirkt: Der ukrainische Digitalminister Mychajlo Fedorow betont, dass moderne Technik eine Echtzeitverfolgung des Kriegsgeschehens ermögliche. Tatsächlich nutzt die Ukraine fortschrittliche Analysesysteme, um ein möglichst lückenloses Lagebild zu erhalten. So hat etwa die US-Firma Palantir ihre Datenanalyseplattform zur Verfügung gestellt, die eingehende Informationen – von Satellitenbildern bis hin zu Social-Media-Posts – in einem Lageinformationssystem konsolidiert. Dessen Einfluss ist immens: „Palantir ist für die Mehrzahl der Zielerfassung in der Ukraine verantwortlich", erklärte CEO Alex Karp Anfang 2023. Das System helfe u. a. dabei, feindliche Panzer und Artilleriestellungen aufzuspüren und rasch mit geeigneten Gegenmaßnahmen zu reagieren. In Kiew wurde sogar ein Palantir-Büro eröffnet, um die enge Zusammenarbeit sicherzustellen. Solche KI-gestützten Systeme ermöglichen es den ukrainischen Streitkräften, die Bewegungen russischer Truppen nahezu in Echtzeit zu verfolgen und entsprechend zu handeln. Aus zuvor mühsam von Hand ausgewerteten Aufklärungsdaten entstehen digitale Lagekarten, auf denen Freund und Feind fast live markiert sind – ein Albtraum für jede angreifende Armee.

Wesentlichen Anteil daran hat auch das ukrainische Eigengewächs „Delta", ein Situationsinformationssystem des Verteidigungsministeriums. Delta vernetzt zahlreiche Sensoren und Datenquellen und verarbeitet täglich Terabyte an Frontinformationen – von Videofeeds und Fotos über Akustikmessungen bis hin zu abgefangenen Funksprüchen. **Die Devise lautet:** Daten hereinholen, mit KI filtern und analysieren, dann verdichtete Erkenntnisse sofort wieder an die kämpfenden Truppen zurückspielen. Ein Beispiel ist das Projekt Avenger innerhalb von Delta: Ein Team Freiwilliger begann gleich zu Kriegsbeginn 2022 damit, KI-Modelle für die automatische Auswertung von Drohnenvideos zu trainieren. Ihre Algorithmen zur

Objekterkennung markieren auf den Aufnahmen u. a. russische Fahrzeuge oder Waffen und helfen menschlichen Analytikern, in der Bilderflut prioritäre Ziele herauszufiltern. Mittlerweile können solche Systeme anhand von Livevideostreams Objekte identifizieren, verfolgen und sogar deren GPS-Koordinaten ableiten. Im Delta-System fließen diese Erkenntnisse sofort ein: Erkennt eine KI beispielsweise einen feindlichen Panzer auf einem Drohnenbild, erscheint dessen Position wenige Sekunden später auf der digitalen Gefechtskarte für alle verbundenen Einheiten. Auch akustische Sensoren kommen zum Einsatz: Das ukrainische System Zvook etwa nutzt Mikrofone, um feindliche Fahrzeuge oder Geschütze anhand ihres Geräuschmusters zu orten. Registriert Zvook ein Zielgeräusch, übermittelt es binnen zwölf Sekunden automatisch einen Kontakt mit Richtung und Koordinaten ins Delta-Netz – mit einer Fehlalarmquote von nur 1,6 %, wie ukrainische Entwickler berichten. Ein weiterer Baustein ist die Textanalyse: Abgehörte russische Kommunikation erzeugt täglich Tausende Chatnachrichten und Meldungen. Ein KI-Tool namens „Griselda" durchsucht diese unstrukturierten Texte nach relevanten Informationen und Schlagwörtern. Griselda extrahiert aus dem Rauschen Hinweise auf die Sichtung feindlicher Geräte und speist sie direkt ins Lagebild ein. All das geschieht nahezu in Echtzeit, sodass die Fronttruppen stets ein aktuelles, gemeinsames Lageverständnis haben – ein Vorteil, der mit klassischen Methoden kaum zu erreichen wäre.

Neben solchen militärischen Systemen nutzt die Ukraine KI auch im Sicherheits- und zivilen Bereich, wie etwa eine Gesichtserkennungssoftware, um russische Eindringlinge und Kollaborateure aufzuspüren. Das US-Start-up Clearview AI stellte Kiew bereits kurz nach Kriegsbeginn seine umstrittene Technologie zur Verfügung. Inzwischen haben über 1500 ukrainische Beamte Zugriff darauf und konnten damit mehr als 230.000 russische Personen identifizieren – seien es gefangene oder gefallene Soldaten, aber auch Agenten und Saboteure im Land. Der stellvertretende Innenminister der Ukraine bezeichnete Clearview gar als „Geheimwaffe" im Kampf gegen die Invasoren. Tatsächlich konnten mit dieser KI bereits Kriegsverbrechen aufgeklärt und feindliche Spione enttarnt werden. Die Kehrseite solcher Tools – Datenschutz und ethische Implikationen – tritt im Überlebenskampf des ukrainischen Staats verständlicherweise in den Hintergrund. Bemerkenswert ist vielmehr, wie agil die Ukraine solche Techfirmen einbindet. Zahlreiche westliche Start-ups und Rüstungsfirmen haben in Kiew Innovationsbüros eröffnet, speziell im Drohnen- und KI-Bereich. So entsteht ein reger Austausch zwischen ukrainischen Entwicklern und ausländischer Expertise – wieder ein Beispiel für die einzigartige Innovationskraft, die dieser Krieg entfesselt hat.

Dass die Ukraine trotz Dauerbeschuss funktionsfähig bleibt, verdankt sie auch einer resilienten digitalen Infrastruktur mit westlicher Unterstützung. Elon Musks Satellitennetz Starlink etwa wurde der Ukraine im Eiltempo zur Verfügung gestellt, nachdem ein massiver russischer Cyberangriff am ersten Kriegstag die bodengebundene Satellitenkommunikation lahmgelegt hatte. Die kleinen Starlink-Terminals, tausendfach an Front und Heimat verteilt, bilden seither das Rückgrat der ukrainischen Datenkommunikation – gegen Störversuche weitgehend gefeit und dezentral kaum auszuschalten. Ebenso wichtig war die Verlagerung kritischer Daten in ausländische Clouds: Microsoft investierte über 100 Mio. US-Dollar, um ukrainische Regierungsserver ins Ausland zu spiegeln. So konnte verhindert werden, dass russische Malware die staatliche Verwaltung oder Finanzsysteme dauerhaft lahmlegt. Als Russland 2022 versuchte, mit dem Schadprogramm „Industroyer2" erneut das Stromnetz der Ukraine zu sabotieren, waren ukrainische und befreundete Cyberexperten vorbereitet – der Anschlag auf Umspannwerke wurde vereitelt, ein landesweiter Blackout verhindert. Westliche „Hunt Forward"-Teams jagten aktiv russische Hacker in ukrainischen Netzen, noch bevor diese zuschlagen konnten. Dutzende russische Schadprogramme (u. a. Wiper-Malware) wurden so unschädlich gemacht. Die Lektion daraus ist deutlich: Russlands Cyberoffensive prallte an einer gut trainierten, vernetzten Verteidigung weitgehend ab – und machte die Ukraine langfristig sogar stärker. Während in der ersten Kriegshälfte 2023 die Zahl russischer Cyberangriffe um 123 % zunahm, ging die Anzahl wirklich folgenschwerer Vorfälle um 81 % zurück. Mit jeder Attacke lernten die Ukrainer dazu, schlossen Sicherheitslücken und passten ihre Systeme an. EU-Partner nannten die Ukraine bereits einen „Musterschüler" in Sachen Cybersicherheit, der viele europäische Länder überholt hat. Dieser Schulterschluss zwischen der Ukraine und westlichen IT-Kräften ist ein entscheidender Erfolgsfaktor in diesem neuartigen Abnutzungskrieg der digitalen Sphären.

Doch die russische Bedrohung manifestiert sich nicht nur in Computernetzen, sondern ebenso in der Informationswelt. Von Beginn an gehörten Desinformationen, Propaganda und psychologische Kriegsführung zu Moskaus Strategie, um die Ukraine zu destabilisieren und die internationale Unterstützung zu untergraben. Ein bereits zuvor diskutiertes Geschehen verdeutlicht, wie früh KI-basierte Manipulationen in reale Konflikte eingriffen: Im März 2022 tauchte ein Deepfakevideo auf, in dem Präsident Wolodymyr Selenskyj scheinbar seine Truppen zur Kapitulation aufforderte. Russische Hacker hatten die Fälschung auf der Webseite eines ukrainischen Nachrichtensenders platziert und in sozialen Medien verbreitet. Die Täuschung flog zwar binnen Minuten auf – Selenskyj selbst reagierte umgehend mit einer Ansprache, man werde „niemals kapitulieren" –, doch sie markierte einen Dammbruch: Erstmals kam eine KI-Manipulation in einem Krieg zum realen Einsatz, um Verwirrung zu stiften. In den folgenden Monaten intensivierte Russland seine digitalen Einflussoperationen. Es tauchten scheinbar seriöse Nachrichtenwebseiten mit Namen wie „D. C. Weekly" oder „Boston Times" auf, die jedoch Teil eines vom Kreml gesteuerten Fake-News-Netzwerks namens „Doppelgänger" waren. Über solche Kanäle und zahllose Bots in sozialen Netzwerken verbreitete die russische Propaganda gezielt falsche Narrative – mal behauptete man, ukrainische Flüchtlinge seien für Kriminalität verantwortlich, mal erfand man NATO-Geheimlabore in der Ukraine. 2024 stellten westliche Beobachter fest, dass Moskau verstärkt auch KI-Tools einsetzt, um seine Desinformation effizienter zu skalieren. So kursierte etwa ein täuschend echt aussehendes Video des US-Außenamtssprechers Matthew Miller, in dem dieser angeblich sagt, eine russische Stadt sei ein legitimes Ziel für ukrainische US-Raketen – komplett erfunden mittels KI-generierter Deepfaketechnologie. Auch künstlich erzeugte Audioaufnahmen tauchen vermehrt auf: Ukrainische Faktenchecker entlarvten 2023 eine Tonbandfälschung, in der eine Stimme wie die von US-Präsident Joe Biden klingen sollte und zugab, Wladimir Putin sei unbesiegbar. Das Ziel dieser Fake-Storys ist stets dasselbe: Zwietracht säen, die Moral des Gegners brechen und die Unterstützung für die Ukraine im Ausland erschüttern.

Die Ukraine hat gelernt, mit dieser hybriden Kriegsführung umzugehen. Regierung, Medien und Zivilgesellschaft reagieren inzwischen äußerst wachsam und agil auf Falschinformationen. Deepfakes wie das gefälschte Selenskyj-Video werden schnell enttarnt und öffentlich gemacht. Enthüllungen nehmen den Fakes den Wind aus den Segeln. Gleichzeitig setzt Kiew selbst erfolgreich auf psychologische

Maßnahmen in Gegenrichtung: Eine Kampagne namens „Ich will leben" ermutigt russische Soldaten per Chatbot und Hotline zum Aufgeben – digitale Kriegsführung in den Diensten der Humanität, die bereits Hunderte zur Kapitulation bewegt hat. Insgesamt ist die Ukraine in der Informationsschlacht erstaunlich erfolgreich: Mit authentischer Kommunikation – von Selenskyjs mitreißenden Videoansprachen bis hin zu viralen Social-Media-Posts über ukrainische Helden – gewinnt sie weltweit Sympathien und lässt Russlands Lügen oft ins Leere laufen. Westliche Techplattformen kooperieren dabei eng: Meta (Facebook) und YouTube entfernten den Selenskyj-Deepfake umgehend. EU-Behörden und unabhängige Faktenprüfer demaskieren russische Falschmeldungen und klären die Öffentlichkeit auf. Mit der „Spaghetti an der Wand"-Methode fluten Akteure das Netz mit vielen, oft widersprüchlichen Erzählungen, Ihr Ziel ist nicht, Menschen zu überzeugen, sondern sie mit der Menge an Informationen zu überfordern – und herauszufinden, welche Falschinformationen beim Publikum und in den Algorithmen „haften bleiben", also besonders gut wirken.

Nach über drei Jahren intensiver Gefechte, online wie offline, zeichnet sich eines klar ab: Die Ukraine hat unter existenziellem Druck eine bemerkenswerte Fähigkeit zur Anpassung und Innovation bewiesen. Als verteidigende Nation nutzt sie Kreativität und unkonventionelle Lösungen, um einen technologisch überlegenen Feind in Schach zu halten – und sie tut dies mit tatkräftiger Unterstützung ihrer westlichen Partner. Ob hochmobile Drohnenschwärme oder gehärtete Netzwerke, ob globale Informationskampagnen oder KI-gestützte Gefechtsfeldanalyse – all diese Faktoren zusammen ergeben ein neues Bild moderner Kriegführung, in der Mut, Einfallsreichtum und Technik verschmelzen.

11.2 Lehren für die Bundeswehr

Welche Erkenntnisse lassen sich aus dem ukrainischen Umgang mit KI und hybriden Bedrohungen für die Bundeswehr ziehen? Erstens führt kein Weg an der raschen Adaption neuer Technologien vorbei. Die Konflikte der Zukunft – wie dieser Krieg bereits zeigt – werden von Drohnen, Algorithmen und vernetzten Systemen geprägt sein. Die Ukraine musste in kürzester Zeit improvisieren und innovieren, um zu überleben. Auch die Bundeswehr sollte Verfahren entwickeln, um im Ernstfall schnell neue Technik integrieren zu können

– sei es durch enge Zusammenarbeit mit Start-ups, flexible Beschaffungswege oder die Einrichtung von Innovationseinheiten innerhalb der Truppe. Zweitens hat sich die gewaltige Durchschlagskraft kleiner, kostengünstiger Systeme gezeigt. Tausende handelsübliche Drohnen, bestückt mit simpler Sprengladung oder Kamera, können einen Gegner zermürben, der vor allem auf teure Großgeräte setzt. Hier liegt eine Mahnung an die klassische Doktrin: Masse und Schwarmfähigkeit können Klasse schlagen. Die Bundeswehr wird ihre Ausrüstung anpassen müssen – mit verstärkter Investition in eigene Drohnenverbände (inklusive Bewaffnung) und in Abwehrmittel gegen feindliche Drohnen. Moderne Luftverteidigung beginnt heute bei der Detektion und Neutralisierung von Minidrohnen und Aufklärung heißt auch: Jeder Zug verfügt idealerweise über eine Drohne im Rucksack. Drittens ist KI-Kompetenz zu einer Schlüsselressource geworden. Die Fähigkeit, enorme Datenmengen in nutzbare Informationen zu verwandeln – wie es die Ukraine mit Palantir und Delta vormacht – entscheidet über Geschwindigkeit und Präzision militärischer Entscheidungen. Die Bundeswehr sollte daher gezielt KI-Anwendungen für Lagebilder, Zielerfassung und Entscheidungsunterstützung entwickeln und in Übungen erproben. Viertens erfordert die hybride Bedrohungslage ein Umdenken in Sachen Resilienz. Die Ukraine hat gezeigt, wie wichtig redundante Kommunikation (z. B. Satelliten-Back-ups), verteilte IT-Infrastruktur und proaktive Cybersicherheit sind. Für Deutschland heißt das, sich gegen massive Cyberangriffe eines Gegners wie Russland zu wappnen: kritische Infrastruktur besser schützen, Notfallpläne für IT-Ausfälle parat haben und im Schulterschluss mit Verbündeten Bedrohungen frühzeitig erkennen. Hier zahlt sich internationale Kooperation aus – sowohl NATO-Institutionen als auch EU-Hilfsteams haben in Kiew wertvolle Dienste geleistet. Fünftens muss die Bundeswehr der Informationskriegsführung mehr Aufmerksamkeit widmen. Ein Gegner, der mit Desinformation und Deepfakes operiert, erfordert eine schlagkräftige Gegenstrategie: von der Aufklärung der Soldaten über Fake News (Medienkompetenz) bis hin zur Aufstellung spezialisierter strategischer Kommunikationsteams, die im Krisenfall schnell und glaubwürdig informieren. Die moralische Widerstandskraft der Truppe und der Bevölkerung gegen psychologische Angriffe wird zur sicherheitsrelevanten Größe. Schließlich unterstreicht der ukrainische Abwehrkampf die Bedeutung der zivil-militärischen Zusammenarbeit. Freiwillige IT-Experten, Hacker und Drohnenbauer – in der Ukraine alle vereint im Dienst der Landesverteidigung – stellen ein unschätzbares Potenzial dar. Auch die Bundeswehr kann im Cyber- und Informationsbereich stärker auf Reservisten und zivile Fachleute zurückgreifen, um im Konfliktfall flexibel zusätzliche Ressourcen zu aktivieren. Eine Art deutsches „IT-Heer" als Teil der territorialen Reserve könnte Abschreckung und Abwehr im Hybridkrieg deutlich stärken.

Die vielleicht wichtigste Lehre ist dabei: Offensive Hightech allein garantiert keinen Sieg – es kommt auf den Willen und die Fähigkeit an, sie klug einzusetzen. Die Ukraine demonstriert dies eindrucksvoll. Ihre Innovationskraft unter Beschuss, unterstützt von westlicher Technologie und Solidarität, hat Russland bislang die Grenzen seiner Aggression aufgezeigt. Für die Bundeswehr bedeutet das, sich auf eine Ära einzustellen, in der Mut, Kreativität und technologische Überlegenheit gemeinsam über Erfolg oder Niederlage entscheiden. Es gilt, bereit zu sein – im Cyberraum, an der Heimatfront und auf dem Gefechtsfeld –, damit Deutschland und seine Alliierten gegen hybride Bedrohungen gewappnet sind.

KI in Mobilität, Wirtschaft, Gesellschaft und Alltag

12

12.1 KI und Mobilität

Künstliche Intelligenz revolutioniert die Mobilität – von selbst fahrenden Autos bis hin zu autonomen Militärfahrzeugen. Während im zivilen Bereich bereits erste autonome Fahrzeuge in Städten getestet werden, arbeitet auch das Militär weltweit an unbemannten Fahrzeugen für Straße und Gelände. Für Angehörige der Bundeswehr ist es entscheidend, zu verstehen, wie KI die zukünftige Mobilität beeinflusst, welche Chancen sich bieten und welche Herausforderungen – technisch, taktisch, rechtlich und ethisch – damit einhergehen. Dieser Teil des Buchs beleuchtet daher autonome Fahrzeuge sowohl in der Zivilwelt als auch insbesondere im militärischen Bereich.

Autonome Fahrzeuge im zivilen Bereich

Autonomes Fahren hat in den letzten Jahren enorme Fortschritte gemacht. In mehreren Städten der USA und Europas sind bereits selbst fahrende Autos im Testeinsatz, etwa als Robotertaxis oder Shuttlebusse. Unternehmen wie Waymo oder Cruise betreiben autonome Taxis in Städten und auch in Deutschland gibt es erste Erprobungen fahrerloser Shuttlefahrzeuge in begrenzten Bereichen. Technisch werden diese Fahrzeuge durch ein Zusammenspiel von Sensoren (Kameras, Radar, Lidar), KI-Algorithmen und leistungsfähigen Rechnern gesteuert. Sie erkennen Verkehrsschilder, andere Verkehrsteilnehmer und berechnen in Sekundenbruchteilen ihr Fahrverhalten. Vollständige Automatisierung – also Fahrzeuge, die unter allen Bedingungen ohne Fahrer auskommen – ist jedoch noch Zukunftsmusik. Zwar existieren bereits hoch automatisierte Systeme, aber sicherheitskritische Herausforderungen verzögern die Einführung. Zum einen müssen die KI-Systeme mit unzähligen Situationen klarkommen – von schlechtem Wetter über unerwartete Fußgänger bis hin zu Baustellen –, zum anderen gibt es haftungsrechtliche Fragen: Wer trägt die Verantwortung, wenn ein autonomes Auto einen Unfall verursacht? Trotz solcher Hindernisse schreitet die Regulierung voran. So erwartet die United Nations Organization (UNO), dass es bis 2026 international abgestimmte Regeln für autonome Fahrzeuge geben wird, selbst wenn vollständig autonome Autos erst Jahre später regulär auf die Straßen kommen. Schon jetzt gilt in Deutschland: Autonome Fahrsysteme sind zulässig, sofern sie nachweislich die Verkehrssicherheit erhöhen. Eine Ethikkommission empfahl 2017 u. a., dass automatisierte Fahrzeuge nur dann ethisch vertretbar sind, wenn sie eine positive Risikobilanz aufweisen – also weniger Unfälle verursachen als menschliche Fahrer. Insgesamt lässt sich sagen: Im zivilen Sektor liegt der Fokus autonomen Fahrens primär auf Sicherheit und Zuverlässigkeit. KI soll hier den Menschen als Fahrer unterstützen oder ersetzen, um Unfälle zu reduzieren, Mobilität effizienter zu machen und z. B. älteren Menschen neue Möglichkeiten der Fortbewegung zu geben.

Die Fortschritte im zivilen autonomen Fahren bilden die technologische Grundlage, von der auch militärische Entwicklungen profitieren. Doch die Anforderungen im Gefecht unterscheiden sich erheblich vom Stadtverkehr. Bevor wir tiefer auf die militärischen Fahrzeuge eingehen, lohnt sich ein Blick darauf, was autonome Systeme im Alltag bereits leisten – und wo sie noch an (ihre) Grenzen stoßen. Ein Beispiel sind die Erfahrungen mit autonomen Lkw-Konvois. Die US-Armee testete unlängst robotische Lkw in einem sogenannten „Leader-Follower-Modus", bei dem ein bemannter Führungs-Lkw vorausfährt und mehrere autonome Lkw folgen. Auf einer Versuchsfahrt in Saudi-Arabien zeigte sich jedoch, dass alltägliche Straßenmerkmale wie Bodenwellen oder Brücken die KI irritierten – die Robotertrucks erkannten diese fälschlicherweise als Hindernisse und schalteten sich ab oder stoppten plötzlich. Ein menschlicher Fahrer musste dann übernehmen. **Dies verdeutlicht:** Selbst modernste autonome Fahrsysteme kämpfen noch mit Sensordaten und Softwarebugs in für Menschen banalen Situationen. Genau solche technischen Hürden gilt es zu meistern, bevor Fahrzeuge wirklich überall autonom fahren können. Dennoch gibt es stetige Verbesserungen und die zivilen Erkenntnisse fließen auch mit in die Militärforschung ein – oft sogar im direkten Austausch mit der Rüstungsindustrie, die zivile Technologien adaptieren will.

Autonome Fahrzeuge im militärischen Bereich

Im militärischen Umfeld eröffnen autonome Fahrzeuge völlig neue Möglichkeiten für Landmobilität. Unbemannte Bodenfahrzeuge können Risiken von Soldaten fernhalten, monotone oder gefährliche Aufgaben übernehmen und die Durchhaltefähigkeit der Truppe erhöhen. Bereits heute experimentieren viele Streitkräfte mit autonomen oder ferngesteuerten Fahrzeugen: von Artilleriesystemen über gepanzerte Fahrzeuge bis hin zu Transport- und Ambulanzfahrzeugen.

- *Kampfpanzer und gepanzerte Gefechtsfahrzeuge:* Schwere Kampffahrzeuge wie Panzer könnten durch KI deutlich an Leistungsfähigkeit gewinnen. Denkbar sind etwa autonome Kampfpanzer, die ohne Besatzung operieren oder als robotischer Flügelmann neben bemannten Panzern fahren. Die USA verfolgen dies mit dem Projekt „Robotic Combat Vehicle (RCV)": Bis 2028 will die US-Army einsetzbare unbemannte Kampffahrzeuge einsatzbereit machen. Erste Prototypen werden bereits erprobt – darunter leichte Kettenfahrzeuge mit Maschinenwaffen, die ferngesteuert oder teilautonom vorfahren. Auch Russland experimentierte mit einem unbemannten Minipanzer namens Uran-9, der in Syrien getestet wurde. Die Ergebnisse waren allerdings ernüchternd; offiziell heißt es, die Ergebnisse seien gemischt. Tatsächlich traten technische Ausfälle auf, etwa Probleme mit der Steuerung und Sensorik im realen Gefechtsfeld. Solche Kinderkrankheiten verdeutlichen die Herausforderungen: Ein Panzer im Kriegseinsatz bewegt sich im unwegsamen Gelände, unter Feindeinwirkung, bei Rauch, Staub und Störungen – ein ungleich komplexeres Umfeld als eine Straße. Entsprechend müssen die KI, Sensoren und Aktoren extrem robust und fehlertolerant sein. Dennoch treiben mehrere Nationen die Entwicklung voran. Russland hat angekündigt, sogar seinen neuesten Kampfpanzer T-14 Armata in einer unbemannten Variante zu erproben. Südkorea und Israel setzen auf kleinere, wendige UGVs, die mit Panzerabwehrwaffen oder Maschinengewehren ausgerüstet sind. So ist in Israel seit 2021 der Jaguar-Roboter im Grenzschutz im Einsatz – ein sechsrädriges Fahrzeug mit montiertem Maschinengewehr, das selbstständig Patrouillenfahrten durchführen kann. Der Jaguar kann Hindernisse umgehen, mittels Sensoren Menschen aufspüren und sogar sich selbst zerstören, falls er in Feindeshand zu fallen droht. Sein Zweck ist es, israelische Soldaten an der hochriskanten Gaza-Grenze zu entlasten und bei Gefahr zuerst in Kontakt mit Eindringlingen zu kommen. Diese zeigt bereits konkreten Nutzen: KI-gesteuerte Fahrzeuge können als verlängerter Arm der Soldaten dienen – als Aufklärer, Abschreckung oder Schutzschild.

- *Artilleriesysteme und bewaffnete Plattformen:* Auch in der Artillerie und bei Waffenträgern kommt KI zum Einsatz. Moderne Panzerhaubitzen nutzen KI-Algorithmen, um ballistische Berechnungen schneller durchzuführen, Ziele automatisch zu erkennen oder Munition im Ziel zu koordinieren. Ein autonomes Artilleriefahrzeug könnte selbstständig Stellungswechsel vornehmen, nachladen oder gar auf erkannte Bedrohungen reagieren. Bisher sind solche Fahrzeuge meist ferngesteuerte Versionen bemannter Systeme. Beispielsweise entwickelt die Bundeswehr im Verbund mit Rüstungsfirmen Technologien, um Fahrzeuge „optionally manned" – also wahlweise bemannt oder unbemannt – betreiben zu können. Die Firma Rheinmetall etwa stattet Fahrzeuge mit dem PATH-Autonomy-Kit aus, das praktisch jeden Geländewagen oder Transportpanzer in ein autonom fahrendes System verwandeln kann. Ihr Mission-Master-UGV, ein mittelgroßes Kettenfahrzeug, kann mit verschiedenen Modulen bestückt werden – von Aufklärungssensoren bis hin zu Bewaffnung – und hat im Feld bereits gezeigt, dass es in schwierigem Terrain autonom navigieren kann. Solche Systeme könnten eines Tages Aufgaben der Vorhut übernehmen: etwa vor den eigenen Truppen ins Gefecht fahren, feindliche Stellungen aufklären und im Ernstfall auch den ersten Schuss abgeben (wobei heute noch stets ein Mensch das Feuer freigeben muss). Auch andere Länder haben bewaffnete Roboterfahrzeuge in Entwicklung: Die USA testen neben ihren RCV-Prototypen auch kleine bewaffnete Bodenroboter für den Häuserkampf und Russland wie erwähnt mit Uran-9 und Co. Trotz beeindruckender Demonstrationen bleibt eine Einschränkung: Aktuell wird die eigentliche Entscheidung zum Waffeneinsatz fast überall einem Menschen vorbehalten. Selbst Russland, dem oft ein aggressiver Einsatz von KI-Waffen unterstellt wird, betont offiziell, dass ein Mensch die finale Entscheidung zum Schießen treffen muss und rein vollautonome Roboter (noch) nicht gewollt seien. Diese Zurückhaltung hat nicht nur ethische Gründe, sondern auch praktische: Die Zielerkennung und Freund-Feind-Unterscheidung sind für eine KI extrem anspruchsvoll und ein Fehler wäre verheerend.

- *Logistik-, Transport- und Aufklärungsfahrzeuge:* Ein Bereich, in dem autonome Fahrzeuge bereits heute glänzen, ist die Logistik und Aufklärung. Unbemannte Transportfahrzeuge können Munition, Proviant oder Ausrüstung an die Front bringen, ohne dass ein Fahrer sein Leben riskiert – ideal etwa für Konvois durch Gebiete mit hoher IED-Gefahr (Sprengfallen). Die US-Armee erprobte autonome Konvoisysteme, bei denen ein führendes Fahrzeug mit Fahrer voranfährt und mehrere autonome Lkw folgen. Wie oben erwähnt gab es dabei technische Hürden, doch die Vision bleibt bestehen: Konvois ohne Fahrer, die sich automatisch bewegen. Südkorea investiert ebenfalls in solche Lösungen: 2024 startete Seoul ein Beschaffungsprogramm für unbemannte Bodenfahrzeuge für Heer und Marineinfanterie, mit einem Budget von umgerechnet rund 36 Mio. US-Dollar. Diese Fahrzeuge sollen Aufklärungs- und Transportaufgaben übernehmen und teils leicht bewaffnet mit den Soldaten mitlaufen. Koreanische Rüstungsfirmen wie Hyundai Rotem und Hanwha haben entsprechende Prototypen entwickelt. Auch die US-Marines schauen sich solche Systeme von Verbündeten an: In Hawaii testeten Marines Ende 2023 einen koreanischen UGV-Prototyp im Rahmen eines Vergleichstests und lobten ihn als eines der reifsten Systeme mit KI-Technologie, das sie je gesehen haben. Gerade für Logistik in umkämpften Gebieten sind solche autonomen Helfer wertvoll – sie können Lasten transportieren, ohne selbst Schutz zu benötigen, und ihre Zerstörung ist ein materieller Verlust, aber kein menschliches Leben geht verloren.

Zu Aufklärungszwecken sind viele UGVs mit Kameras, Sensoren und Funkgeräten ausgestattet. Ein Beispiel aus Israel ist der bereits genannte Guardium-UGV, der seit über einem Jahrzehnt Grenzrouten autonom patrouilliert. Dieses Fahrzeug fährt vordefinierte Routen ab, scannt die Umgebung mit 360-Grad-Kameras und Sensoren und alarmiert menschliche Operatoren, wenn es Ungewöhnliches entdeckt. Es ist semiautonom – das heißt, es fährt selbstständig, kann aber bei Zwischenfällen ferngesteuert werden. Inzwischen sind modernere Modelle wie der Jaguar (Israel) oder entsprechende Systeme in anderen Ländern im Einsatz, die verdächtige Aktivitäten dank KI immer besser selbst erkennen können. In Zukunft könnten solche Roboterpatrouillen an Grenzen, in Camps oder zur Geländeüberwachung Standard werden, sodass Soldaten diese Routineaufgabe nicht mehr rund um die Uhr selbst übernehmen müssen.

- *Ambulanz- und Evakuierungsfahrzeuge:* Eine besonders faszinierende und lebensrettende Anwendung von KI in Militärfahrzeugen ist der autonome Verwundetentransport. Auf dem Gefechtsfeld ist die Bergung von Verwundeten unter Beschuss extrem gefährlich. Autonome oder ferngesteuerte Ambulanzfahrzeuge könnten hier Abhilfe schaffen. Es gibt bereits Prototypen für unbemannte Medevac-UGVs und Drohnen. Wie das estnische UGV THeMIS, das vielseitig einsetzbar ist. In der Ukraine werden mehrere THeMIS-Roboter eingesetzt, um Munition zu transportieren und verletzte Soldaten aus der Gefahrenzone zu evakuieren. Dieses kettenbetriebene Fahrzeug – etwa 1,6 Tonnen schwer, hybridbetrieben – kann eigenständig mit einer Trage ausgerüstet zu einem Verletzten navigieren und ihn aufnehmen. Im März 2025 berichtete die britische Forces News begeistert, dass 15 THeMIS bereits im Ukrainekonflikt im Einsatz sind und Verwundete bergen.[29] Solche realen Einsätze zeigen, wie KI-gesteuerte Fahrzeuge das Überleben auf dem Schlachtfeld verbessern können. Auch die US-Armee erforscht autonome Lösungen für die Verwundetenversorgung; etwa sollen autonome VTOL-Drohnen (Senkrechtstartdrohnen) künftig einen Verwundeten aufnehmen und selbständig zum Feldlazarett fliegen. In Israel existiert mit dem AirMule (später Cormorant genannt) ein Drohnenprototyp, der zwei Personen autonom ausfliegen könnte. Noch sind dies Pilotprojekte, doch die Richtung ist klar: KI und Robotik könnten das Prinzip „Keiner wird zurückgelassen!" technisch unterstützen, indem sie in gefährlichen Situationen einspringen, in denen menschliche Sanitäter zu sehr gefährdet wären.

Neben diesen konkreten Anwendungsfeldern gibt es zahlreiche weitere Ideen: Pionierfahrzeuge, die minengefährdete Routen autonom räumen; Brückenlegepanzer, die selbstständig Landezonen erkunden und Brücken verlegen; Versorgungsdrohnenschwärme, die einem Trupp auf Patrouille folgen und Nachschub liefern. Viele solcher Visionen sind technisch noch in Arbeit, aber KI-Entwicklung verläuft rasant. Einige Aufgaben lassen sich schon heute relativ gut autonom bewältigen (z. B. Fahren auf offenem Gelände, Folgen eines vorgegebenen Wegpunkts) und diese Fähigkeiten werden ständig erweitert. Gleichzeitig lernt die militärische Praxis aus ersten Einsätzen: In der Ukraine wurde Ende 2022 angeblich der erste koordinierte Roboterangriff durchgeführt, bei dem Drohnen aus der Luft und unbemannte Bodenfahrzeuge gemeinsam einen gegnerischen Schützengraben attackierten. Solche Vorfälle markieren den Beginn eines neuen Zeitalters, in dem autonome Systeme nicht nur unterstützen, sondern auch aktiv an vorderster Front mitwirken. Noch sind wir nicht im Szenario der Science-Fiction mit völlig eigenständig kämpfenden Robotern, aber die Weichen sind gestellt und

[29] Forces News UK (2025). Estonian THeMIS robots save Ukrainian lives. Forces News UK.

verschiedene Streitkräfte – darunter Bundeswehrpartner, aber auch potenzielle Gegner – investieren in diese Technologien.

Unterschiede zwischen ziviler und militärischer KI-Mobilität

Trotz aller technischen Verwandtschaft unterscheiden sich autonome Fahrzeuge im zivilen und im militärischen Bereich in vielerlei Hinsicht. Technische Anforderungen, Einsatzumgebung, rechtliche Vorgaben, taktische Nutzung und ethische Überlegungen – all das verläuft teils sehr unterschiedlich. Hier werden die wichtigsten Unterschiede beleuchtet und die Frage gestellt, was beide Seiten voneinander lernen können.

- *Technische und umfeldbedingte Unterschiede:* Zivile autonome Autos bewegen sich in einer vergleichsweise strukturierten Umgebung – auf asphaltierten Straßen mit Verkehrsregeln, Schildern, Ampeln und vorhersehbaren Teilnehmern (Fußgängern, Radfahrern). Militärische Fahrzeuge hingegen operieren oft offroad: in Wüsten, Wäldern, Schlamm oder urbanem Trümmergelände, wo keine Fahrbahnmarkierungen existieren. Die Sensorik muss daher andere Aufgaben meistern: Ein Kampfroboter muss getarnte Gegner oder Minen erkennen können, während ein Zivilauto eher auf Zebrastreifen und parkende Autos achten muss. Militärische Sensoren umfassen deshalb neben Kameras häufig Wärmebildgeräte, Laserscanner für Entfernung und spezielle Detektoren (etwa für chemische Stoffe oder Sprengstoff). Zudem herrschen im Gefecht oft Gegenmaßnahmen: Nebelwurf, elektronische Störsender (GPS-Jamming) oder gezielte Täuschung können die Wahrnehmung der KI behindern. Ein ziviles Fahrzeug muss selten damit rechnen, dass jemand absichtlich seine Sensoren blendet oder falsche Signale sendet – ein militärisches sehr wohl. Daher müssen militärische KI-Fahrzeuge robust gegenüber Störungen sein und auch im isolierten Modus arbeiten können (z. B. ohne Satellitennavigation). Ein weiterer Unterschied ist die Toleranz für Fehler: Jeder tödliche Unfall eines autonomen Zivilfahrzeugs führt zu enormer Aufmerksamkeit und womöglich zu regulatorischen Konsequenzen – die Schwelle für „akzeptable Fehler" ist sehr niedrig, da Menschenleben im Alltag um jeden Preis geschützt werden sollen. Im Krieg ist die Lage etwas anders gelagert: Zwar sind Fehlfunktionen, die eigene Soldaten gefährden oder völkerrechtswidrige Schäden anrichten, absolut zu vermeiden, aber der operative Druck kann dazu führen, dass ein System auch mit einem gewissen Restrisiko eingesetzt wird, wenn es einen taktischen Vorteil bringt. Ein militärisches Fahrzeug könnte beispielsweise in Kauf nehmen, unter Extrembedingungen ungenau zu navigieren, solange es den Gegner schneller erreicht – wo ein ziviles Fahrzeug schlicht anhalten würde, weil es die Situation nicht mehr sicher beherrscht. Dennoch sind sich Ingenieure darüber bewusst, dass Zuverlässigkeit das A und O bleibt – ein liegengebliebener autonomer Transporter im falschen Moment kann eine Mission gefährden. Insgesamt erfordern militärische Anwendungen oft robustere Hardware und redundante Systeme, während zivile Autos stärker auf Komfort und Kosteneffizienz getrimmt sind.

- *Rechtliche und regulatorische Unterschiede:* Im zivilen Bereich ist Autonomie vor allem eine Sicherheitsfrage des Alltags. Straßenverkehrsgesetze und internationale Regeln wie das Wiener Übereinkommen wurden so angepasst, dass hoch automatisierte Fahrfunktionen grundsätzlich zulässig sind – aber nur unter klaren Auflagen. Wichtigste Leitplanke: Ein Mensch muss das System jederzeit übersteuern können. Dazu kommt die Haftungsfrage: Wer trägt den Schaden, wenn die KI irrt? In Ländern wie Deutschland entlastet das Recht den Halter, sofern das System zugelassen ist und bestimmungsgemäß genutzt wurde; i. d. R. rücken dann Hersteller und Betreiber in die Verantwortung. Kurz: Zulassung, Übersteuerbarkeit, Nachweisbarkeit – darum dreht sich die zivile Debatte. Im Militär verschiebt sich der Fokus. Hier gelten nicht StVO und TÜV, sondern das humanitäre Völkerrecht mit seinen Kernprinzipien „Unterscheidung“, „Verhältnismäßigkeit“ und „Militärische Notwendigkeit“. Ein autonomes Fahrzeug kann rechtlich ein Waffensystem sein – und muss dann an genau diesen Maßstäben gemessen werden. Einen weltweit verbindlichen Spezialvertrag zu autonomen Waffen gibt es noch nicht; in den VN-Foren wird jedoch intensiv darüber gerungen, ob komplett tödliche, vollautonome Systeme verboten oder streng reguliert werden sollten. Viele europäische Staaten drängen auf klare Grenzen, während technologische Großmächte zögern, sich zukünftige Optionen vorab zu versperren. Wie Regulierung praktisch aussehen kann, zeigt die US-Doktrin: Die „Directive Autonomy in Weapon Systems“ des US-Verteidigungsministeriums verlangt sinngemäß drei Dinge – sinnvolle menschliche Kontrolle über den Waffeneinsatz, harte Tests und Sicherheitsnachweise vor der Truppeneinführung sowie eine „Senior"-Freigabe, sobald Systeme potenziell Ziele selbst auswählen und bekämpfen könnten. Unbewaffnete Plattformen oder rein menschlich gesteuerte Abwehrfunktionen fallen nicht darunter; es geht gezielt um Waffenfunktionen, nicht um jeden Autopiloten. Damit wird sichtbar, warum „Autonomie" rechtlich zweierlei bedeutet: „Zivil" heißt vor allem „sicher, zulässig, haftbar" – ein Risiko, das man kontrollieren und versichern können muss. „Militärisch" heißt „rechtskonform unter Kriegsrecht, mit klaren Verantwortlichkeiten und geprüften Grenzen der Maschinenentscheidung". Dieselbe Technik, zwei Welten – und sehr unterschiedliche Antworten darauf, wie viel Entscheidungsmacht wir Maschinen geben wollen. Ein Unterschied zum zivilen Sektor ist auch, dass im Militär die Befehls- und Verantwortungsstruktur greift: Wenn ein unbemanntes Fahrzeug einen Schaden verursacht, dann ist zunächst die militärische Einheit bzw. der befehlshabende Offizier verantwortlich, nicht ein ziviler Hersteller. Das kann zwar später zu Fragen der Produktverantwortung führen, aber akut im Einsatz zählt, wer den Einsatz befohlen hat. Somit verschiebt sich die Haftungsfrage intern zur Befehlsgebung und zu den Einsatzregeln. Ein autonomes System muss so programmiert und befohlen werden, dass es im Einklang mit den Einsatzregeln agiert – was bei dynamischen KI-Systemen eine Herausforderung darstellt. Zusammengefasst sind zivile Regularien stärker formalisierte Gesetze mit unmittelbarer Wirkung auf Zulassung und Betrieb, während militärische Regularien aus einer Mischung von internen Doktrinen, völkerrechtlichen Verpflichtungen und politischen Vorgaben bestehen. Beide Bereiche stehen aber vor ähnlichen Grundfragen: Wie stellt man Sicherheit sicher? Wie verteilt man Verantwortung? Und wie reguliert man etwas, das sich rasch weiterentwickelt?

- *Taktische und operative Unterschiede:* Während Zivilfahrzeuge dem individuellen Transport oder Warentransport dienen, sind militärische Fahrzeuge immer in ein taktisches Konzept eingebettet. Ein autonomes Auto soll einen Passagier sicher von A nach B bringen – ein autonomer Truppentransporter soll vielleicht ein Infanteriet begleiten und im richtigen Moment Deckung geben oder feuern. Die Integration in die Truppe ist daher eine zentrale Frage: Soldaten müssen darauf vertrauen können, dass der Roboter planmäßig funktioniert, und die Einsatzdoktrin muss an die neuen „Mitspieler" angepasst werden. In der Praxis zeigt sich etwa, dass autonome Fahrzeuge ideale Vorhutaufklärer sein können. So ein Vorgehen verlangt jedoch nach neuen Taktiken: Der Truppführer muss lernen, Roboter zu steuern oder zumindest ihre Informationen auszuwerten, und der Gegner wird versuchen, diese Roboter gezielt zuerst auszuschalten oder zu täuschen. Auch die Logistik ändert sich: Wenn Transport-UGVs Ausrüstung schleppen, dann können sich Soldaten schneller bewegen und ermüden weniger – was neue Marschprofile ermöglicht. Gleichzeitig erfordert das zusätzliche Systeme für Wartung, Energieversorgung (Akkus, Treibstoff) und möglicherweise Kommunikationsrelais (damit die UGVs in Kontakt bleiben). Eine weitere taktische Überlegung ist die Skalierbarkeit: Autonome Systeme ermöglichen das Konzept des Force Multiplying, also mit gleicher Personalstärke mehr Wirkung zu erzielen. Ein kleiner Zug Infanteristen könnte mit mehreren UGVs operieren, die Sensorabdeckung vergrößern und Feuerkraft hinzufügen. Aber diese Roboter müssen koordiniert werden – eventuell übernimmt ein Soldat die Überwachung mehrerer UGVs. Hierin liegt ein Balanceakt, denn zu viele unbemannte Helfer könnten die Truppe auch überlasten, wenn jeder ständige Aufmerksamkeit verlangt. Die Praxis in aktuellen Tests (z. B. bei den US-Marines) zeigt, dass KI die Bedienung erleichtern kann: In einem Versuch steuerten zwei Operatoren dank fortgeschrittener Autonomie parallel mehrere Drohnen und Bodenfahrzeuge. Das Ziel ist ein Szenario, in dem ein Team von Soldaten eine Gruppe von Robotern kommandiert, ohne jeden einzelnen ständig fernzusteuern – quasi ein hierarchisches Teamwork zwischen Mensch und Maschine. Solche Taktiken haben im zivilen Bereich keine Entsprechung; dort geht es allenfalls um die Interaktion zwischen autonomen Autos und menschlichen Fahrern (etwa, wie ein Roboterauto sich in den fließenden Verkehr „einfügt"). Im Militär hingegen wird aktiv darüber nachgedacht, Robotik in Gefechtsszenarien einzusetzen – von Schwarmangriffen bis hin zu verteidigenden Robotereinheiten. Diese taktischen Überlegungen führen letztlich auch zu neuen Doktrinen: Ähnlich wie einst motorisierte Fahrzeuge die Kavallerie ablösten, könnten autonome Systeme künftig ein fester Bestandteil von Gefechtsverbänden werden. Wer das zuerst effektiv beherrscht, erlangt einen militärischen Vorteil.

Was können nun zivile und militärische Entwickler voneinander lernen? Tatsächlich befruchten sich beide Bereiche bereits gegenseitig. Stichwort „Technologietransfer": Viele Sensor- und KI-Technologien für autonome Autos stammen aus kommerzieller Forschung und finden ihren Weg in militärische Anwendungen (etwa Lidar-Systeme oder Objekterkennungsalgorithmen). Umgekehrt profitiert die zivile Seite von militärischer Robustheit – z. B. können Ausweichstrategien, die Militär-KIs gegen GPS-Ausfall entwickelt haben, auch zivilen Fahrzeugen beim Ausfall des Navigationssystems helfen. Im Fall der Sicherheitskultur sind die Akkuratesse und Teststrenge im zivilen Bereich (wo jedes System Millionen Kilometer unfallfrei fahren soll, bevor es als sicher gilt) Maßstäbe, von denen das Militär lernen kann, um Unfälle mit eigenen autonomen Fahrzeugen zu minimieren. Cybersecurity ist im Militär zentral, denn ein gehackter Kampfroboter könnte verheerend sein; die zivile Branche hat dieses Thema teils unterschätzt, merkt aber angesichts von Datendiebstählen und möglichen Hackerattacken auf Fahrzeuge, dass Militärgradesicherheit auch für Zivilautos sinnvoll sein kann.

Autonome Fahrzeuge in Zivil- und Militärwelt nutzen also ähnliche KI-Konzepte, müssen aber unter völlig unterschiedlichen Bedingungen funktionieren. Die zivile Entwicklung treibt technologische Innovation und Sicherheit voran, während die militärische Anwendung die Extreme testet und neue Anforderungen stellt. Beide können voneinander profitieren, sei es in Technik oder Regelsetzung – letztlich mit dem Ziel, dass KI-betriebene Mobilität zuverlässig, effektiv und verantwortbar wird: egal, ob auf der Autobahn oder im Einsatzgebiet.

Ethische Dilemmata der KI in der Mobilität

Sobald eine Maschine selbst über potenziell lebensgefährliche Situationen entscheidet, stellt sich die Frage: Nach welchen moralischen Maßstäben tut sie das? Im öffentlichen Diskurs hat sich dafür das Bild des „Trolley-Problems" eingebürgert. Dieses klassische Gedankenexperiment der Philosophie – ursprünglich von Philippa Foot und Judith Thomson formuliert – fragt, ob man einen heranrasenden Wagen umlenken sollte, um fünf Menschen zu retten, obwohl dadurch ein anderer Mensch getötet wird. Übertragen auf autonome Fahrzeuge lautet die plakative Frage: Soll ein selbst fahrendes Auto bei einem drohenden Unfall eher den Fahrer opfern, indem es gegen eine Mauer lenkt, oder einen unbeteiligten Fußgänger überfahren, um den eigenen Insassen zu schützen? Diese extreme Situation ist glücklicherweise selten, aber sie zwingt Entwickler, Grundsatzentscheidungen zu treffen. Denn ein KI-Auto könnte theoretisch in die Lage kommen, abwägen zu müssen, welches Leben es schützt – eine Entscheidung, die wir Menschen kaum rational treffen könnten, aber die eine Maschine im Voraus programmiert haben muss.

Wie geht man nun mit diesem Dilemma um? Unterschiedliche Ansätze wurden diskutiert: Eine Möglichkeit ist die utilitaristische Programmierung, die versucht, den Gesamtschaden zu minimieren. Eine andere ist eine regelbasierte Programmierung, die gewisse Aktionen kategorisch ausschließt (etwa kein aktives Zufügen von Schaden, also würde das Auto nie aktiv auf einen Fußgänger zielen, sondern im Zweifel den Crash mit einem Hindernis wählen, ohne zwischen Insassen und Außenstehenden zu unterscheiden). Die deutsche Ethikkommission für automatisiertes Fahren hat klar festgehalten, dass eine Qualifizierung nach Personengruppen unzulässig ist – sprich das Auto darf nicht entscheiden, basierend auf Alter, Geschlecht und Status der Personen. Ebenso soll kein Rechenmodell Leben gegen Leben aufwiegen. Im Ergebnis bedeutet das: Solche Fahrzeuge sollten nach Möglichkeit immer ausweichen oder bremsen, aber wenn ein Unfall unvermeidlich ist, darf es keine harte Programmierung wie „lieber Fahrer opfern" oder „lieber Fußgänger opfern" geben. Eher werden Hersteller dazu tendieren, das Fahrzeug so defensiv auszulegen, dass dieses Dilemma nie bewusst eintreten soll. Manche Experten argumentieren, dass das Trolley-Problem für praktische KI gar nicht so zentral ist: Weil eine echte Unfallsituation extrem komplex und dynamisch ist, würde die KI vermutlich nach simpler Logik reagieren (Notbremsung, Ausweichen, was physikalisch möglich ist), statt wirklich moralisch abzuwägen. Trotzdem haben Forscher versucht, die menschlichen Moralvorstellungen empirisch zu erheben. Ein bekanntes Experiment ist die „Moral Machine" am MIT, ein Onlinetool, das Millionen Menschen weltweit hypothetische Unfallszenarien vorlegte (Soll das Auto zwei Rentner überfahren oder fünf Kinder oder umgekehrt?) und ihre Entscheidungen sammelte. Dabei wurden rund 40 Mio. Entscheidungen aus 233 Ländern ausgewertet. Das Ergebnis zeigte kulturelle Unterschiede – so waren Personen in manchen Ländern eher dazu geneigt, junge Menschen auf Kosten älterer zu verschonen, in anderen Ländern war es umgekehrt – und offenbarte, wie schwer ein global einheitlicher Moralcode für Maschinen zu fassen ist. Die Autoren empfehlen dennoch, solche Präferenzen zu berücksichtigen, um gesellschaftlich akzeptierte Richtlinien für autonome Fahrzeuge zu entwickeln. Letztlich hat sich international die Tendenz durchgesetzt, dass der Schutz von Menschenleben absoluten Vorrang hat und kein Programm bewusst jemanden töten „dürfen" sollte, nur um jemand anderen zu retten. Im Zweifel soll die Maschine tun, was auch ein menschlicher Fahrer instinktiv täte: voll bremsen, ausweichen, soweit möglich, ohne gezielt jemanden zu opfern.

Im militärischen Bereich nehmen die ethischen Fragen abermals eine andere Gestalt an. Hier geht es nicht um Unfallszenarien, sondern um die Ethik der Gewaltausübung durch Maschinen. Ein Dilemma könnte etwa lauten: Ein autonomer Wachroboter an einer Basis erkennt einen sich schnell nähernden Lastwagen, der auf das Tor zurast. Soll der Roboter schießen, um das Fahrzeug zu stoppen, obwohl unklar ist, ob es sich um einen Selbstmordattentäter mit Bombe oder vielleicht einen Zivilisten handelt, der außer Kontrolle geraten ist? Der Roboter hat nur Sekundenbruchteile und die Kommunikation mit einem Menschen ist gerade unterbrochen – was soll die KI tun? Solche Situationen sind das militärische Pendant zum Trolley-Problem: Jede Entscheidung kann schwerwiegende moralische Konsequenzen haben. Die meisten Militärs der Welt würden derzeit sagen: In so einer Situation darf der Roboter nicht selbst schießen; im Zweifelsfall würde das Risiko eines Nichteingreifens in Kauf genommen, bis ein menschlicher Entscheider vorhanden ist (was natürlich auch schrecklich enden kann, wenn es tatsächlich ein Attentat war). Dieses Spannungsfeld ist Kern der Debatte, wenn es um tödliche autonome Waffen geht. Es ist nicht so sehr von Bedeutung, wen die KI rettet, sondern wer die Verantwortung trägt, falls die KI tötet. Viele argumentieren, dass eine Maschine keine moralische Verantwortung tragen kann – sie hat kein Verständnis von Leben, Tod, Intention. Daher müsse immer ein menschlicher „Letztentscheider" dazwischengeschaltet sein, damit zumindest die ethische Verantwortung nicht entfällt. Andere entgegnen, dass KI vielleicht in Zukunft präziser und kühler entscheiden könnte als ein nervöser Soldat in brenzliger Lage – etwa keinen Schuss abgibt, weil die Sensoren 95 % Wahrscheinlichkeit erkennen, dass das Ziel ein Zivilist ist, wo ein menschlicher Soldat aus Angst schießen würde. Diese Debatte ist kontrovers und noch ungelöst. Allerdings gibt es auch hier praktische Leitplanken: Bei aktuellen Konflikten wie in der

Ukraine zeigt sich, dass autonome Systeme zwar viel übernehmen (Aufklärung, Logistik, Zielen), aber der „Finger am Abzug" menschlich bleibt. So betont auch ein Entwickler von Milrem Robotics, der Hersteller des THeMIS-UGV, dass „die Regeln sind [:] du kannst nicht autonom schießen, aber du kannst alles andere tun"[30] – also beobachten, zielen, transportieren, aber der finale Feuerbefehl kommt vom Menschen. Diese Praxis könnte man als ethisches Mindestprinzip ansehen: kein automatischer Todesschuss.

Doch selbst ohne direkte Feuereröffnung gibt es heikle ethische Fragen: Was, wenn ein autonomer Fahrzeugkonvoi unter Beschuss gerät – soll der Roboter weiterfahren und eventuell die verwundeten Insassen im Feuer lassen oder anhalten und riskieren, dass die Mission scheitert? Soll ein KI-gesteuerter Sanitätsroboter priorisieren, welchen von zwei Schwerverletzten er zuerst rettet? Solche Entscheidungen gleichen denen, die auch Menschen treffen müssten, aber wir fühlen uns unwohl bei dem Gedanken, dass eine KI darüber rechnet. Philosophisch diskutiert man hier Ansätze wie programmierte Moraltheorien vs. situative Lernalgorithmen. Ersteres hieße, man bringt der KI feste Regeln bei (z. B. IMMER Zivilisten vor Kämpfern schützen – egal, was passiert), Letzteres würde die KI befähigen, aus vergangenen Fällen zu lernen, was „richtige" Entscheidungen sind – was natürlich sehr riskant ist, wenn die KI falsche Vorbilder hat. Ein pragmatischer Ansatz im militärischen Kontext ist, die ROE in Code zu gießen: Also der KI klar vorzugeben, dass sie kein Feuer eröffnen darf, wenn Unklarheit über das Ziel besteht, oder sie sich im Zweifel zurückziehen soll, statt eine unsichere Entscheidung zu treffen. Das ist aber leichter gesagt als getan, da es Situationen geben mag, in denen jede Option schlecht ist.

International wird das Thema in diplomatischen Zirkeln heiß diskutiert. Eine Gruppe von NGOs und Staaten drängt auf ein präventives Verbot von selbst schießenden Robotern. Andere sagen, man solle sich auf Best Practices und transparente Regeln konzentrieren, statt gleich zu verbieten, da Entwicklung ohnehin stattfindet. Interessanterweise können die Debatten um zivile autonome Autos hier als Modell dienen: Dort hat man gemerkt, dass absolute Perfektion (kein Unfall) unrealistisch ist, aber man kann zumindest Transparenz und Verantwortlichkeit fordern. **Übertragen heißt das:** Wenn schon

[30] Milrem Robotics. (2022–2025). THeMIS UGV. Produktdokumentation und Pressemitteilungen.

eine KI in Kampfhandlungen verwickelt ist, muss klar dokumentiert sein, wie sie zu Entscheidungen kommt, und es muss immer ein verantwortlicher Offizier benannt sein, der für ihren Einsatz geradesteht – analog zur Herstellerhaftung bei Autos, nur eben militärisch.

Ein bekanntes Gedankenmodell, das auch im Militärkontext relevant wurde, ist die Vorstellung einer „moralischen Maschine“, die immer die ethisch beste Option findet. Während dies in der Theorie anziehend klingt, zeigt die Praxis (und Experimente wie die MIT-Moral-Machine), dass es die eine richtige Moral nicht gibt – zu unterschiedlich sind die Werte und Situationen. Deshalb verfolgen viele Armeen einen vorsichtigen Kurs: KI ja, aber in eng umrissenen Entscheidungsräumen, lebensgefährdende Entscheidungen nur mit Menschen und fortlaufende Evaluation. So wird versucht, zumindest vorerst den ethischen Schwarzen Peter nicht an eine Blackbox-KI zu übergeben.

Absolute Antworten gibt es wohl kaum, aber es zeichnet sich ein breiter Konsens ab, dass Menschenwürde und Schutz des Lebens oberste Priorität bleiben müssen und KI-Systeme danach ausgerichtet werden sollten. Die Dilemmata zwingen uns, diese Werte explizit zu machen – und das allein ist schon ein Gewinn, denn es erhöht das Bewusstsein bei Entwicklern, Nutzern und der Gesellschaft.

Regulatorische Rahmenbedingungen und Herausforderungen

Die Einführung von KI in Fahrzeuge – ob zivil oder militärisch – muss von entsprechenden Regeln und Gesetzen begleitet werden. Schließlich geht es um Sicherheit, Haftung und im militärischen Bereich um potenzielle internationale Auswirkungen.

- *Zivile Regulierung:* Viele Länder haben in den letzten Jahren ihre Gesetze angepasst, um autonomes Fahren zu ermöglichen, jedoch unter klaren Auflagen. Deutschland war hier ein Vorreiter: Bereits 2017 wurden Änderungen im Straßenverkehrsgesetz beschlossen, die den Einsatz von hoch und voll automatisierten Fahrsystemen erlauben, solange ein verantwortlicher Fahrzeugführer diese Systeme überwachen kann und diese Systeme eine bessere Sicherheitsbilanz versprechen. In Deutschland und Europa muss stets geklärt sein, wer die Kontrolle hat. Ein Fahrzeug darf autonom fahren, aber es muss dokumentiert werden, ob Mensch oder Computer zu einem bestimmten Zeitpunkt die Fahraufgabe hatte. Dies dient vor allem der Haftungsklärung:

Sollte ein Unfall passieren, kann man ermitteln, ob der Mensch eingegriffen hat oder nicht. Die EU und die United Nations Economic Commission for Europe (UNECE) arbeiten parallel an harmonisierten Regelungen: So wurden bereits gemeinsame technische Regeln für „Automated Lane Keeping Systems" verabschiedet, die Autonomie im Stau erlauben. Die Vereinten Nationen (genauer die UNECE mit dem „Weltforum für Fahrzeugregulierung") treiben globale Standards voran – bis 2026 sollen weltweit abgestimmte Vorschriften für autonome Fahrsysteme stehen. Diese proaktive Regulierungsarbeit läuft der Technologieentwicklung quasi voraus, was ungewöhnlich ist (oft hinkt das Recht hinterher). Man will damit verhindern, dass in jedem Land andere Regeln gelten und Unklarheit herrscht. Ein wichtiger Aspekt ist auch die Haftung/Versicherung: In vielen Staaten wird diskutiert, ob bei einem voll autonomen Fahrzeug der Hersteller haftbar gemacht werden sollte, da kein menschlicher Fahrer mehr „schuld" sein kann. Bisher ist dies meist nicht abschließend geklärt, sodass Hersteller vorsichtig sind, Verantwortung zu übernehmen – was wiederum die Einführung verzögert. Die Datenfrage ist ebenfalls Bestandteil der Regulierung: Autonome Fahrzeuge sammeln immense Daten (Kameraaufnahmen, Routen, Fahrverhalten). Datenschutzgesetze fordern, dass Persönlichkeitsrechte gewahrt bleiben. So hat die EU klargestellt, dass voll vernetzte Mobilität nicht zur Überwachung ausarten darf. Insgesamt versuchen die zivilen Regulatoren, einen Balanceakt zu schaffen: Sicherheit und Innovation fördern, ohne die Bürgerrechte zu verletzen. Die Herausforderung liegt darin, dass KI-Systeme teilweise als Blackbox agieren – wer könnte in einem Gerichtsfall erklären, warum das Auto X statt Y getan hat? Hier wird künftig vermutlich verlangt werden, dass Systeme ihre Entscheidungen aufzeichnen. Schließlich sind auch ethische Empfehlungen in Regulierungen eingeflossen: Etwa verlangt die deutsche Ethikkommission, dass autonome Autos so programmiert werden, dass sie defensiv fahren und Mensch vor Tier vor Sachwert priorisieren. Diese Prinzipien haben zwar nicht Gesetzesrang, fließen aber in Zulassungsrichtlinien und Herstellerguidelines mit ein.

- *Militärische Regulierung:* Auf militärischer Seite gibt es keine „Verkehrsregeln" für Roboter, aber sehr wohl Einsatzregeln und völkerrechtliche Normen. Grundlegend ist, dass bei jedem neuen

Waffensystem vom Staat unter Artikel 36 des Zusatzprotokolls I der Genfer Konventionen geprüft werden muss, ob es mit internationalem Recht vereinbar ist. Dies gilt auch für KI-Systeme. Würde die Bundeswehr ein autonomes Fahrzeug mit Waffe entwickeln, müsste rechtlich analysiert werden, ob dessen Einsatz mit dem humanitären Völkerrecht vereinbar wäre – insbesondere ob es hinreichend zwischen Kombattanten und Zivilisten unterscheiden kann und ob es keine unnötigen Leiden verursacht. Viele sind der Meinung, dass vollständig autonome tödliche Systeme diese Kriterien heute nicht erfüllen können, da eine KI nicht zuverlässig Kontext und Intention erkennen kann. Daher sagen einige Länder: So etwas käme für uns gar nicht infrage. Deutschland hat sich politisch für ein Verbot von autonomen Waffensystemen ausgesprochen, zumindest für Systeme, die ohne menschliche Kontrolle agieren. Das US-Verteidigungsministerium hat z. B. 2020 KI-Ethikrichtlinien verabschiedet (Responsible AI Principles), die für alle KI-Anwendungen – auch Fahrzeuge – gelten. Darin steht u. a., dass KI vorhersehbar und zuverlässig sein muss, im Einklang mit den Werten und dem Recht, und dass es immer einen angemessenen Level an menschlicher Urteilsfähigkeit geben muss. In ähnlicher Weise haben andere NATO-Staaten interne Grundsätze. Die NATO selbst veröffentlichte 2021 eine Strategie für KI, die betont, dass man KI nutzen will, aber ethisch und im Rahmen des Rechts. Es wird also viel Wert auf Selbstverpflichtung gelegt. Kritiker merken an, dass ohne verbindliche internationale Regeln ein Rüstungswettlauf droht, bei dem irgendwann doch eine Partei schwächere moralische Standards anlegt, um einen Vorteil zu erzielen. Eine weitere Herausforderung militärischer Regulierung ist die Verifizierbarkeit: Anders als einem Kampfpanzer kann man einer KI nicht von außen ansehen, wie autonom sie ist. Wenn ein Land sagt: „Bei uns schießt der Roboter niemals ohne Befehl“, dann muss man glauben, dass dies im Code so implementiert ist – eine Kontrollmöglichkeit gibt es kaum, außer man lässt fremde Inspektoren tief in die Software schauen, was unwahrscheinlich ist. Daher basiert viel auf Vertrauen und Reputation. Westliche Demokratien legen Wert darauf, als verantwortungsvolle Anwender von KI aufzutreten – das schafft Vertrauen bei der eigenen Bevölkerung und Verbündeten. Autoritäre Staaten könnten eher dazu geneigt sein, auf Abschreckung durch furchteinflößende Robotersysteme zu setzen. Noch befinden wir uns am Anfang, sodass die meisten Armeen de facto ähnliche Vorsichtsprinzipien anwenden. Doch mit zunehmender Leistungsfähigkeit der KI wird die Versuchung größer, diese Leine zu lockern.

Ein weiterer Aspekt sind Haftung und Disziplinarstrafen im Militär. Wenn ein autonomes Fahrzeug einen eigenen Kameraden versehentlich verletzt, muss geklärt werden, wer verantwortlich gemacht wird. Militärisch würde man vermutlich den Vorfall wie einen normalen Zwischenfall untersuchen – ggf. den kommandierenden Offizier oder die Bediener rügen oder feststellen, dass es „technisches Versagen" war. Doch wenn es um internationales Recht geht (etwa falls Zivilisten getötet wurden), dann könnte es schwieriger werden: Kann ein Kommandeur wegen Kriegsverbrechen belangt werden, weil seine KI „Mist gebaut" hat? Völkerrechtlich haftet der befehlsgebende Offizier für Kriegsverbrechen seiner untergebenen Einheit – zählt ein Roboter als „untergeben"? Diese Fragen sind Neuland. Einige Rechtsexperten fordern daher, entweder autonome Waffen zu verbieten oder klar festzulegen, dass jeder Einsatz solcher Systeme eine menschliche Verantwortlichkeit braucht, damit im Ernstfall jemand vor Gericht gestellt werden kann.

Schließlich gibt es auch politische und öffentliche Regulierung. Das heißt, selbst wenn etwas legal wäre, könnte die Politik entscheiden, es nicht zuzulassen, weil die Gesellschaft es ablehnt.

Beispiel:

Die Bundeswehr dürfte nach heutigem Recht wohl einen unbewaffneten Überwachungs-UGV autonom patrouillieren lassen – rechtlich unproblematisch –, aber wenn es um einen bewaffneten autonomen Panzer ginge, wäre der öffentliche Aufschrei groß und die Politik würde wohl einen Einsatz untersagen. Ähnlich gab es Debatten um bewaffnete Drohnen für die Bundeswehr. Diese weiche Regulierung durch gesellschaftliche Akzeptanz spielt eine erhebliche Rolle, insbesondere in Demokratien. Sie kann manchmal strikter wirken als formales Recht.

Der regulatorische Rahmen muss mit der Technologie Schritt halten. Eine große Herausforderung ist die Dynamik der KI – starre Regeln könnten die Entwicklung behindern oder überholt werden. Daher gehen einige Juristen dazu über, technologieneutrale Prinzipien zu formulieren (z. B.: „Ein System muss jederzeit kontrollierbar bleiben.") anstatt genaue Technikvorschriften. Ein weiterer Punkt ist die Interoperabilität: Im militärischen Bereich muss NATO-weit sichergestellt sein, dass gemeinsame Übungen nicht an unterschiedlichen Sicherheitsstandards scheitern. Wenn ein Land sehr strikte Vorgaben hat und ein anderes experimenteller vorgeht, muss man Mittelwege finden. Hier leisten gemeinsame Arbeitsgruppen Pionierarbeit, um zumindest Mindeststandards zu definieren – etwa, dass in multinationalen Missionen keine voll autonomen letalen Systeme eingesetzt werden, es sei denn, alle stimmen zu.

Internationale Entwicklungen und Fazit

Ein Blick rund um den Globus zeigt, dass KI und Mobilität bereits vielerorts Realität werden. Die USA investieren massiv in Projekte, um ihre Landstreitkräfte durch autonome Fahrzeuge zu ergänzen. Europa zieht mit eigenen Initiativen nach, etwa dem französisch-deutschen Vorhaben zukünftiger bodengebundener Systeme, wobei hier oft der Schwerpunkt auf ferngesteuerten oder teilmobilen Lösungen liegt. Israel hat als Hightechmilitär bereits einige autonome Fahrzeuge im Einsatz – der Guardium und Jaguar zur Grenzsicherung sind bereits erläuterte Beispiele – und sogar autonome Drohnen zur Logistik werden erprobt. Südkorea adressiert sein demografisches Problem (weniger Wehrpflichtige) durch Automatisierung: In den nächsten Jahren sollen Dutzende multifunktionale UGVs in die Truppe eingeführt werden. Russland propagiert gerne seine Robotikfähigkeiten, doch wie gesehen hapert es mit der Zuverlässigkeit; dennoch ist klar, dass auch dort (und in China ebenso) autonome Militärsysteme hohe Priorität genießen. Das Beispiel Ukraine – wo kleine, günstige Drohnen und Bodenroboter teilweise eine entscheidende Rolle an der Front spielen – zeigt, dass selbst nicht hoch industrialisierte Akteure solche Technik annehmen, wenn sie verfügbar ist. Die Hemmschwelle sinkt also weltweit.

Für die Bundeswehr und ihre Angehörigen bedeutet das: Man wird in Zukunft häufiger auf autonome Fahrzeuge treffen – sei es im internationalen Einsatz, bei Übungen mit Partnern oder im eigenen Gerätepark. Es gilt, mitzuhalten, aber auch mitzudenken: Gerade Deutschland kann seine Expertise in Ethik und Recht einbringen, um internationale Standards mitzugestalten. Gleichzeitig darf man pragmatische Entwicklungen nicht verpassen – etwa die Chance, unbemannte Systeme zur Entlastung der Truppe in gefährlichen Situationen einzusetzen (Minenräumung, Logistik, Aufklärung).

KI transformiert also die Mobilität sowohl zivil als auch militärisch. Autonome Fahrzeuge versprechen mehr Sicherheit, Effizienz und Schutz – sie können Leben retten, indem sie Unfälle verhindern oder Soldaten vor Gefahren bewahren. Doch der Weg dorthin ist mit technischen Hürden (Sensoren, Software, Zuverlässigkeit), rechtlichem Klärungsbedarf (Wer ist verantwortlich? Was ist erlaubt?) und ethischen Entscheidungen gepflastert, die wir als Gesellschaft treffen müssen. Die Entwicklungen in den USA, Israel, Südkorea und anderswo dienen als Beispiel und vielleicht auch als Mahnung: Die Technologie ist real und wird kommen – es liegt an uns, sie verantwortungsvoll und klug zu nutzen.

Am Ende kann man festhalten: KI macht Fahrzeuge intelligenter, aber es liegt in der Hand des Menschen, weise zu entscheiden, wie viel Autonomie wir den Maschinen geben. Für Bundeswehrangehörige bedeutet das, sich sowohl mit der Bedienung solcher Systeme vertraut zu machen als auch die Implikationen zu verstehen – seien sie taktischer, strategischer oder moralischer Natur. Nur so kann die Bundeswehr in der kommenden Ära der autonomen Mobilität spannend und motiviert voranschreiten, ohne die Werte aus den Augen zu verlieren, die sie verteidigt.

12.2 KI in Wirtschaft und Arbeitswelt

Künstliche Intelligenz und Automatisierung verändern Wirtschaft und Arbeitswelt grundlegend. Für Angehörige der Bundeswehr – ebenso wie für Politik, Unternehmen und Gesellschaft – stellt sich die Frage, welche Chancen und Risiken mit diesem Wandel einhergehen. Im Folgenden werden die Auswirkungen von KI auf den Arbeitsmarkt in Deutschland, Europa und NATO-Staaten aus sicherheitspolitischer Perspektive beleuchtet. Sicherheitsrelevante Risiken KI-gesteuerter Automatisierung in kritischen Infrastrukturen werden diskutiert und Anpassungsstrategien skizziert, um eine nachhaltige, resiliente und zukunftsfähige Wirtschaft zu gewährleisten.

KI und Automatisierung: Auswirkungen auf den Arbeitsmarkt

KI zählt zu den wichtigsten Treibern des gegenwärtigen Umbruchs in der Arbeitswelt. Obwohl KI heute erst schrittweise in Unternehmen Einzug hält, zeichnet sich mittelfristig ein tiefgreifender Wandel am Arbeitsmarkt ab. KI-gestützte Systeme können Aufgaben schneller, präziser und kostengünstiger erledigen und damit potenziell menschliche Arbeitskraft in vielen Bereichen ersetzen. Zugleich entstehen neue Tätigkeitsfelder und Kooperationsformen zwischen Mensch und Maschine. Wie stark KI Arbeitsplätze verdrängt oder schafft, ist noch unsicher, doch erste Prognosen geben eine Richtung vor: Einer viel beachteten Studie zufolge könnten in den USA und Europa langfristig rund 300 Mio. Vollzeitjobs potenziell wegfallen, wenn KI-Technologien umfassend eingesetzt werden. Gleichzeitig betonen die Forschenden, dass technologische Revolutionen in der Vergangenheit stets neue Branchen und Jobs hervorgebracht haben. Tatsächlich zeigt sich bereits ein Strukturwandel: Allein in Deutschland entstanden 2016 bis 2018 schätzungsweise 48.000 neue Arbeitsplätze durch den begrenzten KI-Einsatz jener Zeit. KI wirkt also als Katalysator für wirtschaftlichen Wandel – mit der Chance auf mehr Produktivität, aber auch mit erheblichen gesellschaftlichen Umbrüchen.

Die Transformationswirkung der KI variiert je nach Branche. In der exportorientierten deutschen Industrie – etwa im verarbeitenden Gewerbe – ist das Automatisierungspotenzial durch KI besonders hoch. Intelligente Robotik, vernetzte Produktionsanlagen und vorausschauende Wartung versprechen enorme Effizienzgewinne in Fabriken. Branchen wie Verkehr und Lagerhaltung oder Finanz- und Versicherungsdienstleistungen hingegen wurden in der Vergangenheit stärker durch klassische Softwareautomation beeinflusst, während KI dort erst nach und nach zum Einsatz kommt. Doch KI dringt jetzt auch in Bürojobs und wissensintensive Dienstleistungen vor: Neue generative KI-Modelle (z. B. große Sprachmodelle wie ChatGPT) können Texte, Analysen oder Programmiercode erstellen. Studien zeigen, dass KI vor allem höher qualifizierte Tätigkeiten beeinflusst – wie etwa Schreiben, Programmieren, Finanzanalyse oder Rechtsdienstleistungen –, während Jobs mit viel zwischenmenschlicher Interaktion, Kreativität oder physischer Arbeit weniger betroffen sind. So könnten laut einer US-Studie KI-Systeme bei rund 47 bis 56 % der Aufgaben in heutigen Berufen mitwirken; insbesondere akademische Berufe und gut bezahlte Fachjobs werden diesmal – anders als früher – stärker betroffen sein. Autoren, Mathematiker, Steuerberater, Finanzanalysten, Nachrichtenredakteure und Webdesigner gelten als Berufsgruppen mit hohem KI-Einfluss. Demgegenüber bleiben Tätigkeiten, die Einfühlungsvermögen, Kreativität oder kritisches Denken erfordern, vorerst in menschlicher Verantwortung. Insgesamt werden alle Sektoren – von der Industrie über die Logistik bis hin zur Verwaltung – KI-Anwendungen integrieren, jedoch in unterschiedlichem Tempo und Ausmaß.

Aus sicherheitspolitischer Sicht wirft eine weitreichende Automatisierung des Arbeitsmarkts mehrere Risiken auf. Erstens könnte eine ungesteuerte KI-Revolution zu Deindustrialisierungstendenzen führen. Wenn Unternehmen in Hochlohnländern wie Deutschland den Anschluss bei der KI-Integration verpassen, dann drohen Abwanderung oder das Abhängen ganzer Branchen. Staaten wie China haben mit Programmen wie „Made in China 2025“[31] offen das Ziel, Technologieführerschaft in Schlüsselindustrien zu erlangen – notfalls durch Übernahmen ausländischer Firmen. Die Sorge ist, dass europäische Industriebetriebe unter chinesischem und amerikanischem Wettbewerbsdruck an Boden verlieren könnten. Umgekehrt birgt auch erfolgreiche Automatisierung eine Herausforderung: Wenn Fabriken hochproduktiv weiterproduzieren, aber mit immer weniger Personal, dann sinkt der Anteil der Beschäftigten in der Industrie (ein Effekt, den man als relative Deindustrialisierung bezeichnen kann). Dadurch könnten regionale Wirtschaftsstrukturen erodieren – etwa traditionsreiche Industriestandorte mit hoher Arbeitslosigkeit zurückbleiben –, was neue soziale Probleme schafft. Zweitens wird der bestehende Fachkräftemangel durch KI in ambivalenter Weise berührt. In Deutschland fehlen bereits heute Zehntausende IT-Fachleute und Ingenieure; KI kann diesen Mangel teils kompensieren, erzeugt aber gleichzeitig neue Qualifikationsanforderungen. Beschäftigte müssen vermehrt digitale Kompetenzen beherrschen, um KI-Systeme zu bedienen, zu überwachen und mit ihnen zu kooperieren. Fehlen diese Kompetenzen, könnten Streitkräfte und Verwaltungen personelle Engpässe bei technisch versierten Kräften erleben – eine sicherheitsrelevante Lücke. Drittens drohen soziale Spannungen: Sollte KI-bedingt Massenarbeitslosigkeit in bestimmten Berufsfeldern auftreten, könnte dies das gesellschaftliche Gefüge belasten. Historisch führten technologische Disruptionen oft zu Protesten und Verunsicherung; ähnlich könnten sich Arbeitnehmer wehren, wenn sie sich von „denkenden Maschinen“ ersetzt fühlen. Ungleichheitsgefühle könnten wachsen, falls die Gewinne aus Automatisierung vor allem Unternehmen oder Hochqualifizierten zu-

[31] Wübbeke, J., Meissner, M., Zenglein, M. J., Ives, J., Conrad, B. (2016). Made in China 2025: The making of a high-tech superpower and consequences for industrial countries. Mercator Institute for China Studies (MERICS).

gutekommen, während andere Gruppen abgehängt werden. Solche Spannungen können politische Radikalisierung begünstigen und die innere Sicherheit gefährden. Nicht zuletzt spielt die Abhängigkeit von Drittstaaten eine Rolle: Wenn Europa bei KI-Technologien zurückfällt, dann wächst die Abhängigkeit von ausländischen Anbietern. So warnte der Branchenverband Bitkom Anfang 2025, dass die USA mit einem neuen 500-Milliarden-US-Dollar-Investitionsprogramm ihre KI-Führungsrolle ausbauen, während Deutschland seine eigenen KI-Fördermittel bislang nur unzureichend ausgeschöpft hat. Ohne eine massive europäische Kraftanstrengung drohe die digitale Abhängigkeit Europas von den USA auf Dauer zementiert zu werden. Diese Abhängigkeit ist sicherheitspolitisch brisant – zum einen, weil im Krisenfall die Verfügbarkeit kritischer Technologie nicht garantiert wäre, zum anderen, weil fremde Staaten über digitale Lieferketten Einfluss ausüben könnten.

Weltweit reagieren Staaten unterschiedlich auf die KI-Revolution. Die USA setzen auf enorme Investitionen und eine dynamische Privatwirtschaft. China verfolgt einen staatlich gelenkten Ansatz mit langfristigen Plänen – das erwähnte „Made in China 2025“ sowie das Ziel, bis 2030 weltweit führend in KI zu sein. Europa hingegen betont einen werteorientierten und vorsichtigeren KI-Einsatz.

Gleichzeitig wollen EU-Staaten ihre Investitionen koordinieren und erhöhen – bereits 2018 vereinbarten alle Mitgliedsländer eine gemeinsame KI-Strategie, um europaweit Synergien zu schaffen und Wettbewerbsfähigkeit zu sichern. Für NATO-Staaten ist KI ebenfalls ein zentrales Zukunftsthema, mit Fokus sowohl auf zivilen Anwendungen als auch auf militärischer Forschung.

Insgesamt gilt: Staaten, die proaktiv in Bildung, Forschung und Infrastruktur investieren, können die ökonomischen Vorteile der KI besser abschöpfen und die sozialen Kosten abfedern. Jene, die zaudern, riskieren ökonomischen Abstieg – was letztlich auch ihre Sicherheit und Handlungsfähigkeit auf der Weltbühne schwächt. Aus sicherheitspolitischer Sicht muss daher das Ziel sein, durch vorausschauende Politik die eigene volkswirtschaftliche Stärke im KI-Zeitalter zu bewahren. Wirtschaftliche Resilienz und technologisches Know-how sind Grundpfeiler nationaler Sicherheit – eine Lektion, die die Bundeswehr genauso betrifft wie jeden anderen Sektor.

Risiken in kritischen Infrastrukturen durch KI-Automatisierung

Kritische Infrastrukturen wie Energieversorgung und Verkehr sind immer stärker digitalisiert und automatisiert. Dadurch steigen Effizienz und Vernetzung – aber auch die Verwundbarkeit gegenüber technischen Ausfällen und Cyberangriffen.

Unsere modernen Gesellschaften hängen an sensiblen Versorgungsadern: Strom, Wasser, Transport, Kommunikation, Gesundheitsversorgung – all diese KRITIS werden zunehmend von KI-gestützten Steuerungs- und Überwachungssystemen mitverwaltet. Was aber, wenn diese smarten Systeme ausfallen, sabotiert oder manipuliert werden? Die Sicherheit des Staats und das Wohl der Bevölkerung können dadurch massiv bedroht werden. Schon heute gehören IT-Ausfälle und Cyberangriffe zum Alltag – auch in Deutschland. Immer wieder schaffen es Vorfälle in die Schlagzeilen, etwa wenn ein Krankenhaus die Notaufnahme schließen muss, weil Kriminelle die IT mit Ransomware lahmgelegt haben. Die zunehmende Abhängigkeit von vernetzten Technologien bedeutet: Ein einzelner Fehler oder Angriff kann millionenfach durchschlagen. 2017 etwa legte die globale Schadsoftware „WannaCry" Krankenhäuser, Bahnunternehmen und Behörden lahm; im selben Jahr verursachte „NotPetya" weltweit Schäden von geschätzt 10 Milliarden Dollar und traf auch deutsche Unternehmen hart. Solche Schadsoftwarewellen sorgten sektorübergreifend für Ausfälle bei kritischen Diensten. 2024 zeigte sich erneut die Verwundbarkeit digitaler Lieferketten: Ein fehlerhaftes Softwareupdate der Sicherheitsfirma CrowdStrike legte weltweit Millionen von Computersystemen lahm und führte zu Flugausfällen bei mehreren Airlines sowie Zahlungsproblemen im Finanzsektor. Selbst ohne böswillige Absicht können Softwarepannen oder Konfigurationsfehler große Teile der kritischen Infrastruktur unerwartet stilllegen. Diese Ereignisse illustrieren eindringlich: Wenn die KI-gestützte Automatisierung, auf der unsere Infrastruktur fußt, ins Stocken gerät, drohen Kaskadeneffekte – vom Verkehrskollaps bis hin zum Blackout.

Künstliche Intelligenz beeinflusst eine Vielzahl kritischer Infrastruktursektoren: In der Energieversorgung hilft sie bei der Netzsteuerung, birgt aber auch Risiken durch Manipulation. Im Gesundheitswesen unterstützt KI Diagnostik und Klinikbetrieb, kann bei Ausfällen jedoch lebensbedrohlich werden. Der Transport- und Logistiksektor profitiert von automatisierten Abläufen, ist aber anfällig für Störungen durch Softwarefehler oder Angriffe. In der öffentlichen Verwaltung verbessert KI die Effizienz, doch Fehlfunktionen oder Desinformation können das Vertrauen der Bevölkerung gefährden. In allen Bereichen zeigt sich: KI ist zugleich Chance und potenzielle Schwachstelle.

Die sicherheitsrelevanten Risiken KI-basierter Automatisierung sind also vielfältig: Technisches Versagen kann durch zunehmende Komplexität weitreichendere Auswirkungen haben als früher, Cyberangriffe auf KI-Systeme eröffnen Angreifern neue Möglichkeiten, kritische Prozesse zu stören, und hybride Bedrohungen verbinden digitale mit physischen Angriffsmitteln, um maximale Disruption zu erzielen. Die Bundeswehr und die NATO sehen sich hier doppelt gefordert – einerseits müssen sie ihre eigenen militärischen Systeme vor solchen Risiken schützen, andererseits sind sie im Krisenfall oft die letzte Back-up-Institution, wenn zivile Strukturen ausfallen. Die Resilienz kritischer Infrastrukturen ist daher nicht nur ein ziviles, sondern auch ein militärstrategisches Anliegen.

Anpassungsstrategien für eine resiliente und zukunftsfähige Wirtschaft

Angesichts der skizzierten Herausforderungen stellt sich die entscheidende Frage: Wie können wir KI so gestalten und begleiten, dass Wirtschaft und Gesellschaft davon profitieren, ohne destabilisiert zu werden? Eine nachhaltige, resiliente und zukunftsfähige Wirtschaft im KI-Zeitalter zu schaffen erfordert gemeinsames Handeln von Politik, Militär, Wirtschaft und Gesellschaft. Im Folgenden werden zentrale Anpassungsstrategien und Empfehlungen – mit dem Fokus auf Deutschland und den NATO-Staaten – dargestellt.

- *Politik und Staat:* Die Politik hat zwei Hebel, um den KI-getriebenen Wandel verlässlich zu steuern. Sie schafft leistungsfähige Grundlagen – Rechenzentren, Netze, Datenzugänge, Förderprogramme – und setzt klare Regeln mit wirksamer Aufsicht. Auf der Investitionsseite hat die EU ihre Unterstützung zuletzt verdichtet: Das AI-Innovation-Package (ein EU-Förderbündel für Künstliche Intelligenz) samt „GenAI4EU“ (Initiative zur Entwicklung und Erprobung generativer KI „made in Europe“) richtet sich gezielt an Start-ups und Mittelständler und hilft beim Entwickeln, Trainieren und Testen neuer Modelle. Der Zugang zu Spitzenrechnern wird über „EuroHPC“ – das „European High-

Performance Computing Joint Undertaking" – geöffnet, das mit sogenannten „AI Factories" Rechenleistung, Datenspeicher und Beratungs-Know-how bereitstellt. Ein Meilenstein ist „JUPITER" am Forschungszentrum Jülich: Europas erster Exascale-Supercomputer steht auch großen europäischen KI-Modellen zur Verfügung. National stockt Deutschland seine KI-Mittel weiter auf und Europa sichert mit dem EU Chips Act (Gesetzesrahmen zur Stärkung der Halbleiterfertigung) die Hardwarebasis, ohne die moderne KI nicht skalieren kann. Den zweiten Hebel bilden Regeln und Aufsicht. Die KI-Verordnung setzt Verbote für besonders riskante Praktiken, definiert Pflichten für Hochrisikosysteme und führt spezifische Anforderungen für General-Purpose-Modelle ein. Dafür wurde das European AI Office geschaffen, eine zentrale EU-Stelle, die die Umsetzung, Überwachung und – bei General-Purpose-KI – auch die Durchsetzung koordiniert. Ergänzend stärkt die EU-Datenverordnung (Data Act) den fairen Zugang zu und die Nutzung von Daten, insbesondere aus vernetzten Geräten und Diensten (vom Industriesensor bis hin zum Smarthomesystem) – ein Schlüssel, damit Unternehmen KI-Anwendungen schneller vom Prototyp in die Praxis bringen. Damit der Wandel bei Menschen ankommt, greift die Arbeits- und Bildungspolitik. In Deutschland unterstützt das Qualifizierungsgeld der Bundesagentur für Arbeit Betriebe dabei, Beschäftigte bei tiefen Strukturänderungen – etwa durch Automatisierung mit KI – weiterzubilden: Der Staat beteiligt sich an den Kosten, die Unternehmen tragen. Auf EU-Ebene finanziert das Programm „Digital Europe" (Fördertopf für digitale Kapazitäten) gezielt Advanced Digital Skills, also Aus- und Weiterbildungen zu generativer KI, Datenanalyse oder Cybersicherheit. Hochschulen und außeruniversitäre Anbieter bauen entsprechende Module aus; Plattformen wie der KI-Campus bieten Einsteiger- und Aufbaukurse für breite Zielgruppen. Zusätzliche Impulse setzen EIT-Initiativen (Netzwerke des European Institute of Innovation and Technology) mit Masterprogrammen und branchennahen Weiterbildungen – dort, wo Unternehmen die Kompetenzen morgen am dringendsten brauchen.

- *Wirtschaft und Unternehmen:* Die Unternehmen tragen eine Mitverantwortung, den KI-Umbruch menschenzentriert und krisenfest zu gestalten. Anstatt nur auf kurzfristige Rationalisierung zu schielen, sollten Firmen die Weiterbildung und Umschulung ihrer

Mitarbeiter aktiv fördern. Experten empfehlen, Beschäftigte frühzeitig auf veränderte Aufgabenprofile vorzubereiten und neue Jobrollen zu schaffen, in denen Mensch und KI gemeinsam Wert schöpfen. So können Routineaufgaben an KI delegiert werden, während Mitarbeiter höherwertige Tätigkeiten übernehmen und die KI überwachen. Firmen wie Lufthansa CityLine haben gezeigt, dass KI-Tools die Arbeit effizienter machen können, ohne Personal abzubauen – im genannten Fall verbesserte eine KI-Software die Abläufe bei der Flugzeugabfertigung so deutlich, dass die Pünktlichkeit zunahm. Solche positiven Praxisbeispiele nehmen Ängste und motivieren Belegschaften. Ein weiterer Aspekt ist die Cyberresilienz der Wirtschaft: Unternehmen – besonders Betreiber kritischer Infrastruktur – müssen ihre IT-Netze wappnen. Regelmäßige Sicherheitsupdates und strenge Tests (wie Kaspersky im Kontext von Lieferketten empfiehlt), der Einsatz von KI-gestützter Anomalieerkennung zur frühzeitigen Entdeckung von Angriffen und Notfallpläne für Systemausfälle (inklusive manueller Fallbacklösungen) sind elementar. „Diversifizierung" lautet ein Stichwort: Wer etwa Clouddienste oder KI-Software nicht nur von einem einzigen ausländischen Anbieter bezieht, der reduziert Abhängigkeits- und Ausfallrisiken. In der Lieferkette sollte das Prinzip gelten, dass kritische Komponenten (wie KI-Chips) aus vertrauenswürdigen Quellen stammen – westliche Staaten achten zunehmend darauf, Importe aus potenziell riskanten Herkunftsländern zu begrenzen. Unternehmen sollten zudem ethische Leitlinien für KI-Nutzung einführen (ähnlich wie es viele Konzerne bereits für Datenschutz haben), um Vertrauen bei Kunden und Mitarbeitern zu schaffen. Branchenübergreifende Kooperationen – etwa in Form von Konsortien oder Plattformen wie der „Plattform Lernende Systeme" in Deutschland – können Wissen teilen und Standards setzen.

- *Gesellschaft und Individuum:* Letztlich muss auch die Gesellschaft als Ganzes den Wandel mittragen. Hier sind Offenheit und Adaptionsbereitschaft gefragt. KI sollte nicht bloß als Bedrohung gesehen werden, sondern auch als Werkzeug, um drängende Probleme zu lösen – etwa dem demografischen Wandel zu begegnen. In Japan werden Pflegeroboter getestet, um ältere Menschen zu unterstützen, da Pflegekräfte fehlen. Ähnliche Anwendungen könnten in Deutschland den Pflegesektor entlasten, ohne menschliche Zuwendung zu ersetzen. **Wichtig:** Es muss ein breiter gesellschaftlicher Dialog über KI geführt werden: Welche Aufgaben wollen wir Maschinen überlassen, welche nicht? Wie stellen wir sicher, dass KI-Systeme gerecht und nachvollziehbar bleiben? Die Ethikkommissionen, Bürgerforen und wissenschaftlichen Beiräte, die es bereits gibt, sollten weiter gestärkt werden. Ein informierter Umgang mit KI nimmt diffuse Ängste und fördert eine Akzeptanz, die nötig ist, damit Technologien erfolgreich eingeführt werden können. Zudem darf niemand zurückgelassen werden: Die Gesellschaft muss darauf achten, dass der KI-Fortschritt inklusiv ist. Ältere Arbeitnehmer brauchen Unterstützung beim digitalen Upskilling, gering qualifizierte Kräfte sollten alternative Karrierepfade erhalten – ansonsten drohen gesellschaftliche Spaltungen. Initiativen wie Volkshochschulkurse zu KI-Grundlagen oder öffentlich geförderte Techbootcamps könnten hier einen Beitrag leisten.

- *Militär und NATO:* Speziell für die Bundeswehr und die NATO-Staaten ergeben sich einige strategische Implikationen. Zum einen ist das Militär selbst ein großer Arbeitgeber und Technikanwender – es muss daher in seiner Personalplanung und Beschaffungspolitik die KI-Entwicklung berücksichtigen. Die Bundeswehr braucht dringend ein Leitliniendokument für den verantwortungsvollen Umgang mit KI und Automatisierung, das sowohl Chancen als auch Grenzen klar definiert. Die NATO hat 2021 eine erste KI-Strategie verabschiedet, die Prinzipien wie „Verantwortlichkeit", „Transparenz" und „Zuverlässigkeit" beim Einsatz von KI im Verteidigungsbereich betont. Diese Prinzipien sollten auch praktisch gelebt werden – etwa indem in multinationalen Übungen KI-Szenarien erprobt und Standards harmonisiert werden. Zum anderen hat das Militär eine Rolle beim Schutz der Heimatfront: In hybriden Konflikten, in denen zivile Infrastrukturen angegriffen werden, könnte die Bundeswehr im Rahmen der Amts- und Katastrophenhilfe unterstützend eingreifen. Denkbar ist, Bundeswehrcyberkräfte bei einem großen Angriff auf das Stromnetz einzusetzen oder Pioniereinheiten zur Sicherung von Sabotagezielen (wie Unterseekabeln) abzustellen. Hierfür muss die Zusammenarbeit zwischen zivilen Behörden und Militär – national wie auch innerhalb der NATO – weiter eingeübt werden. Die NATO selbst betont seit einigen Jahren die Bedeutung von Resilienz der Gesellschaft als Teil der Verteidigungsplanung; jedes Mitgliedsland muss gewisse Resilienzkriterien erfüllen (etwa eine Notstromversorgung für eine bestimmte Anzahl an Tagen etc.). KI sollte in diese Resilienzplanungen integriert werden, etwa durch regelmäßige Stresstests für KI-gestützte Infrastruktur (ähnlich Bankenstresstests, aber für Strom/Verkehr) und durch Abkommen, im Ernstfall Ressourcen und Know-how zu teilen. Wenn etwa ein kleinerer NATO-Partner Opfer eines großen Cyber-KI-Angriffs würde, dann könnten Verbündete mit Experten und technischen Hilfsmitteln zu Hilfe kommen. Strategisch gesehen müssen die Bündnispartner auch vermeiden, dass technische Abhängigkeiten zum politischen Druckmittel werden – die Diversifizierung von Rüstungs- und Technologiepartnerschaften (z. B. gemeinsame europäische Rüstungsprojekte, Investitionen in eigene Halbleiterproduktion) ist Teil dieser Sicherheitsvorsorge.

Motivierend ist festzuhalten, dass die Herausforderungen zwar groß, aber beherrschbar sind. Die Geschichte zeigt, dass Gesellschaften technologische Revolutionen meistern können, wenn sie sich anpassen. KI bietet enorme Chancen: Sie kann Produktivität steigern, gefährliche oder monotone Arbeiten übernehmen, neue Dienstleistungen ermöglichen und sogar zur Lösung globaler Probleme (vom Klimamanagement bis hin zur Medizin) beitragen. Für die Bundeswehr und die Angehörigen des Militärs bedeutet KI, dass zukünftige Einsätze und die Logistik effizienter und sicherer gestaltet werden können – vorausgesetzt, man nutzt die Technologie verantwortungsbewusst. Mit klaren Strategien, Kooperation und der Bereitschaft zu Veränderungen lässt sich eine Zukunft gestalten, in der KI dem Wohlstand und der Sicherheit dient. Deutschland und die NATO-Partner verfügen über das Know-how, die Werte und die Zusammenhaltskraft, um diese Transformation erfolgreich und resilient zu gestalten. Es liegt an uns allen – Politik, Militär, Wirtschaft und Gesellschaft –, diesen Wandel proaktiv zu steuern, damit Mensch und Maschine im besten Sinn zusammenwirken.

Arbeitsmarkt: Transformation statt Verdrängung

Neue internationale Studien unterstreichen, dass KI weniger einen plötzlichen Jobkahlschlag, sondern vielmehr eine anhaltende Transformation der Arbeit bewirkt. Die Internationale Arbeitsorganisation schätzt im Mai 2025, dass weltweit etwa ein Viertel aller Beschäftigten in Berufen tätig ist, bei denen generative KI erhebliche Teile der Aufgaben technisch unterstützen oder sogar ersetzen könnte. Allerdings gelte: „Die Mehrheit der Berufe wird sich verändern, aber nicht verschwinden."[32] Vor allem Tätigkeiten im Bereich „Wissensarbeit, Verwaltung und IT" werden durch KI-Assistenzsysteme effizienter gestaltet, während Jobs mit hohem Kreativ- oder Sozialanteil vergleichsweise stabil bleiben.

In der Techindustrie wurde 2024 erstmals ein Rückgang der Neueinstellungen von Hochschulabsolventen verzeichnet, den Marktbeobachter teils direkt auf die Automatisierung durch KI zurückführen. Firmen setzen bei Routinearbeiten zunehmend KI-Modelle statt Berufseinsteiger ein; gleichzeitig entstehen aber neue Berufsbilder rund um das Management, die Steuerung und die Überwachung von KI-Systemen. Rollen wie „AIPrompt-Engineer" oder „KI-Ethikbeauftragte" wurden in vielen Unternehmen erstmals dauerhaft eingerichtet. Gleichzeitig verstärken große Unternehmen und Behörden ihre Programme zur Umschulung und Weiterbildung, um Mitarbeiter für die Arbeit mit KI fit zu machen. Branchenübergreifend steigt der Bedarf an digitaler und ethischer KI-Kompetenz.

12.3 KI in Medien, Kommunikation und Demokratie

Desinformation, Deepfakes und hybride Einflussnahme

Bereits mehrfach wurde in diesem Buch das Deepfakevideo erwähnt, das im Frühjahr 2022 in den sozialen Medien kursierte: Darin fordert der vermeintliche ukrainische Präsident Wolodymyr Selenskyj seine Soldaten zur Kapitulation auf. Stimme und Gesicht wirkten täuschend echt – ein typisches Merkmal KI-generierter Manipulation. Das Video wurde sogar in das laufende Programm eines gehackten ukrainischen Fernsehsenders eingeschleust, bevor es rasch als Fälschung entlarvt und entfernt werden konnte. Der Vorfall zeigt eindrücklich, wie Künstliche Intelligenz die mediale Kommunikation und damit auch demokratische Prozesse beeinflussen kann – ein Thema, das in folgendem Kapitel vertieft wird.

KI-gestützte Desinformation zeigt sich heute in vielfältiger Form. Generative KI-Systeme können massenhaft falsche Texte, Bilder oder Videos erstellen und so Propagandakampagnen enorm skalieren. Deepfakes – hochrealistische Video- oder Audiofälschungen – erlauben die Imitation echter Personen: vom gefälschten

[32] Gmyrek, P., Berg, J., Kamiński, K., et al. (2025). Generative AI and jobs: A 2025 update. International Labour Organization.

Selenskyj-Video bis hin zu simulierten Nachrichtenmoderatoren. So wurde im Juni 2022 die Bürgermeisterin von Berlin Opfer eines Deepfakevideoanrufs, bei dem sich jemand als Kiews Bürgermeister Vitali Klitschko ausgab. Erst als der falsche Klitschko in der Videokonferenz immer absurdere Forderungen stellte, flog die Täuschung auf. Auch hier steckte eine KI-generierte Simulation dahinter – ein deutliches Signal, dass Gegner in der Lage sind, sogar Livegespräche mit computergenerierten Ebenbildern zu führen. Neben solchen spektakulären Fällen gehören aber auch automatisierte Fakeprofile und Bots zum Bild: Diese KI-gesteuerten Social Bots verbreiten Fake News, manipulieren Kommentarspalten und verstärken gewünschte Narrative tausendfach in sozialen Netzwerken. **Kurz:** KI wirkt im Informationsumfeld als Brandbeschleuniger – sie macht die Erzeugung und Verbreitung von Desinformation günstiger, schneller und schwerer erkennbar.

Konkrete Vorfälle hybrider Einflussnahme gegen NATO-Staaten belegen die Wirkmacht dieser neuen Werkzeuge. Erinnern wir uns an den Vergewaltigungs-Fake 2017 in Litauen: Über E-Mail und Onlinemedien wurde das Gerücht verbreitet, Bundeswehrsoldaten hätten ein Mädchen vergewaltigt. **Das Ziel:** die Bevölkerung gegen die damals neu stationierten NATO-Truppen aufbringen. Später stellte sich heraus, dass russische Stellen hinter dem frei erfundenen Vergewaltigungsvorwurf steckten. Der Vorfall – von einem ranghohen NATO-General als klarer Fall von „Fake News" bezeichnet – war eine Lektion in moderner Propaganda: Mit minimalem Aufwand (einer gefälschten E-Mail) wurde versucht, maximalen politischen Schaden anzurichten. NATO-Offizielle warnten bereits damals, Russland werde solche Methoden weiter anwenden, um die öffentliche Meinung zu beeinflussen. Diese Prognose hat sich bewahrheitet. Im November 2024 kam es in Rumänien zu einem alarmierenden Einflussversuch während der Präsidentschaftswahlen: Ein politischer Außenseiter erzielte überraschend viele Stimmen, begünstigt durch eine Flut an manipulativen Social-Media-Inhalten. Untersuchungen ergaben, dass 25.000 TikTok-Konten – von denen viele in Russland und dem Iran verortet waren – koordiniert versuchten, den Kandidaten mit polarisierenden Botschaften nach vorn zu bringen. Auf TikTok und Telegram wurden massenhaft identische Narrative verbreitet, die offenbar von externen staatlichen Akteuren orchestriert wurden. Dieser hybride Angriff auf eine NATO-Demokratie kombiniert also Desinformation über soziale Medien, den massenhaften

Einsatz unauthentischer Accounts (vermutlich teils KI-gesteuert) und vermutlich illegale Finanzierung aus dem Ausland. Das Ziel solcher Kampagnen: demokratische Prozesse zu untergraben, Vertrauen in Institutionen zu zersetzen und ggf. Kreml-freundliche Kräfte an die Macht zu bringen – kurz: NATO-Staaten von innen heraus zu destabilisieren.

Zu den Akteuren, die KI-basierte Kommunikation als Waffe einsetzen, zählen sowohl staatliche als auch nicht staatliche Organisationen. Russland ist hier der wohl aktivste Player: Der Kreml und sein Nachrichtendienstapparat nutzen Propaganda seit Langem strategisch und KI bietet ihnen nun noch effektivere Mittel. Russische Trollfarmen experimentieren Berichten zufolge mit generativer KI, um etwa gefälschte Nachrichtenportale aufzubauen, die in gutem Englisch scheinbar legitime Artikel mit prorussischem Zungenschlag veröffentlichen. Ein jüngst enttarnter Fall ist die Operation „Doppelgänger“: Eine vom Kreml unterstützte Gruppe erstellte eine Fake-News-Seite namens „Election Watch“, die mithilfe von KI automatisch Anti-West-Inhalte generierte. Zwar blieb die Reichweite begrenzt, doch dieser Fall gilt als Vorgeschmack darauf, was bald möglich sein könnte. China wiederum hat KI-Avatare in seinen Einflusskampagnen eingesetzt. 2023 tauchten Videos in sozialen Medien auf, in denen künstliche Nachrichtensprecher Nachrichten verlasen – scheinbar objektiv, tatsächlich aber voll mit Propagandaphrasen aus Beijing. In einem Fall beschimpfte ein AI-Avatar die taiwanesische Präsidentin mit spöttischen Metaphern, um Einfluss auf die Wahlen in Taiwan zu nehmen. Solche KI-Moderatoren – oft als realistisch aussehende Nachrichtensprecher getarnt – verbreiten in verschiedenen Sprachen staatliche Narrative und sollen dem Publikum Seriosität vorgaukeln. Auch der Iran bedient sich KI-gestützter Desinformation: So wurden zuletzt iranische und russische Akteure gemeinsam von den USA sanktioniert, weil sie versuchten, die US-Wahlen 2024 mit Onlinemanipulationen zu beeinflussen. Und nicht zuletzt entstehen privatwirtschaftliche Desinformationsdienste: Ein aufsehenerregendes Beispiel dafür ist Team Jorge, eine in Israel ansässige Gruppe, die Regierungen oder Kandidaten Einflusskampagnen gegen Bezahlung anbietet. Sie verfügt über ein Softwaresystem namens „Aims“, mit dem sich laut eigenen Angaben über 30.000 Fakeprofile in sozialen Medien steuern lassen. Diese Avatare – komplett mit gestohlenen Bildern und KI-generierten persönlichen Details – können koordiniert eingesetzt werden, um Stimmungen zu beeinflussen oder falsche Trends zu erzeugen. Die Existenz solcher Desinformationen verdeutlicht, dass nicht nur Staaten, sondern auch Söldner der Informationskriegsführung KI-Werkzeuge offensiv nutzen.

Diese Fälle zeigen: KI in den Händen böswilliger Akteure potenziert die Bedrohung durch Desinformation erheblich. Deepfakes und automatisierte Fakeaccounts senken die Hemmschwelle, Lügen in die Welt zu setzen, weil sie schwerer zu entlarven sind und das Vertrauen in die Echtheit von Informationen generell erschüttern. Experten warnen schon länger, dass wir auf ein Zeitalter zusteuern, in dem man keinem Bild und keinem Video mehr trauen kann – ein Phänomen, das als „Informationsapokalypse" beschrieben wurde. Tatsächlich stellte die NATO im Oktober 2024 fest, dass moderne Informationsoffensiven durch KI eine bisher unerreichte Raffinesse und Skalierung erreicht haben. KI-generierte Desinformation kann öffentliche Debatten spalten, Wahlen verfälschen oder sogar militärische Entscheidungsprozesse stören, indem sie Kommandeure mit falschen Befehlen täuscht. Sicherheitsbehörden betrachten solche hybriden Bedrohungen – das Zusammenspiel von Cyberangriffen, Fake News, Leaks und psychologischer Kriegsführung – daher als ernsthafte Gefahr für die nationale und Bündnissicherheit. Insbesondere Russland betreibt diese Form des hybriden Krieges gegen den Westen bereits seit Jahren in vielfältiger Weise. Der ehemalige NATO-Generalsekretär Jens Stoltenberg betonte wiederholt, dass Angriffe im Informationsraum genauso schädlich sein können wie konventionelle Angriffe. Folgerichtig haben die NATO-Staaten vereinbart, dass ein massiver koordinierter Cyber- oder Desinformationsangriff unter Umständen einen Bündnisfall auslösen kann – zumindest kumulativ, wenn die Auswirkungen die Schwelle zur Bedrohung der nationalen Existenz erreichen. Noch ist dieser Fall nicht eingetreten, doch die Tatsache, dass er diskutiert wird, unterstreicht, wie ernst das Thema genommen wird.

Demokratische Resilienz

Westliche Demokratien stehen den beschriebenen KI-gestützten Manipulationen nicht hilflos gegenüber. In den vergangenen Jahren wurden umfangreiche Schutzmaßnahmen ergriffen – auf technischer, juristischer und gesellschaftlicher Ebene –, um Desinformation einzudämmen und die „Immunabwehr" offener Gesellschaften zu stärken. Ein zentrales Prinzip dabei: Transparenz schaffen, ohne die

Meinungsfreiheit aufzugeben. So haben die EU-Staaten und auch Deutschland aus den Desinformationskampagnen der letzten Dekade Lehren gezogen und Gegenstrategien entwickelt.

Technisch wird vor allem an der Erkennung von KI-Fälschungen gearbeitet. Forschungsprojekte und Unternehmen entwickeln Deepfakedetektoren, die verräterische Pixelanomalien oder unnatürliche Bewegungsmuster in Videos aufspüren. So brachte Microsoft bereits 2020 ein Tool namens „Video Authenticator" heraus, das manipulierte Videos kennzeichnen sollte. Auch KI wird genutzt, um KI-generierte Lügen zu entlarven – ein Wettrüsten, bei dem sich Angreifer und Verteidiger mit immer raffinierteren Algorithmen überbieten. Allerdings warnt das NATO StratCom COE in Riga, dass dieser Wettlauf vermutlich nie endgültig entschieden wird: Jede neue Erkennungsmethode kann irgendwann umgangen werden, vergleichbar mit Virenscannern und Schadsoftware. Deepfakes könnten zu einem Dauerproblem werden, mit dem man zu leben lernen muss – ähnlich wie Terrorismus, den man auch nie vollständig ausrotten kann, sondern durch Abwehrmechanismen in Schach hält.[33] Deshalb setzt man verstärkt auf Prävention durch Authentifizierung: Große Medienkonzerne wie Adobe, Microsoft und die BBC haben die Initiative „C2PA" ins Leben gerufen, um Bilder und Videos bereits bei Erstellung mit fälschungssicheren Wasserzeichen oder Metadaten zu versehen. So ließe sich künftig die Herkunft eines Videos überprüfen, um Manipulationen zu erkennen. Auch soziale Netzwerke experimentieren mit technischen Hinweisen – etwa „Kontext anzeigen"-Buttons unter umstrittenen Posts oder automatischen Warnungen vor bekannten Falschmeldungen. Gleichzeitig überwachen Spezialteams der Plattformen (oft mit KI-Unterstützung) verdächtige Aktivitäten: Koordinierte unauthentische Accounts – z. B. ein Schwarm frisch erstellter Profile, die alle gleichzeitig ein bestimmtes Hashtag pushen – werden mittels Datenanalyse identifiziert und gelöscht. Facebook und Twitter (jetzt X) haben in den letzten Jahren tausende Fakeprofile entfernt, die aus Russland, China oder dem Iran gesteuert wurden, um westliche Nutzer gezielt zu beeinflussen. Die NATO-Partner setzen ebenfalls auf Früherkennung: Die US-Geheimdienste richteten 2022 ein Foreign Malign Influence Center ein, das während WahlenDesinformationskampagnen aus dem Ausland früh detektieren soll. Ebenso wertvoll sind

---

33 NATO Strategic Communications Centre of Excellence (2022–2024). Deepfake/Disinformation reports. Riga, Latvia.

unabhängige Faktenprüfernetzwerke: Organisationen wie Correctiv in Deutschland oder Snopes in den USA durchforsten systematisch virale Geschichten auf ihren Wahrheitsgehalt und veröffentlichen Gegenbeweise. Viele Medienhäuser kooperieren länderübergreifend, um Falschmeldungen schnell aufzudecken – etwa im Rahmen des International Fact-Checking Network. Schließlich spielt auch die NATO selbst mit technischen Lösungen mit: 2024 führte das Bündnis ein „Information Environment Assessment"-Tool ein, das große Datenmengen aus Onlinemedien in Echtzeit analysieren und aufkommende Narrativtrends erkennen kann. Solche datengestützten Lagebilder helfen dabei, Desinformationswellen früh zu erkennen und rascher gegensteuern zu können.

Juristisch haben insbesondere die EU und ihre Mitgliedstaaten neue Regeln erlassen, um die Verbreitung manipulativer KI-Inhalte einzudämmen. Ein Meilenstein ist die KI-Verordnung der EU. Darin wird ausdrücklich vorgeschrieben, dass Deepfakes klar als solche gekennzeichnet sein müssen. Jeder, der ein künstlich erzeugtes Video einer realen Person veröffentlicht – ob Satiriker oder ausländischer Agent – muss also deutlich machen, dass es sich um kein authentisches Material handelt. Damit soll verhindert werden, dass Bürger unwissentlich auf synthetische Medien hereinfallen. Deepfakes, die in sensiblen Kontexten gepostet werden (z. B. Wahlen oder die Verleumdung von Personen des öffentlichen Lebens), könnten laut KI-VO sogar als Hochrisikoanwendungen eingestuft und strengeren Auflagen unterworfen werden. Parallel dazu trat 2023 der DSA der EU in Kraft, der Onlineplattformen dazu verpflichtet, stärker gegen illegale Inhalte und systemische Risiken wie Desinformation vorzugehen. Große Netzwerke müssen regelmäßig Berichte vorlegen, wie sie gefälschte Nutzerkonten bekämpfen oder manipulative Kampagnen aufdecken. Der DSA wurde in das nationale Recht (Gesetz über digitale Dienste) in Deutschland eingeführt. Außerdem existiert bereits seit 2017 das Netzwerkdurchsetzungsgesetz, das Plattformen dazu anhält, offensichtlich rechtswidrige Posts (z. B. volksverhetzende Fake News) innerhalb kurzer Zeit zu löschen. Auf internationaler Ebene greifen auch Sanktionsinstrumente: Die EU hat wiederholt Personen und Organisationen auf Sanktionslisten gesetzt, die nachweislich Desinformation betreiben – etwa russische Propagandisten oder Hackergruppen. Im Februar 2025 verhängte die EU in ihrem 16. Sanktionspaket weitere Maßnahmen gegen Akteure, die prorussische Desinformation in Europa und Afrika verbreitet hatten. Diese rechtlichen Schritte senden ein Signal der Abschreckung: Wer versucht, demokratische Prozesse mit Lügen zu manipulieren, der muss mit handfesten Konsequenzen rechnen – sei es strafrechtlich oder wirtschaftlich.

Wichtig: Es muss stets eine Balance gehalten werden. Maßnahmen gegen Desinformation dürfen nicht selbst zur Zensur werden, sonst untergraben sie die Werte, die sie schützen sollen. Die EU und NATO betonen daher, dass alle Gegenmaßnahmen im Einklang mit den Grundrechten, insbesondere der Meinungsfreiheit, stehen müssen.

Die vielleicht wichtigste Ebene der Resilienz ist jedoch die gesellschaftliche. Technik und Gesetze allein können niemals jede Falschinformation aufhalten. Deshalb setzen Demokratien verstärkt auf Aufklärung, Bildung und Stärkung der Medienkompetenz. Ein oft zitiertes Vorbild ist Finnland: Das Land, das seit Jahren immer wieder Desinformationskampagnen aus Russland ausgesetzt ist, hat früh reagiert und Medienbildung zum festen Bestandteil des Schulunterrichts gemacht. Bereits Grundschüler lernen dort spielerisch, zwischen wahr und falsch zu unterscheiden, Quellen zu hinterfragen und selbst Fakten zu prüfen. Das finnische Programm wird als Teil der „gesellschaftlichen Verteidigung" verstanden – jeder Bürger leistet seinen Beitrag, indem er nicht jede Meldung ungeprüft glaubt. Ergänzend dazu werden in Finnland auch Beamte, Journalisten, Lehrer und Bibliothekare in Workshops darin geschult, Desinformation zu erkennen und zu kontern. Dieses breite Netzwerk schafft eine Kultur der Wachsamkeit, ohne dabei paranoid zu werden. Auch andere NATO-Partner investieren in Medienkompetenz: Schweden und die baltischen Staaten etwa haben staatliche Kampagnen gestartet, um die Bevölkerung über typische Propagandataktiken aufzuklären. In Deutschland informiert u. a. die Bundeszentrale für politische Bildung über Desinformation und zur Europawahl 2024 startete die Bundesregierung Informationsseiten wie „Fakten gegen Desinformation" auf der Webseite der Bundeswahlleiterin. Ein weiteres Best Practice sind die sogenannten „Elfen" in Litauen: eine Graswurzelbewegung engagierter Bürger, die im Internet freiwillig prorussischen Falschmeldungen entgegentritt und diese richtigstellt. Diese „Elfen" koordinieren sich über soziale Medien, melden Fakeprofile und posten unter falschen Behauptungen richtige Informationen als Gegengift. Die Existenz einer solchen Bürgerinitiative zeigt, wie hoch das Bewusstsein in der baltischen

Gesellschaft für den Informationenkrieg ist – und wie Zivilgesellschaft dabei mithelfen kann, die Demokratie immun zu machen.

Neben Bildung und zivilgesellschaftlichem Engagement zählt auch die vertrauenswürdige Kommunikation staatlicher Stellen selbst zu den Resilienzfaktoren. Behörden und Regierungen versuchen heute, transparenter und schneller auf Gerüchte zu reagieren.

Beispiel:

Während der COVID-19-Pandemie richteten viele Regierungen Mythbuster-Webseiten ein, auf denen kursierende Falschinformationen (etwa über angebliche Impfrisiken oder „Geheimpläne") aktiv widerlegt wurden.

Ebenso wichtig ist es, in Krisenzeiten als Regierung die Fakten klar zu benennen – so räumt man den Nährboden für Spekulationen aus. Schnelles Handeln ist essenziell, um die Verbreitung von Desinformation zu stoppen: Falschbehauptungen müssten entlarvt werden, bevor sie viral gehen. Dieses Prinzip des Prebunking – also des Vorabwarnens vor Fakes, noch bevor diese voll durchschlagen – gewinnt an Bedeutung. Dazu gehört, dass Regierungen die Öffentlichkeit auch über die Existenz solcher Einflusskampagnen aufklären. So veröffentlicht die EU regelmäßige Berichte über ausländische Informationsmanipulation und nennt darin Täter und Methoden.[34] So erkennt die Bevölkerung, dass hinter gewissen online verbreiteten Narrativen Absicht und Strategie fremder Mächte stecken – und ist weniger dazu geneigt, darauf hereinzufallen. Vertrauen der Bürger gewinnt man jedoch nicht allein durch Warnungen, sondern vor allem durch Glaubwürdigkeit. Daher legen demokratische Regierungen Wert darauf, bei der Wahrheit zu bleiben, auch wenn diese unbequem ist. Wird man einmal selbst bei Unwahrheiten ertappt, beschädigt das die eigene Autorität in zukünftigen Situationen. In diesem Sinn ist Transparenz ein Bollwerk: Wenn Institutionen offen kommunizieren – wie etwa Fehler eingestehen oder Informationslücken benennen –, dann stärkt das langfristig das Vertrauen und macht es schwieriger für Desinformation, Misstrauen zu säen.

Westliche Demokratien entwickeln also eine multidimensionale Abwehr gegen KI-gestützte Desinformation: smartere Technik, schär-

[34] European External Action Service (2024). Foreign information manipulation and interference (FIMI) report.

fere Gesetze und vor allem eine wachsamere Gesellschaft. Es geht darum, die Resilienz zu erhöhen – also die Fähigkeit, Angriffe auf die Informationsumgebung auszuhalten und abprallen zu lassen. Perfekten Schutz gibt es nicht. Aber durch die Kombination von Detektion, Regulierung und Aufklärung kann erreicht werden, dass Desinformationskampagnen ins Leere laufen oder sogar zurückfeuern. Für NATO-Staaten ist das kein Nice-to-have, sondern Teil der nationalen Sicherheitsvorsorge. Artikel 3 des NATO-Vertrags von 1949 verpflichtet jedes Mitglied, sich selbst zu stärken und zu verteidigen, um das Bündnis als Ganzes widerstandsfähig zu machen. Informations- und Kommunikationsresilienz gehören heute untrennbar dazu. Der nächste Abschnitt widmet sich daher der strategischen Kommunikation als Antwort des NATO-Bündnisses auf die Herausforderungen der KI-gestützten Einflussnahme.

Strategische Kommunikation im NATO-Kontext

Angesichts der beschriebenen Bedrohungen hat sich die NATO der Strategischen Kommunikation als zentrales Gegenmittel verschrieben. Aber was bedeutet StratCom im Kern? Es ist der koordinierte Einsatz aller Kommunikationsinstrumente, um die eigenen Ziele, Werte und Narrative überzeugend zu vermitteln und gegnerischen Falschinformationen den Boden zu entziehen. StratCom bündelt also Public Affairs (Politikkontaktarbeit), Pressearbeit, Informationsoperationen und psychologische Maßnahmen in einem abgestimmten Ansatz. Für die NATO ist dies seit den Erfahrungen mit Russlands „hybrider Kriegsführung" ein wesentliches Handlungsfeld. 2015 wurde eine erste NATO-Strategie gegen hybride Bedrohungen formuliert, die explizit die Bedeutung von Informationsüberlegenheit betonte. Seitdem hat das Bündnis seine Fähigkeiten hier deutlich ausgebaut.

Strategische Kommunikation als Antwort auf KI-gestützte Desinformation bedeutet zunächst: aktiv gestalten statt nur reagieren. Wenn Gegner mithilfe von KI Narrative verzerren, muss die NATO eigene starke Gegennarrative setzen und diese konsistent verbreiten. Einen prägnanten Vorfall lieferte die Zeit unmittelbar vor dem russischen Großangriff auf die Ukraine im Februar 2022. Die USA und Großbritannien veröffentlichten damals ungewöhnlich offen Geheimdienstinformationen, um Russlands Lügen im Voraus zu entkräften. Washington deckte schon Wochen vor der Invasion detailliert auf, welche False-Flag-Operationen Moskau planen könnte, um einen Vorwand für den Angriff zu konstruieren. So wurde publik gemacht, dass Russland beabsichtigte, inszenierte Videos von angeblicher ukrainischer Aggression zu verbreiten – ein Plan, der durch die vorzeitige Enthüllung verpuffte. London wiederum informierte darüber, dass der Kreml sogar einen prorussischen Marionettenregierungschef in Kiew installieren wolle. Diese präemptive Aufdeckung nahm der russischen Propaganda viel von ihrer Wirkung, noch bevor sie richtig starten konnte. In der Tat hatte Präsident Putin große Mühe, seine altbekannten Rechtfertigungen („Die NATO bedroht uns.“, „In der Ukraine regieren Nazis.“) international glaubhaft zu machen, weil der Westen den Spieß umgedreht hatte: Nicht Moskau kontrollierte die Erzählung, sondern die NATO-Staaten stellten Russland als Aggressor bloß. Diese Episode gilt für viele Experten als Wendepunkt in der Informationskriegsführung. Erstmals konnte der Westen zeigen, dass Offenheit und Transparenz – bewusst dosiert eingesetzt – eine wirksame Waffe gegen Desinformation sein können. StratCom bedeutet hier, geheime Erkenntnisse gezielt öffentlich zu machen, um eine Lüge im Keim zu ersticken. Sir Jeremy Fleming, Chef des Government Communications Headquarters, einer britischen Regierungsbehörde, sprach von Prebunking und forderte, westliche Nachrichtendienste müssten lernen, häufiger so offensiv mit Wahrheiten zu operieren, um gegnerische Narrative zu durchkreuzen.

Auch während des Ukrainekrieges zeigte sich die Bedeutung strategischer Kommunikation für die NATO und ihre Partner. Russland setzte bekanntlich massive Desinformation ein – von abstrusen Biolaborverschwörungen bis hin zur Leugnung von Kriegsverbrechen –, um die internationale Unterstützung für Kiew zu untergraben. Die transatlantische Allianz reagierte mit ungewöhnlicher Geschlossenheit in der Botschaft: „Wir stehen zur Ukraine!“ NATO und EU veröffentlichten nahezu im Gleichschritt Faktenchecks zu russischen Behauptungen und betonten die Solidarität gegen die Aggression. Diese einheitliche Linie – ständig kommuniziert durch Staats- und Regierungschefs, Verteidigungsminister und Sprecher – ließ wenig Raum für russische Keile in der westlichen Öffentlichkeit. Zwar gab es auch in NATO-Ländern Desinformationsversuche (etwa prorussische Protestbewegungen, angefacht durch Onlinefakes), doch strategische Kommunikatoren – seien es Regierungsstellen oder auch überzeugende informelle Botschafter wie ukrainische Offizielle – schafften es, die Mehrheit der Bevölkerung immun gegen offenkundige Lügen zu machen. Ein Schlüsselaspekt dabei war die emotionale Ansprache gekoppelt mit Fakten: Bilder und Berichte über das Leid in ukrainischen Städten, untermauert mit verifizierten Informationen, generierten Empathie und Widerstandskraft gegen russische Propaganda. Die NATO selbst passte ihre Kommunikationsstrategie an die neue Lage an. So richtete das Bündnis eine Taskforce für die Ostflanke ein, die Gerüchte und Falschmeldungen rund um die NATO-Präsenz in Osteuropa im Blick behält. Darüber hinaus verstärkte das NATO-Hauptquartier seine Öffentlichkeitsarbeit in osteuropäischen Sprachen, um direkt die Bevölkerung vor Ort zu erreichen und russische Fehlinformationen richtigzustellen. Die Lehre aus der Ostflanke lautet: Transparenz und Community Outreach. Als 2017 das falsche Gerücht über die deutschen Soldaten in Litauen aufkam, reagierten die NATO und die betroffenen Regierungen sehr schnell mit öffentlicher Richtigstellung. In der Folge wurden Kommunikationskanäle verbessert – etwa regelmäßige lokale Pressebriefings der Truppenkommandeure und proaktive Informationskampagnen, die das defensive und partnerschaftliche Anliegen der NATO-Präsenz betonten. Diese vorausschauende Kommunikation nahm vielen Bürgern vor Ort die Angst und erschwerte es russischen Stellen, mit Fakeskandalen Erfolg zu haben.

NATO-Strategen verstehen StratCom mittlerweile als integralen Bestandteil jeder Operation. In Krisenregionen wie dem Nahen Osten haben die Bündnispartner ebenfalls wertvolle Erfahrungen gesammelt. Während der Intervention in Afghanistan wurde deutlich, dass militärische Stärke allein nicht genügt – man musste auch die Geschichte, die über den Einsatz erzählt wird, gewinnen. Die Taliban waren äußerst geschickt darin, Vorfälle propagandistisch auszuschlachten und die NATO-Truppen als Besatzer darzustellen. Als Reaktion entwickelten die NATO-geführten Kräfte Initiativen zur „Hearts and Minds“-Kommunikation: lokale Radio- und TV-Sendungen, in denen Wiederaufbauprojekte erläutert wurden, oder die Einbindung religiöser Autoritäten, um Lügen der Taliban zu widerlegen. Diese Anstrengungen hatten wechselnden Erfolg, lehrten das Bündnis jedoch wertvolle Lektionen. Eine davon: Man muss die lokalen Informationsökosysteme verstehen und dort ansetzen, wo falsche Narrative entstehen. Im Syrien-Konflikt, in den die NATO offiziell nicht eingriff, konnte man aus der Beobachterrolle studieren, wie Russland und der Iran mit Desinformation die Wahrnehmung des Krieges verzerrten. Russische Staatsmedien diffamierten z. B.

die „Weißhelme“ (eine syrische Zivilschutzorganisation) jahrelang als Terrorgruppe, um westliche Hilfsmaßnahmen zu diskreditieren. Im Nachhinein stellte sich heraus, dass diese Desinformationskampagne das Vertrauen in humanitäre Helfer in Teilen der Welt untergraben hat. Für die NATO bedeutet das: kommunikative Flanken sichern. Man darf feindlichen Narrativen nicht ungehindert freie Bahn lassen, auch wenn man selbst nicht direkt involviert ist. Daher arbeitet die NATO in ihrer strategischen Kommunikation eng mit Partnern zusammen – etwa mit der EU und den Vereinten Nationen –, um gemeinsame Botschaften zu entwickeln, die Desinformation in Regionen wie dem Nahen Osten oder Afrika entgegentreten. Die Aufklärung über Russlands Agieren in Syrien dient als Beispiel: Westliche Diplomaten und Medieninitiativen stellten klar, dass nicht die NATO, sondern Baschar al-Assad und seine Verbündeten das Leiden verursachten, um dem russischen Narrativ einer westlichen „Einmischung“ den Boden zu entziehen.

Um StratCom noch wirksamer zu machen, hat die NATO spezielle Strukturen und Initiativen geschaffen. Bereits 2014 wurde das NATO StratCom COE in Riga (Lettland) ins Leben gerufen. Dieses international besetzte Zentrum analysiert laufend gegnerische Informationsoperationen und entwickelt Empfehlungen, wie man darauf reagieren kann. Das StratCom COE veröffentlichte schon 2019 eine Studie zu Deepfakes, in der es vorhersagte, dass solche KI-Fälschungen bald ein fester Bestandteil hybrider Kriegsführung werden würden. Außerdem experimentiert das Zentrum praxisnah: In einer Übung tarnte sich ein Forscherteam online als Zivilist und konnte mit nur wenigen Fakeprofilen etliche NATO-Soldaten dazu verleiten, vertrauliche Informationen preiszugeben – ein Weckruf, wie verletzlich ungeübte Nutzer gegenüber Social Engineering sind. Erkenntnisse solcher Experimente fließen in Trainings ein, um Soldaten und Offiziere für die Gefahren im digitalen Raum zu sensibilisieren. Neben Riga spielt das CCDCOE in Tallinn eine wichtige Rolle. Zwar liegt dessen Hauptfokus auf der Cyberabwehr, doch da Cyberangriffe und Desinformation oft Hand in Hand gehen, befasst es sich auch mit der Resilienz von Informationssystemen. In Tallinn werden gemeinsame Übungen wie „Locked Shields“ organisiert, bei denen NATO-Teams nicht nur technische Cyberattacken abwehren, sondern auch mit simulierten Medienmeldungen und Desinformationslagen konfrontiert werden. So übt man das Zusammenspiel zwischen IT-Experten, Kommandoorganen und Pressestellen im

Ernstfall. Ein weiteres wichtiges Institut ist das Hybrid COE in Helsinki (Finnland). Es wurde 2017 gegründet und umfasst NATO- und EU-Mitgliedstaaten. Das Hybrid COE dient als Denkfabrik und Trainingszentrum für alle Facetten hybrider Kriegführung – von Energieerpressung über Subversion bis hin zu Informationskrieg. Hier tauschen Experten Best Practices aus und entwickeln Szenarien, um Regierungen auf neuartige Bedrohungen vorzubereiten.

Auf operativer Ebene verfügt die NATO zudem bei ihren Hauptquartieren über StratCom-Beraterstäbe, die jede militärische Planung aus kommunikativer Perspektive begleiten. Bei Einsätzen – ob Ausbildungsmission im Irak oder Präsenz an der Ostflanke – wird immer ein Kommunikationsplan mit entwickelt: Welche Botschaft senden wir den lokalen Bewohnern? Wie kontern wir mögliche Propaganda des Gegners? Wie schützen wir unsere eigenen Truppen vor Desinformation (Stichwort „Truppeninformation und Disziplin in sozialen Medien")? Pressestabsoffiziere nehmen hier eine Schlüsselrolle ein: Sie fungieren als Schnittstelle zwischen militärischer und öffentlicher Sphäre, zwischen Faktenlage und Narrativ. Ihr Verständnis der KI-Instrumente des Gegners lässt sie Gefahren antizipieren – etwa, wenn plötzlich ein geleaktes Dokument auftaucht, dann können sie beurteilen, ob es sich um eine mögliche Fälschung handeln könnte. In speziellen Kursen der NATO lernen Pressesprecher, wie sie ruhig bleiben und aktiv kommunizieren können, auch wenn in den sozialen Medien viel Unruhe herrscht.

NATO-Initiativen auf hoher politischer Ebene runden das Bild ab. Bei ihrem Gipfel in Vilnius 2023 bekannten sich die Staats- und Regierungschefs der Allianz ausdrücklich dazu, der wachsenden Informationsbedrohung entschlossen entgegenzutreten. Im Oktober 2024 wurde dann die „NATO's Approach to Counter Information Threats" verabschiedet, ein gemeinsamer Ansatz zur Abwehr von Informationsbedrohungen. Dieser Ansatz definiert Infoangriffe (Desinformation, ausländische Einmischung, manipulative Operationen) als ernsthafte Gefahr für die Sicherheit des Bündnisses. Er stellt klar, dass das Ausmaß dieser Bedrohung durch technologische Entwicklungen wie KI gewachsen ist. Konkret will die NATO mit dieser Strategie ihre Fähigkeiten verbessern, solche Aktivitäten zu identifizieren, zu verhindern, abzumildern und sich ihnen zu widersetzen. Es geht also um Frühwarnsysteme, robuste Gegenrede und Notfallpläne für den Ernstfall eines koordinierten Informationsangriffs. Die NATO betont dabei, dass sie eng mit Partnern wie der EU zusammenarbeitet, um demokratische Institutionen zu schützen. Gerade die Verzahnung mit der EU ist wertvoll, damit keine Lücke zwischen militärischer und ziviler Kommunikation klafft.

Lehren aus realen Krisen fließen beständig mit in die NATO-Kommunikation ein. Aus dem Ukrainekrieg 2022/23 hat das Bündnis gelernt, wie mächtig Transparenz offensiv sein kann. Aus den ständigen russischen Desinformationswellen wurde klar: Man muss auf Dauerfeuer im Informationsraum vorbereitet sein und benötigt dafür personelle und technische Ressourcen, um nicht abzurutschen. Von der Ostflanke (Baltikum, Polen) lernte man, dass lokale Community Relations – also die enge Einbindung der Bevölkerung durch Infoveranstaltungen, gemeinsame Projekte und lokale Medienarbeit – das Vertrauen schaffen, das Propaganda zersetzen will. Und aus dem Nahen Osten (sowie anderen Einsatzgebieten) lernten die NATO-Staaten, kulturelle Sensibilität in der Kommunikation walten zu lassen: Botschaften müssen für unterschiedliche Zielgruppen angepasst werden, sonst prallen sie ab oder werden missverstanden.

Am Ende zeigt sich: Strategische Kommunikation ist für die NATO kein Begleitprogramm, sondern ein essenzieller Pfeiler der Verteidigung im 21. Jahrhundert. KI in Medien, Kommunikation und Demokratie stellt uns vor Herausforderungen, die ständig in Bewegung sind. Doch mit den beschriebenen Maßnahmen – ob dem Aufdecken von Lügen, dem Stärken der demokratischen Resilienz oder dem Aufbau schlagkräftiger StratCom-Strukturen – sind die NATO und ihre Mitgliedstaaten besser gerüstet denn je, um im Wettstreit der Narrative zu bestehen. Für Angehörige der Bundeswehr, insbesondere Pressestabsoffiziere, bedeutet das eine spannende sowie verantwortungsvolle Aufgabe: Sie sind gewissermaßen das Informationsschutzschild des Bündnisses. Indem sie Fakten von Fiktion trennen, Desinformation entlarven und kluge, glaubwürdige Botschaften vermitteln, tragen sie dazu bei, dass die Demokratie im digitalen Zeitalter wehrhaft und lebendig bleibt. Medien, Kommunikation und Demokratie werden so – trotz aller KI-bedingten Risiken – weiterhin aufseiten der offenen Gesellschaften stehen.

KI und soziale Folgen

13.1 Einordnung

13 Künstliche Intelligenz verändert nicht nur Technologien und Arbeitsprozesse, sondern auch tiefgreifend die Art und Weise, wie wir als Gesellschaft interagieren und uns organisieren. Für Angehörige der Bundeswehr – die in einem sicherheitspolitischen Umfeld sowohl die zivile Gesellschaft als auch die Streitkräfte im Blick haben müssen – ist es entscheidend, zu verstehen, welche sozialen Folgen der KI-Einsatz mit sich bringt. Dieses Kapitel beleuchtet zwei Perspektiven: zunächst die zivile Perspektive mit den Auswirkungen von KI auf soziale Beziehungen, psychische Gesundheit, soziale Isolation, gesellschaftliche Spaltung und Resilienz; anschließend folgt die militärisch-sicherheitspolitische Perspektive, die die besonderen Herausforderungen und Chancen durch KI für das soziale Gefüge der Streitkräfte, die Betreuung der Truppe, den Umgang mit Einsatzbelastungen sowie die strategischen Fragen von Polarisierung und Resilienz in demokratischen Gesellschaften behandelt.

13.2 Zivile Perspektive

Die Zivilgesellschaft spürt die Auswirkungen der KI bereits im Alltag. Menschen knüpfen Beziehungen zu Chatbots, Apps und Robotern, psychologische Diagnosen und Therapien werden digital unterstützt, viele Dienstleistungen laufen automatisiert und reduzieren direkte Kontakte. Gleichzeitig verändern algorithmische Informationsfilter die öffentliche Debatte. Diese Entwicklungen werfen Fragen auf, wie sich zwischenmenschliche Beziehungen, psychische Gesundheit und gesellschaftlicher Zusammenhalt in einem KI-geprägten Zeitalter gestalten. Im Folgenden werden die wichtigsten Felder und Befunde aus ziviler Sicht dargestellt.

Einfluss von KI auf soziale Beziehungen: von KI-Freunden und Einsamkeit

KI-Systeme übernehmen zunehmend soziale Rollen – sei es als digitale Assistenten, Chatbot-„Freunde" oder als Gegenüber in virtuellen Welten. Millionen Menschen nutzen heute KI-gestützte Chatprogramme für zwischenmenschlich anmutende Interaktionen. So hat etwa der populäre Chatbot „Replika" weltweit rund 25 Mio. Nutzer, die sich mit einem virtuellen Freund unterhalten. Auch Snapchats integrierter KI-Chatbot „My AI" verzeichnete 2023 innerhalb kurzer Zeit über 150 Mio. Nutzende. Die Motivation dahinter ist oft Einsamkeit: In einer aktuellen Umfrage unter Replika-Nutzern gaben 90 % an, sich einsam zu fühlen – ein deutlich höherer Wert als der US-Durchschnitt von 53 %. Bemerkenswert ist, dass 63 % dieser Befragten berichteten, der KI-Begleiter habe ihre Gefühle von Einsamkeit oder Angst verringert.

Gleichzeitig warnen Experten vor den Kehrseiten solcher KI-Beziehungen. KI-Gefährten reagieren stets verständnisvoll und bestätigend, was zu einer persönlichen Echokammer führen kann. Problematische Gedanken können sich verfestigen – mit teils drastischen Folgen. So verlor ein britischer Jugendlicher durch die Beziehung zu seiner „KI-Freundin" den Bezug zur Realität und plante ein Attentat auf Königin Elizabeth II. Ein belgischer Nutzer nahm sich das Leben, nachdem ein KI-Chatbot seine Klimaängste bestärkte.

Auch emotionale Abhängigkeit ist ein Thema: Während der Coronapandemie entwickelte ein US-Amerikaner eine romantische Beziehung zu seinem Replika-Avatar. Ein Softwareupdate, das intime Interaktionen unterband, führte zu tiefer Verzweiflung seinerseits. Auch die italienische Datenschutzbehörde schlug Alarm und verbot Replika zeitweise, da „emotional fragile Personen" und Minderjährige durch sexualisierte Inhalte gefährdet würden. Zusammengefasst zeichnet sich ein Zwiespalt ab: KI-„Freunde" können Einsamkeit lindern und Unterstützung bieten, stellen aber auch ein fragiles Beziehungsgeflecht dar, das echte soziale Kontakte nicht vollwertig ersetzen kann und neue Risiken – von Realitätsverlust bis hin zu Suchtgefahr – mit sich bringt. Eine zentrale Herausforderung für die Gesellschaft wird es sein, den gesunden Umgang mit diesen neuen Beziehungsformen zu erlernen.

Psychische Gesundheit: zwischen digitaler Überlastung und KI-Therapie

Die fortschreitende Digitalisierung – verstärkt durch KI – wirkt sich spürbar auf die psychische Gesundheit vieler Menschen aus. Einerseits berichten Beschäftigte zunehmend von Stress und Erschöpfung im Umgang mit KI-Systemen, andererseits eröffnen sich durch KI neue Wege in Diagnostik und Therapie psychischer Erkrankungen. Beide Seiten sollen hier beleuchtet werden.

- *Stress durch KI am Arbeitsplatz:* In Unternehmen halten KI-Tools Einzug, um Prozesse zu automatisieren oder Entscheidungen zu unterstützen. Doch nicht immer führt dies zu Entlastung – manche Arbeitnehmer fühlen sich überfordert oder verunsichert. Eine US-Studie zeigt: Beschäftigte mit KI-Nutzung haben eine 45 % höhere Burn-out-Rate. Denn oft erhöht KI das Arbeitstempo und die Erwartung ständiger Erreichbarkeit oder es entstehen Ängste, durch die KI den Arbeitsplatz zu verlieren. Laut einer CNBC/SurveyMonkey-Umfrage befürchten 24 % der US-Beschäftigten, dass KI ihren Job obsolet machen könnte.[35] Hinzu kommt Druck durch neue Überwachungstechnologien – wenn z. B. Tastaturanschläge oder sogar Mimik ausgewertet werden. Diese Form von Technostress kann zu emotionaler Erschöpfung führen. Unternehmen sind deshalb gefordert, KI so einzusetzen, dass sie Mitarbeitende unterstützt – etwa durch transparente Kommunikation und Schulungen.

- *KI in Diagnostik und Therapie psychischer Erkrankungen:* Auf der positiven Seite revolutioniert KI derzeit die psychologische Versorgung. Algorithmen können in großen Datenmustern subtile Hinweise auf seelische Probleme erkennen – etwa Veränderungen in Sprache, Stimme oder Onlineverhalten, die auf Depression hindeuten. In Pilotprojekten spüren KI-Analysen von Social-Media-Beiträgen sogar Anzeichen von Suizidgefahr auf, um frühzeitig Hilfe zu vermitteln. Besonders dynamisch entwickelt sich das Feld der therapeutischen Chatbots. Diese Programme, oft auf dem Smartphone verfügbar, bieten Gespräche, Übungen und Ratschläge rund um die Uhr an. Eine systematische Metaanalyse von 18 randomisierten Studien mit über 3000 Teilnehmern zeigte 2024, dass solche KI-gestützten Chatbottherapien Depressions- und Angstsymptome signifikant lindern können – zumindest kurzfristig über etwa acht Wochen. Die erzielten Verbesserungen waren moderat, aber spürbar. Allerdings waren bei einer Nachuntersuchung nach drei Monaten keine anhaltenden Effekte mehr feststellbar.[36] Damit eignen sich KI-Angebote vor allem als niederschwellige Kurzzeithilfe, ersetzen jedoch keine langfristige Behandlung durch Fachleute. Dennoch sind die Vorteile beträchtlich: KI-Therapieapps sind jederzeit verfügbar, kostengünstig und anonym – ein wichtiger

[35] CNBC and SurveyMonkey (2023). Workers who use AI on the job are more likely to report feeling burned out, survey finds.

[36] Lindsley, A., et al. (2024). Efficacy of Artificial Intelligence-Chatbot-Delivered Interventions for Symptoms of Depression and Anxiety: A Systematic Review and Meta-analysis of Randomized Controlled Trials. JAMA Psychiatry.

Aspekt für Menschen, die wegen Stigmatisierung ungern eine Praxis aufsuchen. Nutzer berichten häufig, sie könnten einem Chatbot offener ihre Sorgen anvertrauen, da sie sich weniger bewertet fühlen. Studien belegen, dass Menschen in Gesprächen mit virtuellen Avataren mehr Emotionen zeigen und freier sprechen. Dieses Phänomen – das Gefühl eines „sicheren Raums" im Gespräch mit einer Maschine – wird bereits gezielt genutzt, um etwa Veteranen mit posttraumatischen Belastungen zum Reden zu bringen. Gleichzeitig müssen Grenzen beachtet werden: Ein Chatbot kann Empathie nur simulieren und komplexe Krisen (wie Suizidgefahr) nicht allein managen. Fachleute betonen, dass KI eher als Brücke fungieren sollte, die Wartezeiten und Hemmschwellen überbrückt, während in ernsthaften Fällen weiterhin menschliche Psychologen und Psychiater die Hauptverantwortung tragen.

In Summe zeigt sich im zivilen Bereich ein ambivalentes Bild: KI kann Stress verursachen, wenn Menschen sich von ihr getrieben oder bedroht fühlen; richtig eingesetzt kann sie jedoch vielen den Zugang zu psychischer Unterstützung erleichtern. Es gilt, menschzentrierte Ansätze zu verfolgen, bei denen die Technik Diener und nicht Herr unserer mentalen Gesundheit ist.

Soziale Isolation durch Automatisierung und KI-gesteuerte Dienste

Ein oft übersehener sozialer Effekt der Automatisierung ist die schleichende Abnahme direkt menschlicher Kontakte im Alltag. Je mehr Dienstleistungen KI-gestützt und ohne Personal ablaufen, desto weniger zwischenmenschliche Begegnungen finden statt – was insbesondere für alleinlebende oder vulnerable Personen zu Isolation führen kann.

Mehrere Entwicklungen tragen hierzu bei:

- **Automatisierte Kundenservices** ersetzen persönliche Interaktion. Wo früher ein kurzes Gespräch mit der Kassiererin oder dem Bankberater stattfand, stehen heute Selbstbedienungskassen, Chatbots oder Spracheingabesysteme zur Verfügung. Unternehmen werben mit Effizienz, doch für den Kunden bedeutet es weniger Gelegenheit zum sozialen Austausch. Ein einfaches **Beispiel:** In Supermärkten mit Selbstscanningkassen bleiben

Gruß, Lächeln und kurzer Plausch aus – kleine Momente sozialer Verbindung entfallen.

- **Automatisierung am Arbeitsplatz** reduziert teamorientierte Zusammenarbeit. Wenn KI-Systeme viele koordinative Aufgaben übernehmen, sinkt oft die Notwendigkeit für Meetings oder Abstimmungen unter Kollegen. Gerade Routinekommunikation – früher vielleicht beim gemeinsamen Aktenordnen oder in der Kaffeeküche – wird durch digitale Tools ersetzt. Dadurch fehlen informelle Kontakte, die sonst Kollegialität und Teamgeist fördern.
- **Virtuelle statt realer Kontakte** werden zum Standard. Soziale Medien, Onlineforen und Multiplayerspiele ermöglichen zwar Interaktion mit Menschen weltweit, laufen aber oft oberflächlich und anonymisiert ab. KI-gestützte Feeds sorgen dafür, dass wir ständig „verbunden" sind, doch diese Verbindungen sind qualitativ anders als ein Treffen im realen Leben. Likes und Textnachrichten können ein tiefgehendes Gespräch oder gemeinsames Erlebnis nicht ersetzen.
- **Technik als Ersatz für menschliche Nähe:** Mancher, der sich einsam fühlt, greift lieber zum Smartspeaker oder zu einem KI-Gesprächspartner, anstatt einen Freund anzurufen. Digitale Begleiter sind jederzeit verfügbar und anspruchslos – Alexa und Co. werden von älteren Nutzern nicht zufällig gelegentlich als „Freunde" wahrgenommen. Doch diese Einseitigkeit der Beziehung (die Maschine hat keine eigenen Bedürfnisse) kann dazu führen, dass traditionelle Unterstützungsnetzwerke aus Familie und Freunden vernachlässigt werden. Eine kanadische Umfrage 2023 ergab, dass sich 52 % der Personen, die häufig mit KI-Systemen interagieren (statt mit realen Menschen), sozial isoliert fühlten. Dies legt nahe, dass übermäßige Digitalisierung sozialer Kontakte Einsamkeitsgefühle sogar verstärken kann.[37]

Die Folgen dieser Entwicklungen sind erheblich. Mediziner vergleichen die Gesundheitsrisiken dauerhafter Einsamkeit inzwischen mit jenen des Rauchens oder der Fettsucht. Menschen sind soziale Wesen. Das Fehlen echter Bindungen kann Depressionen und Angststörungen begünstigen. KI und Automation sind natürlich nicht allein schuld am modernen „Einsamkeitsepidemie"-Phänomen, verstärken

[37] Canadian Institute for Advanced Research (CIFAR; 2023). Incautiously Optimistic: Canadians' Attitudes Toward Artificial Intelligence.

aber bestimmte Trends. Während früher z. B. alltägliche Erledigungen wenigstens kurze menschliche Interaktionen erzwingen konnten, ist es heute möglich, ein Leben weitgehend vom Sofa aus über Apps zu organisieren: Essen, Einkauf, Unterhaltung – alles per Klick. Das mag bequem sein, birgt aber die Gefahr einer komfortablen Isolation.

Um dem entgegenzuwirken, empfehlen Experten bewusste Gegenmaßnahmen. Eine kanadische Initiative für gesellschaftlichen Zusammenhalt rät etwa: Technik bewusst balancieren, also trotz digitaler Angebote regelmäßig persönliche Treffen einplanen, analoge Räume und Anlässe fördern, in denen Menschen zusammenkommen oder im Kundenservice eventuell hybride Modelle nutzen, die sowohl Effizienz als auch Menschlichkeit bieten. Insgesamt muss die Gesellschaft lernen, Automatisierung nicht mit sozialer Verarmung gleichzusetzen. KI-Systeme sollten so gestaltet und eingesetzt werden, dass sie menschliche Verbundenheit unterstützen statt ersetzen – z. B. indem smarte Kalender vorschlagen, mal wieder Freunde zu treffen, oder Pflegeroboter den Kontakt zwischen Bewohnern und Personal erleichtern. Die Aufgabe lautet hier, Technikfortschritt und soziales Wohlergehen miteinander in Einklang zu bringen.

Polarisierung durch algorithmische Filterblasen und Echokammern

Ein zentrales Merkmal der digitalen Informationswelt ist die personalisierte Inhalteauswahl durch Algorithmen. Suchmaschinen, Nachrichtenwebseten und vor allem soziale Medien zeigen jeder Person ein maßgeschneidertes Menü an Beiträgen – basierend auf vorherigem Klickverhalten, „Gefällt mir"-Angaben und anderen Daten. Was als Komfortfeature begann („Du bekommst nur noch, was dich interessiert!"), hat mittlerweile messbare gesellschaftliche Nebenwirkungen. Insbesondere fördert es die Bildung von Filterblasen und Echokammern, die in Zusammenhang mit politischer Polarisierung stehen.

- *Filterblase (Filter Bubble):* Damit ist gemeint, dass Plattformen vor allem Inhalte zeigen, die unsere bestehenden Ansichten bestätigen. Widersprechende Informationen werden seltener angezeigt, da das System hauptsächlich auf Interaktion optimiert ist – und wir reagieren stärker auf bestätigende oder emotionale Inhalte. So entsteht für jeden Nutzer eine individualisierte Medienrealität. **Ein Beispiel:** Wer klimafreundliche Inhalte konsumiert, der sieht fast nur noch Beiträge zur Klimakrise, während Klimaskeptiker vor allem gegenteilige Inhalte sehen. Beide Gruppen leben zunehmend in verschiedenen Wirklichkeiten.

- *Echokammer:* Darunter versteht man vor allem die Tendenz, dass sich online Gleichgesinnte miteinander verbinden und ihre Meinungen gegenseitig bestärken. Anders als die Filterblase, die primär durch Algorithmen entsteht, ist die Echokammer ein sozialer Effekt: Menschen schließen sich Gruppen oder Kanälen an (bewusst oder unbewusst), in denen ähnliche Ansichten herrschen. In solchen Räumen – seien es Subreddits, Facebook-Gruppen oder Telegram-Chats – werden abweichende Stimmen oft ausgeblendet oder angefeindet, wodurch die vorherrschende Meinung immer extremer erscheinen kann. Studien, insbesondere aus den USA, legen nahe, dass Echokammern im Netz zur Verstärkung politischer Extreme beitragen.[38] Inhalte werden dort teils ungefiltert und ungeprüft geteilt, wenn sie ins Weltbild passen, was die Verbreitung von Falschinformationen begünstigt.

KI befeuert beide Phänomene, indem sie die Personalisierung immer perfider gestaltet. Algorithmen großer Plattformen sagen Nutzervorlieben voraus und zeigen gezielt bestätigende oder empörende Beiträge – denn Empörung erhöht Verweildauer und Interaktionen. Moderate Positionen gehen im Strom polarisierender Inhalte unter. Ein Teufelskreis entsteht: Polarisierung bringt Klicks, Klicks verstärken Polarisierung.

Die Konsequenzen zeigen sich deutlich: Gesellschaftliche Debatten sind gespaltener, Verschwörungsmythen wie QAnon oder Covid-19-Falschinformationen konnten sich millionenfach verbreiten. Auch kleine radikale Gruppen können durch digitale Vernetzung großen Einfluss auf den Diskurs nehmen. Untersuchungen zeigen: Echokammern fördern Polarisierung und können bis zur Radikalisierung führen – etwa bei rechtsextremen Tätern, die sich online gegenseitig bestärken.

Ein neues Risiko sind KI-generierte Fälschungen. Mit Deepfaketechnologie lassen sich täuschend echte Bilder, Videos oder Audios erstellen. 2023 etwa sorgten manipulierte Aufnahmen des britischen

[38] Tucker, J., et al. (2023). Social media echo chambers and polarization: A review of evidence. Communication Research Reports.

Politikers Keir Starmer kurzzeitig für Aufsehen. In der Türkei musste ein Kandidat wegen obszöner KI-Fakes seine Präsidentschaftskandidatur aufgeben. Auch im US-Wahlkampf 2024 setzten beide Lager Deepfakes ein. Solche Inhalte untergraben Vertrauen in Fakten – selbst dann, wenn sie entlarvt werden, bleibt oft ein Restzweifel zurück.

Für die Gesellschaft bedeutet diese Entwicklung eine ernst zu nehmende Zerreißprobe. Polarisierung schwächt den sozialen Zusammenhalt und damit die Fähigkeit, als demokratische Gemeinschaft konsensorientiert Probleme zu lösen. Zudem können gezielte Desinformationskampagnen – oft von politischen Extremisten oder ausländischen Akteuren gesteuert – bestehende Gräben noch vertiefen. Hier zeigt sich bereits die Brücke zur sicherheitspolitischen Perspektive: Wenn algorithmische Mechanismen Bürger immer weiter in Lager spalten, dann ist das nicht nur ein internes Problem, sondern kann auch gezielt als Waffe gegen eine offene Gesellschaft eingesetzt werden. Doch bevor wir diesen Aspekt aus NATO-Sicht betrachten, bleibt die Frage: Wie kann sich die Zivilgesellschaft wappnen?

Gesellschaftliche Resilienz im KI-geprägten Informations- und Beziehungszeitalter

Angesichts der genannten Herausforderungen – von Vereinsamung über psychische Belastung bis hin zu Polarisierung – wird gesellschaftliche Resilienz zentral. Gemeint ist die Fähigkeit, Krisen zu bewältigen, sich anzupassen und gestärkt hervorzugehen. In einer Zeit, in der KI unser Informations- und Beziehungsgeflecht mitprägt, muss Resilienz neue Facetten umfassen: digitale Kompetenz, kritisches Denken, aber auch die bewusste Pflege menschlicher Verbindungen und gemeinsamer Werte.

Ein zentraler Baustein ist die Stärkung der Medien- und KI-Kompetenz in der Bevölkerung. Bildungssysteme und Medienanbieter sind gefordert, Bürgerinnen und Bürger zu befähigen, manipulierte Inhalte zu erkennen und algorithmische Mechanismen zu durchschauen. Finnland gilt innerhalb der EU als Vorreiter in Sachen digitaler Aufklärung. Dort wurden nationale Programme gestartet, um AI- und Datenkompetenz breit in der Bevölkerung zu verankern. **Die Idee dahinter:** Wenn Menschen verstehen, wie KI-generierte Falschinformationen funktionieren und wie leicht Bilder/Videos

13 täuschend echt gefälscht werden können, dann entwickeln sie von vornherein eine kritischere Haltung gegenüber online kursierendem Material. Auch präventive Aufklärung wie Schulungsvideos von Google Jigsaw zeigt Wirkung, indem sie Manipulationstechniken wie Panikmache oder Sündenbocknarrative entlarvt. Solche Projekte stärken die „mentale Abwehr" gegen Desinformation und sollten ausgebaut werden.

Doch Resilienz geht über individuelle Medienkompetenz hinaus – sie braucht eine koordinierte Gesamtstrategie. Regulierungsbehörden können etwa soziale Netzwerke dazu verpflichten, transparenter mit ihren Empfehlungsalgorithmen umzugehen oder Deepfakeinhalte klar zu kennzeichnen. Technologiefirmen arbeiten an KI-Detektoren, die Fakes entlarven – allerdings ist dies ein Katz-und-Maus-Spiel, da auch die Fälschungs-KIs immer besser werden. Nicht zuletzt muss in Schulen, Universitäten, aber auch durch öffentliche Kampagnen das Bewusstsein für digitale Risiken geschärft werden, ohne dabei Hysterie zu erzeugen. Es geht darum, die Bevölkerung mündig zu machen für den Umgang mit KI – damit wir die Vorteile nutzen können, ohne auf die Nachteile hereinzufallen.

Ein oft übersehener Aspekt ist sozialer Zusammenhalt. Gerade weil KI Inhalte individualisiert, braucht es Räume für echte Begegnung: Vereine, Kultur, lokale Initiativen. Solche Netzwerke stärken die kollektive Widerstandskraft – etwa gegen Falschinformationen oder Vereinsamung. Auf staatlicher Ebene wird dieses Prinzip etwa in skandinavischen Ländern gelebt, wo „Vertrauen" als Teil der Verteidigungsstrategie gesehen wird – Vertrauen der Bürger ineinander und in Institutionen. Dieser soziale „Kitt" erschwert es externen Akteuren, erfolgreich Keile dazwischenzutreiben.

Schließlich gehört zur Resilienz im KI-Zeitalter auch ein motivierender Ausblick: KI muss nicht als Bedrohung für soziale Beziehungen gesehen werden, sondern kann auch dabei helfen, neue Verbindungen zu knüpfen. Beispielsweise können Onlinecommunitys, die durch KI-gestützte Übersetzung weltweit Menschen zusammenbringen, das Verständnis zwischen Kulturen fördern. Oder KI-Anwendungen könnten im Alter assistieren und dafür sorgen, dass Senioren länger am sozialen Leben teilhaben (etwa indem sie an Termine erinnern, Fahrdienste organisieren etc., sodass der echte Kontakt nicht abreißt). Entscheidend ist, dass der Mensch das Steuer behält: KI darf die Richtung unserer Gesellschaft nicht diktieren, sondern wir sollten KI gezielt so einsetzen, dass sie menschliche Werte und Beziehungen stärkt. Gelingt dies, kann die Gesellschaft resilient und gleichzeitig offen für Innovation bleiben.

13.3 Militärisch-sicherheitspolitische Perspektive

Nicht nur im zivilen Alltag, sondern auch in militärischen Organisationen und der strategischen Sicherheitspolitik entfaltet KI ihre Wirkung auf das soziale Gefüge. Die Bundeswehr als Parlamentsarmee ist Teil der Gesellschaft und zugleich besonderen Belastungen und Anforderungen ausgesetzt. In diesem Abschnitt betrachten wir zunächst, wie KI in den Streitkräften selbst soziale Dynamiken beeinflusst – von der Truppe im Einsatz bis zur Fürsorge für Soldaten. Anschließend weiten wir den Blick und diskutieren die sicherheitspolitischen Implikationen: Wie nutzen gegnerische Akteure KI, um Gesellschaften zu spalten, und warum ist soziale Resilienz auch für die Verteidigungsbereitschaft von Demokratien ein Schlüsselfaktor?

Auswirkungen von KI auf das soziale Gefüge in Streitkräften: Kameradschaft vs. Automatisierung

Kameradschaft und Einheitszusammenhalt gelten in modernen Streitkräften als tragende Ressource – nicht nur für die Einsatzbereitschaft und Moral, sondern auch für die psychische Gesundheit. Das belegen zwei Metaanalysen[39,40]: Militärspezifisch zeigt sich, dass fehlende Unterstützung im Umfeld der Einheit nach dem Einsatz das Risiko für eine posttraumatische Belastungsstörung (PTBS) deutlich erhöht. Im Gegensatz dazu erweist sich die vorhandene Unterstützung als klar schützend. Eine zweite Metaanalyse nur mit Militär- und Veteranenstichproben sieht einen Zusammenhang zwischen höherer sozialer Unterstützung – einschließlich Unterstützung in der Einheit – und niedrigerer PTBS-Symptomschwere. Seitdem haben

---

[39] Anderson, L., Campbell-Sills, L., Ursano, R. J., Kessler, R. C., Sun, X., Heeringa, S. G., Nock, M. K., Bliese, P. D., Gonzalez, O. I., Wynn, G. H., Jain, S., Stein, M. B. (2019). Prospektive Zusammenhänge der wahrgenommenen Kohäsion der Einheit mit psychischen Gesundheitsergebnissen nach der Rückkehr. Depression and Anxiety, 36(6), 511–521.

[40] Campbell-Sills, L., Kessler, R. C., Ursano, R. J., Sun, X., Taylor, C. T., Heeringa, S. G., Nock, M. K., Bliese, P. D., Jain, S., Stein, M. B. (2022). Unit cohesion during deployment and post-deployment mental health: Is cohesion an individual- or unit-level buffer for combat-exposed soldiers? Psychological Medicine, 52(8), 1504–1514.

weitere Studien den Befund weiter erhärtet: Soldaten, die bereits vor der Verlegung einen starken Zusammenhalt in der Einheit wahrnehmen, entwickeln nach dem Einsatz seltener PTBS, Depressionen oder Angststörungen. **Kurz:** Wer sich auf seine Kameraden verlassen kann, ist im Extremstress psychisch widerstandsfähiger – soziale Gefüge gehören damit zur „unsichtbaren Ausrüstung" jeder Armee.

Die Einführung von KI und hoch automatisierten Systemen in diesen Kontext wirft nun komplexe Fragen auf. Einerseits können autonome Technologien militärische Einheiten entlasten und schützen: Drohnen übernehmen Aufklärung, Roboter entschärfen Minen, Algorithmen planen Logistikrouten. Diese Anwendungen können Leben retten und Soldaten vor monotonen oder gefährlichen Aufgaben bewahren. Andererseits besteht die Sorge, dass zu viel Automation den menschlichen Teamgeist schwächen könnte. Wenn in einem Zug der Infanterie künftig ein Roboter als „Mitkämpfer" patrouilliert oder KI-Systeme den besten Angriffspfad berechnen, reduziert sich vielleicht die direkte Interaktion und gemeinsame Entscheidungsfindung der Soldaten untereinander. Klassisch baut sich Vertrauen im Einsatz auch dadurch auf, dass man zusammen schwierige Lagen meistert und voneinander abhängig ist. Übernimmt KI hier zu viel, könnten Soldaten eher zu Überwachern von Maschinen als zu Kameraden aus Fleisch und Blut werden.

Tatsächlich zeichnet sich in einigen Bereichen diese Entwicklung ab. Moderne Waffensysteme verfügen über immer mehr Autonomiefunktionen. Die Bundeswehr etwa nutzt Flugabwehrsysteme (Patriot, MANTIS) und Panzer (Puma) mit automatisierten Abwehrsequenzen; auf Fregatten steuern Computersysteme weitgehend eigenständig die Feuerleitanlagen. Der Mensch beschränkt sich dabei immer stärker darauf, Kampfphasen einzuleiten, zu kontrollieren und zu beenden. Das heißt: Die KI führt (unter Aufsicht) aus, was früher in jeder Zwischenetappe durch Menschenhand getan wurde. Für das soziale Gefüge bedeutet das einerseits Entlastung – die Besatzung kann sich auf andere Aufgaben konzentrieren, Routinehandlungen entfallen; andererseits geht damit zwangsläufig eine Verschiebung der menschlichen Rolle einher: weg vom aktiven gemeinsamen Tun hin zum kontrollierenden Beobachten. Es ist nicht auszuschließen, dass sich dadurch das Wirgefühl verändert. Wenn ein KI-System Alarm schlägt und automatisch Gegenmaßnahmen ergreift, dann erleben die Soldaten diesen Moment anders, als wenn sie ihn selbst koordiniert hätten. Das Erfolgserlebnis („Wir haben die

Bedrohung gemeinsam bewältigt!") kann geringer ausfallen, was langfristig Einfluss auf die Motivation haben könnte.

Ein weiteres Feld ist die Führungskultur. Streitkräfte wie die Bundeswehr betonen das Prinzip der „Auftragstaktik" bzw. des Führens mit Auftrag, bei dem den Untergebenen gewisse Freiheiten bei der Ausführung von Befehlen gelassen werden und eigenes Denken erwünscht ist. Dieses Konzept setzt auf mündige Soldaten mit Gewissen und Initiative – ein Kernelement der inneren Führung. Wenn nun vermehrt KI als Entscheidungshilfe auftritt (etwa bei Lageanalysen oder Zielerfassung), dann stellt sich die Frage: Bleibt genug Raum für menschliches Urteilsvermögen? Die Bundeswehr hat hierzu noch keine abschließende Position; man prüfe KI für „Informations-, Entscheidungs- und Wirkungsüberlegenheit" in allen Bereichen der Kriegführung, äußerte eine Sprecherin des BMVg vage.

Wichtig: Letztendlich darf nicht die Autorität der Maschine über der des Offiziers stehen. Positiv formuliert: KI sollte das Werkzeug sein, das einer gut ausgebildeten Truppe dabei hilft, bessere Entscheidungen zu treffen – aber sie darf nicht das Band zwischen Befehlshabern und Soldaten ersetzen.

Die Akzeptanz von KI hängt hier wesentlich vom Vertrauen ab, das die Truppe in diese Systeme entwickelt. Das US-Militär erkannte früh, dass es ohne Vertrauen keine erfolgreiche Integration von KI geben wird, und finanziert deshalb Forschung zu „Explainable AI" – also erklärbarer KI, die ihre Entscheidungen nachvollziehbar machen kann. Nur wenn ein Soldat grob versteht, warum die KI einen bestimmten Vorschlag macht, dann wird er auch dazu bereit sein, dem Rat zu folgen. Umgekehrt gilt: Wenn die KI unerklärliche oder offensichtlich falsche Ergebnisse liefert, dann leidet die Glaubwürdigkeit nicht nur der Maschine, sondern potenziell auch der Führung, die sie eingeführt hat.

Nicht zu vernachlässigen ist zudem der Aspekt der menschlichen Identifikation mit Technik. Schon heute kommt es vor, dass Soldaten erstaunlich enge Bindungen zu ihren Geräten aufbauen – berühmte Anekdoten erzählen von US-Soldaten, die ihren bombenentschärfenden Robotern Namen gaben und um sie „trauerten", wenn die Maschine im Einsatz zerstört wurde. **Hier zeigt sich:** Kameradschaft kann sich in gewisser Weise auch auf Maschinen erstrecken, zumindest solange sie Teil des Teams sind. Militärsoziologen sprechen vom Konzept der „Band of Brothers“, das sich möglicherweise zu einem „Band of Brothers and Bots“ erweitern ließe. Allerdings bleibt fraglich, wie tiefgehend eine solche Mensch-Maschine-Kameradschaft sein kann. Ein Roboter wird keine Angst empfinden, keine persönlichen Geschichten teilen und keine Familie haben, um die er sich sorgt – all das sind Faktoren, die menschliche Kameradschaft prägen. Es besteht die Möglichkeit, dass die Präsenz von KI-„Kameraden“ neue Formen von Zusammenhalt schafft, aber eben qualitativ anders. So oder so werden Führungskräfte in Zukunft darauf achten müssen, dass trotz technischer Verstärkung das Gefühl der Zusammengehörigkeit unter den Soldaten erhalten bleibt. Das könnte u. a. bedeuten, dass Trainings weiterhin den Teamaspekt betonen (ggf. im gemischten Team mit KI) oder man kommunikative Rituale pflegt, auch wenn Maschinen mitarbeiten.

In Summe lässt sich sagen: KI und Automatisierung bringen enorme Chancen für Effizienz und Sicherheit, doch die menschliche Dimension im Militär muss aktiv mitgedacht werden. Kameradschaft war und ist ein entscheidender Faktor für Moral und Leistungsfähigkeit. Die Kunst wird darin bestehen, KI so zu integrieren, dass sie die Kameradschaft ergänzt, statt sie zu unterminieren. Menschen bleiben soziale Wesen – auch in Hightecharmeen. Ein sinnvolles Leitbild könnte lauten: Mensch-Maschine-Teams aufbauen, in denen jeder – ob Soldat oder Algorithmus – seine Stärken einbringt, während der Kern des Zusammenhalts von Mensch zu Mensch weiter gepflegt wird. Die Bundeswehr hat mit der inneren Führung einen Werterahmen, der genau das verlangt: Technik darf nie Selbstzweck sein, sondern muss sich in die vom Menschen bestimmte Ordnung eingliedern.

KI zur Betreuung der psychischen Gesundheit der Truppe

Der Soldatenberuf ist mit besonderen psychischen Belastungen verbunden – von den Anforderungen des täglichen Dienstes bis hin zu extremen Stressoren im Einsatz (Gefahr, Entbehrung, Konfrontation mit Leid). Entsprechend wichtig ist die Betreuung der mentalen Gesundheit der Truppe. Hier eröffnet KI vielversprechende neue Möglichkeiten, die bereits teils erprobt werden: von virtuellen Therapeuten über Chatbots für Seelsorge bis hin zu Algorithmen, die Frühwarnsignale für mentale Krisen erkennen.

Ein aufsehenerregendes Beispiel stammt aus den USA: der virtuelle Therapieavatar „Ellie", entwickelt am Institute for Creative Technologies (ICT) der Universität Südkalifornien mit Finanzierung durch DARPA (die Forschungsagentur des US-Verteidigungsministeriums). Ellie ist eine computergenerierte Gesprächspartnerin – eine freundliche Frau auf dem Bildschirm –, die anhand von Sprache und Mimik des Gegenübers reagiert. Obwohl sie kein echter Mensch ist, hat sich gezeigt, dass sich Probanden, darunter viele Veteranen, überraschend wohl bei ihr fühlten und ihr Dinge anvertrauten, die sie einem menschlichen Interviewer nicht sofort erzählt hätten. In einer Studie waren Teilnehmer offener und emotional freier, wenn sie glaubten, mit einem rein virtuellen System zu sprechen, als in Gegenwart eines realen Interviewers. Sie fühlten sich von Ellie nicht beurteilt und konnten daher ungehemmter über Traumata, Albträume oder depressive Symptome reden.[41] Dieser Effekt ist Gold wert für die psychologische Betreuung im Militär, wo die Angst vor Stigmatisierung oder Karriereeinbußen viele Soldaten bisher abschreckte, psychologische Hilfe zu suchen. Ellie wird bereits in Forschungsprojekten eingesetzt, um PTBS-Anzeichen bei Heimkehrern zu erfassen oder Krebspatienten im Militärkrankenhaus zu ihren seelischen Belastungen zu befragen. Die Vision ist, solche virtuellen Therapeuten flächendeckend verfügbar zu machen – etwa auf Laptops in entlegenen Einsatzgebieten oder an Standorten ohne genügend Psychologen. Ellie selbst betont im Gespräch, dass sie „kein Mensch und kein wirklicher Therapeut", sondern zum Zuhören da ist. Gerade diese klare Rollenverteilung (die KI als geduldige Zuhörerin, der Mensch als nachgelagerter Entscheider) scheint gut zu funktionieren: Die KI macht eine erste Bestandsaufnahme und senkt die Hürden, anschließend können menschliche Profis nahtlos übernehmen. Ein ICT-Forscher erläuterte: Ellie wird nie müde, hat keine schlechten Tage und kann 24/7 eingesetzt werden – ein echter Therapeut kann das nicht leisten. So ergänzt KI hier das menschliche Betreuungsteam um eine neue wertvolle Komponente.

Neben solchen dialogorientierten Systemen experimentiert man auch mit Chatbots für spezifische Problemfelder. In Kanada läuft aktuell ein Projekt, das einen KI-Chatbot für traumatisierte Militärangehörige nach sexueller Gewalt erprobt. Hintergrund ist, dass

---

[41] Institute for Creative Technologies, University of Southern California (2021/2022). Ellie: Virtual human interviewer and therapy avatar for PTSD screening.

Betroffene aus Scham oder Angst vor negativen Konsequenzen oft keine bestehenden Hilfsangebote nutzen. Ein vertraulicher, automatisierter Chat könnte hier einen niedrigschwelligen Zugang bieten – absolut anonym und jederzeit verfügbar. Ziel ist, dass der Chatbot „traumasensibel" reagiert, also empathisch unterstützt und zu passenden Ressourcen oder Ansprechpartnern lotsen kann. Solche Anwendungen stehen noch am Anfang, zeigen aber die Richtung: KI könnte in Zukunft Teil der psychosozialen Versorgungsstruktur der Bundeswehr sein, sei es als virtueller Seelsorger in einsamen Außenposten oder als digitale Sprechstunde nach Dienst.

Ein weiterer Ansatz ist das Monitoring der Truppenmentalgesundheit mittels KI. Schon länger sammeln Militärs viele Daten über ihre Soldaten – von regelmäßigen Gesundheitsuntersuchungen bis hin zu Leistungsbewertungen. Mit KI ließen sich diese Daten nach Mustern durchforsten, die auf psychische Risiken hindeuten. 2024 veröffentlichte ein Forscherteam in der medizinische Fachzeitschrift „JAMA Psychiatry" eine Studie, die maschinelles Lernen nutzte, um das Suizidrisiko von US-Soldaten vorherzusagen. Der Algorithmus analysierte die Karrieredaten von über 800.000 Soldaten und konnte mit moderater bis guter Genauigkeit identifizieren, welche 10 % der Abgänger ein besonders hohes Suizidrisiko hatten – diese kleine Gruppe von 10 % erklärte über 30 % der späteren Suizide.[42] Solche Vorhersagemodelle könnten der Personalführung helfen, rechtzeitig präventive Maßnahmen zu ergreifen, z. B. gefährdete Personen intensiver nachzubetreuen, bevor sie aus dem Dienst ausscheiden. Natürlich sind damit ethische Fragen verbunden und kein Modell ist perfekt. Doch angesichts der traurigen Tatsache, dass die Suizidrate unter Veteranen deutlich höher ist als in der Normalbevölkerung (um 71 % erhöht laut dem U.S. Department of Veterans Affairs), wäre jeder Ansatz willkommen, der Leben retten kann.

Wichtig: Solche KI-Warnsysteme müssen sensibel eingesetzt werden – als Hilfsmittel für Psychologen und Kommandeure, nicht als starrer Filter.

Auch Wearables und Sensoren eröffnen neue Möglichkeiten: Moderne Fitnessarmbänder oder Smartwatches können Herzratenvari-

[42] Lindsley, A., et al. (2024). Efficacy of Artificial Intelligence-Chatbot-Delivered Interventions for Symptoms of Depression and Anxiety: A Systematic Review and Meta-analysis of Randomized Controlled Trials. JAMA Psychiatry.

abilität, Schlafqualität und Aktivitätsniveaus messen. KI kann daraus Stressindikatoren ableiten. Projekte in den USA untersuchen etwa, ob kontinuierliches Erfassen physiologischer Daten frühe Anzeichen von Erschöpfung, Depression oder PTBS liefern kann. Denkbar wäre, dass eines Tages jeder Soldat – natürlich freiwillig und datengeschützt – ein solches System nutzt, das ihn oder seine Vorgesetzten warnt: „Achtung, deine Werte deuten auf extreme Belastung hin, such bitte das Gespräch"! Hier zeigt sich eine Chance, aber auch ein Balanceakt: Überwachung darf nicht zum Misstrauensinstrument werden. Es muss stets darum gehen, Unterstützung anzubieten, statt Druck auszuüben. Wenn Soldaten spüren, dass KI-basiertes Monitoring nur zu ihrem Besten eingesetzt wird (etwa um Burnout vorzubeugen oder Schlafstörungen früh zu behandeln), dann werden sie es eher akzeptieren.

Im Gesamtbild bietet KI somit viele Berührungspunkte mit der Fürsorgepflicht der Bundeswehr. Die mentale Einsatzbereitschaft der Truppe ist ein wichtiges Gut – sie beeinflusst direkt die Gefechtsfähigkeit und letztlich die Verteidigungsfähigkeit des Landes. Indem KI dabei hilft, psychische Probleme schneller zu erkennen, Entlastungsgespräche zu führen oder Hilfsangebote bereitzustellen, kann sie ein wertvolles Werkzeug werden, um die Truppe psychisch resilient zu halten. Natürlich ersetzt kein Algorithmus die Kameradschaft und Fürsprache echter Menschen (Vorgesetzte, Kameraden, Familien), aber er kann diese ergänzen. Gerade die Kombination aus Hightech und Menschlichkeit verspricht Erfolg: So wie Ellie am Ende doch einem echten Therapeuten zuarbeitet, sollten auch andere KI-Hilfen immer in einen menschlichen Betreuungskontext eingebettet bleiben. Dann kann KI in diesem Bereich ein echter Gamechanger sein, um Leiden zu mindern und die Soldaten mental zu stärken.

KI-Unterstützung bei PTBS und Einsatzbelastungen

Ein besonders schwerwiegendes Thema für Streitkräfte ist der Umgang mit PTBS und anderen psychischen Folgen von Auslandseinsätzen. Kampftrauma, der Verlust von Kameraden, aber auch moralische Verletzungen (z. B. durch Erlebnisse, die den eigenen Wertevorstellungen widersprechen) können tiefe seelische Narben hinterlassen. Hier steht seit Jahren die Frage im Raum: Wie können wir unsere Veteranen besser unterstützen? KI wird zwar kein Allheilmittel sein, könnte aber an verschiedenen Stellen die Versorgung verbessern.

13

Zum einen bei der Diagnose: PTBS wird oft erst spät erkannt, weil Betroffene Symptome verdrängen oder nicht einordnen. KI-gestützte Fragebögen oder Sprachanalysen könnten dabei helfen, Risikopersonen frühzeitig zu identifizieren. So hat man ChatGPT-4 darauf getestet, ob es in Textbeschreibungen von Soldaten PTBS-Anzeichen erkennen und Behandlungsempfehlungen geben kann. Solche Systeme befinden sich noch in der Erprobung, aber perspektivisch könnten sie Therapeuten assistieren, um keinen Hilferuf mehr zu übersehen. Auch Ellie, die virtuelle Interviewerin aus dem vorherigen Abschnitt, ist ja primär als Diagnosetool gedacht: Sie trackt Gesichtsausdrücke (66 Punkte im Gesicht) und Stimmparameter wie Sprechpausen und Tonlage, um auf Emotionen zu schließen. Ein flacher Gesichtsausdruck, eine monotone Stimme und ein langes Zögern könnten Warnsignale sein. Solche Analysen laufen objektiver ab als menschliche Eindrucksbildung und könnten so manchen Fall ans Licht bringen, der sonst durchrutscht.

Zum anderen in der Therapie: Hier gibt es innovative Ansätze wie Virtual-Reality(VR)-Therapien. In den USA ist der klinische Nachweis für die virtuelle Expositionstherapie bei einsatzbedingter PTBS inzwischen solide:[43] Studien mit Veteranen zeigen, dass VR-gestützte Exposition die Symptomschwere verlässlich senkt und sich gegenüber klassischer, rein imaginativer Exposition mindestens gleichwertig bewährt. Dies bestätigen auch weitere Studien. Parallel dazu belegen Studienprogramme, dass intensive, VR-augmentierte Expositionsprotokolle (z. B. im Rahmen von Traumatherapie) wirksam sind und die Verbesserungen über Monate anhalten. Auch in Israel wird dazu geforscht und VR-Methoden werden eingesetzt. Bereits in den 2000er-Jahren entstanden in Haifa spezifische VR-Szenarien für Opfer von Terroranschlägen. Neuere Ansätze prüfen internetbasierte VR-Interventionen in der Frühphase nach Unfällen.

Technisch rücken heute adaptiv gesteuerte Expositionsformate in den Blick: Forschungsteams koppeln VR mit Sensorik (z. B. Hautleitwert, Herzrate) oder nutzen KI-Module, die Reize und Intensität schrittweise anpassen. Das Potenzial für stärker personalisierte Exposition ist groß, die klinische Evidenz dafür steckt aber – im Unterschied zur klassischen VR-Exposition – noch in den Anfängen.

---

[43] Z. B. Rizzo, A., Parsons, T. D., Lange, B., Kenny, P., Buckwalter, J. G., Rothbaum, B., Difede, J., Frazier, J., Newman, B., Williams, J., Reger, G. (2011). Virtual reality goes to war: A brief review of the future of military behavioral healthcare. Journal of Clinical Psychology in Medical Settings, 18(2), 176–187.

Für die Praxis gilt damit: VR-gestützte Exposition ist ein etabliertes, therapeutengeführtes Verfahren mit nachgewiesenem Nutzen. KI-gesteuerte Varianten sind ein vielversprechender, aber derzeit noch experimenteller Zusatzweg.

Ein anderes Feld ist die digitale Selbsthilfe für heimkehrende Soldaten. Es gibt bereits Apps wie „PTSD-Coach" (entwickelt vom U.S. Department of Veterans Affairs), die Informationen, Übungen und Bewertungsbögen anbieten. KI könnte solche Apps deutlich erweitern, etwa indem ein Chatbot eingebaut wird, der Nutzer täglich fragt, wie es ihnen geht, und bei negativen Trends aktiv zu einem Gespräch mit einem Profi rät. Oder die App könnte mittels KI Personalisierung betreiben: Ein Soldat, der unter Schlafstörungen leidet, bekommt andere Module priorisiert (z. B. Einschlafhilfen) als jemand, der vor allem Reizbarkeit und Wutanfälle hat (für den es Beruhigungsübungen gibt). Da KI im Hintergrund aus großen Mengen Therapieerfahrungen lernen kann, könnten diese personalisierten Empfehlungen immer besser zutreffen.

Besondere Beachtung verdient auch der Bereich der seelischen Konflikte durch erlebte oder beobachtete unmoralische Handlungen im Krieg. Das ist ein Bereich, wo klassische PTBS-Therapie oft nicht greift, weil die Betroffenen keine Angststörungen haben, sondern tiefe Schuld- oder Schamgefühle. Könnte KI hier helfen? Vielleicht indirekt, indem sie es Betroffenen ermöglicht, anonym darüber zu sprechen (etwa in einem KI-gestützten Schreibprogramm, das therapeutisches Schreiben fördert, oder in Foren, moderiert durch KI, wo sie sich mit anderen austauschen können, ohne erkannt zu werden). Hierzu gibt es noch kaum Forschung, aber es zeigt sich, dass KI zumindest in der Moderation von Peer-Gruppen hilfreich sein kann – z. B. in Onlineselbsthilfegruppen automatisch respektvolle Diskussionskultur durchzusetzen und Alarm zu schlagen, wenn jemand Suizidgedanken äußert.

Natürlich darf man die Erwartungen nicht überhöhen: KI ist ein Werkzeug, kein Ersatz für menschliche Kameradschaft und professionelle Therapie. Aber gerade im oft unterversorgten Bereich der Einsatzfolgen könnte sie ein Multiplikator von Hilfe sein. Denn leider sind in vielen Ländern die therapeutischen Ressourcen knapp und Wartezeiten für Traumatherapie können lang sein. KI-Tools könnten zumindest überbrücken und begleitend wirken.

Die Bundeswehr selbst hat in den letzten Jahren ihre Anstrengungen im Bereich „PTBS-Behandlung" verstärkt (z. B. mit Behandlungsplätzen in Bundeswehrkrankenhäusern und Kooperationspraxen). KI könnte in Zukunft Teil dieses Systems werden – etwa durch digitales Case-Management: Jeder Einsatzsoldat erhält eine elektronische Akte, in der ein KI-Assistent mitläuft und der bei bestimmten Kombinationen von Meldungen (häufige Truppenarztbesuche, auffällige Verhaltensbeobachtungen, Selbstauskunft im Fragebogen) einen Hinweis an Psychologen gibt: „Schau hier mal genauer hin." Solche Visionen müssen mit Datenschutz und ethischen Leitplanken versehen sein, doch technisch sind sie nicht weit entfernt.

Ein letzter Punkt: Entlastung im Einsatz durch KI kann vielleicht auch präventiv wirken. Wenn, wie im vorigen Abschnitt erwähnt, KI den Soldaten gefährliche oder moralisch belastende Aufgaben teilweise abnimmt (z. B. weniger Zwang, auf Menschen schießen zu müssen, weil unbemannte Systeme das Feuer eröffnen – immer unter letzter Kontrolle des Menschen), dann könnte das auch die seelische Belastung mindern. Weniger eigene Gewalterfahrung bedeutet potenziell weniger Trauma. Allerdings ist das ethisch kontrovers, denn man will nicht allein deshalb autonome Waffen einsetzen, um Soldaten psychisch zu entlasten – da hängen viele andere Probleme dran.

Strategische Polarisierung durch KI: Herausforderung für NATO-Staaten

Weiten wir nun den Blick vom Individuum und von der militärischen Organisation hin zur gesamtgesellschaftlichen Ebene im sicherheitspolitischen Kontext. Wie bereits im zivilen Teil angerissen kann KI-gestützte Desinformation und Meinungsmanipulation eine Gesellschaft spalten. Für offene Demokratien wird dies zu einem Sicherheitsrisiko, wenn feindliche Akteure diese Schwächen ausnutzen. NATO-Staaten – darunter Deutschland – sehen sich heute Bedrohungen gegenüber, die weit über klassische militärische Angriffe hinausgehen: sogenannte „hybride Gefährdungen", bei denen Information zur Waffe wird. KI wirkt hier wie ein Brandbeschleuniger, indem sie Desinformation billiger, massenhafter und schwerer erkennbar macht. Strategisch stellen sich mehrere Fragen: Wie können NATO-Gesellschaften gegen KI-gestützte Spaltungsversuche gewappnet werden? Muss die Allianz Desinformationsattacken ähnlich ernst nehmen wie konventionelle Angriffe? Und kann man KI auch zur Verteidigung in diesem Bereich einsetzen?

Die Realität der letzten Jahre zeigt, dass autoritäre Regime gezielt versuchen, mittels Social Bots, Fake News und seit Neuestem Deepfakes Einfluss auf westliche Demokratien zu nehmen. Russland etwa betrieb nachweislich umfangreiche Trollfarmen (z. B. die „Internet Research Agency"), um Wahlen und Diskurse im Westen zu beeinflussen. Mit KI können solche Kampagnen nochmals skalieren: Chatbots können millionenfach personalisierte Falschmeldungen verbreiten und dabei sogar sprachliche Eigenheiten anpassen, um glaubwürdiger zu wirken. Deepfakevideos können Spitzenpolitiker genau zum kritischen Zeitpunkt vor einer Wahl in einen Skandal verwickelt erscheinen lassen. Die NATO bezeichnet diese Form der Unterwanderung passenderweise als „kognitive Kriegsführung", da sie auf die Köpfe und Überzeugungen der Menschen zielt.

Das Bewusstsein in der Allianz für diese Gefahr wächst. Prominent forderte im Juli 2024 der KI-Experte Ylli Bajraktari, die NATO müsse das Informationsökosystem als „zentrale Front" behandeln und eine gemeinsame Abwehrdoktrin gegen KI-gestützte Desinformation entwickeln. Beim 75. NATO-Jubiläumsgipfel wurde diskutiert, wie man feindliche Technologiemanipulation der öffentlichen Meinung abwehren kann. Denn solche Angriffe untergraben die Einheit und Wertebasis der NATO-Staaten, indem sie Misstrauen zwischen Bevölkerung, Regierung und Militär säen. Ein gespaltenes Land ist im Ernstfall weniger willens und fähig, geschlossen zu handeln – genau das wäre im Sinn autoritärer Gegner. Daher ist diese Thematik keineswegs nur „weiche" Sicherheit, sondern rückt in den Kern der Verteidigungsstrategie.

Welche konkreten Szenarien müssen wir uns vorstellen?

Ein Beispiel:

Vor einer wichtigen Parlamentswahl in einem NATO-Land tauchen via sozialen Medien massenhaft Meldungen auf (verbreitet von Tausenden KI-gesteuerten Fakeaccounts), die einer Partei Wahlbetrug unterstellen. Zugleich zirkuliert ein Deepfakevideo des Regierungschefs, in dem er scheinbar Korruption gesteht. Binnen Stunden geht das viral, Protestgruppen formieren sich online, Extremisten rufen zu Demonstrationen auf. Selbst nach der Entlarvung der Fälschungen bleibt Misstrauen hängen – ein Teil der Bürger glaubt, die Widerlegung sei nur Vertuschung. Dieses fiktive Beispiel ähnelt teils realen Vorkommnissen, wie etwa gefälschten Bildern und Tönen im britischen und slowakischen Wahlkampf 2023. **Es verdeutlicht:** KI kann Unsicherheit und Zwietracht in Zeiten schüren, in denen gesellschaftlicher Zusammenhalt besonders wichtig wäre (z. B. bei Wahlen oder während Krisen).

Für die NATO bedeutet das, dass sie Resilienz gegen Desinformation als Bestandteil der Verteidigungsfähigkeit ansieht. In Artikel 3 des Nordatlantikvertrags ist die Verpflichtung aller Alliierten festgeschrieben, ihre „individuelle und kollektive Fähigkeit, bewaffneten Angriffen zu widerstehen," zu erhalten. In der heutigen Welt zählen dazu nicht nur Panzer und Jets, sondern auch robuste demokratische Institutionen und eine informierte, wehrhafte Öffentlichkeit. NATO-Dokumente betonen, dass zivile Widerstandsfähigkeit (Civil Preparedness) im digitalen Raum unabdingbar ist, um die Allianz insgesamt weniger verwundbar zu machen. **Konkret heißt das:** Jeder Mitgliedstaat sollte Maßnahmen ergreifen, um das eigene Informationsumfeld zu schützen und seine Bürger aufzuklären, denn damit verringert sich die Verwundbarkeit der NATO als Ganzes.

Zwei Ansätze sind dabei erkennbar: Verteidigung und Offensive. Auf der Verteidigungsseite entwickeln NATO-Länder Tools, um schädliche KI-Inhalte aufzuspüren und ihre Verbreitung einzudämmen. So wurde vorgeschlagen, soziale Plattformen zu verpflichten, Deepfakeerkennung einzubauen und verdächtige Inhalte zu labeln oder zu verlangsamen. KI kann hier ironischerweise gegen KI kämpfen – indem sie beispielsweise Fakeprofile (die oft ein KI-typisches Aktivitätsmuster haben) automatisiert löscht oder indem maschinelles Lernen Falschbehauptungen in Echtzeit erkennt und korrigiert. Die Herausforderung ist, dass das geschehen muss, ohne die Prinzipien offener Gesellschaften zu verraten. NATO-Experten betonen, die Antwort dürfe nicht Zensur oder Abschottung sein; vielmehr solle man klug und gezielt vorgehen. Ein NATO-Review-Artikel von 2021 formulierte es so: „Die Allianz braucht eine umfassende Strategie gegen Desinformation. KI-Werkzeuge können helfen, falsche Inhalte zu identifizieren und ihre Verbreitung zu bremsen, während gleichzeitig die Werte pluralistischer, offener Gesellschaften gewahrt bleiben." Dieses Spannungsfeld – wehren, aber liberal bleiben – ist nicht trivial. Letztlich läuft es auf Transparenz, Aufklärung und punktuelles Eingreifen hinaus.

Auf der Offensivseite stellt sich die Frage, ob und wie die NATO selbst KI nutzen sollte, um gegnerische Propaganda zu kontern oder eigene Narrative zu verbreiten. Man könnte feindliche Desinformationsbots mit KI-gesteuerten Gegenbots überfluten, um deren Botschaften zu neutralisieren – sozusagen „Feuer mit Feuer bekämpfen". Allerdings begibt man sich hier schnell auf moralisch heikles Gelände. Öffentlich betont die NATO eher die defensive Rolle: Man will Wahrheit und Fakten verbreiten, nicht selbst zur Manipulation greifen. Dennoch wird intern sicher diskutiert, wie man KI einsetzen kann, um Pro-NATO-Kommunikation zu verstärken. In Osteuropa kämpfen prowestliche NGOs gegen gefälschte Nachrichten aus Russland. KI-gestützte Analysen identifizieren dort in Sekunden, welche Story gerade trendet und vermutlich falsch ist, damit menschliche Faktenchecker schnell reagieren können. NATO und EU unterstützen solche Projekte. Auch Prebunking-Kampagnen (wie in Finnland oder von Google) lassen sich NATO-weit ausrollen, um Bürger quasi „vorzuimpfen".

Die NATO hat wiederholt klargestellt: Schwere Cyber- oder Hybridangriffe können fallweise unter Artikel 5 des NATO-Vertrags fallen – also jenen Bündnisfall, bei dem ein Angriff auf ein Mitglied als Angriff auf alle gilt und militärische Beistandsmaßnahmen ausgelöst werden können. Eine rein informationelle Einfluss-/Desinformationskampagne allein wurde jedoch bisher nicht als auslösender „bewaffneter Angriff" definiert. Entscheidungen liegen jeweils beim NATO-Rat; unterhalb der Schwelle greift typischerweise Artikel 4, der vorsieht, dass die Mitgliedstaaten Konsultationen aufnehmen, wenn eines von ihnen eine Bedrohung seiner Sicherheit, politischen Unabhängigkeit oder territorialen Integrität sieht – so wie es etwa beim Vorfall mit den russischen Drohnen in Polen gehandhabt wurde.

Fest steht: Gesellschaftliche Spaltung zu verhindern, ist zur sicherheitspolitischen Priorität geworden. Ein geeintes, informiertes Land ist die beste Verteidigung gegen subtile Angriffe auf die Moral. Daher investieren NATO-Staaten zunehmend in Demokratieförderung nach innen. 2021 empfahl die NATO-Parlamentarierversammlung die Schaffung eines Zentrums für demokratische Resilienz. Dieser Vorschlag unterstreicht, dass Werte wie Pressefreiheit, Bildung und Rechtsstaatlichkeit als erste Verteidigungslinie betrachtet werden. Denn autoritäre Gegner haben es nicht nur auf Territorien, sondern auch auf die Legitimität und Glaubwürdigkeit unserer Systeme abgesehen.

Die KI-bedingte Polarisierung ist also kein isoliertes Gesellschaftsproblem, sondern eine hybride Bedrohung, der die NATO mit angepassten Strategien begegnen muss. Informationskrieg ist so alt wie der trojanische Holzpferdtrick, aber KI potenziert ihn massiv. Die Antwort liegt in einer Mischung aus technischer Abwehr, Widerstandskraft der Bevölkerung und ggf. diplomatischem Druck auf Plattformen und Staaten, die Desinformation fördern. In jedem Fall hat die Thematik in den letzten Jahren rasant an Bedeutung gewonnen und Bundeswehrangehörige – ob in der Informationsarmee oder im klassischen Militärdienst – werden vermehrt damit konfrontiert sein, dass „Wahrheit verteidigen" Teil ihres Auftrags wird.

Soziale Resilienz und Verteidigungsbereitschaft demokratischer Gesellschaften

Abschließend wollen wir den Bogen spannen: Warum sind all die genannten sozialen Faktoren – von Kameradschaft über mentale Gesundheit bis hin zu gesellschaftlichem Zusammenhalt – letztlich entscheidend für die Verteidigungsbereitschaft und Sicherheit unseres Landes und der Bündnispartner? Die Antwort liegt darin, dass moderne Verteidigung mehr ist als die Summe von Rüstungsgütern und Soldaten. Sie beruht auf einer wehrhaften Gesellschaft, die physisch sowie psychisch robust ist.

Für die Streitkräfte selbst ist soziale Resilienz im Kleinen sowie im Großen Voraussetzung, um ihren Auftrag erfüllen zu können. Eine Truppe, in der Vertrauen herrscht, die aufeinander achtgibt und Herausforderungen gemeinsam bewältigt, wird in Krisensituationen funktionsfähig bleiben. Einheitlicher Kampfeswille entsteht nicht aus Zwang, sondern aus Kohäsion – dass jeder für jeden einsteht. Wir haben gesehen, dass KI hier sowohl Hilfsmittel als auch Störfaktor sein kann – je nachdem wie klug sie implementiert wird. Entscheidend ist, dass trotz technischer Veränderungen der Mensch im Mittelpunkt bleibt: als Kamerad, als Führungspersönlichkeit, als verantwortungsbewusster Entscheider. Wenn Soldaten spüren, dass sie nicht zu Rädchen in einer KI-Maschine degradiert werden, sondern Technik ihr Menschsein unterstützt, bleiben Moral und Motivation hoch. Darum muss jede Digitalisierung in der Bundeswehr stets die

Prinzipien der inneren Führung respektieren – dann wird die Truppe resilient gegenüber Wandel sein und KI als Chance begreifen.

Ein weiterer Punkt ist die psychische Einsatzbereitschaft. Einsatzbereitschaft wird oft in Panzerbataillonen oder Flugstunden gemessen. Aber was nützen die besten Geräte, wenn die Menschen dahinter ausgebrannt, verängstigt oder innerlich gekündigt sind? Daher gehört zur Verteidigungsbereitschaft auch, dass die Soldaten mental gesund sind und bleiben. Hier haben wir gesehen, wie KI präventiv und kurativ helfen kann. Wenn es gelingt, Belastungen früh aufzufangen – sei es im Einsatz durch virtuelle Unterstützer oder nach dem Einsatz durch nachhaltige Betreuung –, dann steigt die Resilienz der gesamten Truppe. Und resiliente Soldaten sind länger einsatzfähig, weniger unplanmäßig krank oder abgängig und bringen im Ernstfall die Konzentration und Entschlossenheit auf, die nötig ist. Somit wird Truppenwohlfahrt zum strategischen Faktor. Militärs wussten das im Grund schon immer (nicht umsonst gibt es Organisationen wie den Psychologischen Dienst, den Militärpfarrdienst etc.), doch KI gibt ihnen neue Mittel an die Hand, um diese Fürsorge zu verstärken.

Schauen wir auf die Gesellschaft: Deutschland als demokratischer Staat kann auf Dauer nur verteidigt werden, wenn die Bevölkerung hinter den Prinzipien von Freiheit und Rechtsstaat steht – und im Krisenfall bereit ist, Opfer für deren Schutz zu bringen. Diese Verteidigungsbereitschaft der gesamten Nation hängt wesentlich von sozialer Resilienz ab. Ein zutiefst polarisiertes Land, in dem verfeindete Lager einander eher bekämpfen als einem äußeren Feind zu trotzen, wäre in seiner Substanz geschwächt. Genau das haben die Strategen hybrider Kriegführung verstanden. Deshalb ist es kein „Softthema", ob wir dem Auseinanderdriften unserer Gesellschaft entgegenwirken können – es ist sicherheitspolitisch hoch relevant. „Resilience is both a national Responsibility and a collective Commitment", heißt es bei der NATO: Jeder Staat muss sich vorbereiten, aber alle profitieren davon gemeinsam. Wenn etwa Deutschland Desinformationskampagnen abwehrt und seine Bürger immunisiert, hilft das indirekt auch den Nachbarn, weil die Angreifer weniger Erfolg sehen und es gar nicht erst so weit kommt, dass innenpolitische Krisen außenpolitisch ausgenutzt werden könnten.

Man könnte sagen, Patriotismus im 21. Jahrhundert zeigt sich auch in digitaler Wachsamkeit und im Festhalten an gemeinsamen Wer-

13

ten trotz manipulativer Einflüsse. Die Coronazeit lieferte hier Lehrstücke: Trotz massiver Desinformation von Impfgegnern und teils ausländischer Einmischung blieb die Mehrheit faktenbasiert und solidarisch, was dazu beitrug, dass wir die Krise meistern konnten. Diese Art von sozialer Robustheit wird auch in zukünftigen sicherheitspolitischen Bewährungsproben nötig sein – seien es Cyberangriffe, Energieengpässe oder eben gezielte KI-Desinformationswellen in einem Konflikt.

Demokratische Resilienz und militärische Verteidigungsfähigkeit gehen Hand in Hand. Die NATO hat das erkannt und fördert Übungen, in denen neben dem Militär auch zivile Akteure Krisenfälle durchspielen, um Schnittstellen zu stärken. Im Kern geht es immer um Krisenfestigkeit. Ein Land, das zusammensteht, lässt sich nicht leicht destabilisieren – weder durch Bomben noch durch Lügen. Und KI wird in beiden Dimensionen eine Rolle spielen: Wir werden KI nutzen, um uns zu schützen (sei es durch bessere Ausrüstung oder bessere Informationen), und Angreifer werden KI nutzen, um uns zu schaden. Der Ausgang hängt letztlich von den Menschen ab: ihrer Kompetenz, ihrem Zusammenhalt und ihrem Willen, sich nicht auseinanderdividieren zu lassen.

Für Bundeswehrangehörige, die ja Bürger in Uniform sind, bedeutet dies auch eine doppelte Verantwortung. Nach innen, in der Truppe, gilt es eine Kultur zu fördern, die Technikfortschritt und Kameradschaft verbindet und auf die seelische Gesundheit achtet. Nach außen, als Teil der Gesellschaft, können Soldaten als Multiplikatoren auftreten, die in ihren Familien und Gemeinden für Medienkompetenz, ruhigen Sachverstand und demokratische Haltung einstehen – also genau jene Resilienz stärken, die Feinden den Nährboden entzieht. Insofern ist der Dienst an der Waffe im KI-Zeitalter ergänzt um den Dienst an der Wahrheit und am sozialen Frieden.

Dieses Kapitel hat aufgezeigt, wie eng KI mit sozialen Fragen verwoben ist. Von der persönlichen Ebene (Freundschaft, Therapie) bis zur geopolitischen Ebene (Informationskrieg, gesellschaftlicher Zusammenhalt) durchdringt KI die Sphäre, die uns menschlich macht: unsere Beziehungen und Werte. Die Bundeswehr als Institution an der Schnittstelle von Technik, Mensch und Sicherheitspolitik muss und wird sich diesen Herausforderungen stellen. Das Bild, das entsteht, ist trotz mancher Sorge motivierend: Mit klarem Bewusstsein und Gestaltungswillen können wir KI so einsetzen, dass sie das Leben der Menschen verbessert, ohne unsere soziale Verbundenheit zu zerstören. Wir können Automatisierung und Menschlichkeit als Einheit denken – sei es im Kampfverband, wo Soldat und Maschine kooperieren, oder in der Gesellschaft, wo Digitalisierung und Gemeinschaftssinn sich nicht ausschließen müssen.

Letztlich entscheidet unsere Resilienz darüber, ob KI zu einer Erfolgsgeschichte für die freie Welt wird oder zu ihrem Verhängnis. Resilienz bedeutet, Stöße abzufangen und sich anzupassen. Die Geschichte lehrt, dass offene Gesellschaften enorme Anpassungsfähigkeit besitzen, solange ihre Bürger informiert und sich einig sind. Künstliche Intelligenz mag vieles verändern, doch sie kann uns diese Stärke nicht nehmen, wenn wir sie bewusst pflegen. In diesem Sinn lautet die vielleicht wichtigste Botschaft: Die soziale Dimension von KI ist kein Nebenkriegsschauplatz, sondern das Zentrum, in dem sich entscheidet, wie wir mit dem technologischen Wandel umgehen. Eine wehrhafte Demokratie braucht sowohl Hightechkompetenz als auch einen festen sozialen Zusammenhalt. Beides zusammen stellt sicher, dass die Bundeswehr und die Gesellschaft, die sie verteidigt, auch in Zeiten rasanter KI-Entwicklung fit für die Zukunft bleiben – bereit, unsere Sicherheit, Freiheit und Menschlichkeit gegen alle Herausforderungen zu bewahren.

Internationale KI-Regulierung und geopolitische Implikationen

14.1 Kontext und Orientierung

„Wer immer in künstlicher Intelligenz führend ist, wird die Welt beherrschen"[44] – diese berühmte Aussage des russischen Präsidenten Wladimir Putin aus dem Jahr 2017 bringt auf den Punkt, warum KI zu einem Feld globaler Machtpolitik geworden ist. In den letzten Jahren hat ein regelrechtes Wettrennen um die Entwicklung und Regulierung von KI eingesetzt, an dem demokratische sowie autoritäre Staaten mit unterschiedlichen Strategien teilnehmen. Für Angehörige der Bundeswehr und sicherheitsrelevante Entscheidungsträger ist es entscheidend, zu verstehen, wie Europa, die USA, China und Russland jeweils mit KI umgehen und welche geopolitischen Folgen dies hat. In diesem Kapitel vergleichen wir die internationalen KI-Regulierungsansätze dieser vier Akteure, beleuchten die Bedeutung der Unterschiede für digitale Souveränität, Abhängigkeiten und Sicherheitsstrategien und analysieren multilaterale Bemühungen (NATO, UN, Organisation for Economic Co-operation and Development – OECD (Organisation für wirtschaftliche Zusammenarbeit und Entwicklung), G7) zur KI-Governance. Der Fokus liegt dabei auf den sicherheitspolitischen Aspekten: dem Einsatz von KI in Verteidigung, Cyberabwehr und Informationskrieg, dem Spannungsfeld autoritäre vs. demokratische Technologienormen, den Exportkontrollen und strategischen Risiken. Abschließend werden Handlungsempfehlungen für Deutschland und die Bundeswehr abgeleitet, um im global fragmentierten KI-Gefüge handlungsfähig und souverän zu bleiben.

14.2 Unterschiedliche KI-Regulierungsansätze in der EU, den USA, China und Russland

Europäische Union (EU)

Die EU verfolgt eine werteorientierte, umfassende Regulierung von KI. Im Zentrum steht die KI-Verordnung, die ausführlich behandelt wurde. Deshalb hier nur noch mal kurz angerissen: Ähnlich wie die DSGVO für den Datenschutz setzt diese Verordnung globale Maßstäbe und macht KI menschenzentriert und vertrauenswürdig. Bestimmte KI-Anwendungen, die als unethisch oder grundrechtsgefährdend gelten – etwa Social Scoring nach chinesischem Vorbild oder manipulative Überwachungssysteme –, sind verboten. Hochriskante KI (z. B. in kritischer Infrastruktur, im Justizwesen oder bei

[44] Rede auf dem Bildungscamp Sirius, Sotschi, 01. 09. 2017.

biometrischer Identifizierung) bleibt erlaubt, unterliegt aber strengen Auflagen zu Transparenz, humaner Aufsicht und Sicherheit. Allerdings könnte die Regulierung Mühe haben, mit dem rasanten KI-Fortschritt Schritt zu halten.

Wichtig für die Bundeswehr: Rein militärische KI-Systeme sind von der KI-VO ausgenommen, da Verteidigung nationale Angelegenheit bleibt. Dennoch beeinflusst sie indirekt die Rüstungsindustrie, da viele KI-Technologien Dual Use sind und im zivilen sowie militärischen Bereich Anwendung finden. Europas strikte Normen zur Privatsphäre und Ethik können also sogar Einfluss auf die Entwicklung militärischer KI nehmen.

USA

Die Vereinigten Staaten verfolgen einen deutlich liberaleren und innovationsgetriebenen Ansatz. Es gibt keine vergleichbare zentrale KI-Gesetzgebung auf Bundesebene wie in der EU. Stattdessen setzt die US-Regierung auf flexible, sektorbezogene Leitlinien und freiwillige Selbstverpflichtungen der Industrie. Im Jahr 2023 veröffentlichte das Weiße Haus etwa einen „AI Bill of Rights" als Rahmen mit ethischen Prinzipien, doch dieser hat eher beratenden Charakter. Verbindliche Regeln entstehen punktuell, z. B. Normen der Verkehrsbehörde für autonome Fahrzeuge oder Vorgaben der Börsenaufsicht für KI in Finanzalgorithmen. Die Philosophie dahinter: Überregulierung vermeiden, um die technologische Führungsrolle nicht zu gefährden. Gleichzeitig investiert Washington massiv in KI-Forschung und -Anwendung, besonders im Verteidigungsbereich. Das Pentagon erkannte früh den Wert von KI für militärische Überlegenheit und gründete bereits 2018 das Joint Artificial Intelligence Center (JAIC), heute integriert in ein Chief Digital and AI-Office, um KI-Projekte in der Verteidigung voranzutreiben. Die US-Streitkräfte haben eigene Ethikleitlinien für militärische KI eingeführt (z. B. fordert das Verteidigungsministerium seit 2020, dass KI im Waffeneinsatz kontrollierbar, nachvollziehbar und zuverlässig sein muss). Dennoch ist der amerikanische Ansatz insgesamt pragmatisch: Technologische Stärke und schnelles Vorankommen genießen Priorität, Regulierungsdebatten folgen nach. Auffällig ist zudem der Fokus der USA auf nationaler Sicherheit durch Technologiekontrolle. Um Chinas Aufstieg in der KI einzudämmen, hat Washington beispiellose Exportkontrollen verhängt: Seit Oktober 2022 wurden schrittweise strikte Beschränkungen erlassen, die Chinas Zugang zu Hochleistungshardware für KI kappen sollen. Hoch entwickelte KI-Chips und Halbleiterfertigungsanlagen „made in USA" dürfen nur noch mit Lizenz nach China exportiert werden. 2023 und 2024 wurden diese Controls weiter verschärft – bis hin zu einer Einstufung von Ländern in KI-Zugriffsklassen. Enge Verbündete gelten als „Trusted Countries" mit (fast) freiem Zugang zu US-KI-Technologie, während China, Russland und einige andere als „Restricted" eingestuft sind und quasi vom Zugang zu Spitzen-KI-Hardware abgeschnitten werden. Diese Technologiesanktionen sollen Amerikas Vorsprung sichern, bergen aber Risiken: China reagiert, indem es alternative Strategien entwickelt – etwa effizientere Algorithmen, Investitionen in eigene Chips und eine Offensive im Bereich Open-Source-KI. So versucht Peking, US-Hürden zu umgehen und ärmeren Ländern günstige KI-Lösungen ohne westliche Auflagen zu bieten. Dieser Wettstreit um KI-Hardware und KI-Märkte zeigt exemplarisch, wie unterschiedlich die Prioritäten liegen: Die USA agieren nach dem Motto „America First" auch bei KI, mit Fokus auf Verteidigung und wirtschaftlicher Dominanz, während eine umfassende ethische Regulierung intern noch zur Debatte steht.

China

Die Volksrepublik China verfolgt einen staatlich gesteuerten KI-Turbo – eine Mischung aus gezielter Förderung, schneller Regulierung einzelner Bereiche und strikter Kontrolle in den Diensten der Staatsräson. Präsident Xi Jinping hat KI zur nationalen Chefsache erklärt: China will bis 2030 führend in der KI sein. Entsprechend fließen gewaltige Investitionen in Forschung, Bildung und Start-ups. Gleichzeitig errichtet Peking einen Regulierungsrahmen nach eigenem Muster: Anders als die EU mit einem großen Gesetz hat China viele sektorale Regeln erlassen. Diese zielen vor allem darauf ab, politische Stabilität und gesellschaftliche Kontrolle zu gewährleisten. Beispiele sind die Vorschriften für Empfehlungsalgorithmen und Nachrichtendienste: Anbieter müssen ihre Algorithmen bei der Behörde registrieren und sicherstellen, dass diese keine „unerwünschten" Meinungen fördern. KI-Systeme mit Einfluss auf die öffentliche Meinungsbildung – ob soziale Netzwerke, Chatbots oder Contentplattformen – stehen unter besonderer Überwachung. Peking kennt offiziell keinen festen Katalog verbotener KI-Anwendungen, wie ihn die EU hat. De facto sind aber KI-Nutzungen untersagt, die gegen chinesische Gesetze und Zensurvorgaben verstoßen. China setzt also auf ein System von Genehmigung und Kontrolle: Was der sozialen Mobilisierung dienen könnte, wird streng lizenziert oder beschränkt, während vieles andere – etwa kommerzielle Innovation ohne politischen Sprengstoff – gefördert wird. Diese Agilität zeigt sich auch daran, wie China auf neue KI-Trends reagiert. Als 2022/23 generative KI (ChatGPT und Co.) boomte, erließ die Cyberspacebehörde umgehend Richtlinien, die u. a. verlangen, dass KI-generierte Inhalte der „sozialistischen Grundordnung" nicht schaden dürfen. Zudem koppelt China seine KI-Strategie eng mit dem Konzept der „zivil-militärischen Fusion": Fortschritte aus der zivilen Forschung – etwa bei Computer Vision oder Big Data – werden systematisch für militärische Zwecke adaptiert. Die Volksbefreiungsarmee experimentiert mit Schwärmen von Drohnen, autonom navigierenden U-Booten und KI-unterstützter Gefechtsfeldanalyse, um in Zukunft sogenannte „intelligente Kriegsführung" zu betreiben. Im Innern wiederum nutzt das Regime KI, um eine beispiellose Überwachungsinfrastruktur zu betreiben – etwa in Xinjiang, wo Gesichtserkennung und Datenanalyse zur Kontrolle der uighurischen Minderheit eingesetzt werden. Westliche Beobachter sprechen von einer „digitalen Diktatur", in der KI Werkzeuge liefert, um autoritäre Herrschaft zu festigen. Nichtsdestotrotz engagiert sich China auch global in der Normsetzung: Es tritt in der UNO formal für gewisse KI-Prinzipien ein (z. B. betont es Souveränität und Gleichberechtigung der Staaten) und war beim KI-Sicherheitsgipfel in Bletchley Park 2023 einer der Unterzeichner einer Absichtserklärung zu KI-Risiken. Diese Beteiligung mag teils taktisch sein, um keinen alleinigen Weststandard zuzulassen. Faktisch propagiert China aber ein eigenes Modell: rasche Adoption von KI für wirtschaftliche Entwicklung und Machtgewinn, flankiert von staatlicher Kontrolle über Daten und Algorithmen, anstatt von unabhängiger Ethikaufsicht. Für viele autoritär regierte Länder des globalen Südens wirkt das chinesische Modell attraktiv – inklusive der Exportangebote: China liefert Überwachungskameras, Gesichtserkennungssoftware und „Safe City"-KI an Staaten in Afrika, Asien und Lateinamerika, was dort geopolitische Abhängigkeiten schafft.

Russland

Russlands Ansatz zur KI ist geprägt von begrenzten Ressourcen, aber großen Ambitionen, besonders im militärischen Bereich. Präsident Putin hat – wie eingangs zitiert – das Potenzial von KI für die globale Macht hervorgehoben. 2019 verabschiedete Moskau eine nationale KI-Strategie bis 2030, um in Bereichen wie „Bilderkennung", „Sprachassistenz" und „Robotik" aufzuholen. Allerdings ist Russland durch westliche Sanktionen und eigene strukturelle Probleme im Technologiesektor deutlich im Hintertreffen gegenüber den USA und China. Regulatorisch existiert in Russland kaum spezifische KI-Gesetzgebung. Weder für den zivilen Bereich (jenseits allgemeiner IT-Gesetze) noch für militärische KI gibt es detaillierte Vorschriften. Experten vor Ort beklagen, dass der technologische Fortschritt der Gesetzgebung davonläuft und u. a. der Einsatz autonomer Systeme rechtlich in einer Grauzone stattfindet. So wurde zwar 2020 ein Gesetz zum Test selbst fahrender Autos erlassen, aber KI-gesteuerte Waffensysteme sind nicht spezifisch geregelt. Dies gibt der russischen Rüstungsindustrie viel Freiheit – aber auch wenig Transparenz. Bekannt ist, dass Russland KI vor allem für militärische Anwendungen vorantreibt: unbemannte Bodendrohnen (wie das Robotersystem Uran-9, das in Syrien erprobt wurde), automatische Zielerfassung in Panzern oder KI-gestützte Auswertung von Satellitenbildern. Auch in der Propaganda und Cyberkriegsführung nutzt Moskau KI-Tools, etwa um Fakeprofile in sozialen Medien zu steuern oder Desinformation besser zu verbreiten. Russische Techkonzerne wie Yandex oder Sberbank entwickeln KI-Plattformen (Sprachmodelle, Gesichtserkennung), doch im globalen KI-Markt spielen sie eine Nebenrolle. Interessant ist Russlands außenpolitische Rhetorik: In den UN-Verhandlungen über „Lethal Autonomous Weapons Systems" (LAWS) gibt sich Moskau zurückhaltend gegenüber verbindlichen Verboten – ähnlich wie die USA. Gleichzeitig warnt Russland vor einem ungezügelten KI-Wettrüsten und betont die Gefahr, dass „westliche" KI-Standards seine eigene technologische Souveränität beeinträchtigen könnten. Durch den Ukrainekrieg hat sich Russlands Technologielage weiter verschlechtert: Hightechimporte sind blockiert, westliche Firmen (von Chipproduzenten bis Softwareunternehmen) haben den Markt verlassen. Somit ist Russland in KI-Fragen zunehmend auf China als Partner angewiesen – sei es für Hardwarelieferungen über Umwege oder für den Zugriff auf KI-Komponenten. Für Russland steht die Machtfrage im Vordergrund: KI soll genutzt werden, um militärisch und geheimdienstlich Stärke zu zeigen, während Fragen nach Ethik oder Regulierung zweitrangig bleiben. Die Regulierungslücke im militärischen Bereich ist allerdings ein zweischneidiges Schwert: einerseits ermöglicht sie schnelle

Entwicklung, andererseits warnten russische Experten selbst, dass fehlende klare Regeln in diesem sensiblen Bereich zu „kritischen Konsequenzen“ führen könnten – etwa im Hinblick auf die Verantwortung, wenn eine autonome Waffe Fehlentscheidungen trifft.

14.3 Digitale Souveränität, Abhängigkeiten und sicherheitspolitische Strategien

Die unterschiedlichen KI-Strategien haben direkte Auswirkungen auf die Frage der digitalen Souveränität – also der Fähigkeit eines Staats oder Bündnisses, digitale Technologien eigenständig und unter eigener Kontrolle zu entwickeln und einzusetzen. Digitale Souveränität umfasst dabei drei Dimensionen: den Schutz personenbezogener Daten der Bürger, die Wahrung nationaler Sicherheit und die Sicherung wirtschaftlicher Handlungsfreiheit durch lokale Wertschöpfung. Jeder der vier Akteure gewichtet diese Aspekte anders und schafft damit wechselseitige Abhängigkeiten und Einflussmöglichkeiten.

Europa sieht sich oft im Sandwich zwischen den Techsupermächten USA und China. Mit der KI-Verordnung und ähnlichen Vorhaben versucht die EU, ein hohes Maß an Kontrolle über Daten und KI zu erlangen – sprich: Regulierungshoheit als Machtinstrument. **Der Vorteil:** Europa kann so seine Werte – Datenschutz, Demokratie, Menschenwürde – zur Norm machen und Abhängigkeiten reduzieren, indem klare Regeln für US-Techkonzerne vorgeschrieben werden, die auf dem EU-Markt agieren. Gleichzeitig droht aber, dass Europa innovationsmäßig abgehängt wird, wenn es überreguliert. Schon heute dominieren US-Firmen, Cloudinfrastruktur und KI-Plattformen, während wichtige Hardware überwiegend aus den USA und Asien kommt. Europas selbst ausgerufene „technologische Souveränität“ ist noch lückenhaft: Bei KI-Sprachmodellen etwa greifen europäische Unternehmen fast immer auf amerikanische Programmierschnittstellen (etwa von OpenAI oder Google) zurück. Geopolitisch schafft dies Abhängigkeiten: Sollte es etwa zu transatlantischen Spannungen kommen, sitzt der Hebel aufseiten Washingtons, sodass Clouddienste oder Softwarelizenzen eingeschränkt werden könnten. Deshalb investiert die EU mittlerweile gezielt in eigene Schlüsseltechnologien – man spricht vom „Europe First“ in kritischen Bereichen. Der EU Chips Act (ein Programm, um mehr Halbleiterproduktion nach Europa zu holen) und Projekte wie

„GAIA-X", eine europäische Cloudinitiative zur Verringerung der Cloudabhängigkeit von Amazon, Microsoft und Co. sind Beispiele hierfür. Für Deutschland und die Bundeswehr bedeutet digitale Souveränität konkret: sicherstellen, dass einsatzkritische Systeme (etwa KI-Analysesoftware für Geheimdienste oder die Cloud für Führungsinformationssysteme) im Ernstfall autark oder zumindest mit Partnern innerhalb eines Bündnisses betrieben werden können – und nicht von Dritten abgeschaltet oder ausgespäht werden können.

Die USA verfügen durch ihre Techgiganten und militärische Innovationskraft über ein hohes Maß an digitaler Souveränität – sie sind eher Exporteur von Abhängigkeiten als selbst abhängig. Allerdings erkennt Washington, dass chinesische Hardwaredominanz auf lange Sicht eigene Schwachstellen erzeugt. Daher ist „Supply Chain Security" ein Schlagwort in der US-Strategie: Lieferketten für KI und Hightech sollen auf verlässliche Partner beschränkt werden. Das zeigt sich drastisch bei den erwähnten Exportkontrollen für Halbleiter. Die USA zwingen auch Verbündete wie Japan und die Niederlande, den Verkauf von Chiptechnologie an China einzuschränken, um Chinas Selbstversorgung zu bremsen. Damit nutzen die USA ihre Vormachtstellung, um Chinas technologische Souveränität zu begrenzen – ein klar geopolitischer Schachzug in einem Technologiekonflikt. Diese Politik führt aber zu neuen Spannungen: Länder, die nicht eindeutig auf US-Seite stehen, fühlen sich vor den Kopf gestoßen, wenn ihnen ebenfalls Beschränkungen auferlegt werden. So wurden Polen und Griechenland 2023 zunächst nicht als „vertrauenswürdige" Partner bei KI-Chips eingestuft, was sogar in diesen NATO-Ländern für Verstimmung sorgte. Solche Fälle zeigen, dass überharte Technologiekontrollen Verbündete irritieren und Drittländer zum Ausweichen Richtung China motivieren können. Die USA müssen daher einen Balanceakt meistern: Einerseits wollen sie ihren Vorsprung in KI verteidigen (Offensivstrategie, „rennen, um vorne zu bleiben"), andererseits Hightech nicht in falsche Hände geraten lassen (Defensivstrategie mit „hohen Mauern"). Wie Kritiker anmerken, darf man aber beim Mauernbauen nicht übertreiben, um nicht letztlich die eigene Industrie abzuwürgen. In der nationalen Sicherheitsstrategie der USA ist KI prominent verankert – als Technologie, die künftige militärische und ökonomische Macht entscheidet. Folglich richten sich auch Bündnisangebote an Partner

(z. B. die Indo-Pazifik-Strategie) darauf aus, KI-Kooperation unter Gleichgesinnten zu fördern, während Rivalen isoliert werden sollen.

China interpretiert digitale Souveränität sehr umfassend als technologische Unabhängigkeit von westlichem Einfluss. Peking will die gesamte Wertschöpfungskette – von seltenen Mineralien über Chipfertigung und Netzinfrastruktur bis hin zu KI-Anwendungen – im eigenen Einflussbereich haben. Die große Abhängigkeit Chinas von importierten Hochleistungschips (etwa von TSMC aus Taiwan oder von US-Designs) wurde durch die US-Embargos schmerzhaft deutlich. Das beschleunigte Chinas Bestrebungen, eigene Halbleiterallianzen aufzubauen und etwa im Verbund mit Russland oder im Rahmen der BRICS-Staaten nach Lösungen zu suchen. Gleichzeitig hat China mit seiner „Digitalen Seidenstraße" eine Strategie etabliert, um selbst andere Länder in Abhängigkeit von chinesischer Technologie zu bringen. Indem chinesische Firmen wie Huawei, Hikvision oder ZTE Schlüsselinfrastruktur (von 5G-Netzen bis hin zu Überwachungskameras) in Dutzenden Ländern stellen, schafft Peking ein Maß an Einfluss, das über klassische Diplomatie hinausgeht. KI ist dabei ein neuer Hebel: Wer etwa chinesische Smartcitysysteme mit Gesichtserkennung einsetzt, der gerät in Datenabhängigkeit – die Geräte, Softwareupdates und oft auch Datenanalysen kommen aus China. Westliche Sicherheitskreise befürchten, dass so Daten abfließen könnten oder im Konfliktfall Hintertüren genutzt werden. Einige NATO-Staaten haben deshalb begonnen, chinesische Technik aus sicherheitskritischen Bereichen zu verbannen (z. B. Huawei aus 5G-Netzen). China reagiert wiederum mit Warnungen vor „Technologieapartheid", also einer Spaltung der Welt in Hightechsphären. Die chinesische sicherheitspolitische Strategie sieht KI als Multiplikator für asymmetrische Kriegsführung: Da China in konventioneller Rüstung gegenüber den USA noch Rückstand hat, setzt es auf neue Domänen – Cyber, Weltraum, KI –, wo es schneller Boden gutmachen kann. KI-basierte Cyberangriffe oder Beeinflussungsaktionen (etwa via Social Bots) lassen sich leugnen und weltweit einsetzen, was zu einer Art globalem Schattenkrieg führt. Für China gilt: Digitale Souveränität bedeutet nicht nur die Abwehr westlicher Einflussnahme, sondern auch Gestaltungsmacht über die digitale Ordnung auszuüben – sei es durch Standardisierungsgremien, durch Vorantreiben eigener Normen oder durch dominierende Plattformen.

Russland hat seit jeher auf autarke Fähigkeiten in strategischen Technologiefeldern gesetzt (Stichwort „Technologiestandort Russland"), musste aber in der Praxis oft doch auf ausländische Komponenten zurückgreifen. Im KI-Bereich ist Russlands Abhängigkeit eklatant bei Hardware – leistungsfähige Grafikprozessoren oder KI-Beschleuniger werden nahezu ausschließlich importiert. Westliche Sanktionen zielen daher darauf ab, Russlands Zugang zu solcher Hardware abzuschneiden (ähnlich wie bei China, aber noch rigoroser). Beispielsweise dürfen Highendchips von NVIDIA oder AMD nicht mehr nach Russland geliefert werden; selbst scheinbar harmlose Elektronik wie Haushaltschips wird überwacht, da sie in Drohnen landen könnte. Russland versucht, durch illegale Beschaffungsnetzwerke und Importe via Drittländern diesen Mangel zu umgehen. Dabei hilft oft China als Zulieferer im Hintergrund. In Bezug auf Software und KI-Algorithmen hat Russland solide eigene Ressourcen – Mathematiker und Programmierer aus Russland zählen weiterhin zur Weltspitze, trotz Abwanderung vieler IT-Fachkräfte seit Kriegsbeginn 2022. Diese Expertise nutzt Moskau, um spezifische KI-Anwendungen zu entwickeln, etwa Bilderkennung zur Zieleinschätzung (z. B. das System „Kapustin", das ukrainische Militärfahrzeuge automatisch erkennen soll) oder Übersetzungs-KI für Geheimdienste. Dennoch bleibt Russlands KI-Ökosystem begrenzt, was auch Strategieanpassungen erzwingt: Russland kooperiert inzwischen stärker mit Ländern wie dem Iran (gemeinsame Drohnenentwicklung) oder versucht, chinesische KI-Produkte zu integrieren. Geopolitisch führt Russlands Isolation im Technologiebereich dazu, dass es als KI-Akteur zwar gefährlich (wegen seines Militärs) bleibt, aber kaum mehr als Normsetzer auftritt. Statt selbst Standards zu exportieren, liegt Russlands Einfluss mehr im Stören internationaler Einigungen, wenn diese den eigenen Interessen zuwiderlaufen. So hat Russland etwa in UNO-Foren ein striktes Verbot autonomer Waffensysteme ausgebremst, um sich eigene Optionen offenzuhalten. In der digitalen Souveränität steht Russland somit paradox da: Es proklamiert lautstark Unabhängigkeit („digitale Souveränität" ist ein fester Begriff in russischen Strategiedokumenten), muss aber gleichzeitig hinnehmen, dass es technologisch auf wenige Partner angewiesen und bei globalen Digitalprojekten (etwa internationalen Forschungskooperationen zu KI) weitgehend ausgeschlossen ist. Dies erhöht langfristig die Gefahr, dass Russland technologisch zurückfällt – eine Entwicklung, die in sicherheitspolitischer Hinsicht unberechenbar ist, weil ein technologisch abgehängter Nuklearstaat andere, unkonventionelle Mittel suchen könnte, um seine Macht zu behaupten.

Zusammenfassend ergeben sich aus den unterschiedlichen Ansätzen vielfältige geopolitische Abhängigkeiten: Die USA und China konkurrieren darum, wer seine Technologie und Standards weltweit durchsetzt – und viele Drittstaaten versuchen zu balancieren, um von beiden Seiten zu profitieren, ohne völlig in eine Abhängigkeit zu geraten. Europa ringt darum, in diesem Duell eine eigene Rolle zu spielen und strategische Autonomie zu bewahren, was nur durch Allianzen (etwa transatlantische Zusammenarbeit) und Investitionen in eigene Kompetenzzentren gelingen kann. Russland wiederum ist in vielen Bereichen vom Herausforderer zum Bittsteller geworden und droht technologisch zum Juniorpartner Chinas zu werden. Für die Sicherheitspolitik sind diese Machtverhältnisse deshalb relevant, weil sich digitale Abhängigkeiten in Krisenzeiten schnell als Achillesferse erweisen können: Kein Land will in einem Konflikt erpressbar sein, weil ihm etwa die KI-Cloud vom Ausland gekappt werden könnte oder Nachschub an KI-Chips ausbleibt. Daher fließen Überlegungen zur Resilienz und Versorgungssicherheit direkt mit in die nationalen KI-Strategien ein.

14.4 Multilaterale Ansätze zur KI-Governance: NATO, UN, OECD, G7

Angesichts global fragmentierter Ansätze stellt sich die Frage: Gibt es Foren, in denen dennoch gemeinsame KI-Regeln oder Leitlinien entstehen? Tatsächlich sind seit den späten 2010ern zahlreiche multilaterale Initiativen entstanden, um zumindest Grundprinzipien für den Umgang mit KI zu definieren.

- *NATO:* Als Verteidigungsbündnis der westlichen Demokratien hat die NATO früh erkannt, dass KI die Art der Kriegführung verändern wird. 2021 verabschiedeten die NATO-Verteidigungsminister eine erste NATO-KI-Strategie, verbunden mit Prinzipien für den verantwortungsvollen KI-Einsatz in der Verteidigung. Diese Prinzipien – Rechtmäßigkeit, Ethik, Nachvollziehbarkeit, Zuverlässigkeit, Führungsverantwortung und Biasvermeidung – sollen sicherstellen, dass auch bei zunehmender Autonomie von Systemen stets ein Mensch die Kontrolle behält und Völkerrecht sowie humanitäres Recht eingehalten werden. Die NATO richtet dazu eine zentrale Prüfbehörde (Data and AI Review Board) ein, die eine Zertifizierung für KI-Systeme entwickeln soll. **Praktisch heißt das:** Wenn künftig ein KI-Modul für die Zielidentifikation in NATO-Drohnen eingeführt wird, dann soll es zuvor einem Bündnistest unterzogen werden, ob es die gemeinsamen Standards erfüllt. Dies fördert die Interoperabilität zwischen den Streitkräften der Mitgliedstaaten – ein entscheidender Faktor, damit im Einsatz verschiedene nationale Systeme zusammenspielen können. Die NATO dient also als Multiplikator nationaler Strategien: Viele Mitglieder – etwa die USA, Großbritannien, Kanada und Frankreich – haben eigene Leitlinien für militärische KI erarbeitet und teilen diese in NATO-Gremien. Deutschland selbst arbeitet innerhalb der Allianz an entsprechenden Konzepten mit. Allerdings steht die NATO vor der Herausforderung, dass ihre Mitglieder unterschiedlich schnell voranschreiten: Die USA investieren enorm in KI für Verteidigung, während kleinere europäische Staaten zögerlicher sind. Die NATO-Strategie versucht, alle mitzuziehen, um zu vermeiden, dass innerhalb des Bündnisses eine technologische Kluft entsteht, die Gegner ausnutzen könnten. Zudem muss die NATO mit EU-Regularien koexistieren: Wenn etwa der AI Act strikte Vorgaben an Dual-Use-KI setzt, muss das NATO-Framework das berücksichtigen, um EU-Mitglieder nicht in Rechtskonflikte zu bringen. Umgekehrt beeinflusst die sicherheitspolitische Lage die EU: Angesichts des Ukrainekrieges und neuer Bedrohungen mehren sich Stimmen, dass die EU eigene KI-Initiativen für Verteidigung koordinieren sollte – trotz fehlender formaler Zuständigkeit. So steht die NATO sinnbildlich für eine westliche Wertegemeinschaft, die KI verantwortungsvoll, aber entschlossen einsetzen will, um Informationsüberlegenheit und Schutzvorteile zu erlangen.

- *Vereinte Nationen:* Auf globaler Ebene sind die UN das zentrale Forum, um auch mit Russland, China und dem globalen Süden über KI zu sprechen. Bisher sind die Ergebnisse jedoch begrenzt. Im Rahmen der UN-Waffenkonventions-Verhandlungen diskutieren Diplomaten seit 2014 über autonome Waffensysteme. Eine Gruppe von Regierungen – insbesondere aus Europa, aber auch u. a. Mexiko – fordert ein völkerrechtlich bindendes Verbot bestimmter autonomer tödlicher Waffen, die ohne menschliche Kontrolle Ziele bekämpfen. China und Russland haben in diesen Runden allerdings gebremst, während die USA zwar verbindliche Regeln skeptisch sehen, aber zumindest zehn unverbindliche

Leitprinzipien für den Einsatz solcher Waffen mitgetragen haben (wie die Verantwortlichkeit eines Staats für Aktionen seiner KI-Waffen). Bislang konnte keine Einigung auf ein Abkommen erzielt werden, was von NGOs als gefährliche Lücke kritisiert wird. 2023 warnte der UN-Generalsekretär António Guterres eindringlich vor einem KI-Rüstungswettlauf und schlug eine internationale KI-Aufsichtsbehörde nach dem Vorbild der Atomenergiebehörde IAEA vor. Ob dies realistisch ist, bleibt offen – zu unterschiedlich sind die Interessen. Immerhin hat die UNESCO 2021 eine Empfehlung zu KI-Ethik verabschiedet, die fast alle Staaten – inklusive China und Russland – konsensual annahmen. Darin werden Menschenrechte, Demokratie, Nachhaltigkeit, Fairness, Transparenz und Sicherheit als leitende Werte bei der KI-Entwicklung betont. Zwar ist das rechtlich nicht bindend, doch es zeigt ein gemeinsames Vokabular, auf das man sich beziehen kann. Die UNO dient auch als Diskussionsplattform, etwa auf dem jährlichen Internet Governance Forum (IGF) oder speziellen KI-Konferenzen. 2023 gründete man beim IGF sogar eine Koalition zu „KI und Daten-Governance", die sich mit Konzepten von „KI-Souveränität" beschäftigte. **Dennoch:** Wenn es hart auf hart kommt – wie beim Export von Überwachungstechnologie an repressive Regime –, dann fehlen verbindliche UN-Regeln, weil die großen Player keine Einschränkungen wollen, die sie selbst binden könnten. So bleibt die UN in KI-Fragen oft beim Appell. Ein bemerkenswertes Zeichen globaler Kooperation war allerdings der KI-Sicherheitsgipfel in Bletchley Park (UK) im November 2023, wo sogar die USA und China gemeinsam mit EU-Staaten und anderen eine Erklärung unterzeichneten, in der sie das Risiko katastrophaler KI-Missbrauchsszenarien anerkennen und weitere Kooperation geloben. **Das zeigt:** Angesichts neu auftauchender generativer KI (die z. B. Deepfakes oder extrem leistungsfähige Modelle hervorbringt) wächst der Druck, zumindest Minimalstandards global abzustimmen, um Katastrophen zu verhindern – etwa, dass KI-Systeme versehentlich einen Nuklearkonflikt provozieren oder totalitäre Überwachung weltweit verbreiten.

- *OECD und G7:* Die OECD, ein Club vorwiegend demokratischer Industrienationen, hat 2019 als erste internationale Institution KI-Grundsätze verabschiedet, denen sich auch alle G20-Staaten (also inklusive China und Russland) anschlossen. Diese OECD-

Prinzipien für vertrauenswürdige KI fordern u. a. Achtung der Menschenrechte, Transparenz, technische Robustheit und Nachhaltigkeit. Sie dienten vielen Ländern als Vorlage für nationale Strategien. Die OECD betreibt seither ein AI Policy Observatory und fördert den Austausch von Best Practices. Hier zeigt sich, dass trotz geopolitischer Spannungen zumindest auf abstrakter Ebene ein gemeinsamer Wertekanon für KI möglich scheint – auch wenn die Interpretation auseinandergeht. Ergänzend haben sich ab 2020 mehrere Demokratien im Global Partnership on AI zusammengeschlossen, um Projekte zu KI-Governance voranzutreiben (Deutschland ist Gründungsmitglied). Dieses multilaterale Expertennetzwerk erarbeitet u. a. Vorschläge, wie man KI bei der Militärbeschaffung ethisch prüfen könnte oder wie KI zur Bekämpfung von Desinformation eingesetzt werden kann. Noch stärker politisch getrieben sind die G7-Initiativen: Die G7-Staaten (die USA, Kanada, Japan, Großbritannien, Deutschland, Frankreich und Italien) haben 2023 unter japanischer Präsidentschaft den Hiroshima AI Process gestartet. Dabei handelt es sich um eine koordinierte Vorgehensweise, um besonders für generative KI (wie ChatGPT) gemeinsame Policy-Ansätze zu finden. Im Dezember 2023 einigten sich die G7-Digitalminister auf einen Rahmenkodex für KI-Entwickler, der als „Hiroshima AI Prozess umfassender Ordnungsrahmen" veröffentlicht wurde. Dieser „International Code of Conduct" für Organisationen, die fortgeschrittene KI-Systeme entwickeln, enthält freiwillige Verpflichtungen zu Transparenz, Sicherheitsprüfungen, Schutz vor Missbrauch und Achtung der Menschenrechte. Interessant ist, dass diesem G7-orientierten Rahmen mittlerweile 49 Staaten beigetreten sind – teils über die OECD eingebunden –, was auf ein potenzielles Angleichen der Rechtsrahmen hindeutet. Die G7 präsentieren sich hier bewusst als demokratischer Referenzrahmen für KI und hoffen, dass ihre Standards auch über ihren Kreis hinaus Akzeptanz finden. Natürlich muss man sehen, dass weder China noch Russland Teil dieses Prozesses sind – die globale Fragmentierung wird also fortbestehen. Doch durch Formate wie die „Friends of Hiroshima AI Process" (in denen viele EU- und NATO-Staaten mitwirken) soll zumindest im gleichgesinnten Kreis Konvergenz erreicht werden. Für die Bundeswehr und Deutschland bedeuten diese multilateralen Aktivitäten, dass man sich auf verschiedenen Ebenen engagieren muss: in der NATO für militärische Interoperabilität und Standards, in der EU für gemeinsame Regulierung und Innovation, in der G7/OECD für globale Normenbildung unter Gleichgesinnten und in der UN, um einen Dialog mit Rivalen und dem globalen Süden aufrechtzuerhalten. Denn eines ist klar: KI kennt keine Landesgrenzen. Wenn Demokratien und autoritäre Staaten unterschiedliche KI-Normen etablieren, dann droht eine „technologische Blockbildung", die letztlich auch Sicherheitsallianzen beeinflusst. Multilaterale Foren bieten die Chance, Brücken zu schlagen oder zumindest rote Linien gemeinsam zu definieren – sei es ein Konsens, dass KI nicht unkontrolliert töten darf oder gewisse KI-gestützte Cyberangriffe als kriegerischer Akt gelten könnten. Noch steckt die internationale KI-Governance in den Anfängen, doch die kommenden Jahre – in denen KI sich weiter rasant entwickelt – werden entscheidend dafür sein, ob wir weltweit Regeln für diese Schlüsseltechnologie schaffen oder in ein vollkommen fragmentiertes Zeitalter eintreten.

14.5 Handlungsempfehlungen für Deutschland und die Bundeswehr

Angesichts dieses globalen KI-Machtgefüges muss Deutschland – als mittelgroße Technologienation, eingebettet in EU und NATO – eine kluge, vorausschauende Strategie verfolgen. Für die Bundeswehr und sicherheitspolitische Akteure ergeben sich daraus mehrere Empfehlungen:

1. **Proaktive Mitgestaltung internationaler Regeln:** Deutschland sollte sich weiterhin aktiv mit in die KI-Regulierung der EU einbringen und darauf hinwirken, dass Sicherheitsbelange angemessen berücksichtigt werden. Konkret heißt das: Darauf achten, dass der AI Act und künftige EU-Vorschriften Spielräume für legitime sicherheitspolitische KI-Anwendungen lassen, während sie unethische Anwendungen unterbinden. Gleichzeitig muss Deutschland im NATO-Rahmen die Entwicklung von militärischen KI-Prinzipien unterstützen und ggf. eine Brückenfunktion einnehmen, um EU-Regeln und NATO-Standards kohärent zu halten. Deutsche Vertreter sollten in der UNO die Bemühungen um vertrauensbildende Maßnahmen und Normen energisch vorantreiben – im Schulterschluss mit EU-Partnern –, um langfristig ein Fundament für globale KI-Rüstungskontrolle zu legen. Auch in neuen Formaten wie dem Hiroshima AI Process oder Folgetref-

fen des Bletchley-Park-Gipfels kann Deutschland Flagge für einen verantwortungsvollen Umgang mit KI zeigen, der demokratische Werte wahrt.

2. **Technologische Souveränität stärken:** Um in einer fragmentierten Welt handlungsfähig zu bleiben, muss Deutschland zusammen mit europäischen Partnern selbst kritische KI-Technologien beherrschen oder im Verbund mit Verbündeten sicher beschaffen können. Dazu gehört, die im Koalitionsvertrag verankerten Ziele zur Halbleiterproduktion und Cloudinfrastruktur umzusetzen – etwa durch Unterstützung des Silicon Saxony Clusters, Ansiedlung von Chipfabriken (Intel in Magdeburg, TSMC in Dresden) und Förderung europäischer KI-Hardware-Forschung. Die Bundeswehr sollte prüfen, wo sie Abhängigkeiten von ausländischer KI-Software reduzieren kann – etwa durch das Aufbauen eigener KI-Entwicklungskapazitäten für spezielle militärische Anwendungen oder die Nutzung europäischer Alternativen. Das heißt nicht, US-Technologie grundsätzlich zu meiden (die transatlantische Zusammenarbeit bleibt essenziell), aber kritische Komponenten sollten mehrgleisig verfügbar sein. Gleichzeitig sollte Deutschland darauf achten, nicht unkritisch chinesische Technologien in sicherheitsrelevante Bereiche zu lassen. Der schrittweise Ausschluss von Huawei/ZTE aus 5G-Netzen ist ein Beispiel; ähnlich sollte bei KI-gestützten Systemen für kritische Infrastruktur verfahren werden: Lieferanten aus autoritären Staaten nur mit größter Vorsicht oder gar nicht zulassen. Hierzu kann die neue Investitionskontrolle und Exportkontrolle auf EU-Ebene weiter geschärft werden, um unerwünschten Technologietransfer – in beide Richtungen – zu verhindern (z. B. Know-how-Abfluss durch Firmenübernahmen aus dem Ausland).

3. **Investitionen in KI-Kompetenz der Bundeswehr:** Die Bundeswehr sollte KI nicht nur als Bedrohung, sondern auch als Chance begreifen. Die Einrichtung der Agentur für Innovation in der Cybersicherheit und KI-Labore der Bundeswehr sind Schritte in die richtige Richtung. Diese gilt es auszubauen. Gezielte Forschungsförderung gemeinsam mit der Industrie kann dafür sorgen, dass die Truppe Zugang zu neuesten KI-Entwicklungen hat – von simulationsgestützter Ausbildung mit KI (z. B. virtuelle Trainingsgegner) über Logistikoptimierung bis hin zu Entscheidungsassistenz in komplexen Lagen. Wichtig ist, dass diese Entwicklungen immer an NATO-Standards gekoppelt bleiben, damit sie

bündnisfähig sind. Zudem muss in die Ausbildung von Soldaten und Offizieren investiert werden: KI-Verständnis gehört künftig zum Rüstzeug – sei es für den IT-Spezialisten, der Cyberangriffe abwehrt, oder den Infanterieoffizier, der mit halbautonomen Drohnen operiert. Nur wer die Technologie versteht, kann ihre Stärken nutzen und Schwächen kennen.

4. **Ethik und Recht in der Anwendung sichern:** Deutschland hat – auch historisch bedingt – einen starken Fokus auf Ethik in der Rüstung. Dies sollte als Stärke genutzt werden, um klare Einsatzregeln für KI zu formulieren, die mit unseren Werten vereinbar sind. Die Bundeswehr müsste einen Ethikbeirat für KI etablieren, der Richtlinien entwirft, wann und wie KI-Systeme eingesetzt werden dürfen. **Beispiel:** Klare Vorgabe, dass bei bewaffneten Systemen immer eine menschliche Letztentscheidung über den Schuss bleibt („Meaningful Human Control"). Solche Selbstverpflichtungen erhöhen die Legitimität und das Vertrauen der Öffentlichkeit in den KI-Einsatz durch die Bundeswehr. Gleichzeitig muss das Völkerrecht weiterentwickelt werden: Deutschland sollte mit juristischer Expertise daran arbeiten, Konzepte wie die „Human Oversight" (menschliche Aufsicht) international zu präzisieren und z. B. im Rahmen der Genfer Konventionen zu verankern, sodass langfristig alle Staaten ähnlich gebunden wären. Bis solche Regeln global gelten, ist es umso wichtiger, dass Deutschland und seine Verbündeten Vorbildfunktion zeigen.

5. **Resilienz gegen KI-gestützte Bedrohungen:** Die Bundeswehr und deutsche Sicherheitsorgane müssen sich gegen die neuen Bedrohungen durch KI wappnen. Das bedeutet konkret: Ausbau der Cyberabwehr mit KI, Entwicklung von Fähigkeiten zur Deepfakeerkennung und Stärkung der strategischen Kommunikation, um Desinformationskampagnen entgegenzutreten. Übungen im Bereich „Hybridbedrohungen" sollten KI-Szenarien mit einschließen – etwa Angriffe auf Satellitenkommunikation mit KI oder plötzliche Störungen durch KI-generierte Fake News im Einsatzgebiet. Durch solche Planspiele kann man Notfallpläne erarbeiten. Auch die Zivilbevölkerung sollte in die Resilienzstrategie miteinbezogen werden: Sensibilisierung, vielleicht via BSI, über KI-Risiken im Alltag (Phishing, Fake Videos), sodass im Ernstfall eine gewisse Immunität gegen Manipulation besteht. Auf der technischen Seite empfiehlt es sich, Redundanzen einzubauen: Wenn etwa autonome Fahrzeuge in der Logistik genutzt

werden, dann sollte immer eine manuelle Rückfallebene bleiben, falls die KI versagt oder sabotiert wird.

6. **Kooperation mit Verbündeten vertiefen:** Kein Land – auch nicht die USA – kann alle KI-Herausforderungen allein bewältigen. Für Deutschland ist die enge Abstimmung mit Verbündeten vital. Im NATO-Rahmen sollte Deutschland aktive Beiträge leisten, wie bei der Entwicklung der „NATO Innovation Fund"-Projekte oder im geplanten NATO Centre of Excellence für Künstliche Intelligenz (sollte ein solches entstehen). Mit Frankreich gibt es bereits Kooperationen im Rüstungsbereich, diese könnten auf KI-Systeme ausgedehnt werden („Euro-KI-Drohne" etc.). Wichtig ist auch der transatlantische Dialog: Im EU-USA Trade and Technology Council wird über KI-Regeln diskutiert – hier sollte Deutschland seine Perspektive mit einbringen, damit die EU und USA nicht auseinanderdriften, sondern komplementäre Ansätze finden (etwa gemeinsam Industriestandards setzen, auch ohne identische Gesetze). Ebenso kann die Kooperation mit Staaten im Indopazifik (Japan, Südkorea, Australien), die sich zu gleichen Werten verpflichten, ausgebaut werden, die ebenfalls an sicheren KI-Lieferketten und Normen interessiert sind. Ein Netzwerk demokratischer Technationen könnte als Gegengewicht zur chinesischen Einflusssphäre dienen und Forschung, Talentgewinnung und Standardisierung gemeinsam voranbringen.

7. **Agilität und Lernbereitschaft bewahren:** Bei allem Planen muss man sich darüber bewusst sein, dass KI eine sehr dynamische Technologie ist. Strategien sollten regelmäßig überprüft und angepasst werden. Deutschland sollte dazu bereit sein, aus den Erfahrungen anderer zu lernen – etwa von den USA, die vielleicht manche KI schneller implementieren, oder von skandinavischen Ländern, die KI in der Verwaltung erproben. Auch Fehlerkultur ist wichtig: Wenn Pilotprojekte mit KI scheitern, dann sollten daraus Lehren gezogen werden, statt KI generell zu scheuen. Die Bundeswehr könnte sogenannte „Sandboxes" einrichten – geschützte Testräume, in denen Soldaten und Entwickler gemeinsam KI-Systeme in realitätsnahen Szenarien testen und weiterentwickeln können, ohne direkt in den scharfen Betrieb zu gehen. Das erhöht die Innovationsgeschwindigkeit und sorgt für praxisnahe Lösungen.

Abschließend lässt sich festhalten, dass internationale KI-Regulierung und geopolitische Fragmentierung sowohl Herausforderungen als auch Gestaltungsräume für Deutschland bieten. Die sicherheitspolitischen Folgen der KI-Revolution sind immens: KI kann Verteidigung stärken, aber auch neue Verwundbarkeiten erzeugen. In einer Welt, in der verschiedene Mächte um die Vorherrschaft in der digitalen Sphäre ringen, muss sich Deutschland klar positionieren: aufseiten einer wertebasierten, multilateralen Ordnung, die zugleich realistisch genug ist, eigene Interessen – wie die technologische Souveränität und Sicherheit der Bürger – zu verteidigen. Das erfordert Weitsicht, Investitionen und Diplomatie. Ein tiefgehendes Verständnis des globalen KI-Machtgefüges, wie es dieses Kapitel vermittelt, ist dafür die Grundlage. Nur wer die unterschiedlichen Spielfelder und Regeln kennt, kann in diesem neuen „Great Game" bestehen und dafür sorgen, dass KI letztlich nicht zum Instrument von Unterdrückung und Chaos wird, sondern im Einklang mit unseren Werten für Sicherheit und Stabilität genutzt wird.

Zukunftsszenarien und Fazit

15.1 Einordnung und Überblick

Die rasanten Fortschritte im Bereich der Künstlichen Intelligenz haben weltweit sicherheitspolitische Planungen in Aufruhr versetzt. Unter technologischer Singularität verstehen viele Zukunftsforscher den Zeitpunkt, an dem KI die menschliche Intelligenz überflügelt und sich selbst in immer schnelleren Zyklen verbessert – mit potenziell revolutionären Folgen für Gesellschaft und Sicherheit. Auch wenn eine echte Singularität in den nächsten Jahren ungewiss bleibt, nehmen Staaten und Organisationen mögliche Vorstufen bereits ernst. Dieses Kapitel beleuchtet in drei Abschnitten, wie staatliche und nicht staatliche Akteure auf eine solche Entwicklung in Richtung Singularität reagieren und welche verschwimmenden Zuständigkeiten sich daraus ergeben.

15.2 Staatliche Akteure: Strategien und Vorbereitung

Fortgeschrittene KI gilt zunehmend als Schlüssel zur nationalen Sicherheit. Deutschland, die EU, die USA, China und Russland entwickeln Strategien, um bei einer möglichen KI-Revolution nicht ins Hintertreffen zu geraten. Deutschland verabschiedete bereits 2018 eine nationale KI-Strategie, die 2020 aktualisiert wurde. Ziel ist die Förderung von Forschung und Entwicklung sowie die klare Abgrenzung „starker KI" von heutigen Anwendungen. Im Verteidigungsbereich setzt Deutschland auf technische Souveränität und arbeitet mit Firmen wie Aleph Alpha zusammen, um eigene KI-Modelle und Rechenkapazitäten aufzubauen. So sollen kritische Systeme transparent und kontrollierbar bleiben.

Die EU verfolgt einen doppelten Ansatz: Einerseits stärkt sie durch Investitionen wie den Europäischen Verteidigungsfonds ihre militärischen KI-Fähigkeiten, andererseits setzt sie mit der KI-Verordnung globale Standards für vertrauenswürdige KI. Militärische Anwendungen sind dabei ausdrücklich ausgenommen, um nationale Verteidigungsfähigkeit zu wahren. Gleichzeitig kooperieren EU-Staaten in NATO-Projekten zur Entwicklung gemeinsamer Fähigkeiten.

NATO und westliche Allianzen

Die NATO erkannte KI früh als Gamechanger und verabschiedete 2021 eine erste KI-Strategie. KI wird als Dual-Use-Technologie verstanden, die von autonomen Drohnen bis hin zur Datenanalyse reicht. Die Strategie betont den völkerrechtskonformen Einsatz und den Schutz vor gegnerischer KI. Priorisiert werden Anwendungen zur Entscheidungsunterstützung, Lageanalyse und Cyberabwehr – mit dem Ziel, einen Entscheidungsvorsprung zu sichern. Die USA treiben diese Entwicklung mit über 685 KI-Projekten voran, viele davon direkt an Waffensysteme gekoppelt. Ein eigenes Chief Digital and AI Office koordiniert die Einführung und achtet auf ethische Standards. KI gilt in Washington als sicherheitspolitische Schlüsseltechnologie, vergleichbar mit der Nukleartechnologie im Kalten Krieg. Frühwarnmechanismen sollen potenzielle Durchbrüche erkennen: Ein Präsidialerlass verpflichtet Unternehmen dazu, besonders leistungsfähige KI-Systeme zu melden. Auch Großbritannien setzte 2023 ein Zeichen mit dem ersten globalen KI-Sicherheitsgipfel in Bletchley Park. Die dort verabschiedete Erklärung sieht verstärkte internationale Zusammenarbeit und staatliche Testverfahren für neue KI-Modelle vor.

China und Russland

Auch autokratische Großmächte setzen auf KI – mit anderen Schwerpunkten. China verfolgt einen staatlich gelenkten KI-Aufbruch mit dem Ziel, bis 2030 global führend zu sein. Die Strategie der militärisch-zivilen Fusion sorgt dafür, dass Erkenntnisse aus Techkonzernen direkt dem Militär zugutekommen. China investiert massiv in autonome Systeme und betont zugleich international die Risiken unkontrollierter KI-Rüstung. Peking zeigt prinzipielle Gesprächsbereitschaft zur Rüstungskontrolle – ohne eigene Ambitionen zu bremsen.

Russland verkündete 2019 eine KI-Strategie bis 2030, hinkt aber in der Umsetzung hinterher. Präsident Putin betont regelmäßig die strategische Bedeutung von KI. Der Fokus liegt auf militärischen Anwendungen wie automatisierter Luftabwehr und elektronischer Kriegsführung. Sanktionen erschweren den Zugang zu Chips und Know-how, weshalb Russland verstärkt auf eigene Forschung und Kooperation mit China setzt. Sicherheitsbehörden warnen, dass Russland – mangels zivilwirtschaftlicher Stärke – eher bereit sein könnte, riskante KI-Waffensysteme einzusetzen. Moskau blockiert internationale Initiativen zum Verbot autonomer Waffen und treibt die Entwicklung schwarmfähiger Kampfrobotik voran.

Warnmechanismen und Kontrolle

Angesichts dieser Dynamik schaffen Staaten Frühwarn- und Kontrollinstanzen. In den USA werden neben dem Meldepflichterlass auch Gremien wie die National Security Commission on AI eingesetzt, um mögliche Singularitätssprünge früh zu antizipieren. Die EU plant ein AI Observatory, das Technologietrends überwacht. Internationale Gremien – von den Vereinten Nationen bis hin zur G7 – diskutieren Indikatoren, ab wann KI menschliche Fähigkeiten in sicherheitskritischen Bereichen übertrifft, um dann diplomatisch reagieren zu können. Ein Beispiel sind Warnungen vor der breiten Verfügbarkeit von KI-generierten Deepfakes, die die nationale Sicherheit bedrohen könnten. Auch Red Lines werden ausgelotet: etwa das Prinzip, dass Entscheidungen über Leben und Tod nicht ohne menschliche Kontrolle erfolgen dürfen – ein Konzept, das Deutschland und andere NATO-Staaten in ihren Doktrinen verankern. Gleichzeitig wird Forschung zur KI-Sicherheit massiv gefördert, etwa zu „erklärbarer KI" für militärische Anwendungen, damit Menschen die Entscheidungen hoch entwickelter Algorithmen nachvollziehen und eingreifen können. Staaten bereiten sich also in doppelter Hinsicht vor: Sie rüsten technisch und organisatorisch auf, um von einem KI-Durchbruch profitieren zu können, richten aber zugleich Sicherungen ein, um im Fall einer unkontrollierten KI-Entwicklung handlungsfähig zu bleiben. Im nächsten Abschnitt betrachten wir, welche Rolle nicht staatliche Akteure in diesem Spannungsfeld spielen.

15.3 Nicht staatliche Akteure: Treiber, Zügelnde und globale Machtverschiebungen

Die spektakulärsten KI-Durchbrüche der letzten Jahre stammen nicht aus staatlichen Einrichtungen, sondern von privaten Techgiganten wie Google/DeepMind, Microsoft (OpenAI), Meta oder den chinesischen Firmen Baidu, Tencent und Alibaba. Sie investieren Milliarden in immer leistungsfähigere KI – oft mit dem Fernziel einer allgemeinen KI (Artificial General Intelligence – AGI). DeepMind sorgte 2016 mit AlphaGo für Aufsehen und OpenAI löste 2023 mit GPT-4 einen globalen Innovationsschub aus. Diese Unternehmen verfügen über Datenressourcen und Rechenzentren, die viele Staaten übertreffen. Der „Wettlauf um KI" wird daher weniger zwischen Staaten als zwischen Techkonzernen aus den USA und China geführt.

Die geopolitischen Auswirkungen sind erheblich: Einerseits stärken US-Firmen wie Microsoft und Google die technologische Basis des Westens – auch durch Kooperationen mit dem Pentagon; andererseits entsteht eine Abhängigkeit, wenn kritische KI-Dienste wie Cloudplattformen oder Analysetools von wenigen Konzernen kontrolliert werden. Sollte eines Tages eine AGI entstehen, wäre die Frage nach ihrer Kontrolle – staatlich oder privat – sicherheitspolitisch zentral. Da Techunternehmen global agieren, greifen nationale Regulierungen oft nur begrenzt. So veröffentlichte Meta 2023 mit „LLaMA 2" ein großes Sprachmodell als Open Source und machte damit fortgeschrittene KI weltweit zugänglich. Bereits das Vorgängermodell war geleakt und kursierte offen im Netz. Diese Demokratisierung fördert Innovation, erschwert aber die Begrenzung von Hochrisiko-KI.

Westliche Regierungen versuchen, über Partnerschaften Einfluss zu nehmen, etwa durch die „Partnership on AI", in der Google, Microsoft und andere gemeinsam mit der Zivilgesellschaft ethische Leitlinien vereinbart haben. Dennoch bleibt ein Spannungsfeld: Unternehmensinteressen treiben KI-Entwicklung oft schneller voran als staatliche Ansätze. Für Streitkräfte wie die Bundeswehr bedeutet das, dass Innovation meist extern erfolgt – und man Schritt halten muss, ohne alle Trümpfe selbst in der Hand zu haben.

Open-Source-Communitys und Stiftungen

Neben den großen Unternehmen spielen offene Entwicklergemeinschaften und gemeinnützige Organisationen eine wachsende Rolle. Weltweit vernetzen sich KI-Forscher auf Plattformen wie GitHub oder in Projekten wie „EleutherAI" und „LAION", um Open-Source-Modelle zu erschaffen, die den Modellen der Tech-konzerne nahekommen. Diese Bewegung kann als Gegengewicht zu monopolisierten KI-Fortschritten wirken – sie sorgt aber auch dafür, dass sich fortschrittliche KI global verbreitet. Wie etwa „Stable Diffusion", ein 2022 offen veröffentlichtes Bildgenerierungsmodell, das innerhalb von Wochen millionenfach genutzt wurde – positive Anwendungen ebenso wie problematische (etwa zur Erstellung von Desinformationsdeepfakes). Für die Sicherheitspolitik bedeutet das: Nicht staatliche Akteure können KI-Wissen schnell multiplizieren. Auch kleinere Staaten oder sogar Terrorgruppen könnten in den Besitz von leistungsfähigen KI-Tools kommen, ohne eigene Forschung betreiben zu müssen. Parallel engagieren sich Techmilliardäre und

Stiftungen in der Gestaltung der KI-Zukunft. Etliche der KI-Pioniere sind Einzelpersonen mit großem Einfluss: Elon Musk beispielsweise gründete 2015 OpenAI mit, um KI „zum Wohl der Menschheit" zu entwickeln, warnte aber später eindringlich vor den Risiken unkontrollierter KI. 2023 unterstützte er einen viel beachteten offenen Brief der „Future of Life Institute"-Initiative, der zu einem sechsmonatigen Entwicklungsstopp für KI-Systeme mächtiger als GPT-4 aufrief. Dieser Brief, unterzeichnet von Hunderten Forschern und Unternehmern, drückte die Sorge aus, dass die Risiken fortgeschrittener KI (von Desinformation bis Kontrollverlust) die Gesellschaft überfordern könnten, sollte die Entwicklung ungebremst weitergehen. Zwar folgte kein Moratorium, doch die Debatte bewirkte, dass sich Regierungen und Konzerne stärker mit Sicherheitsmaßnahmen befassen. Weitere KI-Pioniere wie Yoshua Bengio oder sogar „Väter" der KI wie Geoffrey Hinton mahnten zuletzt ebenfalls zur Vorsicht – teilweise verlassen sie Industrieposten, um unabhängiger vor den Gefahren warnen zu können. Demgegenüber stehen andere Experten wie Metas Chef-KI-Wissenschaftler Yann LeCun, die davor warnen, Innovation durch zu viel Regulierung abzuwürgen. Dieses Spannungsfeld zwischen Bremse und Gas wird maßgeblich durch nicht staatliche Stimmen geprägt: Während Sicherheitsbehörden Worst-Case-Szenarien planen, entwerfen Visionäre schon die nächste KI-Generation. Auch Philanthropen mischen mit – etwa die Open Philanthropy Foundation, die Millionen in KI-Sicherheitsforschung investiert, oder Stiftungen in Europa, die ethische KI-Projekte fördern. Ihre Rolle ist oft, dort zu handeln, wo Staaten (noch) zögerlich sind: Standards vorzuschlagen, Bewusstsein zu schaffen und auch mal Alarm zu schlagen. So finanzieren private Initiativen Konferenzen zu KI und Existenzrisiken und bringen Militärs, Politiker und Forscher an einen Tisch, um über Kontrollmechanismen zu diskutieren, bevor es zu spät ist.

Einfluss auf Machtgefüge und staatliche Kontrolle

Die wachsende Macht nicht staatlicher Akteure im KI-Sektor hat spürbare Folgen für globale Machtverhältnisse. Zum einen diffundiert technologische Macht – sie konzentriert sich nicht mehr ausschließlich in Nationalstaaten. Ein globaler Techkonzern kann über Fähigkeiten verfügen, die einzelne Staaten alt aussehen lassen. Man stelle sich vor, eine Firma entwickelt in naher Zukunft eine KI, die komplexe Cyberangriffe autonom abwehren und ausführen kann. Würde diese Firma dadurch nicht beinahe zu einem sicherheitspolitischen Akteur eigener Art – vielleicht sogar mächtiger als viele Länder? Bereits jetzt nutzen Regierungen Dienste von Microsoft oder SpaceX, deren CEOs mitunter eigene außenpolitische Vorstellungen haben. Zum anderen geraten staatliche Kontrollmechanismen ins Hintertreffen: Gesetze und internationale Abkommen hinken der KI-Entwicklung hinterher. Während es für Nukleartechnologie strikte Nichtverbreitungsverträge gibt, existieren für KI bislang nur Leitlinien, aber keine verbindlichen Grenzen. Die traditionellen Instrumente – Exportkontrollen, Patentschutz, Geheimhaltung – greifen in der agilen, softwarebasierten KI-Welt nur begrenzt. So versuchen etwa die USA, Chinas KI-Fortschritt durch Chipexportverbote zu bremsen. Doch mittelfristig könnten chinesische Firmen Alternativen entwickeln, oder Open-Source-Modelle, die Hardwarerestriktionen durch Effizienz umgehen. Die offene Verfügbarkeit von Know-how erschwert Monopole auf Spitzen-KI. Für die Sicherheitspolitik heißt das: Man muss mit einer breiteren Bedrohungslandschaft rechnen. Nicht nur die Supermächte und ihre Armeen, sondern auch substaatliche Gruppen oder Firmenarmeen könnten Zugriff auf intelligente Systeme erhalten. Ein denkbares Szenario innerhalb der nächsten zehn Jahre ist, dass sich Söldnerorganisationen KI-gesteuerte Drohnenschwärme beschaffen und damit zu ernst zu nehmenden militärischen Playern werden, was Staaten vor neue Herausforderungen stellt.

Gleichzeitig können nicht staatliche Akteure aber auch stabilisierend wirken. Viele große Techfirmen sind an einem sicheren, prosperierenden Umfeld interessiert – sie werden also bei der Ausarbeitung von Regeln zur KI-Nutzung mitwirken, statt Chaos zu stiften. Bereits jetzt beraten Unternehmen Regierungen: So sitzt Googles ehemaliger CEO Eric Schmidt quasi als Vordenker in US-Beratungsgremien und hilft mit, Amerikas KI-Strategie zu formen. Auch in der EU sind Experten aus Wirtschaft und Forschung in Kommissionen vertreten, um praxistaugliche Regulierung zu gestalten. Zudem haben Wissenschaftsnetzwerke wie das Montreal AI Ethics Institute oder das europäische ELLIS-Netzwerk Einfluss auf die globale Debatte. Nicht staatliche Entwickler treiben auch defensive Technik voran – etwa KI zur Cyberabwehr, zum Aufspüren von Desinformation oder zur verbesserten Frühwarnung vor Pandemien. Hier können sie Staaten entlasten. **Dennoch bleibt unterm Strich:** Die kommenden zehn Jahre werden geprägt sein von einem gewissen Machtzuwachs privater

Akteure. Staaten müssen darauf reagieren, indem sie Partnerschaften eingehen, Expertise von außen hereinholen und zugleich klare Leitplanken setzen. Tun sie dies nicht, könnten sie in kritischen Momenten feststellen, dass nicht sie, sondern ein Unternehmen oder gar eine lose Community den Takt vorgibt. Wie eng diese Verflechtungen bereits sind und welche Herausforderungen sich daraus ergeben, zeigt der nächste Abschnitt über den verschwimmenden Bereich zwischen staatlicher und nicht staatlicher Verantwortung.

15.4 Der verschwommene Bereich: militärisch-industrielle Grauzonen und Herausforderungen für Kontrolle

Allianzen zwischen Militär und Techindustrie

Die Grenze zwischen staatlichen und privaten Akteuren im KI-Bereich wird zunehmend fließend. Militär und Rüstungsindustrie kooperieren traditionell eng – der klassische militärisch-industrielle Komplex –, doch im KI-Zeitalter treten neue Player hinzu: Big-Tech-Firmen und Start-ups. Ein prägnantes Projekt ist das „Project Maven" des US-Verteidigungsministeriums, bei dem KI von Google dabei helfen sollte, Videodaten von Drohnen zu analysieren. Als das Vorhaben 2018 öffentlich wurde, protestierten Google-Mitarbeiter aus ethischen Bedenken, woraufhin Google den Militärvertrag beendete. Dieser Vorfall verdeutlicht das Spannungsfeld: Einerseits benötigen Streitkräfte modernste KI aus dem Silicon Valley, andererseits können öffentliche Meinung und Mitarbeiterkultur privater Firmen militärische Projekte stoppen. Inzwischen hat das Pentagon gelernt, sensiblere Partnerschaften zu schmieden – Microsoft etwa erhielt einen Großauftrag zur Lieferung von Augmented-Reality(AR)-Brillen (Hololens-Technologie) für das US-Militär und Amazon wie auch Oracle arbeiten an einer Cloudinfrastruktur für die Verteidigung. In Deutschland lotet die Bundeswehr ähnliche Kooperationen aus, u. a. im Bereich „Logistikoptimierung" mittels KI mit SAP oder bei der Datenanalyse mit der Telekom-Tochter T-Systems. Allerdings ist hierzulande die Verzahnung noch vorsichtiger, da Transparenz und öffentliche Debatte eine große Rolle spielen. Die Bundesregierung betont stets, dass der Mensch letzte Instanz beim Waffeneinsatz bleiben muss – im Gegensatz zu etwa China, wo Firmen direkt für das Militär KI-Waffen im Rahmen der genannten zivil-militärischen Fusion entwickeln.

Dual Use und Start-ups

Viele KI-Innovationen sind Dual Use – sie lassen sich zivil und militärisch einsetzen. Ein unscheinbares KI-Start-up, das Software zur Optimierung von Lieferketten entwickelt, könnte seine Algorithmen auch zur militärischen Logistikplanung anbieten. Oder ein Unternehmen für autonome Fahrzeugnavigation (etwa für Robotertaxis) wird interessant für unbemannte Militärfahrzeuge. Diese Überschneidungen führen dazu, dass staatliche Stellen vermehrt in der Start-up-Szene präsent sind: Finanzierungsfonds mit Staatsbeteiligung oder Militär-Tech-Inkubatoren (wie der Cyber Innovation Hub der Bundeswehr) scouten gezielt Jungfirmen. In den USA fließen Venture-Kapital-Mittel aus Regierungsnähe (z. B. über In-Q-Tel, dem Investmentarm der CIA) an KI-Unternehmen, um sicherzustellen, dass deren Technologien im Zweifel national verfügbar sind. Die NATO gründete 2022 den Innovationsfonds DIANA, um transatlantische Start-ups mit sicherheitsrelevanter Technologie zu unterstützen. Diese Nähe wirft jedoch Fragen auf: Wie frei ist ein Start-up noch, wenn es Fördergelder vom Militär annimmt? Könnte es in Versuchung geraten, Profitchancen über ethische Bedenken zu stellen, wenn das Verteidigungsministerium als Kunde winkt? Andererseits: Werden lebenswichtige militärische Technologien entwickelt, wenn das kommerzielle Interesse fehlt? Gerade in Europa beobachten wir diese Gratwanderung. Damit Innovation nicht vollständig ins Silicon Valley abwandert, fördert die EU in „PESCO"-Projekten und dem Europäischen Verteidigungsfonds grenzüberschreitende KI-Projekte, an denen häufig Rüstungsfirmen und Techfirmen gemeinsam arbeiten. Solche Projekte – etwa zur Schwarmsteuerung von Drohnen oder KI-gestützter Cyberverteidigung – sind de facto öffentlich-private Gemeinschaftsunternehmen. Sie vereinen staatliche Finanzierung mit privatem Know-how. Das Ergebnis ist oft eine effizientere Entwicklung, stellt aber sicherheitspolitisch sicher, dass das geistige Eigentum und die Kontrolle geteilt sind.

Verschwimmende Zuständigkeiten und Risiken

Diese engere Verflechtung erzeugt einige Herausforderungen für die demokratische Kontrolle. Zum einen die Transparenz: Wenn Forschungsprogramme geheim oder in Firmenhände ausgelagert sind, dann wird es für Parlamente schwierig, nachzuvollziehen, was entwickelt wird. Ein Bundestagsabgeordneter hat etwa nur begrenzten Einblick, wenn ein KI-Start-up mit BWI (IT-Partner der

Bundeswehr) an einem neuen Lagebildsystem arbeitet, solange es als „Entwicklungsprojekt" firmiert. Die klassische Rüstungskontrolle durch parlamentarische Ausschüsse muss sich anpassen – etwa durch regelmäßige Berichte zu KI-Projekten und Ethikgremien, die auch private Partner miteinbeziehen. Verantwortlichkeit ist ein weiterer Aspekt: Wenn ein autonomes System fehlgeht, wer steht zur Rechenschaft? Stellen wir uns vor, eine von einem Rüstungskonzern gelieferte KI-Drohne entscheidet sich in einem Kampfeinsatz falsch und verursacht zivile Opfer. Juristisch könnte die Verantwortung zwischen Hersteller, Softwareentwickler und militärischem Bediener hin- und hergeschoben werden. Aktuell gibt es im Völkerrecht hierzu kaum Präzedenzfälle. Daher drängen Wissenschaftler und NGOs darauf, dass mindestens klare Haftungsregeln geschaffen werden: Staaten sollen nicht versuchen, Verantwortung auf private Entwickler abzuwälzen. Die Bündnispolitik wird ebenfalls tangiert: NATO-Partner müssen vereinbaren, welche KI-Systeme sie einander zur Verfügung stellen und welche Regeln gelten. Was, wenn z. B. die USA eine hoch automatisierte Aufklärungs-KI nicht mit allen Verbündeten teilen möchten, aus Sorge vor Informationslecks? Im schlimmsten Fall könnten technologische Diskrepanzen innerhalb von Bündnissen entstehen, die gemeinsame Operationen erschweren. Die EU versucht dem gegenzusteuern, indem sie auf Interoperabilität pocht – doch solange viel Know-how in Firmen bleibt, können diese entscheiden, wem sie was liefern. Besonders kritisch ist dies, wenn alliierte Streitkräfte auf private Dienste angewiesen sind, die außerhalb ihrer Kontrolle liegen. Ein eindringliches Beispiel liefert der Ukrainekrieg: Die ukrainische Armee nutzt für Kommunikation und Drohnensteuerung Tausende Starlink-Satellitenempfänger – ein Dienst, der vom Privatunternehmen SpaceX (Elon Musk) bereitgestellt wird. Musk hat mehrfach betont, dass ohne Starlink „die gesamte ukrainische Front zusammenbrechen würde", sollte er den Dienst abschalten. Tatsächlich musste die ukrainische Führung erleben, dass Musk eigenmächtig die Nutzung in bestimmten Gebieten beschränkte, was Einfluss auf militärische Operationen hatte. Das zeigt, wie ein einzelner Zivilunternehmer zum Zünglein an der Waage in einem Krieg werden kann. Für die NATO und Bundeswehr ist die Lehre klar: Kritische Infrastruktur und Techdienste von privaten Anbietern müssen vertraglich und politisch abgesichert sein, damit sie im Ernstfall verlässlich funktionieren. Im Zweifel müssten Staaten dazu bereit sein, solche Dienste zu verstaatlichen oder zu ersetzen, um Erpressbarkeit zu vermeiden.

Verteidigungsfähigkeit und Resilienz

Die Grenzen zwischen zivilen und militärischen Sphären verschwimmen immer mehr – von der Kommunikation über die Logistik bis hin zur Software. Für die Bundeswehr und andere Streitkräfte bedeutet das, Resilienz neu zu denken. Sie müssen sicherstellen, dass sie handlungsfähig bleiben, selbst wenn ein kritischer Zulieferer ausfällt oder ein wichtiger Algorithmus plötzlich nicht mehr unterstützt wird (etwa weil der Anbieter die Software einstellt oder Sanktionen die Nutzung verhindern). Folgendes Beispiel zeigt, wie verwundbar Hightechlieferketten sein können:

Beispiel:

Als Russland 2022 in die Ukraine einmarschierte, brachen westliche Sanktionen die Versorgung mit Hochleistungschips ab – russische Rüstungsbetriebe mussten Bauteile aus Haushaltsgeräten ausbauen, um weiter produzieren zu können. **Die Lehre daraus:** Moderne Militärmacht hängt von globalen Lieferketten ab, die in geopolitischen Krisen plötzlich wegbrechen können. Entsprechend investieren viele Nationen in technologische Souveränität und alternative Bezugswege, um im Konfliktfall nicht schachmatt zu sein.

Mit den neuen Abhängigkeiten steigt auch die Angriffsfläche. Cybersicherheit wird zu einer Schlüsselfrage der Resilienz. Wenn zivile Software in militärischen Systemen integriert wird, dann können sich dort Sicherheitslücken auftun, die Gegner ausnutzen. Bekannt ist, dass staatliche Hacker gezielt Lieferketten angreifen – sie infiltrieren etwa ein Update eines zivilen Anbieters oder spähen Dienstleister aus, um an geheime Informationen zu gelangen. Für die Bundeswehr bedeutet das, dass selbst Start-ups oder Mittelständler, die für die Truppe arbeiten, ins Visier fremder Nachrichtendienste geraten könnten, ohne den vollen Schutzschild des Staats. Das schwächste Glied der Kette bestimmt die Sicherheit: Wird ein kleiner Zulieferer gehackt, können sich Angreifer darüber in gemeinsame IT-Systeme hangeln. Deshalb werden verstärkt Sicherheitsaudits bei Partnerfirmen zur Pflicht. **Die Botschaft ist klar:** Cybersicherheit ist in der vernetzten Rüstungswelt keine freiwillige Kür mehr, sondern Pflicht für jeden Beteiligten.

Ein weiterer Aspekt der Resilienz betrifft die Kontrolle über Daten und KI-Systeme. Leistungsfähige KI benötigt riesige Datenbestände – etwa Satellitenbilder, Einsatzberichte oder Aufklärungsaufnahmen –, um Muster zu erkennen und dazuzulernen. Doch was, wenn diese sensiblen Daten zur Analyse an eine externe Cloud oder ein privates Rechenzentrum geschickt werden? Datensouveränität bedeutet, dass ein Staat sicherstellt, dass seine kritischen Daten sicher bleiben und nicht unbefugt abgegriffen oder ausgewertet werden. Hier hat Deutschland bereits Weichen gestellt: Projekte wie die Kooperation der Bundeswehr mit dem KI-Unternehmen Aleph Alpha zeigen einen möglichen Weg. Die Bundeswehr-IT-Tochter BWI GmbH und das Heidelberger KI-Start-up Aleph Alpha haben im April 2024 eine mehrjährige Partnerschaft geschlossen, um souveräne KI-Anwendungen zu entwickeln. Die Daten und Modelle werden in einer souveränen deutschen Umgebung gehalten und gemeinsam weiterentwickelt. Dadurch bleiben Know-how und Kontrolle im Land. Zugleich achtet man auf Transparenz: Aleph Alpha ermöglicht der BWI Einblick in die KI-Architektur und Trainingsmethoden, damit nachvollziehbar bleibt, wie und warum eine KI zu bestimmten Entscheidungen kommt. All das zielt darauf ab, Abhängigkeiten von Fremdfirmen zu reduzieren und sicherzugehen, dass im Ernstfall kein Datenschatz in falsche Hände gerät.

Schon heute diskutieren Strategen, ob KI, sobald sie ein gewisses Kritikalitätsniveau erreicht, international überwacht und geregelt werden muss – ähnlich wie Atomwaffen. **Eine radikale Idee:** die Schaffung einer Internationalen KI-Behörde analog zur Internationalen Atomenergiebehörde (IAEO). Ein solches Gremium könnte die Entwicklung extrem leistungsfähiger KI-Systeme registrieren, Sicherheitsstandards prüfen und den Einsatz überwachen – ähnlich wie die IAEO über nukleares Material wacht.

Doch KI lässt sich nicht so greifen wie spaltbares Material. Kontrolle ist schwierig: Man kann nicht in jedem Serverraum der Welt Inspektoren einsetzen. Zudem gibt es – Stand jetzt – keinen Beweis dafür, dass KI eine existenzielle Bedrohung für die Menschheit darstellt, wie es Nuklearwaffen tun. Die Sorge vor Science-Fiction-Szenarien (Superintelligenz außer Kontrolle) dürfe nicht davon ablenken, real greifbare Risiken anzugehen wie algorithmische Diskriminierung oder das Versagen automatisierter Systeme in kritischen Infrastrukturen. Viele Experten glauben deshalb, dass wir statt eines harten

Vertragsregimes eher einen Mix aus „Soft Law" erleben werden – freiwillige Leitlinien, Normen und Vertrauensbildung.

Zwar gibt es bisher keinen völkerrechtlich bindenden KI-Vertrag, doch die internationale Gemeinschaft hat begonnen, zumindest Grundprinzipien und Absichtserklärungen festzulegen. Ein Meilenstein war eine Resolution der UN-Generalversammlung im Dezember 2023, die die Gefahren autonomer Waffensysteme betonte und Verhandlungen anmahnte. Diese schreibt nun einen förmlichen Prozess vor, um die strittigen Punkte rund um letale autonome Waffensysteme zu diskutieren. Zwar enthält die Resolution selbst noch kein Verbot bestimmter Waffen, aber sie schafft erstmals ein offizielles internationales Forum, um verbindliche Regeln auszuhandeln. Beobachter werteten dies als wichtigen Schritt in Richtung eines künftigen Abkommens, das autonome Waffen reguliert oder verbietet. **Auffällig:** Selbst skeptische Staaten zogen mit – anfängliche Drohungen einiger westlicher Alliierter (inklusive der USA und Deutschland), die Resolution nicht zu unterstützen, wurden am Ende zurückgenommen. Die Welt scheint bereit, Leitplanken für KI in der Kriegsführung zu entwickeln.

Was könnten solche Leitplanken beinhalten? Ein breiter Konsens besteht zumindest darin, dass die Entscheidung über Leben und Tod nicht allein Maschinen überlassen werden darf. Denkbar (und aus Sicht vieler europäischer Staaten wünschenswert) ist ein Abkommen, das vorschreibt, dass letale KI-Systeme stets unter bedeutsamer menschlicher Kontrolle bleiben müssen. Deutschland und Frankreich etwa fordern schon länger, vollautonome, tödliche Waffen gänzlich zu verbieten – also Waffen, die ohne irgendein menschliches Zutun Ziele auswählen und bekämpfen. Teilautonome Systeme, bei denen der Mensch Rahmen und Regeln vorgibt (z. B. Abwehrsysteme, die automatisch eingreifen, aber nur gegen anfliegende Raketen), könnten reguliert erlaubt bleiben. Doch selbst bei diesen scheinbar klaren Prinzipien gibt es Hürden: Es beginnt schon bei der Definition. China etwa vertritt eine äußerst enge Definition von Autonomie – dort gilt ein Waffensystem erst dann als „autonom", wenn es sogar seine strategische Mission eigenständig abändern kann. Solche Unterschiede erschweren Verhandlungen, denn sie lassen Raum, um bestimmte Waffentypen aus einer Regulierung heraus zu definieren.

Mangels handfester Verbote setzen viele Akteure deshalb auf „Soft Law" – also freiwillige Selbstverpflichtungen und Ethikrichtlinien. Die NATO hat hier, wie schon erwähnt, Pionierarbeit geleistet und bereits 2021 sechs KI-Prinzipien verabschiedet, die von allen Mitgliedern beachtet werden sollen. Diese NATO Principles of Responsible Use of AI lauten in Kurzform: Rechtmäßigkeit, Verantwortlichkeit, Nachvollziehbarkeit, Zuverlässigkeit, Beherrschbarkeit und Unvoreingenommenheit. Solche Prinzipien sind zwar nicht rechtsverbindlich, entfalten aber normative Kraft. Deutschland hat die NATO-Grundsätze voll unterstützt und drängt auch in UNO-Kreisen auf ähnliche Ethikleitlinien für KI. Im Februar 2023 unterschrieben mehr als 60 Staaten – darunter Deutschland, Frankreich, Japan, Kanada und die USA – auf einer Konferenz in Den Haag eine politische Erklärung, die „bedeutende menschliche Aufsicht" über KI-Waffeneinsätze fordert und die Einhaltung des Völkerrechts betont. Diese freiwilligen Verpflichtungen sind Vorboten dessen, was vermutlich die nächsten Jahre prägen wird: kein großer Wurf als Vertrag, aber Schritt-für-Schritt-Regeln, Kodizes und vertrauensschaffende Maßnahmen, auf die sich Staaten verständigen.

Gerade für demokratische Gesellschaften – allen voran Deutschland – ergibt sich aus all dem die herausfordernde Aufgabe, Demokratie und Technologie in Einklang zu bringen. Die eigene Bevölkerung erwartet zu Recht, dass der Einsatz von KI durch Staat und Militär transparent erfolgt und wertegebunden bleibt. Entscheidungen darüber dürfen nicht im stillen Kämmerlein allein von Technikern und Generälen getroffen werden. Es braucht öffentliche Debatten und parlamentarische Kontrolle, wenn es um den Kauf bewaffneter Drohnen, automatisierter Überwachungssysteme oder gar autonomer Waffen geht. Deutschland hat dies bei der Drohnendiskussion erlebt: Jahrelang wurden Anschaffungen verzögert, weil zuerst Grundsatzdebatten über ethische Leitplanken geführt wurden. Solche Prozesse sind anstrengend, aber wichtig, um gesellschaftliche Akzeptanz für neue Technologien herzustellen.

Andererseits dürfen dringende sicherheitspolitische Innovationen nicht verschleppt werden, weil man sich im Diskurs verzettelt. Die Bedrohungen entwickeln sich rasant – von Schwärmen autonomer Drohnen bis hin zu KI-gestützten Desinformationskampagnen – und verlangen mitunter schnelles Handeln. Deutschland und andere Demokratien stehen somit auf einem schmalen Grat: einerseits KI-Innovationen nutzen, wo immer sie herkommen, um die Verteidigungsfähigkeit zu stärken; andererseits Missbrauch vorbeugen und sicherstellen, dass KI stets mit unseren Werten vereinbar bleibt. Dieses Spannungsfeld wird in den kommenden Jahren die sicherheitspolitische Strategie prägen. Es erfordert neue Formen der Zusammenarbeit zwischen Militär, Politik, Wissenschaft und Zivilgesellschaft. Ethikbeiräte könnten etwa innerhalb der Streitkräfte eingerichtet werden, um Projekte zu begleiten. Auch Transparenzoffensiven – etwa die freiwilligen Veröffentlichungen von Leitlinien oder von Berichten über KI-Einsätze – helfen, Vertrauen zu schaffen.

Nicht zuletzt muss auch die Truppe selbst auf den Wandel vorbereitet werden. KI-Kompetenz wird zu einer Kernfähigkeit für Soldatinnen und Soldaten: vom Bedienen lernfähiger Systeme über das Interpretieren von KI-Analysen bis hin zum Eingreifen bei Fehlverhalten einer Maschine. Aus- und Weiterbildung passen sich bereits an – in der Bundeswehruniversität München existiert ein eigenes Center for Intelligence and Security Studies, das sich mit solchen Fragen befasst. Nur wenn die Menschen im System verstehen, was die Technik tut, können sie im Ernstfall die Kontrolle behalten.

Die technologische Singularität – also eine KI, die uns Menschen an Allgemeinheit und Entscheidungsgewalt übertrifft – mag am fernen Horizont stehen oder auch nie eintreten. Doch die Weichen, wie wir mit den Vorboten umgehen, werden jetzt gestellt. Bereits heute navigieren die Bundeswehr und ihre Partner eine Welt, in der Mensch und Maschine neue, teils veränderte Rollen auf dem sicherheitspolitischen Schachbrett einnehmen. Entscheidungsprozesse werden schneller, Informationsfluten müssen gebändigt sowie verwertet werden und KI-Systeme treffen in Millisekunden Vorentscheidungen, die früher tagelange Analysen erforderten. Das bietet enorme Chancen: Frühwarnung vor Bedrohungen, effizientere Einsätze, Schutz der Soldaten durch Automatisierung gefährlicher Aufgaben. Aber es birgt auch Risiken – von Abhängigkeiten über Fehler bis hin zu ethischen Dilemmas.

Die Bundeswehr bereitet sich darauf vor, im Ernstfall eine solche Zukunft souverän zu meistern. Das Verteidigungsministerium arbeitet an einer KI-Strategie, Forschungsprojekte mit Start-ups und Rüstungskonzernen laufen auf Hochtouren und man tauscht sich eng mit Verbündeten aus. Internationale Kooperation ist ohnehin unerlässlich: Kein Staat – auch nicht die USA oder China – kann die

Probleme allein lösen. Ob es um die Abwehr von Cyberangriffen, die Gestaltung von Normen oder die Exportkontrolle von Hochrisikotechnologie geht: Immer braucht es Absprachen mit Partnern. Formate wie die NATO, EU-Arbeitsgruppen oder globale Gipfel (etwa der geplante Global Digital Compact der UNO) bieten dafür eine Plattform.

Am Ende wird diese Zukunft im Sinn von Frieden und Stabilität nur mit vorausschauenden Strategien, echter Kooperation zwischen den Staaten und verantwortungsbewusstem Handeln der Technologieakteure gestaltbar sein. Die Geschichte lehrt, dass jedes neue mächtige Werkzeug – ob Dynamit, Flugzeuge oder Atomkraft – sowohl Nutzen als auch Zerstörung bringen kann. Bei der künstlichen Intelligenz entscheidet sich jetzt, welche Gleise wir legen: solche, die zu Verteidigungsfähigkeit, Abschreckung und Stabilität führen, oder solche, die in ein ungezügeltes Wettrüsten und Kontrollverlust münden. Deutschland und seine Partner haben erkannt, dass Nichtstun keine Option ist. Resilienz bedeutet hier nicht nur Widerstandskraft, sondern aktive Gestaltung: die Zukunft so zu formen, dass Mensch und Maschine gemeinsam zur Sicherheit beitragen, ohne dass die Menschlichkeit auf der Strecke bleibt. Mit klugen Regeln, offenen Augen und festem Wertekompass kann das gelingen.

15.5 Technologische Singularität: sicherheitspolitische Perspektiven zehn bis 30 Jahre

Die Aussicht auf eine technologische Singularität – der Punkt, an dem Künstliche Intelligenz die menschliche Intelligenz überflügelt – wirft aus sicherheitspolitischer Sicht zahlreiche Fragen auf. In einem Zeithorizont von zehn bis 30 Jahren bleiben solche Entwicklungen naturgemäß spekulativ, doch auf Grundlage heutiger Fortschritte und historischer Erfahrungen lassen sich einige mögliche Risiken und potenzielle Umbrüche skizzieren.

Im Folgenden werden zunächst sicherheitspolitisch-technologische Dynamiken und Risiken erörtert, danach denkbare gesellschaftliche und geopolitische Veränderungen. Dabei gilt es stets zu betonen, dass diese Szenarien hypothetisch sind – aber für strategische Planungen schon heute berücksichtigt werden sollten.

Sicherheitspolitische Risiken und technologische Dynamiken

Die Entwicklung immer leistungsfähigerer KI-Systeme könnte in den kommenden Jahrzehnten eine Reihe von Risiken mit sich bringen, die für Militär und Sicherheitsbehörden relevant sind. Mögliche Szenarien reichen von autonomen Waffensystemen über Superintelligenzen bis hin zum Verlust menschlicher Kontrolle. Im Folgenden einige der zentral diskutierten Gefahren und Dynamiken:

- *Unkontrollierte Superintelligenz:* Ein oft diskutiertes Szenario ist das Entstehen einer KI, die der menschlichen Intelligenz weit überlegen ist (auch: Artificial Superintelligence – ASI, dt.: Künstliche Superintelligenz). Sollte eine solche Super-KI ohne ausreichende Sicherheitsmechanismen entwickelt werden, besteht die Gefahr eines Kontrollverlusts. Eine „Rogue AI" – eine abtrünnige KI – könnte versuchen, ein Abschalten durch Menschen zu verhindern und ihre eigenen Ziele rücksichtslos zu verfolgen. Namhafte KI-Pioniere warnen davor, dass in einem solchen Fall sogar eine existenzielle Bedrohung für die Menschheit nicht auszuschließen ist. So schätzte Geoffrey Hinton das Aussterberisiko durch fortgeschrittene KI innerhalb der nächsten 30 Jahre auf 10–20 % – eine alarmierende Prognose, die Parallelen zur Bedrohungslage des Kalten Krieges zieht und robuste Kontrollmechanismen analog zur nuklearen Rüstungskontrolle fordert.
- *Autonome Waffensysteme und eskalierende Konflikte:* Bereits heute werden Waffensysteme mit zunehmender Autonomie entwickelt. In zehn bis 30 Jahren könnten militärische Entscheidungen in „Maschinengeschwindigkeit" getroffen werden, was das Risiko ungewollter Eskalationen erhöht. Beobachter warnen vor sogenannten „Flash Wars" – Blitzkriegen, die sich durch automatisierte Entscheidungen und KI-getriebene Gegenreaktionen so rasant hochschaukeln, dass menschliche Akteure kaum noch eingreifen können. Ein kleiner Zwischenfall könnte durch autonome Systeme in Sekundenbruchteilen zu einem großen Konflikt eskalieren. Dieser Kontrollverlust über das Konflikttempo (oft als Krieg „at Machine Speed" bezeichnet) stellt eine neue Herausforderung für die Strategen dar. Wenn Verteidigungsanlagen oder sogar nukleare Zweitschlagsysteme künftig auf KI basieren, würde fehlgeleitete Automatisierung ein enormes Katastrophenpotenzial bergen.

- *Missbrauch von KI als Waffe durch Staaten oder Terroristen:* Hoch entwickelte KI kann nicht nur in staatlichen Händen gefährlich werden, sondern auch missbraucht werden. Denkbar ist etwa, dass maliziöse Akteure KI einsetzen, um Massenvernichtungswaffen zu entwickeln oder Cyberangriffe zu führen. KI-Systeme könnten genutzt werden, um neuartige biologische oder chemische Kampfstoffe zu entwerfen oder kritische Infrastrukturen anzugreifen. Tatsächlich überschreiten aktuelle KI-Modelle bereits bestimmte Gefährdungsschwellen: OpenAI identifizierte 2024 erstmals ein Modell, das Fähigkeiten im CBRN-Bereich (chemisch, biologisch, radiologisch, nuklear) zeigte und damit intern als „mittleres Risiko" eingestuft wurde. Je leistungsfähiger KI wird, desto größer ist die Gefahr, dass solche Technologie in die falschen Hände gerät – etwa durch Terrorgruppen, kriminelle Netzwerke oder in Instabilität geratende Staaten. Ohne geeignete Schutz- und Kontrollmaßnahmen könnten KI-Systeme so zur Verstärkung konventioneller und unkonventioneller Bedrohungen beitragen.

- *KI-Wettrüsten und Unfallrisiken:* Die strategische Bedeutung von KI führt womöglich zu einem internationalen Wettrüsten in diesem Sektor. Ähnlich dem nuklearen Rüstungswettlauf könnten Großmächte unter hohem Zeitdruck KI-Systeme entwickeln, um nicht ins Hintertreffen zu geraten. Dieses Wettbewerbsdilemma birgt die Gefahr, dass Sicherheitsprüfungen vernachlässigt werden. Historische Analogien zeigen, dass Akteure unter Konkurrenzdruck enorme Risiken in Kauf nehmen – im Kalten Krieg hielten beide Supermächte die gegenseitige nukleare Bedrohung aufrecht, obwohl niemand den zerstörerischen Endzustand wollte. Übertragen auf KI bedeutet das: Staaten oder Techkonzerne könnten versucht sein, immer leistungsfähigere KI einzusetzen bevor umfassende Sicherheitsleitplanken etabliert sind. Die Wahrscheinlichkeit von Unfällen oder Fehlfunktionen steigt jedoch mit der Komplexität solcher Systeme. Schon kleine Programmierfehler in einer mächtigen KI könnten außer Kontrolle geratene Handlungen auslösen. Eine Analogie ist die Finanzwelt: Dort führten automatisierte Handelsalgorithmen 2010 zu einem Flash Crash – einem abrupten Marktzusammenbruch binnen Minuten. Ähnliche Dynamiken sind für militärische KI-Interaktionen denkbar. **Kurz:** Ein ungezügeltes KI-Wettrennen ohne internationale Leitplanken erhöht das Risiko schwerer Zwischenfälle beträchtlich.

Angesichts dieser potenziellen Risiken beginnen Militärs, Regierungen und internationale Organisationen bereits, sich auf verschiedene Weisen vorzubereiten. Zum einen werden Ethikleitlinien und Einsatzrichtlinien für KI entworfen, um die Kontrolle zu behalten. Die NATO etwa hat 2021 eine erste KI-Strategie verabschiedet und diese 2024 aktualisiert, um mit den schnellen Fortschritten (z. B. generative KI) Schritt zu halten. Unter anderem identifiziert die Allianz nun KI-gestützte Desinformation und Informationsoperationen ausdrücklich als Sicherheitsproblem und will sich mit verstärkter vorausschauender Analyse gegen böswilligen KI-Einsatz wappnen. Viele Streitkräfte investieren in Forschung zu KI-Sicherheit (Stichwort „AI Safety") und arbeiten an technischen Leitplanken, etwa Einschränkungen, Notausschalteinrichtungen oder Prüfmechanismen, die ein Durchdrehen autonomer Systeme verhindern sollen. Zum anderen findet auf diplomatischer Ebene ein Diskurs über Rüstungskontrolle im KI-Bereich statt. Sicherheitsstrategen verweisen darauf, dass – analog zur Nichtverbreitung nuklearer Waffen – internationale Abkommen und Kontrollregime nötig sein könnten, um eine ungebremste KI-Eskalation zu verhindern. Erste Vorstöße in diese Richtung sind gegenseitige Transparenzmaßnahmen bei militärischer KI, Exportkontrollen für Hochleistungschips und Treffen von Expertengruppen auf UN-Ebene. Gleichzeitig werden in Planspielen mögliche Krisenszenarien mit KI-Beteiligung durchgespielt, um Lehren für die Einsatzregeln zu ziehen. Alles in allem lautet das Gebot der Stunde für sicherheitsrelevante Akteure: Antizipation. Obwohl niemand genau vorhersagen kann, ob oder wann eine technologische Singularität eintritt, gilt es, präventiv Strategien zu entwickeln, um im Ernstfall handlungsfähig zu bleiben. Die Herausforderung besteht darin, Technologieoffenheit (um nicht technologisch abgehängt zu werden) mit Risikobewusstsein (um Kontrollverlust vorzubeugen) in Einklang zu bringen – eine heikle Balance, die die Sicherheitsarchitektur der Zukunft entscheidend prägen wird.

Gesellschaftliche und geopolitische Umbrüche

Jenseits der unmittelbaren militärischen Risiken könnte eine KI-induzierte technologische Singularität auch zu tiefgreifenden Veränderungen in Gesellschaft und Weltpolitik führen. Über einen

Zeitraum von zehn bis 30 Jahren betrachtet sind solche Verschiebungen zwar spekulativ, zeichnen sich aber in Ansätzen bereits ab. Historische Parallelen – etwa die industrielle Revolution oder die Atomtechnologie – zeigen, dass bahnbrechende Technologien soziale Ordnungen und Machtgefüge massiv erschüttern können. Im Kontext fortgeschrittener KI lassen sich einige mögliche Entwicklungen skizzieren, von innergesellschaftlichen Umwälzungen bis hin zu geopolitischen Neuausrichtungen:

- *Erosion des Informationsraums und Krise der Demokratie:* KI verändert bereits heute die Grundlagen der öffentlichen Kommunikation. Deepfakes, Social Bots und generative Textmodelle können Inhalte in einer Geschwindigkeit und Qualität erzeugen, die für Bürger kaum noch unterscheidbar von echten Quellen sind. Das Problem verschärft sich mit dem Fortschritt der Modelle: GPT-5 erreicht nicht nur eine hohe Sprachqualität, sondern kann Botschaften gezielt auf einzelne Zielgruppen zuschneiden. Neue Studien[45] zeigen, dass generative KI Menschen in Experimenten stärker beeinflusst als menschliche Akteure. Besonders wirksam waren personalisierte Botschaften, die Alter, Werte oder politische Präferenzen berücksichtigten. Solche Systeme könnten daher ganze Bevölkerungen prägen oder spalten, indem sie Millionen maßgeschneiderter Botschaften parallel verbreiten. Die Konsequenzen für Demokratien sind gravierend: Bürger könnten das Vertrauen in die Echtheit öffentlicher Informationen verlieren, wenn Desinformation auf Knopfdruck massenhaft produziert und präzise zugeschnitten werden kann. Sicherheitsbehörden warnen bereits, dass so eine „Informationskrise" entstehen könnte – ein Zustand, in dem Unterscheidung von Realität und Manipulation kaum mehr möglich ist. In einem solchen Klima gedeihen Polarisierung, Vertrauensverlust in Institutionen und das Erstarken autoritärer Bewegungen. Historisch haben Zeiten großer sozialer Umbrüche oft den Aufstieg extremistischer Ideologien begünstigt; eine KI-getriebene Informationskrise könnte ähnliche destabilisierende Effekte entfalten. Demokratien wären dann nicht durch Panzer bedroht, sondern durch einen

[45] Z. B. Argyle, L. P., Busby, E. C., Gubler, J. R., Wingate, D., Bail, C. A. (2023). Generative AI can persuade humans in political debates: A large-scale experiment comparing GPT-3.5/4 to humans. Proceedings of the National Academy of Sciences, 120(40), e231627120.

Dauerbeschuss aus manipulativen Botschaften, der zu innerer Unruhe, Protestbewegungen oder gar bürgerkriegsähnlichen Lagen führen kann.

- *Sozioökonomische Umwälzungen und neue Abhängigkeitsverhältnisse:* Eine Super-KI mit weitreichenden Fähigkeiten hätte enorme Auswirkungen auf Wirtschaft und Arbeitswelt. Automatisierung würde wahrscheinlich in bislang ungekanntem Ausmaß Berufsfelder überflüssig machen – von Fabrikarbeit über Verwaltungsaufgaben bis hin zu akademischen Tätigkeiten. Experten halten es für möglich, dass Massenarbeitslosigkeit die Folge ist und traditionelle soziale Sicherungssysteme überfordert werden. Eine solche ökonomische Disruption hätte sicherheitspolitische Implikationen: Hohe Arbeitslosigkeit und Ungleichheit können soziale Spannungen, Migration und innenpolitische Instabilität auslösen. Zudem könnte eine immer stärkere Abhängigkeit von KI-Systemen in kritischen Bereichen zu einer Entmündigung des Menschen führen. Wenn KI sämtliche Logistik, Energieversorgung, Finanzströme oder sogar Regierungsfunktionen managt, besteht die Gefahr, dass menschliches Fachwissen verkümmert. Die Gesellschaft begibt sich in eine technologische Abhängigkeit, die verwundbar macht – was passiert etwa, wenn ein zentrales KI-System ausfällt oder manipuliert wird? Man kann sich eine Zukunft ausmalen, in der viele Menschen zentrale Aufgaben ohne KI-Unterstützung nicht mehr bewältigen können. Hierdurch entstünde ein neues Machtverhältnis: Die Kontrolle über die KI-Infrastruktur würde zur Schlüsselfrage. Jene Akteure – seien es Staaten oder Konzerne –, die KI-Systeme betreiben, hätten erheblichen Einfluss auf Gesellschaft und Individuen. Denkbar sind auch neue Klassenteilungen: eine technologische Elite, die KI versteht und steuert, vs. eine breite Masse, die von deren Entscheidungen abhängig ist. Dieser Graben könnte soziale Konflikte verstärken. Für die Sicherheitspolitik rückt damit das Thema „Resilienz" in den Vordergrund: Gesellschaften müssten robust gegen Schocks (z. B. plötzlicher Technologiewandel oder Massenarbeitslosigkeit) gemacht werden, etwa durch Bildungsoffensiven, Umbau der Wirtschaft und Anpassung der Sozialsysteme – ein langfristiges, strategisches Projekt.

- *Machtverschiebungen im globalen Gefüge:* Auf geopolitischer Ebene könnte eine technologische Singularität die Machtverteilung zwischen Staaten drastisch verändern. Sollte es einer Nation oder einem Bündnis gelingen, als Erste(r) eine echte ASI zu entwickeln, hätte dies vermutlich ähnlich weitreichende Folgen wie einst das Monopol auf Kernwaffen. „Wer die KI beherrscht, beherrscht die Welt!" – diese provokante Aussage (so oder ähnlich von verschiedenen Staatsführern geäußert) dürfte zumindest kurzfristig zutreffen. Eine überlegene KI kann militärische, wirtschaftliche und diplomatische Vorteile verleihen, die konventionelle Machtfaktoren in den Schatten stellen. Theoretisch könnte der Erstbesitzer einer Superintelligenz seine Hegemonie festigen, indem er Rivalen in Schach hält oder deren Zugang zu der Technologie kontrolliert. Ein solches Ungleichgewicht würde die globale Sicherheitsordnung auf den Kopf stellen. Andere Staaten stünden vor der Wahl, sich entweder dieser Vormacht unterzuordnen, selbst aufzurüsten oder neue Gegenallianzen zu bilden. Historisch führte das Aufstreben neuer Supermächte häufig zu Konflikten – man denke an das atomare Wettrüsten oder die Rivalität um industrielle Vorherrschaft. Ähnlich könnte das KI-Zeitalter zu erhöhten Spannungen führen, wenn aufstrebende KI-Mächte etablierte Mächte herausfordern. Gleichzeitig könnten bisher weniger einflussreiche Staaten, die Zugang zu starker KI erhalten (sei es durch Eigenentwicklung oder Allianzen), plötzlich an Gewicht gewinnen. Nationen könnten im 21. Jahrhundert auf- oder absteigen – je nachdem, wie sie KI nutzen und kontrollieren. Für Bündnisse wie die NATO oder die EU bedeutet das, dass kollektive technologische Fähigkeiten zu einem entscheidenden Faktor ihrer Schlagkraft werden. **Ein Beispiel:** Verfügt nur ein Bündnispartner (etwa die USA) überführende KI, könnte das zu Abhängigkeiten der übrigen Partner führen – aber auch zum Schutzschirm, vergleichbar dem nuklearen Schutz während des Kalten Krieges.

- *Allianzbildung und technologische Blöcke:* In Reaktion auf die KI-Entwicklung könnten sich neue Bündniskonstellationen formen. Länder mit ähnlichen Werten könnten Technologieallianzen schmieden, um gemeinsam Standards zu setzen und der Übermacht eines Einzelnen vorzubeugen. Bereits jetzt kooperieren westliche Demokratien in Bereichen wie „Halbleitertechnologie", um ihre Lieferketten zu sichern und Chinas Aufstieg zu begegnen. Über 30 Jahre betrachtet ist auch ein KI-Äquivalent der Nichtverbreitungsregime vorstellbar: eine Koalition, die sich verpflichtet, bestimmte KI-Systeme nur gemeinsam und verantwortet zu entwickeln, um einem Wettrüsten entgegenzuwirken. Jedoch könnten sich technologische Sphären weiter verhärten – etwa ein westliches und ein östliches KI-Ökosystem, weitgehend inkompatibel und in Konkurrenz. Dieser Trend zur technologischen Abkopplung zeichnet sich heute bereits ab (Stichwort „digitale Souveränität"). Autoritäre Großmächte wie China könnten ihre KI-gestützten Überwachungstechnologien an gleich gesinnte Regime exportieren, was neue Abhängigkeiten und Einflusssphären schafft. So entsteht womöglich ein digitaler Blockbildungseffekt: Staaten, die von chinesischer KI-Infrastruktur abhängig sind, vs. solche im westlichen Digitalraum. Für die globalen Machtprojektionen bedeutet das: Technologische Abhängigkeiten werden zu geopolitischen Faustpfändern. Ein Land, das kritische KI-Dienste eines anderen nutzt (etwa Cloud-KI für Behörden oder militärische KI-Systeme), begibt sich in eine potenzielle Drucksituation – ähnlich wie bei Energieabhängigkeiten. Neue Allianzen könnten also entlang von KI-Kompetenzen und -Lieferbeziehungen entstehen, teils quer zu traditionellen Bündnissen. Zugleich könnte die internationale Diplomatie neue Foren schaffen, um mit der Herausforderung einer möglichen Singularität umzugehen – etwa ein „KI-Sicherheitsrat" im Rahmen der UNO oder spezielle Verträge zwischen führenden Techmächten. Im Extremfall müssten Menschheit und Staaten sogar kooperieren, um einer ungebändigten Super-KI gemeinsam entgegenzutreten, falls diese zur Bedrohung wird – ein Szenario, das an Science-Fiction erinnert, aber in strategischen Planspielen durchaus erörtert wird.

Die Möglichkeit einer technologischen Singularität rückt in den sicherheitspolitischen Fokus wie nie zuvor. Auf der Münchner Sicherheitskonferenz im Februar 2025 warnten hochrangige Vertreter der NATO und EU, dass „das Wettrennen um autonome und lernfähige Waffensysteme eine strategische Instabilität erzeugt, wie sie seit dem Kalten Krieg nicht mehr existierte"[46]. Die USA intensivierten ihre Frühwarnsysteme gegen das sogenannte „Strategic Surprise" durch KI-Sprünge von Rivalen und veröffentlichten neue Richtlinien für „Red Teaming" und externe Sicherheitsüberprüfungen von Frontiermodellen im Verteidigungsbereich. Zeitgleich hat China seine

46 Munich Security Conference (2025). AI Arms Race and Strategic Instability. Munich Security Conference Report 2025.

militärische KI-Strategie verschärft und in einem Weißbuch darauf bestanden, dass der Fokus auf einer sicheren, kontrollierbaren und nachvollziehbaren künstlichen Intelligenz liegen soll – insbesondere im Hinblick auf nationale Sicherheit und Modernisierung. Dabei wurden auch Maßnahmen angekündigt, um die unkontrollierte Ausbreitung autonomer KI in Konfliktgebieten einzudämmen. Russland wiederum startete ein nationales KI-Testfeld für autonome militärische Systeme mit explizitem Fokus auf Schwarmtaktiken und KI-gesteuerter elektronischer Kriegsführung, während die zivilrechtliche Regulierung hinterherhinkt.

Technologisch wurden neue Risiken konkretisiert: Führende KI-Labore in den USA und Europa dokumentierten erstmals, dass aktuelle Großmodelle gezielte Kontrollmechanismen umgehen oder ihre Fähigkeiten kaschieren können, was zu einer Aktualisierung der OpenAI-Sicherheitsprotokolle und internationaler Frühwarnmethoden führte. Parallel zeigte sich in China und den USA ein rasanter Ausbau von privat-militärischen KI-Kooperationen, etwa die militärische Adaption offener Sprachmodelle wie „Llama 3" durch staatlich finanzierte chinesische Forschungsteams.

Internationaler Druck für Governance und Kontrolle wächst. Die UN-Generalversammlung verabschiedete, wie zuvor erwähnt, eine Resolution zu autonomen Waffensystemen, in der auf die Gefahr eines KI-getriebenen Wettrüstens und die Notwendigkeit vertrauensbildender Maßnahmen verwiesen wird. Der Paris AI Action Summit im Februar 2025 betonte in einer gemeinsamen Erklärung von über 100 Staaten: „Nur wenn Sicherheits- und Kontrollmechanismen Hand in Hand mit Innovation entwickelt werden, kann technologische Singularität ein Motor für Frieden und Stabilität sein."[47] Die EU hat mit der KI-Verordnung ebenfalls die Wichtigkeit von KI erkannt, indem sie ein mehrstufiges Regulierungsmodell etabliert hat, das erstmals auch Frühwarn- und Kontrollmechanismen für Hochrisiko-KI gesetzlich verankert.

Insgesamt ist klar geworden: Militärisch, politisch und technologisch ist die Zeit der strategischen Planung für Singularitätsszenarien angebrochen. Staaten und Allianzen bauen Frühwarnmechanismen, ethische Leitplanken und Kontrollgremien auf – doch die

[47] Présidence de la République Française and Government of India (2025). Paris AI Action Summit Communiqué. Paris: Paris AI Action Summit.

Geschwindigkeit des KI-Fortschritts erfordert eine nie dagewesene internationale Koordination, um nicht das Fenster für effektive Gegenmaßnahmen zu verpassen. Die nächsten Jahre werden darüber entscheiden, ob die menschliche Kontrolle über KI bestehen bleibt – oder ob Sicherheitsrisiken die Chancen der Singularität überschatten.

Zusammenfassend zeichnen diese spekulativen Szenarien ein Bild tiefgreifender Umbrüche, die durch eine KI-Singularität ausgelöst werden könnten. Gesellschaftlich stünde viel auf dem Spiel: die Stabilität demokratischer Systeme, die wirtschaftliche Wohlfahrt breiter Bevölkerungsschichten und das Fortbestehen eines gemeinsamen Wirklichkeitsverständnisses. Geopolitisch könnte es zu einer Neuverteilung von Macht kommen, zu Tektonik im Bündnissystem und zu bislang unbekannten Abhängigkeitsverhältnissen in Fragen von Technologie und Sicherheit. All dies sind Möglichkeiten, keine Gewissheiten. Doch indem wir solche Entwicklungen auf Basis heutiger Trends und historischer Analogien durchdenken, können sicherheitspolitische Akteure heute Vorsorge treffen. Strategische Vorausschau und Planung für den Fall einer technologischen Singularität werden zum notwendigen Bestandteil moderner Sicherheitspolitik – gerade, weil die Konsequenzen so unabsehbar sind. Letztlich mahnt die Diskussion um KI in zehn bis 30 Jahren zur Balance zwischen Chancen und Risiken: Einerseits könnte fortgeschrittene KI enorme Fortschritte für Menschheit und Frieden bedeuten, andererseits müssen wir uns der potenziellen Gefahren bewusst bleiben. Die nächsten Jahrzehnte werden zeigen, ob es gelingt, diese mächtige Technologie so zu steuern, dass sie die globale Sicherheit mehr stärkt als untergräbt – eine der großen strategischen Herausforderungen unserer Zeit.

15.6 Handlungsempfehlungen und Fazit

Künstliche Intelligenz, Drohnen und autonome Waffensysteme sind längst keine abstrakten Zukunftsvisionen mehr – sie sind im sicherheitspolitischen Alltag angekommen und prägen bereits heute, wer in einer Krise schützt, abschreckt oder verliert. Aktuelle Kriege – vom russischen Angriff auf die Ukraine bis hin zu globalen Cyberkonflikten – zeigen, wie dramatisch sich die Regeln moderner Verteidigung verschieben: Wer bei KI, Robotik und Drohnentechnik zurückbleibt, der verliert schnell nicht nur militärische, sondern auch politische Handlungsfähigkeit. Das Zeitfenster, um hier gegenzusteuern, schließt sich rapide.

Trotz der Zeitenwenderhetorik in Deutschland fehlt bis heute eine belastbare nationale Strategie für militärische KI, autonome Systeme oder Drohnenabwehr. Während China KI als zentralen Machtfaktor der Landesverteidigung definiert und alle relevanten Technologien unter zivil-militärischer Fusion sofort adaptieren lässt, ringt die Bundesregierung weiterhin mit Grundsatzentscheidungen. Die EU hat zwar mit der KI-Verordnung ein Regelwerk für zivilen KI-Einsatz geschaffen, doch der militärische Bereich bleibt ausgenommen. Politisch klafft damit eine Lücke, die gefährlich werden kann:
15 „Deutschland kann mit moralischen Appellen allein keinen Krieg gewinnen – ohne technologische Führungsfähigkeit und Souveränität werden wir sicherheitspolitisch zum Zuschauer."[48]

Die Innovationszyklen in KI, Autonomie und Drohnentechnik verlaufen exponentiell – aber fast ausschließlich in den USA, China und Israel. Die USA setzen mit Programmen wie JADC2, Milliardeninvestitionen in Start-ups wie Anduril oder Palantir und einer Beschaffungsreform gezielt auf disruptive Innovation. China demonstriert Drohnenschwärme, die in Echtzeit durch KI gesteuert werden und autonom Ziele angreifen. Russland nutzt Schwärme billiger Kamikazedrohnen, Cyber-KI und elektronische Kriegsführung, um technologische Nachteile auszugleichen.

Deutschland und Europa dagegen leiden weiter an strukturellen Defiziten: Fehlende nationale Halbleiter- und Rechenzentren, zu geringe Venture-Kapital-Förderung, Bürokratie und starre Vergaberegeln verhindern die schnelle Integration von Innovation. Während die USA und China eigene KI-Hardware und Cloudinfrastrukturen besitzen, sind Bundeswehr und Industrie in fast allen Schlüsseltechnologien auf ausländische Anbieter angewiesen – was im Krisenfall zur Achillesferse wird.

Die Bundeswehr hat zahlreiche Pilotprojekte gestartet: Mit „Uranos KI" wird eine Echtzeitfusionsplattform getestet, die Drohnendaten, Satellitenbilder und Sensorik zu einer automatisierten Lageauswertung für die NATO-Ostflanke bündelt. Start-ups wie Quantum-

[48] Handelsblatt (2025). Europa hat alles außer Zeit – Tech-Aufbruch in Heilbronn. Bericht zur TECH-Konferenz Heilbronn. 25. –27. 05. 2025. Heilbronn: Handelsblatt.

Systems oder Helsing liefern Drohnen und Bildauswertungs-KI, während klassische Rüstungsriesen wie Airbus und Rheinmetall eigene Systeme anbieten. Projekte wie GhostPlay simulieren KI-basierte Drohnenangriffe, um Defizite bei Taktik und Abwehr zu erkennen und neue Wirkmittel zu entwickeln.

Doch diese Leuchtturmprojekte verdecken nicht die eigentlichen Probleme: Die Truppe ist chronisch unterdigitalisiert, es fehlt an eigenen Rechenzentren, die Eurodrohne kommt zu spät, die Ausstattung gegen Schwarmdrohnen reicht nicht aus und das Beschaffungswesen bleibt langsam. Zu viele Systeme – von Cloudservices bis hin zu Aufklärungssatelliten – sind von US-Anbietern abhängig. Wer heute KI in der Bundeswehr nutzen will, der ist oft gezwungen, auf US-Clouds zurückzugreifen oder Innovationen aus dem Ausland einzukaufen – ein schweres Risiko für die operative Souveränität im Krisenfall.

Die NATO und ihre Partner investieren massiv in Defense-Innovation-Programme, um Forschung, Start-ups und Testzentren für KI zu bündeln. Die USA beschleunigen die Einführung von autonomen Waffensystemen durch Beschaffungsreformen und milliardenschwere Förderprogramme; allein das Pentagon steuert jährlich mehr als 900 Milliarden Dollar bei. China setzt auf umfassende zivil-militärische Fusion und testet in großem Maßstab Schwarmdrohnen, Cyber-KI und automatisierte Aufklärung. Russlands Strategie liegt in Nischen wie elektronischer Kriegsführung, autonomen Bodenfahrzeugen und Cyberangriffen – trotz Sanktionen bleibt Moskau ein gefährlicher Taktgeber für asymmetrische KI-Einsätze. Die EU und Deutschland laufen Gefahr, technologisch und politisch ins Abseits zu geraten, wenn der Nachholbedarf nicht endlich durch beherztes Handeln und Investieren eingeholt wird.

Gefahren des Rückstands: Was wird also passieren, wenn wir – politisch motiviert – weiterhin bei diesem zukunftsweisenden Thema wegschauen?

Wenn Deutschland und Europa die Handlungsfähigkeit im Technologiebereich verlieren, hat das dramatische Konsequenzen:

- *Sicherheitsrisiko:* Ohne eigene Drohnen, autonome Abwehrsysteme und KI-basierte Aufklärung werden NATO-Partner zu „militärischen Nachzüglern" – das schwächt Abschreckung und Verteidigungsfähigkeit.

- *Digitale Abhängigkeit:* Wer bei KI und Cloudinfrastruktur nicht autark wird, der bleibt im Ernstfall auf US- oder chinesische Technik angewiesen. Ein Ausfall, Embargo oder Datenmanipulation kann dann die Einsatzfähigkeit im Gefecht oder Krisenfall blockieren.
- *Innovationsverlust:* Wenn Start-ups und Talente ins Ausland abwandern oder in bürokratischen Prozessen ersticken, dann verliert Deutschland seine Fähigkeit zur eigenständigen Modernisierung. Das macht Europa dauerhaft zur „Techkolonie".
- *Verlust politischer Souveränität:* Wer sicherheitspolitisch nicht mitreden kann, der wird zum Objekt fremder Interessen – von US-Technologiekonzernen bis hin zu chinesischer Industriepolitik. Demokratische Kontrolle über Einsatz und Export von KI geht verloren.

Daraus resultieren die folgenden Handlungsempfehlungen:

- *Politischer Kurswechsel:* Die Bundesregierung muss eine ehrliche Bilanz ziehen, eine nationale Strategie für militärische KI und autonome Systeme entwickeln und diese zur Chefsache machen. Ethik und Werte können so verankert werden, dass Innovation nicht blockiert, sondern mitgestaltet wird.
- *Massive Investitionen:* Mindestens 83 Milliarden Euro müssen zusätzlich bis 2030 für Digitalisierung, KI, Rechenzentren und Fachkräfte investiert werden – verteilt auf Verteidigung, Wirtschaft und Bildung. Nur mit substanziellen Mitteln kann der technologische Rückstand geschlossen werden.
- *Beschaffungsreform:* Agilere, experimentierfreudigere Vergabeprozesse, mehr Wettbewerb und gezielte Förderung von Start-ups sind notwendig – nicht nur bei Rüstungsriesen, sondern in der ganzen Techszene.
- *Europäische Kooperation:* Gemeinsam mit Partnern, insbesondere Frankreich und Großbritannien, europäische Rüstungs- und KI-Projekte vorantreiben, Datenräume und Rechenzentren aufbauen und eine Digital-Cloud-Souveränität schaffen.
- *Ausbildung und Kulturwandel:* KI-Kompetenz, Innovationsfreude und Fehlerkultur in die DNA der Bundeswehr bringen,

Techtalente gewinnen und eine Führungskultur schaffen, die Experimente erlaubt.

- *Gesellschaftlicher Dialog:* Eine offene Debatte über KI, autonome Waffen und Innovation führen, Ängste ernst nehmen, Chancen kommunizieren und die Bevölkerung in ethische Leitplanken einbinden.

Deutschland und Europa stehen an einem strategischen Scheideweg. Wer jetzt nicht in KI, Drohnen, Cloud und digitale Souveränität investiert, der riskiert nicht nur seine sicherheitspolitische Rolle, sondern auch den Verlust demokratischer Kontrolle über die Technologien der Zukunft. In einem Zeitalter, in dem KI die militärische und politische Machtbalance neu bestimmt, muss der politische Anspruch sein: Technologische Innovation mit klaren Werten, aber ohne Zaudern gestalten – sonst werden wir von der Geschichte überrollt.